Từ Điển
Hàn-Việt Việt-Hàn Cơ bản

한국어-베트남어
베트남어-한국어 입문소사전

저자 | 신연희, 박민규

1945
문예림

한국어-베트남어

저자 | 신연희, 박민규

머리말

시클로를 탄 한국 관광객들, 도로를 누비는 많은 마티즈 택시, 한국산 핸드폰 그리고 대장금으로 하노이 속의 한국을 느끼며 지냈습니다. 다시 한국으로 돌아오니 부지런한 베트남 부인들, 베트남에서 사업을 하시려는 사장님들, 그리고 베트남 증시에 대한 관심들로 한국속의 베트남을 느낍니다.

저에게 베트남어를 가르치려 애쓰던 베트남 친구들이 이 순간 스쳐 지나갑니다. 그냥 영어만 쓸까 하는 유혹을 넘기고 베트남어를 포기하지 않은 보람을 느낍니다. 이 책은 여행하시는 분들은 물론 장기 체류를 계획하시는 분들도 초기 생활에 도움이 되실 것이라 생각합니다. 단어뿐만이 아니라 숙어적인 표현으로 묶으려 노력했으며, 하노이를 중심으로 한 북부 베트남어를 위주로 작업하였습니다.

봉사단원으로 베트남과 맺은 인연을 이렇게 여러분과 다시 나눌 수 있게 되어 정말 즐겁습니다. 여러분이 어떤 이유로 베트남을 찾으시던지, 베트남과의 인연이 소중하게 이어지시길 기원합니다.

마지막으로 문예림 서덕일 사장님, 베트남어 교정을 봐주신 성균관대 Nguyễn Thị Mai Hoa 선생님과 하노이대학교 한국어과 학생들에게 감사합니다.

2008년
신 연 희

차례

ㄱ 5
ㄴ 51
ㄷ 67
ㄹ 93
ㅁ 97
ㅂ 127
ㅅ 159
ㅇ 197
ㅈ 269
ㅊ 309
ㅋ 323
ㅌ 331
ㅍ 339
ㅎ 349

부록 373

ㄱ

한국어-베트남어

가.(명령)	Đi đi. 디 디	가격표	bảng giá 방 쟈
가게	cửa hàng 끄어 항	가곡	ca khúc 까 쿡
가게주인	chủ quán 쭈 꽌	가구	đồ đạc 도 닥
가격	giá, giá cả 쟈, 쟈 까	가까운	gần 건

가격이 절반이다. Giá chỉ bằng một nửa.
쟈 찌 방 못 느어

가격차가 크다. Chênh lệch giá cả hơi cao.
쩨잉 렉 쟈 까 허이 까오

가고 싶지만, 갈 수 있을지 모르겠어요.
Tôi muốn đi, không biết có được không.
또이 무온 디, 콩 비엣 꼬 드억 콩

가기 싫어. Không thích đi.
콩 틱 디

가기 전에 작별인사를 드리고 싶습니다.
Trước khi đi em muốn chào tạm biệt chị.
쯔억 키 디 앰 무온 짜오 땀 비엣 찌

가까워?(거리) Có gần đây không?
꼬 건 더이 콩

가끔 시장가다. thỉnh thoảng đi chợ
티잉 토앙 디 쩌

가끔	thỉnh thoảng 티잉 토앙	가련한	đáng thương 당 트엉
가난한	nghèo 응애오	가렵다.	ngứa 응으어
가늘다.	mảnh 마잉	가로질러 가다.	đi qua 디 꽈
가능	khả năng 카 낭	가루	bột 봇
가능성	tính khả năng 띠잉 카 낭	가르치다.	dạy 자이
가능하시면	nếu có thể thì 네우 꼬 테 티	가리다.(숨기다.)	che đậy 째 더이
가다.	đi 디	가마(머리)	khoáy 코아이
가득 차다.	đầy 더이	가면	mặt nạ 맛 나
가라앉다.	đắm, lắng 담, 랑	가뭄	hạn hán 한 한
가려고 하다.	định đi 딕 디	가방	cặp, túi 깝, 뚜이

가는 길이야.   Tôi đang trên đường đến đây.
또이 당 쩬 드엉 덴 더이

가도 되나요?   Có thể đi được không?
꼬 테 디 드억 콩

가벼운	nhẹ 냬	가시거리	tầm nhìn xa 떰 닌 싸
가벼운 사고	tai nạn nhẹ 따이 난 내	가야한다.	phải đi 파이 디
가수	ca sĩ 까 씨	가여워라.	Tội nghiệp quá. 또이 응이엡 꽈
가스	khí, gas 키, 가	가엽다.	tội nghiệp 또이 응이엡
가스레인지	bếp gas 벱 가	가운데	giữa 즈어
가스를 잠그다.	khóa gas 콰 가	가위	cái kéo 까이 깨오
가스통(주방)	bình gas 바잉 가	가을	mùa thu 무어 투
가슴	ngực 응윽	가입하다.	đăng ký 당 끼

가볍게 생각하다.   coi thường
꼬이 트엉

가사도우미   người giúp việc
응어이 즙 비엑

가시는 길에 평안하세요. Chúc lên đường bình yên!
쭉 렌 드엉 빙 옌

가요 쇼 프로그램   biểu diễn ca múa
비에우 지엔 까 무어

가자.	Đi thôi. 디 토이	가져오다.	mang theo 망 태오
가장(지위)	gia chủ 쟈 쭈	가지 않다.	không đi 콩 디
가장자리	cạnh, mép 까잉, 맵	가지(야채)	cà tím 까 띰
가재	con tôm càng 꼰 똠 깡	가지고 있다.	đang có 당 꼬
가정	gia đình 쟈 딩	가지다.	lấy 러이
가정환경	gia cảnh 쟈 까잉	가지세요.	Cầm lấy. 껌 러이

가장 좋아하는 시간 lúc tôi thích nhất
룩 또이 틱 녓

가장 친한 친구 bạn thân nhất
반 턴 녓

가족 모두 함께 즐겁게.(카피문구) Cả nhà cùng vui.
까 냐 꿍 부이

가족관계 quan hệ gia đình
꽌 헤 쟈 딩

가족들에게 저를 대신해서 안부 전해주세요.
Cho em gửi lời thăm sức khỏe gia đình chị.
쪼 앰 그이 러이 탐 쏙 쾌 쟈 딩 찌

가축	gia súc 쟈 쑥	간격	khoảng cách 쾅 까익
가치	giá trị 쟈 찌	간단한	đơn giản, giản dị 던 쟌, 쟌 지
가치가 없다.	không đáng 콩 당	간부	cán bộ 깐 보
가치가 오르다.	tăng giá 땅 쟈	간섭하다.	can thiệp 깐 티엡
각본	kịch bản 끽 반	간식을 먹다.	ăn bữa phụ 안 브어 푸
각자의	mỗi 모이	간장	xì dầu 씨 저우

가족이 어떻게 되세요?
Gia đình chị có những ai?
쟈 딩 찌 꼬 능 아이

가족이 일보다 더 중요하다.
Gia đình quan trọng hơn công việc.
쟈 딩 꽌 쫑 헌 꽁 비엑

가지고 있어.(이미)
Tôi có cái này rồi.
또이 꼬 까이 나이 조이

간다. 어~ 가.(헤어질 때)
Đi nhé.
디 내

간이 적당하다.
cho vừa muối
쪼 브어 무오이

간접적으로	gián tiếp 잔 띠엡	갈색	màu nâu 머우 너우
간주하다.(같다고 봄)	coi như 꼬이 느	갈아타다.	chuyển 쭈엔
간청하다.	cầu khẩn 꺼우 컨	갈증을 풀다.	giải khát 쟈이 캇
간통	ngoại tình 응와이 띠잉	감(과일)	quả hồng 꽈 홍
간판	biển hiệu 비엔 히에우	감기	cảm 깜
간호사	y tá 이 따	감기약	thuốc cảm cúm 투억 깜 꿈
갈 것이다.	sẽ đi 쌔 디	감독하다.	cai quản 까이 꽌
갈망하다.	khát vọng 캇 봉	감동이야.	Cảm động quá. 깜 동 꽈

간염예방주사	tiêm phòng bệnh gan 띠엠 퐁 버익 간
갈 길이 멀어.	Phải đi xa lắm. 파이 디 싸 람
감기에 걸렸을 땐	khi bị cúm 키 비 꿈
감기에 걸리다.	bị cảm, bị cúm 비 깜, 비 꿈

한국어	베트남어	한국어	베트남어
감동하다.	cảm động 깜 동	감전되다.	điện giật 디엔 지엇
감명	cảm xúc 깜 쑥	감정	tình cảm 띠잉 깜
감사하게 여기다.	biết ơn 비엣 언	감탄	cảm thán 깜 탄
감소되다.	giảm thiểu 쟘 티에우	갑옷	áo giáp 아오 쟙
감시하다.	canh giữ 까잉 즈	갑자기 말하다.	nói bất ngờ 노이 벗 응어
감염되다.	nhiễm 니엠	값을 깎다.	mặc cả 막 까
감자(야채)	củ khoai tây 꾸 콰이 떠이	값이 비싼	đắt 닷
감자튀김	khoai tây rán 콰이 떠이 잔	값이 싼	rẻ 재

감독(스포츠)   huấn luyện viên
후언 루엔 비엔

감사합니다. 아줌마.   Cảm ơn chị. Xin chị.
깜 언 찌, 씬 찌

갑자기   bỗng nhiên, bất ngờ
봉 니엔, 벗 응어

갑자기 울다.   mau nước mắt
마우 느억 맛

값이 오르다.	tăng giá 땅 쟈	강의하다.	giảng dạy 쟝 쟈이
강	sông 쏭	강조하다.	nhấn mạnh 년 마잉
강간	cưỡng dâm 끄엉 점	강하게 누르다.	ấn mạnh 언 마잉
강도	kẻ trộm 깨 쫌	갖다 주다.	mang vào 망 바오
강력한	mạnh mẽ 마잉 매	갖다.	giữ lại 즈 라이
강변	bờ sông 버 쏭	같이 가다.	cùng đi 꿍 디
강사(대학)	giảng viên 쟝 비엔	같이 가자.	Cùng đi nhé. 꿍 디 내

갑작스럽게 một cách ngẫu nhiên
못 까익 응어우 니엔

값이 내리다. giảm tiền xuống
쟘 띠엔 쑤엉

갔다 오는데 한 시간 안에 될까?
Có thể đến và về trong 1 tiếng, được không?
꼬 테 덴 바 베 쫑 못 띠응, 드억 콩

강아지 con cún, con chó con
꼰 꾼, 꼰 쪼 꼰

한국어	베트남어	한국어	베트남어
개	con chó 꼰 쪼	개다.(날씨)	tạnh ráo 땅 자오
개강하다.	khai giảng 카이 장	개인	cá nhân 까 년
개구리	con ếch 꼰 에익	개인수표	séc cá nhân 쌕 까 년
개띠	tuổi chó 뚜어이 쪼	개인재산	của riêng 꾸어 지응
개막	khai mạc 카이 막	개인적으로는	nói riêng 노이 지응
개미	con kiến 꼰 끼엔	개척하다.	khai thác 카이 탁
개선하다.	cải thiện 까이 티엔	개최하다.	tổ chức 또 쯕
거스름돈	tiền lẻ 띠엔 래	객체(전산)	đối tượng 도이 뜨엉
개업	khai trương 카이 쯔엉	거기	ở đó 어 도

같이 가고 싶다.	muốn đi cùng 무온 디 꿍
같이 나가 놀다.	đi chơi cùng nhau 디 쩌이 꿍 나우
개혁하다.	cải cách, đổi mới 까이 까익, 도이 머이

거대하다.	đồ sộ, khổng lồ 도 쏘, 콩 로
거래소	sở giao dịch 쎠 쟈오 직
거리(도로)	đường phố 드엉 포
거리(멀기)	cự ly 끄 리
거미줄	mạng nhện 망 넨
거북이	con rùa 꼰 주어
거실	phòng khách 퐁 카익
거울	gương 그엉
거위	con ngỗng 꼰 응옹
거의	tuyệt đối, hầu như 뚜옛 도이, 허우 느
거의 없는	ít 잇
거절하다.	từ chối 뜨 쪼이
거주	cư trú 끄 쭈
거주자	cư dân 끄 전

거기 재미있는 것 없어? Ở đó có cái gì vui không?
어 도 꼬 까이 지 부이 콩

거기엔 상점이 많아. Ở đấy có nhiều cửa hàng.
어 더이 꼬 니에우 끄어 항

거긴 앉지 마. Đừng ngồi ở đấy.
등 응오이 어 더이

거래하다. mua bán, buôn bán
무어 반, 부온 반

거스름돈 주세요. Cho tôi tiền lẻ.
조 또이 띠엔 래

한국어	베트남어	한국어	베트남어
거짓말하다.	nói dối 노이 조이	건강	sức khỏe 쓱 쾌
거품	bọt 봇	건강해지다.	khỏe ra 쾌 자
걱정	nỗi lo 노이 로	건국하다.	dựng nước 증 느억
걱정스러운	lo lắng 로 랑	건기	mùa khô 무어 코
걱정하다.	lo 로	건너가다.	băng qua 방 꽈
걱정하지마.	Đừng lo. 등 로	건너편	bên kia 벤 끼아

거의 매일	hầu như hàng ngày 허우 느 항 아이
거의 먹지 않다.	tuyệt đối không ăn 뚜엣 도이 콩 안
거의 모든 회사에서	ở hầu hết các công ty 어 허우 헷 깍 꽁 띠
거의 속을 뻔했어.	Suýt nữa thì lừa được. 쉿 느어 티 르어 드억
거의 완벽했는데	Gần như là hoàn hảo. 건 느 라 호안 하오
거주연장기간	gia hạn tạm trú 쟈 한 땀 쭈

건물	tòa nhà 또아 냐	건전지	pin 삔
건설하다.	xây dựng 써이 증	건축가	kiến trúc sư 끼엔 쭉 쓰

건강은 어떠세요?   Chị có khỏe không?
                       찌 꼬 쾌 콩

건강을 되찾다.   lấy lại sức
                 러이 라이 쓱

건강을 빨리 회복하시길 바랍니다.
     Chúc mong chóng được bình phục.
     쭉 몽 쫑 드억 비잉 푹

건강을 유지하다.   giữ gìn sức khỏe
                 즈 진 쓱 쾌

건강이 안 좋아 보이네요.
     Trông chị không khỏe lắm.
     쫑 찌 콩 쾌 람

건강증명서   giấy khám bệnh
                 져이 캄 버잉

건강진단   kiểm tra sức khỏe
                 끼엠 짜 쓱 쾌

건강하세요.(어른에게)   Chúc bác mạnh khỏe.
                 쭉 박 마잉 쾌

건강한 / 건강해지셨어요?
     khỏe / Chị đã khỏe chưa ạ?
     쾌 / 찌 다 쾌 쯔어 아

걸다.(벽등에)	treo 째오	검(무기)	gươm 그엄
걸레	giẻ lau nhà 지애 라우 냐	검게 타다.	bị đen 비 댄
걸어가다.	đi bộ 디 보	검사하다.	kiểm tra 끼엠 짜
걸어가면서	vừa đi 브어 디	검색하다.	tìm kiếm 띰 끼엠

건배(술 마실때 구호)   Chúc sức khỏe.
쭉 쓱 쾌

건전지 다 됐어.   Hết pin rồi.
헷 삔 조이

걸다. / 한국 팀에 돈을 걸다.
đặt / đặt tiền vào đội tuyển Hàn Quốc
닷 / 닷 띠엔 바오 도이 뚜엔 한 꿕

걸리다.(종이가 기계에)   bị tắc
비 딱

걸어서 갈 수 있어요? Tôi có thể đi bộ được không?
또이 꼬 테 디 보 드억 콩

걸어서 약 10분 걸려요.
Đi bộ mất khoảng mười phút.
디 보 멋 쾅 무어이 풋

걸을 수는 없다.   không thể đi bộ được
콩 테 디 보 드억

검역소	sở kiểm dịch 써 끼엠 직	게임에서 이기다.	thắng 탕
검열	việc kiểm tra 비엑 끼엠 짜	겨냥하다.	nhằm vào 남 바오
검은색	màu đen 머우 댄	겨루다.	đua 두어
겉표지	trang bìa 짱 비아	겨울	mùa đông 무어 동
게	con cua 꼰 꾸어	겨울에	vào mùa đông 바오 무어 동
게다가	ngoài ra 응와이 자	격려하다.	cổ vũ 꼬 부
게스트 하우스	nhà khách 냐 카익	격차	chênh lệch 쩨잉 렉
게이	đồng tính 동 띠잉	견인	kéo xe 깨오 쌔
게임	trò chơi 쩌 쩌이	견적가격	báo giá 바오 쟈

검열(검토)하다. kiểm duyệt
끼엠 쥬엣

게으른 / 정말 게으르다. lười / Lười ơi là lười.
르어이 / 르어이 어이 라 르어이

견적서	bảng báo giá 방 바오 쟈	결정짓다.	kết luận 껫 루언
결과	kết quả 껫 꽈	결정하다.	quyết định 꾸엣 딕
결국	cuối cùng 꾸오이 꿍	결합	kết hợp 껫 헙
결론	kết luận 껫 루언	결합시키다.	phối hợp 포이 헙
결말	phần cuối 펀 꾸오이	결핵	bệnh lao 버익 라오
결승	chung kết 쭝 껫	결혼	kết hôn 껫 혼
결심하다.	quyết tâm 꾸엣 떰	결혼식	lễ cưới 레 끄어이
결점	khuyết điểm 쿠엣 디엠	결혼피로연	cỗ cưới 꼬 끄어이
결정적인	dứt khoát 즛 콧	결혼하다.	cưới 끄어이

겨울엔 밖에 나가기가 싫다.
Vào mùa đông, tôi ghét ra ngoài.
바오 무어 동, 또이 갯 자 응와이

겨울이 점점 짧아지다.
Mùa đông ngày càng ngắn hơn.
무어 동 응아이 깡 응안 헌

겸손한	khiêm tốn 키엠 똔	경기장	sân vận động 썬 번 동
경감하다.	giảm nhẹ 잠 내	경련(의학)	chứng co giật 쯩 꼬 지엇
경계(한계)	giới hạn 져이 한	경매하다.	bán đấu giá 반 더우 쟈
경공업	công nghiệp nhẹ 꽁 응이엡 내	경비실	phòng bảo vệ 퐁 바오 베
경과하다.	trải qua 짜이 과	경사진	nghiêng về 응이엥 베
경기	thi đấu 티 더우	경연대회	cuộc thi 꾸옥 티
경기 결과	kết quả trận đấu 껫 꽈 쩐 더우	경영하다	quản lý, chỉ đạo 꽌 리, 찌 다오

결혼 하셨어요?   Chị đã lập gia đình chưa ạ?
  찌 다 럽 쟈 딩 쯔어 아

결혼한 지 3년 됐어요.
  Tôi đã kết hôn được 3 năm rồi.
  또이 다 껫 혼 드억 바 남 조이

결혼했습니다.   Tôi đã kết hôn rồi.
  또이 다 껫 혼 조이

경기가 싱겁다.   trận đấu chán ngắt
  쩐 더우 짠 응앗

경우(때)	trường hợp 쯔엉 헙	경축일	quốc khánh 꿕 카잉
경작	trồng trọt 쫑 쫏	경치	quang cảnh 꽝 까잉
경쟁하다.	đua, cạnh tranh 두어, 까잉 짜잉	경험	kinh nghiệm 끼잉 응이엠
경제	kinh tế 끼잉 테	경험이 없는	bỡ ngỡ 버 응어
경제학	kinh tế học 끼잉 떼 혹	계급	cấp bậc 껍 벅
경제학자	nhà kinh tế học 냐 끼잉 떼 혹	계단	cầu thang 꺼우 탕
경찰	cảnh sát 까잉 쌋	계란	trứng gà 쯩 갸
경찰관	công an 꽁 안	계산기	máy tính 마이 띠잉

경비원을 부르세요. Hãy gọi bảo vệ.
하이 고이 바오 베

경우에 따라서 theo tình hình
태오 띵 히잉

경찰에 신고하다. tố cáo với cảnh sát
또 까오 버이 까잉 쌋

경험 많다. giàu kinh nghiệm
자우 끼잉 응이엠

계산대	quầy thu ngân 꾸어이 투 응언	계속하다.	tiếp tục 띠엡 뚝
계속	cứ 끄	계승하다.	kế tiếp 께 띠엡
계속 가.	Cứ đi đi. 끄 디 디	계약	hợp đồng 헙 동
계속 말해.	Nói tiếp đi. 노이 띠엡 디	계약서	tờ hợp đồng 떠 헙 동

경험이 없어서요. 당신이 고르세요.
Tôi chưa có kinh nghiệm, chị chọn đi.
또이 쯔어 꼬 끼잉 응이엠, 찌 쫀 디

계산서 주세요.   Cho tôi xin hoá đơn.
조 또이 씬 화 던

계산을 잘못했네.(내가)   Tôi tính nhầm.
또이 띵 념

계산을 지금하나요?(선불)   Trả tiền luôn ạ?
짜 띠엔 루언 아

계산이 잘못됐어요.   Tính tiền sai rồi.
띵 띠엔 싸이 조이

계산하다.   tính toán, thanh toán
띵 또안, 타잉 또안

계산해 주세요.   Chị ơi! tính tiền.
찌 어이, 띵 띠엔

한국어	베트남어	한국어	베트남어
계약하다.	ký kết 끼 껫	계획대로	theo kế hoạch 태오 께 화익
계절	mùa 무어	계획적으로	cố ý 꼬 이
계정(전산)	tài khoản 따이 콴	고갈되다.	cạn kiệt 깐 끼엣
계좌	tài khoản 따이 콴	고고학	khảo cổ học 카오 꼬 혹
계좌를 열다.	mở tài khoản 머 따이 콴	고구마	củ khoai lang 꾸 콰이 랑
계획	kế hoạch 께 화익	고귀한	cao quý 까오 뀌

계속해서 가세요. Xin cứ đi thẳng.
씬 끄 디 탕

계약기간은 5년입니다.
Thời hạn hợp đồng là 5 năm.
터이 한 헙 동 라 남 남

계약을 체결할 필요가 있습니다.
Cần phải ký một bản hợp đồng.
껀 파이 끼 못 반 헙 동

계좌 잔액 tiền dư trong tài khoản
띠엔 즈 쫑 따이 콴

계획이 다 틀어졌어. Kế hoạch bị đổ bể rồi.
께 화익 비 도 베 조이

고급스런	sang trọng 쌍 쫑	고무	cao su 까오 쑤
고급의	cao cấp 까오 껍	고무줄	dây chun 저이 쭌
고기	thịt 팃	고발하다.	tố cáo 또 까오
고대의	cổ kính 꼬 끼잉	고사성어	thành ngữ 타잉 응으
고도	độ cao 도 까오	고상한	cao quý 까오 뀌
고려하다.	cân nhắc 껀 냑	고속도로	đường cao tốc 드엉 까오 똑
고르다.	chọn 쫀	고아	đứa trẻ mồ côi 드어 째 모 꼬이
고마운	cảm ơn 깜 언	고아원	viện mồ côi 비엔 모 꼬이
고막(신체)	màng nhĩ 망 니	고양이	con mèo 꼰 매오

고등학교	trường phổ thông 쯔엉 포 통
고맙습니다.	Cảm ơn chị. Xin chị. 깜 언 찌, 씬 찌
고무줄로 묶다.(머리)	buộc bằng dây chun 부옥 방 저이 쭌

한국어	베트남어
고요한	im lặng, yên tĩnh 임 랑, 연 띠잉
고용하다.	thuê 투에
고운 피부	da đẹp 자 댑
고원	cao nguyên 까오 응우옌
고위계층	cấp trên 껍 쩬
고의적으로	cố ý 꼬 이
고장나다.	hỏng 홍
고전의	cổ điển 꼬 디엔
고정된	cố định 꼬 딕
고추(야채)	ớt 엇
고추장	tương ớt 뜨엉 엇
고층빌딩	tòa nhà cao tầng 또아 냐 까오 떵
고층의	cao tầng 까오 떵
고통을 겪다.	đau khổ 다우 코
고향	quê 꿰
고향에 돌아가다.	về quê 베 꿰
고혈압	bệnh cao huyết áp 버익 까오 휘엣 압
곧	ngay lập tức 응아이 럽 뜩
곧 ~되다.	sắp trở thành 쌉 쩌 타잉
곧 시험이야.	Sắp thi rồi. 쌉 티 조이

고쳐줄 수 있어요? Sửa cho tôi được không ạ?
쓰어 조 또이 드억 콩 아

고향이 어디세요? Quê chị ở đâu?
꿰 찌 어 더우

곧바로	thẳng 탕	공간	không gian 콩 쟌
골(스포츠)	khung thành 쿵 타잉	공개적인	công khai 꽁 카이
골목	ngõ 응오	공격하다.	tấn công 떤 꽁
골키퍼	thủ môn 투 몬	공공의	công cộng 꽁 꽁
곰	con gấu 꼰 거우	공공재산	tài sản chung 따이 싼 쭝
곰팡이가 난	mốc 목	공급하다.	cung cấp 꿍 껍
곳(장소)	nơi 너이	공기	không khí 콩 키
공	quả bóng 꽈 봉	공기(타이어)	hơi 허이

곧 도착 할 거야.	Sắp đến rồi. 쌉 덴 조이
곧 볼 수 있으실 거예요.	Rồi chị sẽ thấy. 조이 찌 쌔 터이
곧장 집에 가다.	đi thẳng về nhà 디 탕 베 냐
골라주세요.(잘 모를 때)	Xin chọn cho tôi. 씬 쫀 조 또이

공동의	cộng đồng 꽁 동	공사장	công trường 꽁 쯔엉
공립학교	trường công 쯔엉 꽁	공상	không tưởng 콩 뜨엉
공무	công tác 꽁 딱	공식(수학, 의식)	công thức 꽁 특
공무원	công chức 꽁 쯕	공식적인	chính thức 찌잉 특
공백	chỗ trống 쪼 쫑	공약	công ước 꽁 으억
공부를 잘하다.	học giỏi 혹 죠이	공업	công nghiệp 꽁 응이엡
공부하다.	học 혹	공업지역	khu công nghiệp 쿠 꽁 응이엡

공부 하나도 안했어. Tôi không học gì cả.
또이 콩 혹 지 까

공부를 열심히 하지 않았어요.
Tôi không chăm học lắm.
또이 콩 짬 혹 람

공상업세   thuế công thương nghiệp
투에 꽁 트엉 응이엡

공식에 따라   theo công thức
태오 꽁 특

공식적으로 알리다.   công bố
꽁 보

공업화	công nghiệp hóa 꽁 응이엡 화	공장	nhà máy, xưởng 냐 마이, 쓰엉
공연	biểu diễn 비에우 지엔	공장 노동자	công nhân 꽁 년
공연하다.	trình diễn 찌잉 지엔	공적이 있다.(공로)	có công 꼬 꽁
공예	công nghệ 꽁 응에	공정	công đoạn 꽁 돤
공원	công viên 꽁 비엔	공증인	công chứng viên 꽁 쯩 비엔
공유하다.	sở hữu chung 써 휴 쭝	공채(증권)	công trái 꽁 짜이
공자(인물)	Khổng Tử 콩 뜨	공평	công bằng 꽁 방
공작(동물)	con công 끈 꽁	공평하게	bằng nhau 방 나우

공식적으로 인정하다.   công nhân
꽁 년

공제하다.   giảm xuống, trích
쟘 쑤엉, 찍

공지사항 잠깐 들으세요.
Hãy nghe tôi thông báo một chút.
하이 응애 또이 통 바오 못 쭛

공포영화	phim kinh dị 핌 끼잉 지	과녁	bia, đích 비아, 디익
공항	sân bay 썬 바이	과속하다.	đi quá tốc độ 디 꽈 똑 도
공헌하다.	góp phần 곱 펀	과일	hoa quả 화 꽈
공화(국)	cộng hòa 꽁 화	과일 먹어.	Ăn hoa quả đi. 안 화 꽈 디
공황	khủng hoảng 쿵 황	과자	bánh kẹo 바잉 깨오
공휴일	ngày lễ 응아이 레	과정	quá trình 꽈 찌잉
과(책)	bài 바이	과학	khoa học 콰 혹
과거	quá khứ 꽈 크	과학자	nhà khoa học 냐 콰 혹

공항까지 배웅해 드릴게요.
Em sẽ ra sân bay tiễn chị.
앰 쌔 자 썬 바이 띠엔 찌

공항에 어떻게 가실 건가요? Chị ra sân bay bằng gì?
찌 자 썬 바이 방 지

공항으로 친구를 마중가려고 해.
Tôi định ra sân bay đón một bạn.
또이 딕 자 썬 바이 돈 못 반

관객	khán giả 칸 쟈	관점	quan điểm 꽌 디엠
관계	quan hệ 꽌 헤	관중석	khán đài 칸 다이
관리자	người quản lý 응어이 꽌 리	관찰하다.	quan sát 꽌 쌋
관리하다.	quản lý 꽌 리	광견병	bệnh dại 버익 자이
관세	thuế quan 투에 꽌	광고	quảng cáo 꽝 까오
관세 세관	quan thuế 꽌 투에	광물	khoáng sản 쾅 싼
관심을 갖다.	quan tâm 꽌 떰	광장	quảng trường 꽝 쯔엉
관절부위	khớp xương 컵 쓰엉	광주리	rổ 조
관절염	đau xương 다우 쓰엉	괜찮습니다.	Không sao. 콩 싸오

관계를 맺다.(사업)   thiết lập quan hệ
티엣 럽 꽌 헤

관세를 납부해야 하나요? Có cần nộp thuế không ạ?
꼬 껀 놉 투에 콩 아

관세를 내다.   nộp thuế quan
놉 투에 꽌

한국어	베트남어	한국어	베트남어
교과서	sách học 싸익 혹	교외	ngoại thành 응와이 타잉
교단에 서다.	lên lớp 렌 럽	교육	giáo dục 쟈오 죽
교류	giao lưu 쟈오 류	교육부	bộ giáo dục 보 쟈오 죽
교사	giáo viên 쟈오 비엔	교제하다.	kết bạn với 껫 반 버이
교수(사람)	giáo sư 쟈오 쓰	교통	giao thông 쟈오 통
교실	lớp học 럽 혹	교환대(전화)	tổng đài 똥 다이

교통경찰	cảnh sát giao thông 까잉 쌋 쟈오 통
교통법규를 어기다.	vi phạm luật giao thông 비 팜 루엇 쟈오 통
교통사고	tai nạn giao thông 따이 난 쟈오 통
교통사고 당하다.	bị tai nạn giao thông 비 따이 난 쟈오 통
교통사고를 내다.	gây tai nạn giao thông 거이 따이 난 쟈오 통
교통수단	phương tiện giao thông 프엉 띠엔 쟈오 통

교환하다	đổi, trao đổi
	도이, 짜오 도이
교회	nhà thờ
	냐 터
구(숫자)	chín
	찐
구경하다.	tham quan
	탐 꽌
구두 한 켤레	một đôi giày
	못 도이 쟈이
구두(가죽)	giày da
	쟈이 자
구레나룻	râu quai nón
	저우 콰이 논
구멍	lỗ
	로
구멍을 뚫다.	khoét lỗ
	쾟 로
구비하다	cụ bị
	꾸 비
구성(전산)	cấu hình
	꺼우 히잉
구성하다.	kết cấu
	껫 꺼우
구어	khẩu ngữ
	커우 응으
구역	vùng, khu vực
	붕 쿠 븍
구월(9월)	tháng chín
	탕 찐
구절(문장)	đoạn văn
	돤 반
구조	tổ chức
	또 쯕
구조(전산)	cấu trúc
	꺼우 쭉
구조하다.(응급)	cứu giúp
	끄 즙
구좌	tài khoản
	따이 콴

교환되나요? Có đổi được không?
꼬 도이 드억 콩

구좌기록(은행) chương mục
쯔엉 묵

구체적인	cụ thể 꾸 테	국내	trong nước 쫑 느억
국(음식)	canh 까잉	국내공항	sân bay nội địa 썬 바이 노이 디아
국가를 부르다.	hát quốc ca 핫 꿕 까	국립	quốc gia 꿕 쟈
국경	bờ cõi 버 꼬이	국민	nhân dân 년 전
국경을 통과하다.	quá cảnh 꽈 까잉	국영	quốc doanh 꿕 좌잉

구체적으로 협상합시다. Xin mời đàm phán cụ thể.
씬 머이 담 판 꾸 테

구충제 thuốc tẩy giun
투억 떠이 지운

국경통과비자 visa quá cảnh
비싸 꽈 까잉

국고채권 trái phiếu quốc gia
짜이 피에우 꿕 쟈

국고채 신용장 tín phiếu kho bạc
띤 피에우 코 박

국기를 게양하다. treo quốc kỳ
째오 꿕 끼

국을 드시겠어요? Có dùng canh không?
꼬 중 까잉 콩

국자감	Quốc Tử Giám 꿱 뜨 잠	굴(해산물)	sò huyết 쏘 휘엣
국적	quốc tịch 꿱 띡	굵다.	dày 자이
국제	quốc tế 꿱 떼	굽다.	nướng 느엉
국제공항	sân bay quốc tế 썬 바이 꿱 떼	궁(건물)	cung 꿍
국화(꽃)	hoa cúc 화 꾹	궁금하다	thắc mắc 탁 막
국회	quốc hội 꿱 호이	권리	quyền lợi 꾸엔 러이
군대	quân đội 꿘 도이	귀	tai 따이

국제전화   điện thoại quốc tế
          디엔 토아이 꿱 떼

군고구마 / 고구마튀김   khoai nướng
                    콰이 느엉

군대에서 제대하다.   phục viên
                  푹 비엔

궁금한 건 못 참아.   Thắc mắc không chịu được.
                  탁 막 콩 찌우 드억

궁금해 죽겠네.   Tò mò chết mất.
              떠 머 쩻 멋

한국어-베트남어

귀 기울이다.	lắng nghe 랑 응애	귀여운	đáng yêu 당 이에우
귀국하다.	về nước 베 느억	귀중품	hàng quý giá 항 꿔 쟈
귀머거리의	điếc 디엑	귀찮아.	Khó chịu. 코 찌우
귀빈	quý khách 꿔 카익	규정	quy định 뀌 딕
귀신	ma 마	균형	cân bằng 껀 방

권 / 세권	quyển / 3 quyển sách 꾸엔 / 바 꾸엔 싸익
권력	quyền lực, chính quyền 꾸엔 륵, 찌잉 꾸엔
권리를 박탈하다.	đoạt quyền 돳 꾸엔
귀국준비	chuẩn bị về nước 쭈언 비 베 느억
귀여워요.(아기나 애인)	Dễ thương quá. 제 트엉 꽈
귀중품 보관함	hộp bảo quản đồ quý giá 홉 바오 꽌 도 꿔 쟈
규정을 초과하다.	vượt quá quy định 브엇 꽈 뀌 딕

귤	quả quýt 꽈 뀟	그건 그렇고	dù sao thì 주 싸오 티
그 남자(연장자)	anh ấy 아잉 어이	그것	cái đó 까이 도
그 밖에	ngoài ra 응와이 자	그날	hôm ấy 홈 어이
그 부인	cô ấy 꼬 어이	그네	xích đu 씩 두
그 후에	sau đó 싸우 도	그녀(연장자)	chị ấy 찌 어이

그동안	trong thời gian qua 쫑 터이 쟌 꽈
그 소식을 들었어요?	Đã biết tin đó chưa ạ? 다 비엣 띤 도 쯔어 아
그거 필요 없어.	Tôi không cần nó. 또이 콩 껀 노
그걸로 됐습니다.(주문)	Thế đủ rồi ạ. 테 두 조이 아
그것뿐이야?	Chỉ thế thôi à? 찌 테 토이 아
그게 내 전문인걸요.	Đó là nghề của tôi mà. 도 라 응에 꾸어 또이 마
그게 바로 나야.	Đó chính là tôi. 도 찌잉 라 또이

그동안	một thời gian 못 터이 잔	그래?	Thế à? 테 아
그들	họ 호	그래서	vì vậy 비 버이
그때	lúc đó 룩 도	그래프	biểu đồ 비에우 도

그냥 구경하는 거예요.   Tôi chỉ xem thôi ạ.
또이 찌 쌤 토이 아

그냥 날 좀 내버려 둬.   Cứ mặc kệ tôi.
끄 막 께 또이

그냥 보통이지.   Bình thường thôi.
비잉 트엉 토이

그냥 운동중인데요.   Chỉ là tập thể dục thôi mà.
찌 라 떱 테 죽 토이 마

그들이 몇 시에 도착하지요?   Mấy giờ thì họ đến?
머이 져 티 호 덴

그때 오토바이 타고 있었어.
Lúc đấy, tôi đang đi xe máy.
룩 더이, 또이 당 디 쌔 마이

그래 뭔가 이상해.   Ừ, lạ thật đấy.
으 라 텃 더이

그래도 안되면 항의하자.
Nếu vẫn không được thì hãy phản đối.
네우 번 콩 드억 티 하이 판 도이

그러나	nhưng 능	그런데	nhưng mà 능 마
그러는 바람에	vì lý do ấy 비 리 조 어이	그럼	thế thì 테 티
그러면	thế thì 테 티	그렇게	như thế kia 느 테 끼아
그러지마.	Đừng làm thế. 등 람 테	그렇게 하면	nếu làm thế 네우 람 테
그런 후에	sau đó 싸우 도	그렇군요.	Thế à. 테 아

그래도 정말 다행이야. Nhưng rất may mắn.
능 젓 마이 만

그러려고 한 건 아녜요. Tôi không cố ý làm như thế.
또이 콩 꼬 이 람 느 테

그런데 전화를 꺼버리고 받질 않아.
Nhưng mà lại tắt máy, không nhận điện.
능 마 라이 땃 마이, 콩 년 디엔

그런데요, 전 지금 가봐야 할 것 같아요.
Thế nhưng chắc bây giờ tôi phải đi rồi.
테 능 짝 베이 져 또이 파이 디 조이

그럼, 모레는 어때? Thế thì, ngày kia thế nào?
테 티, 응아이 끼아 테 나오

그렇게는 안 돼. Không được đâu.
콩 드억 더우

한국어	베트남어
그룹 등이 해체되다.	tan rã 딴 자
그룹(가수)	nhóm nhạc 놈 낙
그릇	bát 밧
그리다.(그림)	vẽ 배
그림	bức tranh 븍 짜잉
그만 가자.	Dừng lại đi. 증 라이 디
그만 하자.	Làm thế thôi. 람 테 토이
그물	lưới, mạng lưới 르어이, 망 르어이
그렇다면 좋아요.	Thế thì tốt. 테 티 똣
그릇 / 쌀국수 3그릇	bát / 3 bát phở bò 밧 / 바 밧 퍼 보
그만, 그만(말릴 때)	thôi, thôi 토이, 토이
그을리다.(햇빛에)	bị cháy nắng 비 짜이 낭
그저께	hôm kia 홈 끼아
그 처럼	như thế 느 테
그치다.(비)	tạnh 땅
극(연극)	vở kịch 버 끽
극복하다.	vượt qua 브엇 꽈
극장	rạp chiếu phim 잡 찌에우 핌
극히	cực kỳ 끅 끼
근거하다.	dựa vào 즈아 바오

근로자	người lao động 응어이 라오 동	금고	két sắt 깻 쌋
근면한	cần cù 껀 꾸	금메달	huy chương vàng 휘 쯔엉 방
근본	căn bản 깐 반	금붕어	cá vàng 까 방
근심	nỗi lo 노이 로	금요일	thứ sáu 트 싸우
근원	nguồn gốc 응우온 곡	금지표지판	biển cấm 비엔 껌
근접한	gần kề 건 께	금지하다.	cấm 껌
근처에	gần 건	급료를 깎다	cắt lương 깟 르엉
금	vàng 방	긍정하다.	khẳng định 캉 딕

금강산도 식후경 có thực mới vực được đạo
꼬 특 머이 북 드억 다오

금방 그 칠거야. Sẽ tạnh ngay thôi.
쌔 땅 응아이 토이

금지품을 소지하고 있습니까?
 Có mang hàng cấm không?
꼬 망 항 껌 콩

기(국기)	lá cờ 라 꺼	기념하다.	kỷ niệm 끼 니염
기간	thời hạn 터이 한	기능	chức năng 쯕 낭
기계	máy, thiết bị 마이, 티엣 비	기능하다.	hoạt động 홧 동
기관	cơ quan 꺼 꽌	기다리다.	chờ, đợi 쩌, 더이
기관지	phế quản 페 꽌	기대하다.	mong muốn 몽 무온

급하다. / 나 지금 급해.
vội / Tôi đang rất vội.
보이 / 또이 당 젓 보이

급한 성질
tính khẩn trương
띠잉 컨 쯔엉

급한 일이 생겼어.
Tôi có việc bận rồi.
또이 꼬 비엑 번 조이

기계 고장 난 것 같아요. 한번 봐주실래요?
Hình như thiết bị này hỏng rồi. chị sẽ xem giúp em chứ?

히잉 느 티엣 비 나이 홍 조이. 찌 쌔 쌤 줍 앰 쯔

기내소지품
hành lý trong máy bay
하잉 리 쫑 마이 바이

기념으로 하다.
làm kỷ niệm
람 끼 니염

한국어	베트남어
기둥	cột 꼿
기록(성적)	ký lục 끼 룩
기록하다.	ghi 기
기르다.(아이, 동물)	nuôi 누오이
기름	dầu 저우
기름기가 많은	nhiều mỡ 니에우 머
기반을 잡다.	đặt cơ sở 닷 꺼 써
기본요금	giá cơ bản 쟈 꺼 반
기본적인	cơ bản 꺼 반
기분	tâm trạng 떰 짱
기분이 좋은	vui 부이
기쁘다.	hạnh phúc 하잉 푹
기쁨	niềm vui 니엠 부이
기사(신문)	bài báo 바이 바오
기숙사	ký túc xá 끼 뚝 싸
기술	kỹ thuật 끼 투엇
기술자	kỹ sư 끼 쓰
기어오르다.	leo 래오

기분이 더 좋아지다. vui hơn
부이 헌

기분이 어때? Tâm trạng thế nào?
떰 짱 테 나오

기사 다 읽었어요? Chị đã đọc hết bài báo chưa ạ?
찌 다 독 헷 바이 바오 쯔어 아

기억	ký ức 끼 윽	기자회견하다.	họp báo 홉 바오
기억력	trí nhớ 찌 녀	기준가격	giá chuẩn 자 쭈언
기억해 내다.	nhớ ra 녀 자	기질	tính tình 띵 띵
기여하다.	đóng góp 동 곱	기차	tàu hỏa 따우 화
기원	cội nguồn, gốc 꼬이 응우온, 곡	기차역	ga tàu hỏa 갸 따우 화
기일	thời hạn, kỳ hạn 터이 한, 끼 한	기찻길	đường sắt 드엉 쌋
기입하다.	ghi vào, điền 기 바오, 디엔	기체	khí 키
기자	nhà báo 냐 바오	기초	cơ sở 꺼 써

기억이 나지 않다.   không nhớ ra được
콩 녀 자 드억

기억이 잘 안나요.   Tôi không nhớ rõ.
또이 콩 녀 조

기차가 더 싸겠지만 더 느릴 것이다.
Tàu hỏa thì rẻ hơn nhưng sẽ rất chậm.
따우 화 티 재 헌 능 쌔 젓 쩜

한국어	베트남어
기초적인	cơ bản / 꺼 반
기침	ho / 호
기타(악기)	ghi-ta / 기 따
기한을 늘리다.	gia hạn / 쟈 한
기호	dấu hiệu / 저우 히에우
기호(취미)	sở thích / 써 틱
기회	cơ hội / 꺼 호이
기회가 있었다.	đã có dịp / 다 꼬 집
기후	thời tiết, khí hậu / 터이 띠엣, 키 허우
긴 머리	tóc dài / 똑 자이
긴 생머리	tóc ép để dài / 똑 앱 데 자이
긴급한	cấp bách, cấp thiết / 껍 바익, 껍 티엣
긴장을 풀다.	thư giãn / 트 쟌
길	con đường / 꼰 드엉

기회가 되면 또 뵙길 바랍니다.
Nếu có cơ hội thì sẽ gặp lại.
네우 꼬 꺼 호이 티 쌔 갑 라이

기회를 놓치다.
bỏ lỡ một cơ hội
보 러 못 꺼 호이

기회를 잡다.
nắm bắt cơ hội
남 밧 꺼 호이

긴장하지 않았다. Tôi không cảm thấy căng thẳng.
또이 콩 깜 터이 깡 탕

한국어	베트남어	한국어	베트남어
길 건너편	bên kia đường 벤 끼아 드엉	길을 안내하다.	chỉ đường 찌 드엉
길다.	dài 자이	길을 잃다.	lạc đường 락 드엉
길어지다.(시간)	kéo dài 깨오 자이	길이 막히다.	tắc đường 딱 드엉
길을 건너다.	sang đường 쌍 드엉	길이(크기)	chiều dài 찌에우 자이
길을 떠나다.	lên đường 렌 드엉	김치를 만들다.	làm Kimchi 람 김치

길 끝 사거리까지 가세요.
Hãy đến ngã tư cuối phố này.
하이 덴 응아 뜨 꾸오이 포 나이

길 좀 비켜주세요.
Cho tôi đi nhờ.
조 또이 디 녀

김치 만들어 줄께.
Tôi sẽ làm Kimchi cho.
또이 쌔 람 김치 쪼

김치 먹어본 적 있어요?
Chị ăn Kimchi Hàn Quốc bao giờ chưa ạ?
찌 안 김치 한 꿕 바오 져 쯔어 아

김치는 발효 식품이다.
Kimchi là thực phẩm lên men.
김치 라 특 펌 렌 맨

한국어	베트남어	한국어	베트남어
깃대	cột cờ / 꼿 꺼	깨끗이	sạch sẽ / 싸익 쌔
깃발	cờ / 꺼	깨닫다.	hiểu ra / 히에우 자
깊이	sâu sắc / 써우 싹	깨뜨리다.	làm vỡ / 람 버
까마귀	quạ / 꽈	깨지기 쉽다.	dễ vỡ / 제 버
깔때기	cái phễu / 까이 페우	꺾어지다.(방향)	rẽ / 재
깜박했다.	À, quên! / 아 꾸엔	껌	kẹo cao su / 깨오 까오 쑤
깜짝 놀라다.	giật mình / 젓 미잉	껍질	vỏ / 보
깜짝 놀란	kinh ngạc / 끼잉 응악	껍질을 깎다.(사과)	gọt vỏ / 곳 보
깨(곡물)	vừng / 븡	껴안다.	ôm / 옴

깎아주세요.   Hãy giảm giá cho tôi.
하이 잠 쟈 조 또이

깎아주세요. 아줌마.   Giảm giá cho tôi. chị ạ.
잠 쟈 조 또이 찌 아

깨워 주세요.   Làm ơn đánh thức tôi.
람 언 다잉 특 또이

꼭 끼는(옷)	chật 쩟	꽃을 따다.	ngắt hoa 응앗 화
꽂다.(플러그)	cắm 깜	꽃이 피다.	hoa nở 화 너
꽂아.(플러그)	Cắm vào đi. 깜 바오 디	꾸짖다.	mắng 망
꽃	hoa 화	꿀	mật ong 멋 옹
꽃가게	cửa hàng hoa 끄어 항 화	꿈	ước mơ 으억 머
꽃가루	cuống hoa 꾸옹 화	꿈꾸다.	mơ 머
꽃무늬	hoa văn 화 반	끄다.(기계)	tắt 땃
꽃병	bình hoa 비잉 화	끄덕이다.	gật đầu 것 더우

꼭 일찍 일어나셔야 해요.   Chị phải dậy sớm đấy.
찌 파이 저이 썸 더이

꼭 한번 봐요.   Nhất định chị sẽ gặp lại em.
녓 딕 찌 쌔 갑 라이 앰

꽃이 그려져 있다.   có vẽ hình hoa
꼬 배 히잉 화

꿈에서 미리 알려주다.   báo mộng
바오 몽

끈	dây, sợi dây 저이, 써이 저이	끝	cuối 꾸오이
끊다.(술, 담배)	từ bỏ 뜨 보	끝없는	vô tận 보 떤
끓는 물	nước sôi 느억 쏘이	끼다.(반지, 안경)	đeo 대오
끓이다.	nấu, sôi 너우, 쏘이		

끈적거리지 않는   không bết dính
                                               콩 벳 지잉

끊지 말고 잠깐 기다려봐.
                      Cầm máy đợi tôi một chút nhé.
                          껌 마이 더이 또이 못 쭛 냬

끓이다. / 여덟 시간 동안 끓이다.
                            đun / đun trong vòng 8 tiếng
                            둔 / 둔 쫑 봉 땀 띠응

끝나다. / 다 끝났어.   xong / Xong hết rồi.
                                        쏭 / 쏭 헷 조이

ㄴ

한국어-베트남어

그 남자네 집

나	tôi 또이	나라	đất nước 덧 느억
나 어때?	Tôi thế nào? 또이 테 나오	나라를 세우다.	dựng nước 증 느억
나(친한 사이)	tớ 떠	나로서는	còn tôi, theo tôi 꼰 또이, 태오 또이
나날이	càng ngày 깡 아이	나르다.	chuyên chở 쭈엔 쩌
나누다.	chia 찌아	나무	cây cối 꺼이 꼬이
나대신	thay tôi 타이 또이	나무에 새기다.	khắc gỗ 칵 고

나 대신 대답하다. trả lời thay tôi
짜 러이 타이 또이

나도 그렇게 생각해
Tôi cũng nghĩ thế, Tôi hoàn toàn đồng ý.
또이 꿍 응이 테, 또이 호안 또안 동 이

나도 그렇기를 바랍니다. Tôi cũng muốn như thế.
또이 꿍 무온 느 테

나도 기뻐. Tôi cũng rất hạnh phúc.
또이 꿍 젓 하잉 푹

나만 빼놓고 가려고요?
Chị định đi mà không có tôi à?
찌 딕 디 마 콩 꼬 또이 아

나뭇가지	cành 까잉	나중에	sau này 싸우 나이
나뭇잎	lá cây 라 꺼이	나침반	la bàn 라 반
나쁘다.	xấu 쎄우	나타나다.	xuất hiện 쑤엇 히엔
나서다.(밖으로)	đứng ra 등 자	나팔	kèn 깬
나오다.	đi ra 디 자	낙관하다.	lạc quan 락 꽌
나이	tuổi 뚜어이	낙담하다.	chán nản 짠 난
나이프	con dao 꼰 자오	낙선하다.	thất cử 텃 끄

나무 밑에 숨다.   trốn dưới cây
쫀 즈어이 꺼이

나았어요.(질병)   Tôi đỡ rồi ạ.
또이 더 조이 아

나이가 많은 사람들이 그녀를 좋아해.
Những người lớn tuổi rất thích chị ấy.
능 응어이 런 뚜어이 젓 틱 찌 어이

나중에 다시 전화하다.   gọi lại sau
고이 라이 싸우

낙제하다.	trượt 쯔엇	날다.	bay 바이
낙타	con lạc đà 꼰 락 다	날씨	thời tiết 터이 띠엣
낙태하다.	nạo thai 나오 타이	날씨가 덥다.	trời nóng 쩌이 농
낙후된	lạc hậu 락 허우	날씨가 맑은	trong lành 쫑 라잉
낚시하다.	câu cá 꺼우 까	날씨가 좋은	trời đẹp 쩌이 댑
날 믿어.	Tin tôi đi. 띤 또이 디	날씨가 춥다.	trời lạnh 쩌이 라잉

난 항상 혼자야.	Tôi chỉ có 1 mình. 또이 찌 꼬 못 미잉
날씨 좋네요.	Trời đẹp nhỉ? 쩌이 댑 니
날씨가 좋다.	thời tiết tốt, trời đẹp quá 터이 띠엣 똣, 쩌이 댑 꽈
날씨가 답답하다.	thời tiết ngột ngạt 터이 띠엣 응옷 응앗
날씨가 따뜻하고 햇살이 좋다.	trời nắng ấm 쩌이 낭 엄
날씨가 따뜻하다.	thời tiết ấm áp 터이 띠엣 엄 압

날씬하다.	mảnh mai 마잉 마이	남극	nam cực 남 끅
날씬한	thon thả 톤 타	남기다.	còn lại 꼰 라이
날아가다.	bay đi 바이 디	남녀	nam nữ 남 느
날이 갈수록	ngày càng 응아이 깡	남다.	còn thừa 꼰 트어
날조하다.	hư cấu 흐 꺼우	남동생	em trai 앰 짜이
날짜	ngày tháng 응아이 탕	남부지역	miền nam 미엔 남
낡은	cũ 꾸	남북	bắc nam 박 남
남(성)	nam 남	남의 충고를 듣다.	nghe lời 응애 러이

날씨가 시원하다.   thời tiết mát mẻ
터이 띠엣 맛 매

날씬해 보여요.   Trông chị có vẻ mảnh mai.
쫑 찌 꼬 배 마잉 마이

날이 갈수록 발전하다.   càng ngày càng phát triển
깡 아이 깡 팟 찌엔

날이 갈수록 좋아지다.   càng ngày càng tốt
깡 아이 깡 똣

남자	đàn ông 단 옹	낮은	thấp 텁
남쪽	phía nam 피아 남	낮잠 자다.	ngủ trưa 응우 쯔어
남편	chồng, nhà tôi 쫑, 냐 또이	낳다.	sinh sản 씨잉 싼
납세하다.	đóng thuế 동 투에	내가 알기로는	theo tôi biết 태오 또이 비엣
낭만적인	lãng mạn 랑 만	내가 알았을 때	khi tôi biết 키 또이 비엣
낭비야.	Lãng phí quá. 랑 피 꽈	내기하다.	cá cược 까 끄억
낭비하다.	lãng phí 랑 피	내내	suốt 쑤옷
낮	ban ngày 반 응아이	내년	sang năm 쌍 남

남부사람의 말을 하나도 이해 못하겠어.
    Tôi không hiểu người miền nam nói gì cả.
    또이 콩 히에우 응어이 미엔 남 노이 지 까

남자친구 / 그녀의 남자친구는 어떤 일을 해?
    bạn trai / Bạn trai chị ấy làm gì nhỉ?
    반 짜이 / 반 짜이 찌 어이 람 지 니

내 생각에 베트남은   tôi nghĩ Việt Nam là
    또이 응이 비엣 남 라

내려가다.(아래층)	xuống 쑤엉	내용	nội dung 노이 중
내리다.(자동차)	xuống 쑤엉	내일	ngày mai 응아이 마이
내부의	bên trong 벤 쫑	내일 아침	sáng mai 쌍 마이

내 소개가 늦었네.	Tôi quên tự giới thiệu rồi. 또이 꾸엔 뜨 져이 티에우 조이
내가 말하려는 건	tôi định nói 또이 딕 노이
내가 말했잖아.	Tôi đã nói rồi mà. 또이 다 노이 조이 마
내가 뭐라고 말했어?	Tôi đã nói gì? 또이 다 노이 지
내가 뭘 잘못 했어요?	Tôi đã làm gì sai? 또이 다 람 지 싸이
내가 이상한 거예요?	Tôi lạ lắm à? 또이 라 람 아
내건 내가 고를 거야.	Tôi muốn tự tôi chọn. 또이 무온 뜨 또이 쫀
내구력이 있는	lâu bền, dai sức 러우 벤, 자이 쓱
내기 할래요?	Chị có cược không? 찌 꼬 끄억 콩

내일 오후	chiều mai 찌에우 마이	냉수	nước lạnh 느억 라잇
내조하다.	giúp đỡ 줍 더	냉장고	tủ lạnh 뚜 라잇
냄비	nồi 노이	너(친한 사이)	cậu, bạn 꺼우, 반
냄새 맡다.	ngửi mùi 응의 무이	너무 예쁜	đẹp tuyệt 댑 뚜엣
냄새가 안 좋은	thối 토이	너무 적게 먹네.	Ăn ít quá. 한 잇 꽈
냄새를 풍기다.	bốc mùi 복 무이	넓다.	rộng rãi 종 자이

내 생각엔 theo tôi, tôi thấy
태오 또이, 또이 터이

내수 진작(경제용어) tăng cầu
땅 꺼우

내일 보는 거다. 응? Mai gặp lại nhé.
마이 갑 라이 내

내일 이 시간에 다시 올게요.
Bằng giờ này ngày mai tôi lại đến.
방 져 나이 응아이 마이 또이 라이 덴

냄새를 제거하다. làm cho bay mùi
람 쪼 바이 무이

넘다.	vượt / 브엇
넘어지다.	ngã / 응아
넘치다.	tràn qua / 짠 꽈
넣다.	cho vào / 조 바오
네 번째	thứ tư / 트 뜨
네(대답)	vâng, dạ / 벙, 자
네덜란드	Hà Lan / 하 란
네모진	hình vuông / 히잉 부옹
네트워크	mạng / 망
넥타이	cà vạt / 까 밧
넷(숫자)	bốn / 본
년 / 5년	năm / 5 năm / 남 / 남 남
노동	lao động / 라오 동
노동력	sức lao động / 쓱 라오 동
노동자	người lao động / 응어이 라오 동
노란색	màu vàng / 머우 방

너무 애쓰지 마. Đừng có cố quá.
등 꼬 꼬 꽈

네, 그렇게 해주세요. Được ạ.
드억 아

네가 원하는 대로 như ý cậu
느 이 꺼우

네, 제가 박민수입니다. Vâng, tôi là Park min su.
벙 또이 라 박 민 수

노래	bài hát 바이 핫	노래하다.	hát 핫
노래 잘하다.	hát hay 핫 하이	노력	nỗ lực 노 륵
노래방	quán karaoke 꽌 까라오깨	노력하다.	chịu khó 찌우 코
노래와 음악	ca nhạc 까 냑	노를 젓다.	bơi thuyền 버이 투엔

년전 / 일 년전	cách đây / cách đây 1 năm 까익 더이 / 까익 더이 못 남
년후 / 일 년후	năm sau / một năm sau 남 싸우 / 못 남 싸우
노동력을 낭비하다.	mất công 멋 꽁
노동시간	thời gian lao động 터이 잔 라오 동
노래 좀 그만 불러.	Đừng hát nữa! 등 핫 느어
노래도 좋지요.	Hát cũng được. 핫 꿍 드억
노래방에서 노래하다.	hát karaoke 핫 까라오깨
노래방을 싫어하다.	không thích hát karaoke 콩 틱 핫 까라오깨

노름하다.	đánh bạc 다잉 박
노선	lộ trình 로 찌잉
노인	người già, phụ lão 응어이 쟈, 푸 라오
노크하다.	gõ cửa 고 꼬어
노트	vở 버
노트북	máy tính xách tay 마이 띠잉 싸익 따이
노파	bà già 바 쟈
녹두콩	đậu xanh 더우 싸잉
녹음하다.	ghi âm 기 엄
녹차	chè xanh 째 싸잉
논문	luận văn 루언 반
논쟁하지 말자.	Đừng cãi. 등 까이
놀다.	chơi 쩌이
놀라다.	ngạc nhiên 응악 니엔
놀러 나가다.	đi chơi 디 쩌이
놀러오다.	đến nhà chơi 덴 냐 쩌이
농구	bóng rổ 봉 조
농담이야.	Tôi đùa thôi! 또이 두어 토이

노벨문학상　　　　giải nobel văn chương
　　　　　　　　　자이 노밸 반 쯔엉

노트북은 누구 거예요?
　　　　Cái máy tính xách tay là của ai?
　　　　까이 마이 띠잉 싸익 따이 라 꾸어 아이

한국어	베트남어	한국어	베트남어
농담하다.	đùa 두어	높은 위치	thế mạnh 테 마잉
농림부	bộ nông lâm 보 농 럼	높이	độ cao 도 까오
농민	nông dân 농 전	놓다.	đặt 닷
농업	nông nghiệp 농 응이엡	누가 시켰어?	Ai ép? 아이 앱
농업세	thuế nông nghiệp 투에 농 응이엡	누구	ai 아이
농촌	nông thôn 농 톤	누구 배고파?	Ai đói? 아이 도이
높은	cao 까오	누구나	ai cũng 아이 꿍
높은 가격	giá cao 쟈 까오	누구세요?	Ai đó? Ai đấy? 아이 도, 아이 더이

놀랄까봐 걱정하다.　　　　　　　sợ giật mình
　　　　　　　　　　　　　　　　써 젓 미잉

높은 성적을 거두다.　　　　　　　thành tích cao
　　　　　　　　　　　　　　　　타잉 띡 까오

누가 더 나이가 많아요?　　　　　Ai nhiều tuổi hơn?
　　　　　　　　　　　　　　　　아이 니에우 뚜어이 헌

누가 알고 싶은데?　　　　　　　　Ai muốn biết?
　　　　　　　　　　　　　　　　아이 무온 비엣

누군데?	Ai thế? 아이 테	눈물	nước mắt 느억 맛
누룽지	cơm cháy 껌 짜이	눈병이 나다.	đau mắt 다우 맛
누르다.	ấn, bấm 언, 범	눈보라	bão tuyết 바오 뚜엣
누설하다.	tiết lộ 띠엣 로	눈사람	người tuyết 응어이 뚜엣
눅눅해지다.	ỉu 이우	눈싸움하다.	ném tuyết 냄 뚜엣
눈(기후)	tuyết 뚜엣	눈썹	lông mày 롱 마이
눈(신체)	mắt 맛	눈앞	trước mắt 쯔억 맛
눈동자	con ngươi 꼰 응어이	눈에 거슬리는	ngứa mắt 응으어 맛

누구 차례예요?   Đến lượt ai?
덴 르엇 아이

누구를 찾으세요?   Chị tìm ai đấy?
찌 띰 아이 더이

누구의 집에 가시는데요?   Chị đến nhà ai?
찌 덴 냐 아이

누군가와 통화하다.   nói chuyện điện thoại với ai
노이 쭈엔 디엔 토와이 버이 아이

한국어	베트남어
눈을 뜨다.	mở mắt 머 맛
눈이 내리다.	tuyết rơi 뚜엣 저이
눈이 부시다.	hoa mắt 화 맛
눈이 아프다.	đau mắt 다우 맛
눈이 오다.	có tuyết 꼬 뚜엣
눈치 보다.	thăm dò 탐 조
뉘앙스	sắc thái 싹 타이
뉴스	tin tức, thời sự 띤 뜩, 터이 쓰
뉴스를 듣다.	nghe tin 응애 띤
느긋한	thong thả 통 타
느끼다.	cảm thấy, thấy 깜 터이, 터이
느끼해.(맛)	Mỡ quá!, Ngấy! 머 꽈, 응어이
느리다.	chậm 쩜
늘어나다.	tăng 땅
늙었어.	Già rồi. 쟈 조이
늙은	già 쟈
늙은 여성	bà cụ 바 꾸
능(왕의 무덤)	lăng tẩm 랑 떰

눈사람을 만들다.   làm người tuyết
                                     람 응어이 뚜엣

눈이 나빠서 안경을 써야해.
                 Vì mắt kém nên phải đeo kính.
                 비 맛 깸 넨 파이 대오 끼잉

능동적인	năng động 낭 동	늦게 도착하다.	đến muộn 덴 무온
능력	quá sức, năng lực 꽈 쓱, 낭 륵	늦게 일어나다.	dậy muộn 저이 무온
능숙한	khéo 캐오	늦은	muộn 무온
능숙해지다.	thành thạo 타잉 타오	늦잠자다.	ngủ dậy muộn 응우 저이 무온

늦게 와서 미안해요.   Xin lỗi vì tôi đến muộn.
씬 로이 비 또이 덴 무온

늦게 잠자리에 들다.   thức khuya
특 퀴아

늦었다.   Bây giờ muộn rồi.
버이 져 무온 조이

늦잠을 자주 자요.   Tôi hay ngủ quên lắm.
또이 하이 응우 꾸엔 람

ㄷ

한국어-베트남어

그 낯설고 낯익은

다 알아듣다.	hiểu hết 히에우 헷	다른	khác nhau 칵 나우
다 팔렸어.	Bán hết rồi. 반 헷 조이	다른 것들	các cái khác 깍 까이 칵
다가가다.	xích lại 씩 라이	다른 면	mặt khác 맛 칵
다가오다.(시기)	đến tháng 덴 탕	다른 방법	cách khác 까익 칵

다 먹다. / 다 먹었어요.　　ăn xong / Ăn xong rồi.
　　　　　　　　　　　　안 쏭 / 안 쏭 조이

다 알아.　　　　　　　　　Tôi đã biết hết rồi.
　　　　　　　　　　　　또이 다 비엣 헷 조이

다른 것 좀 보여 주세요.　　Cho tôi xem cái khác.
　　　　　　　　　　　　조 또이 쌤 까이 칵

다른 것으로 바꾸다.　　　　thay cái khác
　　　　　　　　　　　　타이 까이 칵

다른 도시보다 오토바이가 많다.
　　Có nhiều xe máy hơn thành phố khác.
　　꼬 니에우 쌔 마이 헌 타잉 포 칵

다른 말은 안 해?　　Chị ấy có nói gì nữa không?
　　　　　　　　　찌 어이 꼬 노이 지 느어 콩

다른 방법으로 해야겠어요.　Tôi phải làm cách khác.
　　　　　　　　　　　　또이 파이 람 까익 칵

다리(건축)	cầu 꺼우	다만	chỉ có, chỉ là 찌 꼬, 찌 라
다리미	bàn là 반 라	다사다난한	sôi động 쏘이 동
다리와 도로	cầu cống 꺼우 꽁	다섯 번째	thứ năm 트 남
다림질	là hơi 라 허이	다섯(숫자)	năm 남

다른 사람으로 착각했어요.   Tôi cứ tưởng là ai chứ.
또이 끄 뜨엉 라 아이 쯔

다른 색도 있어요?   Có màu khác không ạ?
꼬 머우 칵 콩 아

다른 선택권이 없어.
Không còn sự lựa chọn nào khác.
콩 꼰 쓰 르어 쫀 나오 칵

다른 음식으로 바꿔도 되요?
Có thể đổi món khác được không ạ?
꼬 테 도이 몬 칵 드억 콩 아

다른 일을 없습니까?   Còn việc gì nữa không ạ?
꼰 비엑 지 느어 콩 아

다리를 다치다.   bị đau ở chân
비 다우 어 쩐

다발 / 장미꽃 한 다발   bó / 1 bó hoa hồng
보 / 못 보 화 홍

다소간	ít nhiều 잇 니에우	다시 전화하다.	gọi lại 고이 라이
다수의	đa số, đông đảo 다 쏘, 동 다오	다시 한 번	một lần nữa 못 런 느어
다시 가져가다.	lấy lại 러이 라이	다시 한번하다.	làm lại 람 라이
다시 개최되다.	lại tổ chức 라이 또 쯕	다운되다.(전산)	máy dừng 마이 증
다시 느려지다.	chậm lại 쩜 라이	다음 아시안게임	Asiad tới 아시아드 떠이

다시 돌려줘야해. Nhớ đưa lại cho tôi nhé?
녀 드어 라이 조 또이 녜

다시 말씀해 주세요. Xin nói lại một lần nữa.
씬 노이 라이 못 런 느어

다시 오셨으면 좋겠네요.
Mong các chị lại đến thăm nữa.
몽 깍 찌 라이 덴 탐 느어

다시 전화할게. Tôi sẽ gọi lại.
또이 쌔 고이 라이

다시 한 번 잘 찾아봐. Thử tìm kỹ lại xem nào.
트 띰 끼 라이 쌤 나오

다음 아시아게임은 어디서 열려?
Asiad tới được tổ chức ở nước nào?
아시아드 떠이 드억 또 쯕 어 느억 나오

다음날	hôm sau 홈 싸우	다음으로	tiếp theo 띠엡 태오
다음달	tháng sau 탕 싸우	다음 주	tuần sau 뚜언 싸우
다음번	lần sau 런 싸우	다이어트하다.	ăn kiêng 안 끼응
다음부터는	từ lần sau 뜨 런 싸우	다지다.(요리)	băm 밤

다음 역에 내리다.   xuống ở bên sau
쑤엉 어 벤 싸우

다음 일요일은 괜찮아?
Chủ nhật tuần sau được không?
쭈 녓 뚜언 싸우 드억 콩

다음에 다시 전화할게.   Tôi sẽ gọi lại sau!
또이 쌔 고이 라이 싸우

다음에 무슨 일이 생겼는데요?
Thế chuyện gì xảy ra tiếp theo?
테 쭈엔 지 싸이 자 띠엡 태오

다음에 사용하다.   lần sau lại dùng
런 싸우 라이 중

다음에 얘기해 줄게요.   Lần sau em nói cho chị.
런 싸우 앰 노이 조 찌

다음에 올게요.   Lần sau tôi sẽ đến.
런 싸우 또이 쌔 덴

한국어	베트남어	한국어	베트남어
다치다.	bị thương 비 트엉	단식투쟁하다	tuyệt thực 뚜엣 특
다큐멘터리	phim tài liệu 핌 따이 리에우	단식하다.	nhịn ăn 닌 안
다행이다.	May mắn quá! 마이 만 꽈	단어	từ 뜨
닦다.	lau 라우	단어 넣기	điền từ 디엔 뜨
단결하다.	đoàn kết 도안 껫	단언하다.	xác nhận 싹 년
단계	giai đoạn, bước 쟈이 돤, 브억	단위	đơn vị 던 비
단독의	duy nhất 주이 녓	단지	chỉ 찌
단발머리	tóc ngang vai 똑 응앙 바이	단체	đoàn 도안
단백질	chất đạm 쩟 담	단체 여행객	đoàn du lịch 도안 주 릭

다해서 3000동 맞죠? Tất cả là 3000 phải không ạ?
떳 까 라 바 응인 파이 콩 아

단거 많이 먹지 마. Đừng ăn nhiều của ngọt.
등 안 니에우 꾸어 응옷

단장(우두머리) trưởng đoàn
쯔엉 도안

단체손님	đoàn khách 도안 카익	달라붙다.(옷이 젖어서)	bết 벳
단추	cái cúc áo 까이 꾹 아오	달러	đô-la 도라
단팥죽	chè đậu 째 더우	달력	lịch 릭
닫다.(뚜껑)	đậy 더이	달성하다.	đạt được 닷 드억
달(시간)	tháng 탕	달아나다.	bỏ chạy 보 짜이
달(천체)	mặt trăng 맛 짱	달아요.(맛)	Ngọt quá. 응옷 꽈
달다.(맛)	ngọt 응옷	달팽이	con sên 꼰 쎈
달라붙다.	dính 지잉	닭	con gà 꼰 갸

달려! 달려!	Chạy đi! Chạy đi! 짜이 디 짜이 디
달리기 경주를 하다.	chạy thi 짜이 티
달면서 맛있다.	vừa ngon vừa ngọt 브어 응온 브어 응옷
달팽이처럼 느린	chậm như rùa 쩜 느 주어

닭고기	thịt gà 팃 야	담보	bảo đảm 바오 담
닭 날개	cánh gà 까잉 야	담보대출	cho vay thế chấp 조 바이 테 쩝
닭띠	tuổi gà 뚜어이 야	담요	chăn 짠
닮은	giống 종	담임하다.	đảm nhiệm 담 니엠
담배	thuốc lá 투억 라	답례하다.	đáp lễ 답 레
담배를 끊다.	bỏ thuốc lá 보 투억 라	답변하다.	đáp 답
담배를 피우다.	hút thuốc 훗 투억	당근	củ cà rốt 꾸 까 롯

닭 머리랑 다리 좀 잘라주세요.
Xin cắt đầu và chân của con gà.
씬 깟 더우 바 쩐 꾸어 꼰 야

담당하다.   đảm nhận, đảm đang
                   담 년, 담 당

담배를 피워도 될까요?
Tôi có thể hút thuốc được không?
또이 꼬 테 훗 투억 드억 콩

담배피우지마.   Đừng hút thuốc lá.
                       등 훗 투억 라

당부하다.	thúc giục 툭 죽	당연하다.	tất nhiên 떳 니엔

당신 뜻대로 하세요. Chị được ưu tiên nhé.
찌 드억 유 띠엔 냬

당신 말씀이 맞아요. Chị nói đúng.
찌 노이 둥

당신께 행운이 있기를 빕니다. Chúc chị đi may mắn.
쭉 찌 디 마이 만

당신도 그녀를 아세요? Chị cũng quen chị ấy à?
찌 꿍 꾸앤 찌 어이 아

당신말을 못 알아듣겠어요. Chị nói em không hiểu.
찌 노이 앰 콩 히에우

당신을 알게 되어서 매우 기뻐요.
Rất hân hạnh được làm quen với chị.
젓 헌 하잉 드억 람 꾸앤 버이 찌

당신을 위한 거예요. Đó là vì chị.
도 라 비 찌

당신이 승자예요. Chị là vô địch!
찌 라 보 딕

당신이 원하는 대로요. Tuỳ chị.
뛰 찌

당신이 히엔씨 이신가요?
Có phải là chị Hiền không?
꼬 파이 라 찌 히엔 콩

한국어-베트남어

당연하지.	Tất nhiên rồi. 떳 니엔 조이	대단한	tuyệt 뚜엣
당황했어.	Tôi bối rối. 또이 보이 조이	대답하다.	trả lời 짜 러이
대(나무)	tre 째	대량의	số lượng lớn 쏘 르엉 런
대규모의	hàng loạt 항 롯	대령	đại tá 다이 따
대극장	nhà hát lớn 냐 핫 런	대륙	châu 쩌우
대기(권)	khí quyển 키 꾸엔	대리점	đại lý 다이 리

당좌예금 — tài khoản vãng lai 따이 콴 방 라이

대 / 선풍기 3대 — cái / 3 cái quạt máy 까이 / 바 까이 꽛 마이

대 / 택시 1대 — chiếc / 1 chiếc taxi 찌엑 / 못 찌엑 딱시

대강 얼마나 걸려? — Mất khoảng bao lâu? 멋 쾅 바오 러우

대단하시군요.(재주) — Chị thật là tài. 찌 텃 라 따이

대담하게 말을 하다. — dám nói 잠 노이

대명사	đại từ 다이 뜨	대신하다.	thay thế 타이 테
대변	phân 펀	대의(원대한 뜻)	đại nghĩa 다이 응이아
대변보다.	đi đại tiện 디 다이 띠엔	대접하다.	chiêu đãi, đãi 찌에우 다이, 다이
대본	vở kịch 버 끽	대중	đại chúng 다이 쭝
대사	đại sứ 다이 쓰	대중식당	cơm bình dân 껌 비잉 전
대사관	đại sứ quán 다이 쓰 꽌	대처하다	đối xử 도이 쓰

대부분 너무 놀라한다.
Hầu hết mọi người đều ngạc nhiên.
허우 헷 모이 응어이 데우 응악 니엔

대사관 가는 길이에요. Tôi đang đến đại sứ quán.
또이 당 덴 다이 쓰 꽌

대우호텔 건너편　đối diện khách sạn Daewoo
도이 지엔 카익 싼 대우

대우호텔은 어디에 있어요?
Khách sạn Daewoo ở đâu?
카익 싼 대우 어 더우

대중교통　　　　giao thông công cộng
쟈오 통 꽁 꽁

대체로	đại thể 다이 테	대표팀	đội tuyển 도이 뚜옌
대체하다.	bổ sung 보 쑹	대학교	trường đại học 쯔엉 다이 혹
대출하다.	cho vay 조 바이	대학원	viện cao học 비엔 까오 혹
대통령	tổng thống 똥 통	대합실	phòng đợi 퐁 더이
대표(회사)	đại diện 다이 지엔	대항하다.	chống đối 쫑 도이
대표단	đoàn đại biểu 도안 다이 비에우	대화	đối thoại 도이 토와이
대표자	người đại diện 응어이 다이 지엔	대화상자(전산)	hộp thoại 홉 토와이

대출기한은 얼마인가요?
Thời hạn cho vay trong bao lâu?
터이 한 조 바이 쫑 바오 러우

대통령을 뽑다.
bầu tổng thống
버우 똥 통

대학에서 강의를 맡고 있습니다.
Tôi là giảng viên trong trường đại học.
또이 라 장 비엔 쫑 쯔엉 다이 혹

대학원에서 공부중인
đang học cao học
당 혹 까오 혹

대회	đại hội 다이 호이	더 높은	cao hơn 까오 헌
댄스	điệu múa 디에우 무어	더 늦다.	muộn hơn 무온 헌
더	nữa 느어	더 많이	hơn nhiều 헌 니에우
더 쉽다.	dễ hơn 제 헌	더 있어.	Còn nữa chứ. 꼰 느어 쯔
더 나가서는	hơn nữa 헌 느어	더 큰	to hơn 또 헌

더 드시겠어요? Chị có ăn nữa không?
찌 꼬 안 느어 콩

더 많이 있다. nhiều thứ nữa
니에우 트 느어

더 빨리 해볼까요?
Chúng ta làm nhanh hơn nữa nhé?
쭝 따 람 야잉 헌 느어 내

더 작은 것은 없나요? Có cái nhỏ hơn không ạ?
꼬 까이 뇨 헌 콩 아

더 큰 것은 없나요? Có cái to hơn không ạ?
꼬 까이 또 헌 콩 아

더 필요한 거 없어요. 충분해요.
Không cần, thế đủ rồi.
콩 껀, 테 두 조이

한국어	베트남어	한국어	베트남어
더럽히다.	ô nhiễm / 오 니엠	던져버리다.	ném / 냄
더불어	cùng với / 꿍 버이	덫	bẫy / 버이
더블룸	phòng đôi / 퐁 도이	덮다.(담요)	đắp / 답
더빙하다.	lồng tiếng / 롱 띠응	덮다.(책)	gấp / 겁
더운	nóng / 농	데다.(불에)	bỏng / 봉
더치페이하다.	trả tiền riêng / 짜 띠엔 지응	데리고 오다.	đón / 돈
덕	đức / 득	데스크톱	máy tính để bàn / 마이 띠잉 데 반
덕담	lời chúc / 러이 쭉	데이트	cuộc hẹn / 꾸옥 핸

더럽군. 정말.   Bẩn ơi là bẩn.
번 어이 라 번

더치페이해도 될까요?
Trả tiền riêng có được không ạ?
짜 띠엔 지응 꼬 드억 콩

덜 심심하게 하다.   đỡ buồn hơn
더 부온 헌

데이트를 약속하다. hò hẹn 호 핸	도둑 kẻ trộm, kẻ cướp 깨 쫌, 깨 끄업
데치다. luộc qua 루옥 꽈	도를 넘다. quá mức 꽈 믁
도 / 40도 độ / 40 độ 도 / 본 무어이 도	도마뱀 thằn lằn 탄 란
도구 công cụ 꽁 꾸	도매로 팔다. bán buôn 반 부온
도기 gốm 곰	도서관 thư viện 트 비엔
도달하다. lên tới 렌 떠이	도시 đô thị 도 티
도덕 đạo đức 다오 득	도움이 되는 có ích 꼬 익

데이터베이스(전산)   cơ sở dữ liệu
꺼 써 즈 리에우

도마뱀(작은)   con thạch sùng
꼰 타익 쑹

도망가다.   thoát, bỏ chạy
토앗, 보 짜이

도와줄 수 있어요?
Chị có thể giúp tôi được không ạ?
찌 꼬 테 줍 또이 드억 콩 아

한국어	베트남어	한국어	베트남어
도자기류	đồ gốm 도 곰	독자(가족)	con một 꼰 못
도착하다.	đến 덴	독자(구독)	độc giả 독 쟈
도착할거야.	sẽ đến 쌔 덴	독창적	độc đáo 독 다오
독립하다.	độc lập 독 럽	독특한	đặc trưng 닥 쯩
독수리	chim ưng 찜 응	돈	tiền 띠엔
독신	độc thân 독 턴	돈을 계산하다.	tính tiền 띵 띠엔
독일	Đức 득	돈을 받다.	thu tiền 투 띠엔

도움이 필요한 일이 있으면, 말씀만 해주세요.
　　　　　Có việc gì cần tôi giúp, chị cứ bảo.
　　　　　꼬 비엑 지 껀 또이 쥽, 찌 끄 바오

돈 많이 벌고 복 받으세요.
　　　　　Chúc an khang thịnh vượng.
　　　　　쭉 안 캉 틱 브엉

돈 충전해주세요.
　　　　　Nạp tiền cho tôi ạ.
　　　　　납 띠엔 조 또이 아

돈을 많이 쓰지 않다.
　　　　　chẳng đáng mấy
　　　　　짱 당 머이

돈을 벌다.	kiếm tiền 끼엠 띠엔	돌아오다.	trở về 쩌 베
돈을 송금하다.	gửi tiền 그이 띠엔	돌연히	đột ngột 돗 응옷
돈을 인출하다.	rút tiền 줏 띠엔	돕다.	giúp đỡ 즙 더
돌다.(방향)	quay lại 꽈이 라이	동(방향)	phía đông 피아 동
돌려주다.	trả 짜	동(베트남 화폐단위)	đồng 동
돌보다.	chăm sóc 짬 쏙	동갑인	cùng tuổi 꿍 뚜어이

돈을 모으다. / 오토바이를 사기 위해 돈을 모으다.
góp tiền / góp tiền để mua xe máy
곱 띠엔 / 곱 띠엔 데 무어 쌔 마이

돈을 빌려주실 수 있으세요?
Cho tôi vay tiền, có được không?
조 또이 바이 띠엔, 꼬 드억 콩

돌려드리러 왔어요.
Tôi đến mang trả lại cho chị đấy.
또이 덴 망 짜 라이 조 찌 더이

동갑 맞아요.
Đúng là cùng tuổi rồi.
둥 라 꿍 뚜어이 조이

한국어	베트남어	한국어	베트남어
동굴	hang động 항 동	동생(남)	em trai 앰 짜이
동남아	đông nam á 동 남 아	동생(여)	em gái 앰 가이
동료	bạn đồng nghiệp 반 동 응이엡	동시에	đồng thời 동 터이
동메달	huy chương đồng 휘 쯔엉 동	동업자	bạn hàng 반 항
동물	động vật 동 벗	동유럽	đông âu 동 어우
동물원	sở thú 써 투	동의하다.	đồng ý 동 이
동반자	đối tác 도이 딱	동포	đồng bào 동 바오
동반하다.	đi kèm 디 깸	돛을 달다.	căng buồm 깡 부옴
동사(문법)	động từ 동 뜨	돼지	con lợn 꼰 런

동료의 집을 방문하다. đến thăm nhà đồng nghiệp
덴 탐 냐 동 응이엡

동반자 관계 quan hệ đối tác
꽌 헤 도이 딱

동안 / 8시간 동안 trong vòng / trong vòng 8 tiếng
쫑 봉 / 쫑 봉 땀 띠응

돼지띠	tuổi lợn 뚜어이 런
되나요?	Có được không ạ? 꼬 드억 콩 아
되다.	được 드억
되풀이하다.	nhắc lại 냑 라이
두 번째	lần thứ hai 런 트 하이
두고 가다.	bỏ quên 보 꾸엔
두고 잊어버리다.	đánh mất 다잉 멋
두근거리다.	hồi hộp 호이 홉
두꺼비	con cóc 꼰 꼭
두다.	để 데
두려운	kinh khủng 끼잉 쿵
두려워하다.	sợ 써
두리안(과일)	quả sầu riêng 꽈 쎠우 지응
두부	đậu phụ 더우 푸

됐다 안됐다 해요.
　　　Khi nào thì được, khi nào thì không được.
　　　　키 나오 티 드억, 키 나오 티 콩 드억

두 번 했어.
　　　Tôi đã làm hai lần rồi.
　　　　또이 다 람 하이 런 조이

두 팀이 비겼어.
　　　Hai đội hòa.
　　　　하이 도이 화

두개로 자르다.
　　　chia thành hai cái
　　　　찌아 타잉 하이 까이

한국어	베트남어		
두통이 있는	đau đầu 다우 더우	뒤죽박죽인	lộn xộn 론 쏜
둑	bờ 버	뒤집다.(안을 밖으로)	lật 럿
둘 다	cả hai đều 까 하이 데우	뒤쪽	phía sau 피아 싸우
둘(숫자)	hai 하이	뒤쫓다.	chạy theo 짜이 태오
둘러싸다.	bao quanh 바오 꽈잉	뒷담화	chuyện sau lưng 쭈엔 싸우 릉
둘레(원주)	đường tròn 드엉 쫀	뒷면	mặt trái 맛 짜이
둥근	tròn 쫀	드라이브하다.	lái xe 라이 쌔
둥근 광주리	hộp tròn 홉 쫀	드라이어	cái máy sấy tóc 까이 마이 써이 똑
뒤꿈치	gót 곳	드라이하다.(머리)	sấy tóc 써이 똑

둔화(경제용어)   xu hướng giảm
쑤 흐엉 잠

둘러보다.   xem vòng quanh
쌤 봉 꽈잉

뒤에 있는 사람들   những người ở phía sau
능 응어이 어 피아 싸우

드럼(악기)	trống 쫑	들르다.	ghé qua 개 꽈
드리다.	biếu 비에우	들어가다.	đi vào 디 바오
드세요.(어른에게)	Xin mời. 씬 머이	들판	cánh đồng 까잉 동
듣기 좋은	nghe bùi tai 응애 부이 따이	등(인체)	lưng 릉
듣기로는	nghe nói 응애 노이	등급	hạng 항
듣다.	nghe 응애	등급에 도달하다.	đạt mức 닷 믁
들다.(손에)	cầm 껌	등기우편	thư bảo đảm 트 바오 담
들다.(역기를)	cử tạ 끄 따	등대	hải đăng 하이 당

득점이 나질 않았어요. Không có bàn thắng nào.
콩 꼬 반 탕 나오

들어가도 돼? Tôi vào được không?
또이 바오 드억 콩

등기우편으로 보내려고요.
Tôi muốn gửi thư bảo đảm.
또이 무온 그이 트 바오 담

한국어	베트남어	한국어	베트남어
등록증	giấy đăng ký 져이 당 끼	따르다.(액체)	rót 좃
등록하다.	đăng ký 당 끼	따르지 않다.	chống lại 쫑 라이
디스크(전산)	đĩa 디아	따지다.	cãi nhau 까이 나우
디자인하다.	thiết kế 티엣 께	딱딱한	cứng 끙
디지털	kỹ thuật số 끼 투엇 쏘	딸	con gái 꼰 가이
따다.(과일)	hái 하이	딸기	dâu tây 저우 떠이
따뜻하게 하다.(난방)	sưởi 쓰어이	딸꾹질	nấc cụt 넉 꿋
따뜻하다.	ấm áp 엄 압	땀을 흘리다.	chảy mồ hôi 짜이 모 호이
따라가다.	đi theo 디 태오	땅	đất 덧
따로	riêng 지응	땅을 갈다.	cày cấy 까이 꺼이
따르다.(명령)	tuân thủ 뚜언 투	땅을 밟다.	đặt chân 닷 쩐

디지털카메라　　　　máy ảnh kỹ thuật số
　　　　　　　　　마이 아잉 끼 투엇 쏘

땅콩	lạc 락	또는	hoặc 호악
때때로	thỉnh thoảng 티잉 토앙	또한	cũng thế 꿍 테
때려.	Đánh đi. 다잉 디	똑같다.	giống nhau 죵 냐우
때리다.	đánh 다잉	똑똑히 말하다.	nói rõ 노이 조
떠나다.	rời khỏi 저이 코이	똑바로 가다.	đi thẳng 디 탕
떨어지다.	rơi xuống 저이 쑤엉	뚜껑	nắp 납
떼(무리)	đàn, nhóm 단, 놈	뚱뚱하다.	béo, mập 배오, 멉

때문에 / 나 때문이라고 생각해.
　　　　　tại / Tôi nghĩ là tại tôi.
　　　　　따이 / 또이 응이 라 따이 또이

떠올리다. / 그녀를 떠올리곤 했다.
　　　　　nhớ đến / Tôi nhớ đến cô ấy.
　　　　　녀 덴 / 또이 녀 덴 꼬 어이

또 까먹었어요?　　　　　Sao chị lại quên chứ?
　　　　　　　　　　　　싸오 찌 라이 꾸엔 쯔

똑같이 예쁘다.　　　　　đẹp như nhau
　　　　　　　　　　　　댑 느 냐우

뛰다.	nhảy 냐이	뜯다.(봉투 등을)	xé 쌔
뜨거운	nóng 농	뜯다.(포장, 껍질)	bóc 복
뜨거워.	Nóng quá. 농 꽈	뜯어봐.	xé đi! 쌔 디
뜨다.(물에서)	nổi lên 노이 렌	뜻(의미)	nghĩa 응이아
뜨다.(연예인)	nổi 노이	뜻대로	mặc ý 막 이

뜨거운 물 조금만 더 주세요.
Cho thêm ít nước nóng nữa ạ.
조 템 잇 느억 농 느어 아

2

한국어-페르시아어

5

라디오	đài 다이	러시아어	tiếng Nga 띠응 응아
라면	mì 미	러시아워	giờ cao điểm 져 까오 디엠
라오스(나라)	Lào 라오	레드카드	thẻ đỏ 태 도
라이터	bật lửa 벗 르어	레몬주스	nước chanh 느억 짜잉
라임(과일)	chanh 짜잉	레벨	cấp bậc 껍 벅
랍스타	con tôm càng 꼰 똠 깡	레스토랑	hiệu ăn 히에우 안
러시아	Nga 응아	로그인(전산)	đăng nhập 당 녑

라디오 방송국   đài phát thanh
다이 팟 타잉

라이스페이퍼   bánh đa nem
바잉 다 냄

렌트카회사   công ty thuê xe
꽁 띠 투에 쌔

로마에 가면 로마법을 따라야지.
Nhập gia tùy tục đấy!
녑 쟈 뛰 뚝 더이

로딩 용량(전산)	tải trọng 따이 쫑	리듬	thanh điệu 타잉 디에우
로맨틱한	lãng mạn 랑 만	리모컨	điều-khiển từ xa 디에우 키엔 뜨 싸
로비	hành lang 하잉 랑	리셉션	lễ tân 레 떤
루마니아	Romania 로마니아	리스트	danh sách 자잉 싸익
루비	viên hồng ngọc 비엔 홍 응옥	리찌(과일)	quả vải 꽈 바이
리더	hàng đầu 항 더우	립스틱	son 썬

롤 / 휴지 3롤	cuộn / 3 cuộn giấy vệ sinh 꾸온 / 바 꾸온 져이 베 씨잉
룸서비스	phục vụ phòng khách 푹 부 퐁 카익
리터 / 물 1리터	lít / 1 lít nước 릿 / 못 릿 느억

한국어-베트남어

한국어	베트남어	한국어	베트남어
마늘	củ tỏi 꾸 또이	마약	ma túy 마 뛰
마땅히 ~ 해야 한다.	nên 넨	마우스(전산)	chuột 쭈옷
마르다.	gầy 거이	마을 입구	đầu làng 더우 랑
마른(건조)	khô 코	마을	làng 랑
마술	ảo thuật 아오 투엇	마을의 총칭	làng xã 랑 싸
마스크	khăn bịt mặt 칸 빗 맛	마음	tâm 떰
마시다.	uống 우엉	마음대로	tùy tiện 뛰 띠엔
마실 것	đồ uống 도 우엉	마음에 드는	đành 다잉

마리 / 닭 3마리   con / 3 con gà
꼰 / 바 꼰 갸

마약을 하다.(주사로)   tiêm chích
띠엠 찍

마우스 오른쪽 클릭하다.(전산)   nhấn phải chuột
년 파이 쭈옷

마음에 드는 물건   thứ họ thích
트 호 틱

마음을 다해서	hết lòng 헷 롱	마천루	chọc trời 쪽 쩌이
마음이 따뜻한	tốt bụng 똣 북	마취하다.	gây tê 거이 떼
마음이 아픈	đau lòng 다우 롱	마치다.	kết thúc 껫 툭
마음이 평온한	bình thản 비잉 탄	마침표를 찍다.	chấm 쩜
마이너스의	âm 엄	막 ~하려하다.	sắp 쌉
마중 나가다.	đón 돈	막 뛰어가다.	chạy ào 짜이 아오
마지막	cuối cùng 꾸오이 꿍	막 일어났어요.	Mới dậy. 머이 저이
마찬가지로	cũng như 꿍 느	막(연극)	hồi 호이

마음에 드십니까? Có vừa ý không ạ?
꼬 브어 이 콩 아

마음에 안 들어요. Không vừa ý.
콩 브어 이

마음이 아파. Đau lòng quá.
다우 롱 꽈

막 2년 되었어요. Mới được 2 năm nay.
머이 드억 하이 남 나이

막내	con út 꼰 웃	만들어 내다.	đặt ra 닷 자
막다.	che chở 째 쩌	만약	nếu 네우
만(바다)	vịnh 빙	만약 그렇다면	nếu thế 네우 테
만기가 되다.	hết hạn 헷 한	만약 필요하다면	nếu cần 네우 껀
만나다.	gặp 갑	만족시키다	làm vui lòng 람 부이 롱
만두	bánh bao 바잉 바오	만족하는	vừa lòng 브어 롱
만들다.	làm 람	만족해요.	Hợp ý tôi lắm. 헙 이 또이 람

만나고 싶다. / 히엔씨를 만나고 싶어요.
muốn gặp / Tôi muốn gặp chị Hiền.
무온 갑 / 또이 무온 갑 찌 히엔

만약 그렇지 않다면   nếu không
                                                  네우 콩

만약 바쁘지 않으시면, 같이 가요.
Nếu không bận thì chúng ta cùng đến đi.
네우 콩 번 티 쯩 따 꿍 덴 디

만족스러워.   Tôi cảm thấy hài lòng.
                                         또이 깜 터이 하이 롱

만화영화	hoạt hình 홧 히잉	맏아들	con trai cả 꼰 짜이 까
많은	nhiều 니에우	말(언어)	tiếng, lời 띠응, 러이
많은 곳	nhiều nơi 니에우 너이	말(동물)	con ngựa 꼰 응어
많은 사람	đông người 동 응어이	말띠	tuổi ngựa 뚜어이 응어
많이 먹다.	ăn nhiều 안 니에우	말라지다.(체중)	gầy đi 거이 디
많이 먹었어.	Ăn nhiều rồi. 안 니에우 조이	말리다.(건조)	lau khô 라우 코

많이 돌봐주시기 바랍니다.
Tôi mong được chị giúp đỡ nhiều.
또이 몽 드억 찌 쥽 더 니에우

많이 들어도 하나도 이해하지 못하다.
Có nghe bao nhiêu cũng không hiểu gì cả.
꼬 응애 바오 니에우 꿍 콩 히에우 지 까

많이 먹고 많이 커라.(어린이에게 덕담)
Chúc hay ăn chóng lớn.
쭉 하이 안 쫑 런

많이 바쁘지 않아.
Không bận lắm.
콩 번 람

말 자르지마.
Đừng có ngắt lời.
등 꼬 응앗 러이

말씀	lời nói 러이 노이	말하다.	nói 노이
말을 자르다.	ngắt lời 응앗 러이	말할 필요가 없다.	khỏi nói 코이 노이
말을 타다.	cưỡi ngựa 끄어이 응어	말해봐.	Nói đi. 노이 디
말자하면	gọi là 고이 라	맛	hương vị, mùi vị 흐엉 비, 무이 비
말하기를	nói rằng / bảo là 노이 장 / 바오 라	맛보다.	ăn thử 안 트

말도 안돼. Không phải chứ.
콩 파이 쯔

말라 보여요. Trông chị gầy đi nhiều đấy.
쫑 찌 거이 디 니에우 더이

말레이시아인 người Malaysia
응어이 말라이씨아

말씀하실 것이 있으면, 제가 전해 드릴게요.
Có việc gì xin cứ nói, tôi sẽ nhắn lại cho.
꼬 비엑 지 씬 끄 노이, 또이 쌔 냔 라이 쪼

말씀해 주실 수 있나요? Chị có thể cho biết không?
찌 꼬 테 쪼 비엣 콩

말하고 싶은 기분이 아니야. Chẳng có gì để nói cả.
짱 꼬 지 데 노이 까

맛보세요.	Xin ăn thử đi. 씬 안 트 디
맛없다.	không ngon 콩 응온
맛이 좋은	ngon 응온
맛있겠다.	Có vẻ ngon nhỉ. 꼬 배 응온 니
맛있어?	Có ngon không? 꼬 응온 콩
망가뜨리다	làm hỏng 람 홍
망고	quả xoài 꽈 쏘와이
망고스틴	quả măng cụt 꽈 망 꿋
맞은편	đối diện 도이 지엔
맞추다.	bắt buộc, lắp 밧 부옥, 랍
맡기다.	gửi 그이
매너	lối 로이

말했잖아요.   Tôi đã bảo rồi mà.
또이 다 바오 조이 마

맑은(날씨)   quang đãng, trong lành
꽝 당, 쫑 라잉

맛없어 보여.   Có vẻ không ngon.
꼬 배 콩 응온

맛있게 먹어.   Chúc ăn ngon.
쭉 안 응온

망치다. / 다 망쳐 버렸잖아.
   làm hỏng / Em làm hỏng hết rồi.
   람 홍 / 앰 람 홍 헷 조이

한국어	베트남어		한국어	베트남어
매년	háng năm, mỗi năm 항 남, 모이 남		매우 조금	ít ỏi 잇 오이
매니큐어	sơn móng tay 썬 몽 따이		매일	hàng ngày, mỗi ngày 항 응아이, 모이 응아이
매다.(넥타이)	thắt 탓		매일 2알씩	mỗi ngày 2 viên 모이 응아이 하이 비엔
매력	sắc 싹		매진	hết vé 헷 배
매력 있는	hấp dẫn 헙 전		매트	chiếu 찌에우
매우	rất, lắm 젓, 람		매트리스	nệm 넴

맞나요?
Có đúng thế không ạ?
꼬 둥 테 콩 아

맞는 길로 가고 있나요?
Chị có đi đúng đường không?
찌 꼬 디 둥 드엉 콩

맞는지 보려고 입어봤어.
Tôi mặc thử xem có hợp không.
또이 막 트 쌤 꼬 헙 콩

맡아서 해나가다.
đảm đương
담 드엉

매우 당황하다.
hoang mang
황 망

| 매표소 | cửa bán vé
끄어 반 배 | 맺다.(약혼등) | đính ước
디잉 으억 |
|---|---|---|---|
| 매혹시키다. | thu hút
투 훗 | 머리 | đầu
더우 |
| 매화 | hoa mai
화 마이 | 머리가 나쁜 | đần độn
던 돈 |
| 맥박 | mạch
막 | 머리가 벗겨지다. | bị hói
비 호이 |
| 맥주 | bia
비아 | 머리가 아프다. | đau đầu
다우 더우 |
| 맥주 4병 | 4 chai bia
본 짜이 비아 | 머리가 좋다. | thông minh
통 미잉 |
| 맵다. | cay
까이 | 머리를 감다. | gội đầu
고이. 더우 |

매일 몇 시부터 몇 시까지 일해요?
Hàng ngày chị làm việc từ mấy giờ đến mấy giờ?
항 아이 찌 람 비엑 뜨 머이 져 덴 머이 져

맥주 많이 마시면 배 나올 거야.
Nếu uống quá nhiều bia, thì bụng phệ đấy.
네우 우엉 꽈 니에우 비아, 티 붕 페 더이

맥주나 술을 드시겠어요?
Ông có dùng bia hay rượu nữa không ạ?
옹 꼬 중 비아 하이 즈어우 느어 콩 아

한국어	베트남어	한국어	베트남어
머리를 기르다.	nuôi tóc dài 누오이 똑 자이	먹고 마시다.	ăn uống 안 우엉
머리를 묶다.	buộc tóc 부옥 똑	먼(거리)	xa 싸
머리를 숙이다.	cúi 꾸이	먼저	trước 쯔억
머리를 풀다.	xõa tóc 쏘아 똑	먼저 도착하다.	đến trước 덴 쯔억
머리카락	tóc 똑	먼지	bụi 부이
머물다.(숙박)	ở lại 어 라이	멀리뛰기	nhảy xa 냐이 싸

머리를 가로 젓다.(거절)	lắc đầu 락 더우
머리를 스타일링하다.	làm đầu 람 더우
먹다. / 다 먹어.	ăn / Ăn hết đi. 안 / 안 헷 디
먹어봐도 되요?	Ăn thử có được không ạ? 안 트 꼬 드억 콩 아
먼가요?	Còn xa không, chị? 꼰 싸 콩, 찌
먼저 가도 되지?	Tôi đi trước nhé? 또이 디 쯔억 내

멀미하다.	say tàu xe 싸이 따우 쌔	메다.	gánh 가잉
멀지.	Rất xa. 젓 싸	메달	huy chương 휘 쯔엉
멈추다.	dừng 증	메뚜기	con châu chấu 꼰 쩌우 쩌우
멈칫하다.	do dự 조 즈	메론	quả dưa lê 꽈 즈어 레
멋진	tuyệt vời 뚜엣 버이	메모	lời nhắn 러이 냔
메뉴판	thực đơn 특 던	메모리(전산)	bộ nhớ 보 녀

먼저 가도 될까요?　Tôi về trước, có được không?
또이 베 쯔억, 꼬 드억 콩

먼저 간다.　Tôi đi trước đây!
또이 디 쯔억 더이

멀미를 멈추게 하다.　chống say tàu xe
쫑 싸이 따우 쌔

멍청하지 않다.　không đần độn
콩 던 돈

메뉴판을 보여주세요.　Cho tôi xem thực đơn ạ.
조 또이 쌤 특 던 아

메달을 따다.　giành huy chương
자잉 휘 쯔엉

메스꺼운	gớm 검	면도기	máy cạo râu 마이 까오 저우
멜로디	giai điệu 쟈이 디에우	면도용 크림	kem cạo râu 깸 까오 저우
멜로영화	phim tình cảm 핌 띠잉 깜	면도칼	dao cạo 자오 까오
멤버	thành viên 타잉 비엔	면도하다.	cạo râu 까오 저우
며느리	con dâu 꼰 저우	면밀히 검토하다.	duyệt 주옛
며칠에?	Ngày nào? 응아이 나오	면적	diện tích 지엔 띡

메달을 수여하다. trao huy chương
짜오 휘 쯔엉

메모를 남기다. để lại lời nhắn
데 라이 러이 냔

메시지를 보내다. gửi lời, nhắn
그이 러이, 냔

며칠 những ngày, vài ngày
능 응아이, 바이 응아이

며칠 표를 사려고 하나요?
Chị định mua vé ngày nào?
찌 딕 무어 배 응아이 나오

면접	phỏng vấn 퐁 번	명예와 지위	danh vị 자잉 비
명령	lệnh, mệnh lệnh 레잉, 메잉 레잉	명절	ngày tết 응아이 뗏
명부	danh sách 자잉 싸익	명절을 쇠다.	ăn tết 안 뗏
명사	danh từ 자잉 뜨	명중하다.	trúng 쭝
명성	danh tiếng 자잉 띠응	명함이 있다.	có danh thiếp 꼬 자잉 티엡
명승고적	di tích lịch sử 지 띡 릭 쓰	명확한	rõ 조
명승지	thắng cảnh 탕 까잉	몇 가지	một vài 못 바이

면세점	cửa hàng miễn thuế 끄어 항 미엔 투에
명 / 10명	người / 10 người 응어이 / 므어이 응어이
명령체계	· hệ thống lệnh 헤 통 레잉

명절에 가족모두 모여서 즐겁게 보낸다.
Vào dịp tết, cả gia đình quây quần bên nhau rất vui vẻ.

바오 집 뗏, 까 쟈 디잉 꾸어이 꿘 벤 나우 젓 부이 배

몇 개 있는	có mấy 꼬 머이	몇 번	mấy lần 머이 런
몇 년	vài năm 바이 남	몇 시에?	Lúc mấy giờ? 룩 머이 져
몇 년 후에	mấy năm sau 머이 남 싸우	몇 일전에	mấy hôm trước 머이 홈 쯔억
몇 년도에?	Năm nào? 남 나오	몇 주(동안)	mấy tuần 머이 뚜언

명절에 베트남사람들은 전통음식을 먹는다.
Vào dịp tết, người Việt Nam thường ăn món ăn truyền thống.
바오 집 뗏, 응어이 비엣 남 트엉 안 몬 안 쭈엔 통

몇 가지 소개 좀 해주세요.
Nhờ chị giới thiệu cho em một chút.
녀 찌 져이 티에우 쪼 앰 못 쭛

몇 가지 의견   một vài suy nghĩ
못 바이 쑤이 응이

몇 곳을 소개해 주세요.
Nhờ giới thiệu cho vài nơi.
녀 져이 티에우 쪼 바이 너이

몇 년 후 다시 열려요?   Mấy năm sau lại tổ chức?
머이 남 싸우 라이 또 쭉?

몇 살이세요?   Chị bao nhiêu tuổi ạ?
찌 바오 니에우 뚜어이 아

몇 층?	Tầng mấy? 떵 머이	모기가 물다.	muỗi đốt 무오이 돗
몇 컵	mấy cốc 머이 꼭	모기에 물리다.	bị muỗi đốt 비 무오이 돗
몇몇의	một số 못 쏘	모기장	màn 만
모계제도	mẫu hệ 머우 헤	모니터	cái mô-ni-tơ 까이 모니떠

몇 살이야?   Em bao nhiêu tuổi?
앰 바오 니에우 뚜어이

몇 시 비행기 인데?   Mấy giờ máy bay hạ cánh?
머이 져 마이 바이 하 까잉

몇 시에 도착해요?   Mấy giờ đến nơi?
머이 져 덴 너이

몇 시에 떠나요?   Mấy giờ khởi hành?
머이 져 커이 하잉

몇 시에 시작하나요?   Mấy giờ thì bắt đầu nhỉ?
머이 져 티 밧 더우 니

몇 시에 우리 가요?   Mấy giờ chúng ta đi?
머이 져 쭝 따 디

몇 시에 일어나요?   Chị ngủ dậy lúc mấy giờ?
찌 응우 저이 룩 머이 져

몇 장씩 현상하시겠어요?   Mỗi kiểu rửa mấy cái?
모이 끼에우 즈어 머이 까이

모니터하다.	theo dõi 태오 조이	모래	cát 깟
모델(사람)	người mẫu 응어이 머우	모레	ngày kia 응아이 끼아
모두	tất cả 떳 까	모르는 사람	người lạ 응어이 라
모두 같다.	đều giống nhau 데우 종 나우	모를 심다.	cấy 꺼이

모 / 두부 5모   bìa / 5 bìa đậu phụ
비아 / 남 비아 더우 푸

모기에 물린 자국   vết muỗi đốt
벳 무오이 돗

모두 당신을 위한 거라고요.   Tất cả là vì chị.
떳 까 라 비 찌

모두 뜻대로 이루어지길 바랍니다.   Mọi sự như ý!
모이 쓰 느 이

모두 앉으세요.   Mời tất cả ngồi.
머이 떳 까 응오이

모두 얼마예요?   Tất cả bao nhiêu tiền ạ?
떳 까 바오 니에우 띠엔 아

모두들 가요.   Mọi người đều đi cả.
모이 응어이 데우 디 까

모든 가게가 문을 닫다. Các cửa hàng đều đóng cửa.
깍 끄어 항 데우 동 끄어

모으다.	thu thập 투 텁	모자를 쓰다.	đội mũ 도이 무
모이다.	quây quần 꾸어이 꿘	모조품	hàng giả 항 자
모자	mũ 무	모퉁이	góc 곡
모자가 끼다.	mũ chật 무 쩟	목(구멍)	họng 홍
모자라는	kém, thiếu 깸, 티에우	목걸이	sợi dây chuyền 써이 저이 쭈엔

모든 것을 포함하다.   gồm cả
                       곰 까

모든 여자들은 흰 피부를 가지고 싶어 한다.
     Mọi phụ nữ đều muốn có khuôn mặt trắng.
         모이 푸 느 데우 무온 꼬 쿠온 맛 짱

모르겠는데, 거기까지는 생각해보질 않았어.
     Tôi không biết, chưa nghĩ đến.
         또이 콩 비엣, 쯔어 응이 덴

모르다. / 잘 모르다.   không biết / không biết rõ
                     콩 비엣 / 콩 비엣 조

모방하다.   bắt chước, mô phỏng
                 밧 쯔억, 모 퐁

모자 쓰세요.   Xin đội mũ vào đi ạ.
               씬 도이 무 바오 디 아

한국어	베트남어	한국어	베트남어
목걸이를 차다.	đeo vòng 대오 봉	목욕하다.	tắm 땀
목격자	người chứng kiến 응어이 쯩 끼엔	목욕실	phòng tắm 퐁 땀
목격하다.	chứng kiến 쯩 끼엔	목의 염증	viêm họng 비엠 홍
목도리를 하다.	quàng khăn 꽝 칸	목이 쉬다.	giọng khàn 지엉 칸
목록	danh mục 자잉 묵	목이버섯	mộc nhĩ 목 니
목마른	khát 캇	목재	gỗ 고
목소리	giọng 지엉	목적	mục đích 묵 딕
목수	thợ mộc 터 목	목적을 달성하다.	đạt 닷
목요일	thứ năm 트 남	목표	mục tiêu 묵 띠에우

모자가 좀 커야 할 것 같아요.
Mũ phải hơi to một chút.
무 파이 허이 또 못 쭛

목소리가 왜 그래요? Giọng chị bị làm sao thế.
지엉 찌 비 람 싸오 테

몰두하다.	say mê 싸이 메	못생긴	xấu 써우
몰라.	Không biết. 콩 비엣	못생긴(남자)	xấu trai 써우 짜이
몰래	lén lút 랜 룻	못생긴(여자)	xấu gái 써우 가이
몰래 먹다.	ăn vụng 안 붕	묘비	bia mộ 비아 모
몰래 훔치다.	ăn cắp 안 깝	묘사하다.	mô tả 모 따
몸	cơ thể, thân thể 꺼 테, 턴 테	무거워.	Nặng quá. 낭 꽈
몸매	thân hình 턴 히잉	무겁다.	nặng 낭
못 참겠어.	Khó chịu quá. 코 찌우 꽈	무게가 나가다.	cân nặng 껀 낭
못(도구)	đinh 디잉	무관심하다.	bỏ qua 보 꽈
못생겼어.	Xấu lắm. 써우 람	무너지다.	sập 썹

몰래 도망 오다.　　bí mật trốn về
　　　　　　　　　비 멋 쫀 베

몸무게가 얼마야?　Cân nặng bao nhiêu?
　　　　　　　　　껀 낭 바오 니에우

한국어-베트남어

무대(연극)	sân khấu 썬 커우	무설탕	không đường 콩 드엉
무덤	mộ 모	무슨 일	việc gì 비엑 지
무력한	bất lực 벗 륵	무엇	cái gì 까이 지
무료	miễn phí 미엔 피	무역	thương mại 트엉 마이
무선의	vô tuyến 보 뚜엔	무역법	luật thương mại 루엇 트엉 마이

무단횡단하다.   vi phạm luật giao thông
    비 팜 루엇 쟈오 통

무슨 급한 일이 있어요?   Chắc là chị có việc gấp?
    짝 라 찌 꼬 비엑 겁

무슨 노랜지 아세요?
    Chị có biết bài hát gì đây không?
    찌 꼬 비엣 바이 핫 지 더이 콩

무슨 말인지 모르겠어.
    Tôi không thể hiểu chị đang nói gì.
    또이 콩 테 히에우 찌 당 노이 지

무슨 얘기 중이야?   Đang nói chuyện gì đấy?
    당 노이 쭈엔 지 더이

무슨 얘기를 하시는 거예요?   Chị nói gì đấy?
    찌 노이 지 더이

무역부	bộ thương mại 보 트엉 마이	묵다.(숙박)	ở lại 어 라이
무역하다.	buôn bán 부온 반	묶다.	cài 까이
무죄	vô tội 보 또이	문	cửa 끄어
무한한	vô hạn 보 한	문맹의	thất học 텃 혹
무협영화	phim chưởng 핌 쯔엉	문명	văn minh 반 미잉

무슨 언어로?   Bằng tiếng gì?
방 띠응 지

무슨 일로 오셨어요?   Chị tới đây có việc gì thế ạ?
찌 떠이 더이 꼬 비엑 지 테 아

무슨 일이건   bất cứ việc khác
벗 끄 비엑 칵

무슨 일이야?   Chuyện gì đấy?
쭈엔 지 더이

무슨 책 출판해요?   Chị phát hành sách gì ạ?
찌 팟 하잉 싸익 지 아

무엇을 드시고 싶으세요?

    Chị muốn dùng gì ạ?
찌 무온 중 지 아

문묘(유적)	Văn Miếu 반 미에우	문장	câu nói 꺼우 노이
문법	ngữ pháp 응으 팝	문제	vấn đề 번 데
문서	tài liệu 따이 리에우	문제가 있다.	có vấn đề 꼬 번 데
문을 닫다.	đóng cửa 동 끄어	문학	văn học 반 혹
문을 두드리다.	gõ cửa 고 끄어	문화	văn hóa 반 화
문을 열다.	mở cửa 머 끄어	문화원	nhà văn hóa 냐 반 화
문자	chữ 쯔	문화유산	di sản văn hóa 지 싼 반 화

문 좀 열어줘요.   Xin mở cửa hộ tôi.
씬 머 끄어 호 또이

문을 잠갔어요?   Đã khóa cửa chưa ạ?
다 콰 끄어 쯔어 아

문자 보내줘.   Gửi tin nhắn cho tôi.
그이 띤 냔 조 또이

문자를 보내다.   gửi tin nhắn
그이 띤 냔

문제가 되질 않다.   không thành vấn đề
콩 타잉 번 데

묻다.(땅에)	chôn 쫀	물고기	cá 까
묻다.(질문)	hỏi 호이	물고기를 잡다.	đánh cá 다잉 까
물	nước 느억	물다.(곤충)	đốt 돗
물가	giá cả 쟈 까	물들이다.	nhuộm 뉴옴

문제를 풀다.   tháo gỡ vấn đề
타오 거 번 데

물 더 주세요.   Xin cho thêm nước.
씬 쪼 템 느억

물가가 갑자기 올랐어.
Giá cả đã tăng lên đột biến rồi.
쟈 까 다 땅 렌 돗 비엔 조이

물가가 많이 오르다.   Giá cả tăng lên nhiều.
쟈 까 땅 렌 니에우

물가도 올랐으니 수고비도 올라야죠.
Giá cả cũng tăng lên nhiều nên tiền công cũng phải tăng lên chứ.
쟈 까 꿍 땅 렌 니에우 넨 띠엔 꽁 꽁 파이 땅 렌 쯔

물가를 모르니 비싸게 사게 돼.
Vì không biết giá cả nên thường bị mua đắt.
비 콩 비엣 쟈 까 넨 트엉 비 무어 닷

한국어	베트남어	한국어	베트남어
물러서!	Lui lại! 루이 라이	물질	vật chất 벗 쩟
물리	vật lý 벗 리	물체	vật thể 벗 테
물리다.(곤충)	bị đốt 비 돗	물품	hàng hóa 항 화
물리학	vật lý học 벗 리 혹	뭐 먹어요?	Chị ăn gì? 찌 안 지
물리학자	nhà vật lý 냐 벗 리	뭐 필요해?	Cần gì? 껀 지
물소	con trâu 꼰 쩌우	뭐 하려고?	Để làm gì? 데 람 지
물약	thuốc nước 투억 느억	뭐야?	Cái gì? 까이 지
물어볼 것이다.	sẽ hỏi 쌔 호이	뭐해?	Em đang làm gì? 앰 당 람 지

물건을 모두 정리하셨어요?
Chị đã thu xếp xong cả chưa ạ?
찌 다 투 쎕 쏭 까 쯔어 아

물이 맑다.
mặt nước trong xanh
맛 느억 쫑 싸잉

물이 얼다.
nước đóng băng
느억 동 방

뭘 먹어?	Ăn gì? 안 지	미국인	người Mỹ 응어이 미
미국	Mỹ 미	미끄러지다.	trượt 쯔엇

뭐 더 마실래?   Chị muốn uống gì nữa không ạ?
찌 무온 우옹 지 느어 콩 아

뭐 드시겠어요?   Chị dùng gì ạ?
찌 중 지 아

뭐 이상한 거 못 느끼겠어?
Có cảm thấy gì lạ không?
꼬 깜 터이 지 라 콩

뭐 좀 드셨어요?   Chị ăn gì chưa?
찌 안 지 쯔어

뭐 하나만 도와 줬으면 좋겠어요.
Em muốn nhờ chị 1 việc.
앰 무온 녀 찌 못 비엑

뭐 하느라 신경도 안 쓴 거야?
Mải làm gì mà chẳng để ý gì hết cả?
마이 람 지 마 짱 데 이 지 헷 까

뭐가 과학적 이예요.   Cái gì mà khoa học.
까이 지 마 콰 혹

뭐더라? 뭐지?   Gì nữa nhỉ? gì nhỉ?
지 느어 니, 지 니

한국어	베트남어	한국어	베트남어
미끄럼틀	cầu trượt 꺼우 쯔엇	미리 말해.	Nói trước nhé. 노이 쯔억 내
미남의	đẹp trai 댑 짜이	미소	nụ cười 누 끄어이
미대륙	châu Mỹ 쩌우 미	미술	mỹ thuật 미 투엇
미래	tương lai 뜨엉 라이	미술관	phòng tranh 퐁 짜잉
미리 말하다.	nói trước 노이 쯔억	미식축구	bóng đá Mỹ 봉 다 미

뭐에 대해 말하지?   Nói về cái gì?
노이 베 까이 지

뭐하고 계세요?   Chị đang làm gì đấy?
찌 당 람 지 더이

뭐하느라 바빴어요?   Chị bận làm gì?
찌 번 람 지

뭔가 수상해.   Đáng nghi lắm.
당 응이 람

뭘 먹는 것을 제일 좋아하세요?   Chị thích ăn gì nhất?
찌 틱 안 지 녓

뭘 타고 '후에'에 갈 거예요?   Chị đi Huế bằng gì?
찌 디 훼 방 지

뭘 탈건데?(교통편)   Phương tiện gì?
프엉 띠엔 지

미용실	mỹ viện 미 비엔	민족	dân tộc 전 똑
미원(조미료)	mì chính 미 찌잉	민주	dân chủ 전 쭈
미지근한	ấm 엄	민중	dân chúng 전 쭝
미치겠네.	Chết mất thôi. 쩻 멋 토이	믿다.	tin 띤
미친	điên 디엔	믿어봐.	Hãy tin đi. 하이 띤 디
믹서	máy xay trái cây 마이 싸이 짜이 꺼이	믿지 마.	Đừng tin. 등 띤
민간	dân gian 전 잔	밀도(비중)	mật độ 멋 도
민요	dân ca, ca dao 전 까, 까 자오	밀수하다.	buôn lậu 부온 러우

미스 베트남	hoa hậu Việt Nam 화 허우 비엣 남
미안할 필요는 없어요.	Không phải lỗi của chị. 콩 파이 로이 꾸어 찌
미원 넣지 마세요.	Đừng cho mì chính. chị ạ. 등 쪼 미 찌잉, 찌 아
미터 / 30 미터	mét / 30 mét 맷 / 바 무어이 맷

| 밉다. | đáng ghét 당 갯 | 밑줄 긋다. | gạch dưới 가익 즈어이 |

믿을 수 없어.   Không tin được.
콩 띤 드억

ㅂ

한국어-베트남어

바(술집)	quán rượu 꽌 즈어우	바닷게	con cua biển 꼰 꾸어 비엔
바깥	ngoài 응와이	바디클린져	sữa tắm 쓰어 땀
바깥쪽	bên ngoài 벤 응와이	바라다.	hy vọng, ước 히 봉, 으억
바꾸다.	thay đổi 타이 도이	바라보다.	nhìn 닌
바나나	chuối 쭈오이	바람(기후)	gió 죠
바늘	kim 낌	바람개비	chong chóng 쫑 쫑
바다	biển 비엔	바람둥이	kẻ trăng hoa 깨 짱 화

바꿀 수 없다. không thể thay đổi được
콩 테 타이 도이 드억

바뀌었으면 좋겠어. Hy vọng sẽ đổi.
히 봉 쌔 도이

바나나 한 다발 một nải chuối
못 나이 쭈오이

바람이 그치다. gió ngừng thổi
죠 으응 토이

바람이 세게 불다. gió thổi rất mạnh
죠 토이 젓 마잉

바람이 불다.	gió thổi 죠 토이	바쁘다.	bận rộn 번 존
바로 가.	Đi ngay đi. 디 응아이 디	바쁘지 않다.	không bận 콩 번
바로 옆에	ngay cạnh 응아이 까잉	바쁜	bận, bận rộn 번, 번 존
바로 위에	ngay trên 응아이 쩬	바이러스	virus 비룻

바람이 시원하네.   Gió mát quá.
죠 맛 꽈

바람이 자주 불다.   hay có gió
하이 꼬 죠

바로 이해 할 수 있었어.   Tôi hiểu ngay.
또이 히에우 응아이

바로 정면에 있는   ở ngay trước mặt
어 응아이 쯔억 맛

바쁘신 와중에도 배웅해 주시니, 대단히 감사합니다.
Xin rất cảm ơn chị, chị bận rất nhiều việc mà còn đến tiễn em.
씬 젓 깜 언 찌, 찌 번 젓 니에우 비엑 마 꼰 덴 띠엔 앰

바쁨에도 불구하고   mặc dù bận
막 주 번

바이러스 걸린 것 같아.   Chắc là đã bị nhiễm virus.
짝 라 다 비 니엠 비룻

바지	quần 꿘	밖에	ở ngoài 어 응와이
바코드	mã vạch 마 바익	반	một nửa 못 느어
박람회	hội chợ 호이 쩌	반가운	vui mừng 부이 믕
박물관	bảo tàng 바오 땅	반대로	trái nghĩa 짜이 응이아
박사(학위)	tiến sĩ 띠엔 씨	반대하다.	phản đối 판 도이
박수	vỗ tay 보 따이	반드시	nhất thiết 녓 티엣
밖	ngoài 응와이	반복하다.	nhắc lại 냑 라이

바이러스를 퍼뜨리다.   làm lây lan virus
람 러이 란 비룻

바이러스에 감염되다.   bị nhiễm virus
비 니엠 비룻

반 / 한시 반   rưỡi / 1 giờ rưỡi
즈어이 / 못 져 즈어이

반만 주세요.   Cho tôi một nửa thôi ạ.
조 또이 못 느어 토이 아

반말로 얘기하다.   nói năng thoải mái
노이 낭 토아이 마이

한국어	베트남어	한국어	베트남어
반영하다.	phản ánh / 판 아잉	반하다.	bị say mê / 비 싸이 메
반으로 나누다.	chia đôi / 찌아 도이	받다.	nhận / 년
반응	phản ứng / 판 응	받아들여.	Chấp nhận đi. / 쩝 년 디
반장(학급)	lớp trưởng / 럽 쯔엉	받아들이다.	chấp nhận / 쩝 년
반지	chiếc nhẫn / 찌엑 년	받아쓰기	chính tả / 찌잉 따
반지를 끼다.	đeo nhẫn / 대오 년	발가락	ngón chân / 응온 쩐
반품하다.	trả lại hàng / 짜 라이 항	발견하다.	tìm ra, tìm thấy / 띰 자, 띰 터이

반지를 끼면 손이 답답해요.
Đeo nhẫn thì rất khó chịu.
대오 년 티 젓 코 찌우

받는 사람이 없네.
Bây giờ không có ai trả lời.
버이 저 콩 꼬 아이 짜 러이

받았을 걸요.
Chắc là đã nhận rồi.
짝 라 다 년 조이

발견하다.(역사, 과학적으로)
khám phá
캄 파

한국어	베트남어
발달하다.	phát triển 팟 찌엔
발등	mu bàn chân 무 반 쩐
발명하다.	phát minh 팟 미잉
발생하다.	phát sinh 팟 씨잉
발을 들이다.	bước vào 브억 바오
발음	phát âm 팟 엄
발자국	dấu chân, vết chân 저우 쩐, 벳 쩐
발전하다.	phát triển 팟 찌엔
발진	da nổi mụn 자 노이 문
발톱	móng chân 몽 쩐
발행하다.	phát hành 팟 하잉
발효	lên men 렌 맨
발휘하다.	phát huy 팟 휘
밝은	sáng 쌍
밝히다.(밝게)	chiếu sáng 찌에우 쌍
밝히다.(입장)	tỏ ra 또 자
밟다.	đạp 답
밤(때)	ban đêm, đêm 반 뎀, 뎀

발표하다.   thông báo, phát biểu
통 바오, 팟 비에우

발효식품   thực phẩm lên men
특 펌 렌 맨

밤 새지마.   Đừng thức khuya.
등 특 퀴아

밤늦게	khuya 쿠아	방	phòng 퐁
밥	cơm 껌	방 번호	số phòng 쏘 퐁
밥 먹어.	Ăn cơm đi. 안 껌 디	방귀뀌다.	đánh rắm 다잉 잠
밥하다.	nấu cơm 너우 껌	방금 전	vừa qua 브어 꽈

밥 먹었어요?   Đã ăn cơm chưa ạ?
다 안 껌 쯔어 아

밥 사주고 싶어.   Chị muốn mời em ăn cơm.
찌 무온 머이 앰 안 껌

밥이 타다.   cơm bị cháy sém
껌 비 짜이 쌤

밥이나 먹으러가자.   Đi ăn cơm thôi.
디 안 껌 토이

방 번호가 어떻게 되는데?   Phòng số bao nhiêu?
퐁 쏘 바오 니에우

방문하다. / 히엔동생 방문하러가.
    đi thăm / Tôi đi thăm em Hiền.
디 탐 / 또이 디 탐 앰 히엔

방법   phương pháp, cách thức
프엉 팝, 까익 특

방문하다.	thăm hỏi 탐 호이	방콕	Băng cốc 방 꼭
방부제(의학)	vô trùng 보 쭝	방향	phương hướng 프엉 흐엉
방송국	đài truyền hình 다이 쭈엔 히잉	배 나온	bụng phệ 붕 페
방송하다.	truyền hình 쭈엔 히잉	배(과일)	quả lê 꽈 레
방영하다.	chiếu phim 찌에우 핌	배(교통)	thuyền, tàu thuỷ 투엔, 따우 투이
방을 빌리다.	thuê phòng 투에 퐁	배(인체)	bụng 붕

방안에 에어컨이 있나요?
Trong phòng có điều hòa nhiệt độ không?
쫑 퐁 꼬 디에우 화 니엣 도 콩

방이 답답하다.   phòng ngột ngạt
풍 응옷 응앗

방이 몇 개 있나요?   Nhà có mấy phòng?
냐 꼬 머이 퐁

방이 엉망하다.   phòng bừa bộn, phòng lộn xộn
퐁 브어 본, 퐁 론 쏜

배고파 죽겠다.   Đói muốn chết.
도이 무온 쩻

배가 고파지다.	Đói rồi. 도이 조이	배를 젓다.	chèo 째오
배가 아프다.	đau bụng 다우 북	배를 타다.	đi tàu 디 따우
배고파.	Đói quá. 도이 꽈	배반자	kẻ phản bội 깨 판 보이
배고프다.	đói 도이	배부르다.	no 노
배고픔을 참다.	nhịn đói 닌 도이	배불러.	No quá. 노 꽈
배구	bóng chuyền 봉 쭈엔	배영(수영법)	bơi ngửa 버이 응어
배낭	ba lô 바 로	배우	diễn viên 지엔 비엔

배구경기　　　　　　　　　thi đấu bóng chuyền
　　　　　　　　　　　　　티 더우 봉 쭈엔

배달해 주실수 있나요?
Chị có thể giao hàng đến tận nhà được không ạ?
찌 꼬 테 쟈오 항 덴 떤 냐 드억 콩 아

배불러서 더 못 먹겠어요.　Không ăn đâu, no rồi.
　　　　　　　　　　　　콩 안 더우 노 조이

배웅 나오지 마세요. 돌아가세요.
Không phải ra tiền đâu, về đi nhé!
콩 파이 자 띠엔 더우, 베 디 내

한국어-베트남어

배웅하다.	tiền đưa 띠엔 드어	백혈구	bạch huyết cầu 바익 휘엣 꺼우
배추	cải bao, cải thảo 까이 바오, 까이 타오	백화점	cửa hàng bách hóa 끄어 항 바익 화
배터리	ắc qui 악 꾸이	뱀	con rắn 꼰 잔
백(100)	một trăm 못 짬	뱀띠	tuổi rắn 뚜어이 잔
백금	bạch kim 바익 낌	버려.	Bỏ đi. Vứt đi. 보 디. 붓 디
백년	trăm năm 짬 남	버리다.	vứt, bỏ 붓, 보
백만	một triệu 못 찌에우	버섯	nấm 넘
백만(숫자)	triệu 찌에우	버섯을 따다.	hái nấm 하이 넘
백만장자	triệu phú 찌에우 푸	버스	xe buýt 쌔 뷧
백합	hoa huệ 화 훼	버스 39번	xe buýt số 39 쌔 뷧 쏘 바 무어이 찐

배은망덕한 일이야.   Tệ bạc quá.
떼 박 꽈

백번은 얘기했겠다.   Tôi đã nói cả trăm lần rồi mà.
또이 다 노이 까 짬 런 조이 마

버스를 타다.	lên xe buýt 렌 쌔 븻	번역하다.	dịch 직
버스정류장	bến xe 벤 쌔	벌 받다.	phạt 팟
번 / 한번	lần / một lần 런 / 못 런	범위	phạm vi 팜 비
번개	chớp 쩝	범죄	tội phạm 또이 팜
번식하다.	sinh sôi 씨잉 쏘이	법(방법)	cách 까익

버스는 거의 타질 않아요.
Tôi tuyệt đối không đi xe buýt.
또이 뚜엣 도이 콩 디 쌔 븻

버스를 타고 갈 수 있나요?
Có thể đi bằng xe buýt không?
꼬 테 디 방 쌔 븻 콩

번 / 세 번 해야 해.　　　　lần / Phải làm ba lần.
　　　　　　　　　　　　　런 / 파이 람 바 런

번 / 세번째　　　　　　　lần / lần thứ ba
　　　　　　　　　　　　런 / 런 트 바

벌 / 옷 한벌　　　　　　　bộ / 1 bộ quần áo
　　　　　　　　　　　　보 / 못 보 꿘 아오

벌써 3월 말이다.　Bây giờ đã là cuối tháng ba rồi.
　　　　　　　　버이 져 다 라 꾸오이 탕 바 조이

벗겨지다.(머리)	hói 호이	베다.	cắt 깟
벗기다.(사과등)	gọt 곳	베란다	ban công 반 꽁

법률   luật pháp, luật lệ
루엇 팝, 루엇 레

법적공휴일   ngày nghỉ chính thức
응아이 응이 찌잉 특

베트남 가수 중에 누굴 제일 좋아해요?
Chị thích ca sĩ Việt Nam nào nhất ạ?
찌 틱 까 씨 비엣 남 나오 녓 아

베트남 사람은 은행을 싫어해.
Người Việt Nam không thích ngân hàng.
응어이 비엣 남 콩 틱 응언 항

베트남 요리가 아주 맛있다고 들었어.
Nghe nói các món ăn Việt Nam ngon lắm.
응애 노이 깍 몬 안 비엣 남 응온 람

베트남 우기는 7월 8월이다.
Mùa mưa ở Việt Nam là tháng 7, tháng 8.
무어 므어 어 비엣 남 라 탕 바이, 탕 땀

베트남 이름은 히엔이야.
Tên Việt Nam của tôi là Hiền.
뗀 비엣 남 꾸어 또이 라 히엔

베트남 친구가 없어. Tôi đâu có bạn Việt Nam nào.
또이 더우 꼬 반 비엣 남 나오

| 베트남 | Việt Nam 비엣 남 | 베트남어 | tiếng Việt 띠응 비엣 |

| 베트남 화폐 | tiền Việt Nam 띠엔 비엣 남 | 베트남사람 | người Việt Nam 응어이 비엣 남 |

| 베트남교포 | Việt kiều 비엣 끼에우 | 베한사전 | từ điển Việt-Hàn 뜨 디엔 비엣 한 |

베트남 친구한테 부탁해야겠어.
Phải nhờ một người bạn Việt Nam.
파이 녀 못 응어이 반 비엣 남

베트남 가수는 잘 몰라.
Tôi không biết nhiều về ca sĩ Việt Nam.
또이 콩 비엣 니에우 베 까 씨 비엣 남

베트남국민 모두   cả nước Việt Nam
까 느억 비엣 남

베트남도 살기 좋아요.
Ở Việt Nam cũng tương đối thoải mái.
어 비엣 남 꿍 뜨엉 도이 토아이 마이

베트남 사람은 늦잠 자는 때가 거의 없어.
Người Việt Nam ít khi ngủ dậy muộn.
응어이 비엣 남 잇 키 응우 저이 무온

베트남어 공부 그만 할래.   Tôi thôi học tiếng Việt.
또이 토이 혹 띠응 비엣

베트남어 공부하느라 바빠.   Tôi bận học tiếng Việt.
또이 번 혹 띠응 비엣

베트남어 공부할 시간을 내고 있어.
Tôi dành thời gian ra để học tiếng Việt.
또이 자잉 터이 잔 자 데 혹 띠응 비엣

베트남어 더 공부하지 않을 거야.
Tôi sẽ không học tiếng Việt nữa.
또이 쌔 콩 혹 띠응 비엣 느어

베트남어 발음이 어려워요. Phát âm tiếng Việt khó.
팟 엄 띠응 비엣 코

베트남어 자막 있는 시디
đĩa phim phụ đề tiếng Việt
디아 핌 푸 데 띠응 비엣

베트남어 잘 못합니다. Tôi không biết tiếng Việt.
또이 콩 비엣 띠응 비엣

베트남어 좀 가르쳐 주세요.
Chị dạy tiếng Việt cho em đi.
찌 자이 띠응 비엣 조 앰 디

베트남어로 번역하는 능력이 아직 부족합니다.
Tôi không đủ khả năng để dịch xuôi.
또이 콩 두 카 낭 데 직 쑤오이

베트남어로 설명 못하겠어요.
Tôi không biết giải thích bằng tiếng Việt.
또이 콩 비엣 쟈이 틱 방 띠응 비엣

베트남어로 이야기하다. nói chuyện bằng tiếng Việt
노이 쭈엔 방 띠응 비엣

베트남어로 key가 뭐예요? Key tiếng việt là gì?
키 띠응 비엣 라 지

베트남어를 공부하러 왔어.
Tôi đến đây để thực tập tiếng Việt.
또이 덴 더이 데 특 떱 띠응 비엣

베트남어를 능숙하게 하다. nói tiếng Việt rất thạo
노이 띠응 비엣 젓 타오

베트남어를 모르다. không biết tiếng Việt
콩 비엣 띠응 비엣

베트남어를 잘 하시네요. Chị nói tiếng Việt tốt lắm.
찌 노이 띠응 비엣 똣 람

베트남에 더 머물고 싶어.
Tôi muốn ở Việt Nam lâu hơn.
또이 무온 어 비엣 남 러우 헌

베트남에 온지 얼마 안돼요. Tôi mới đến Việt Nam.
또이 머이 덴 비엣 남

베트남에 온지 얼마나 되었어요?
Chị đến Việt Nam đã lâu chưa?
찌 덴 비엣 남 다 러우 쯔어

베트남에 왔을 때 khi tôi đến Việt Nam
키 또이 덴 비엣 남

베트남에서 어디가 제일 아름다워요?
Ở Việt Nam, ở đâu đẹp nhất?
어 비엣 남, 어 더우 댑 녓

베트남에서는 ở Việt Nam
어 비엣 남

벨소리	tiếng chuông 띠응 쭈옹	벽(집)	tường 뜨엉
벨트	dây thắt lưng 저이 탓 릉	벽돌	gạch 가익
벽	bức tường 븍 뜨엉	벽에 걸다.	treo trên tường 째오 쩬 뜨엉

베트남에선 이것을 뭐라고 부르는지 몰라요.
Ở Việt Nam, tôi không biết cái này gọi là gì.
어 비엣 남, 또이 콩 비엣 까이 나이 고이 라 지

베트남은 매우 달라요.
Tôi thấy Việt Nam còn rất khác.
또이 터이 비엣 남 꼰 젓 칵

베트남음식 많이 먹었어.
Tôi đã ăn nhiều món ăn Việt Nam rồi.
또이 다 안 니에우 몬 안 비엣 남 조이

베트남이 살기 좋습니까?
Chị ở Việt Nam thoải mái chứ?
찌 어 비엣 남 토아이 마이 쯔

베트남전쟁이 언제 끝났는지 아세요?
Chị có biết chiến tranh Việt Nam kết thúc bao giờ không?
찌 꼬 비엣 찌엔 짜잉 비엣 남 껫 툭 바오 져 콩

벽시계   đồng hồ treo tường
                                          동 호 째오 뜨엉

변색하다.	biến sắc 비엔 싹	병맥주	bia chai 비아 짜이
변호사	luật sư 루엇 쓰	병에 걸리다.	mắc bệnh 막 버익
별장	biệt thự 비엣 트	병원	bệnh viện 버익 비엔
병(질병)	bệnh 버익	보건소	sở y tế, trạm xá 써 이 떼, 짬 싸
병마개(코르크)	nút chai 눗 짜이	보고하다.	báo cáo 바오 까오

변화하다.   thay đổi, biến hóa
타이 도이, 비엔 화

별말씀을요.   Khách sáo quá.
카익 싸오 꽈

병 / 맥주 3병   chai / 3 chai bia
짜이 / 바 짜이 비아

병주고 약주고   vừa đấm vừa xoa
브어 덤 브어 쏘아

병원에 가야 해.   Phải đến bệnh viện.
파이 덴 버익 비엔

병이 차도가 있다.   bệnh đã đỡ
버익 다 더

병의 원인   nguyên nhân của bệnh
응우엔 년 꾸어 버익

보내다.	gửi 그이	보다.	xem, nhìn, nhìn thấy 쌤, 닌, 닌 터이
보너스	tiền thưởng 띠엔 트엉	보라색	màu tím 머우 띰
보다(비교)	hơn nữa 헌 느어	보름달	trăng rằm 짱 잠

보고서 번역을 도와달라고 하려고요.
   Em định nhờ chị dịch giúp bản báo cáo.
   앰 딕 녀 찌 직 줍 반 바오 까오

보고서를 작성하고 있어요.   Đang viết báo cáo.
   당 비엣 바오 까오

보고서를 작성했어요?   Đã viết báo cáo chưa ạ?
   다 비엣 바오 까오 쯔어 아

보관하다. / 잘 보관하다.   giữ lấy / giữ cẩn thận
   즈 러이 / 즈 껀 턴

보관했다가 다음에 써요.
   Chị cứ giữ lấy để lần sau lại dùng.
   찌 끄 즈 러이 데 런 싸우 라이 중

보너스를 주다.   trao tiền thưởng
   짜오 띠엔 트엉

보름동안 계속 비가 오지 않았어.
   Đã nửa tháng liền không mưa rồi.
   다 느어 탕 리엔 콩 므어 조이

보리	lúa mạch 루어 막	보조개	lúm đồng tiền 룸 동 띠엔
보리차	trà lúa mạch 짜 루어 막	보조하다.	hỗ trợ 호 쩌
보살피다.	chăm sóc 짬 쏙	보존하다.	bảo tồn 바오 똔
보상하다.	đền bù, thưởng 덴 부, 트엉	보증금	tiền đặt cọc 띠엔 닷 꼭
보어	bổ ngữ 보 응으	보지 않다.	không thấy 콩 터이
보여줘.	Cho tôi xem. 조 또이 쌤	보충하다.	bổ sung 보 쑹
보장하다.	bảo đảm 바오 담	보통 말하다.	thường nói 트엉 노이

보리밭   cánh đồng lúa mạch
           까잉 동 루어 막

보증기간   thời gian bảo hành
           띠엔 잔 바오 하잉

보통 9시 부터 6시 까지
    bình thường từ 9 giờ đến 6 giờ.
    비잉 트엉 뜨 찐 져 덴 싸우 져

보통 것은 꽉 낀다고.
    Cái bình thường chắc chắn sẽ chật.
    까이 비잉 트엉 짝 짠 쌔 쩟

한국어	베트남어		한국어	베트남어
보통이 아닌	bất thường 벗 트엉		복수(단위)	số nhiều 쏘 니에우
보편적이다.	phổ biến 포 비엔		복숭아(과일)	quả đào 꽈 다오
보행자	người đi bộ 응어이 디 보		복습하다.	ôn tập 온 떱
보험	bảo hiểm 바오 히엠		복싱	môn quyền Anh 몬 꾸엔 아잉
보호하다.	bảo vệ 바오 베		복잡한	rắc rối 작 조이
복권	xổ số 쏘 쏘		복잡한 일	việc rắc rối 비엑 작 조이
복사	photocopy 포또까피		복잡한(교통)	phức tạp 픅 땁

보통 키   chiều cao bình thường
찌에우 까오 비잉 트엉

보통의(불만족의 어감)   bình thường
비잉 트엉

복사할 줄 알아요?
Chị biết cách photocopy không?
찌 비엣 까익 포또까피 콩

복잡하게 얽힌   rắc rối, phức tạp, thắc mắc
작 조이, 픅 땁, 탁 막

복잡해.	Rắc rối lắm. 작 조이 람	봄	mùa xuân 무어 쑤언
복잡해지다.	trở nên rắc rối 쩌 넨 작 조이	봉급	lĩnh lương 리잉 르엉
복지	lợi ích 러이 익	봉투	phong bì 퐁 비
복통	đau dạ dày 다우 자 자이	봉하다.	đóng 동
본사	tổng công ty 똥 꽁 띠	봉하다.(편지)	dán 잔
본질	bản chất 반 쩟	봐주다.	tha 타
볼륨을 줄이다.	vặn nhỏ 반 뇨	봤어요?	Chị thấy không? 찌 터이 콩
볼펜	bút bi 붓 비	부 / 3부	bản / 3 bản 반 / 바 반

본적은 없어.	Tôi chưa bao giờ đến xem. 또이 쯔어 바오 져 덴 쌤
봉지 / 사탕 한봉지	túi / 1 túi kẹo 뚜이 / 못 뚜이 깨오
봐주세요.(넘어가 주세요.)	Chị bỏ quá cho. 찌 보 꽈 쪼
부 / 정치부	bộ / bộ chính trị 보 / 보 찌잉 찌

한국어	베트남어	한국어	베트남어
부(재산)	của cải 꾸어 까이	부드럽다.	mềm 멤
부가세	thuế gia tăng 투에 쟈 땅	부르다.	gọi 고이
부계	phụ hệ 푸 헤	부모	bố mẹ 보 매
부끄러운	xấu hổ 써우 호	부문	bộ môn 보 몬
부동산	bất động sản 벗 동 싼	부부	vợ chồng 버 쫑
부두	bến cảng 벤 깡	부분	bộ phận 보 펀
부드러운	mềm mại 멤 마이	부사	phó từ 포 뜨

부담스럽게 하고 싶지 않아.
Chị không muốn làm em khó chịu hơn.
찌 콩 무온 람 앰 코 찌우 헌

부드러운 피부   da mịn màng
자 민 망

부르다. / 그녀를 불러 올게요.
gọi / Để tôi đi gọi chị ấy.
고이 / 데 또이 디 고이 찌 어이

부모님과 살고 있어.   Tôi sống với bố mẹ.
또이 쏭 버이 보 매

한국어	베트남어	한국어	베트남어
부상당한	bị thương / 비 트엉	부재중이다.	đi vắng / 디 방
부어 오른	sưng / 쓩	부족하다.	thiếu / 티에우
부엉이(새)	chim cú / 찜 꾸	부주의한	không chú ý / 콩 쭈 의
부엌	nhà bếp / 냐 벱	부처	bụt, phật / 붓, 펏
부유한	giàu / 자우	부추기다.	kích động / 끽 동
부인하다.	phủ nhận / 푸 녓	부탁하려하다.	định nhờ / 딕 녀
부작용	phản ứng phụ / 판 응 푸	부합하다.	phù hợp / 푸 헙

부인과 아이는 건강하시죠?
Chị nhà và cháu khỏe chứ?
찌 냐 바 짜우 쾌 쯔

부자 / 그녀 집은 부자예요.
giàu / Nhà chị ấy giàu lắm.
자우 / 냐 찌 어이 자우 람

부탁드릴 일이 있습니다.
Tôi muốn nhờ chị một việc.
또이 무온 녀 찌 못 비엑

한국어	베트남어		
북경(도시)	bắc kinh 박 끼잉	분석하다.	phân tích 펀 띡
북부지역	miền bắc 미엔 박	분침	kim phút 낌 풋
북아메리카	bắc mỹ 박 미	분홍색	màu hồng 머우 홍
북위선	vĩ tuyến Bắc 비 뚜엔 박	불	lửa 르어
북쪽	phía bắc 피아 박	불공평한	bất công 벗 꽁
북한	Bắc Triều Tiên 박 찌에우 띠엔	불구가 된	tàn tật 딴 떳
분(시간)	phút 풋	불다.(바람)	thổi 토이
분개하다.	giận dữ 전 즈	불만족한	bất bình 벗 비잉
분별 있는	biết điều 비엣 디에우	불면증	bệnh mất ngủ 버익 멋 응우

분필로 쓰다.   viết bằng phấn
비엣 방 펀

분홍색이 더 좋아.   Tôi thích cái màu hồng hơn.
또이 틱 까이 머우 홍 헌

불면증에 걸리다.   bị bệnh mất ngủ
비 버익 멋 응우

불빛	ánh lửa 아잉 르어	불행하게	không may 콩 마이
불안정한	trục trặc 쭉 짝	불행하다.	bất hạnh 벗 하잉
불안한	bất ổn 벗 온	불효의	bất hiếu 벗 히에우
불운한	xui xẻo 쑤이 쌔오	붓	bút lông 붓 롱
불을 붙이다.	châm lửa 쩜 르어	붓다.(액체)	đổ vào 도 바오
불쾌한	khó chịu 코 찌우	붕대	băng y tế, dải băng 방 이 떼, 자이 방
불편하다.	bất tiện 벗 띠엔	붙이다.	dán 잔
불평하다.	phàn nàn 판 난	브라질	Brazil 브라신
불필요한	không cần 콩 껀	브래지어	áo lót 아오 롯
불합격했어요.	Tôi trượt rồi. 또이 쯔엇 조이	브랜드	hãng 항

불이 깜박깜박하다.   đèn lập lòe
댄 럽 로애

붕대를 감아야하다.   phải băng bó
파이 방 보

브로콜리	hoa lơ 화 러	비관하다.	bi quan 비 꽌
비가 그치다.	tạnh mưa 땅 므어	비교적	tương đối 뜨엉 도이
비가 오다.	mưa 므어	비교적 쉽다.	tương đối dễ 뜨엉 도이 제
비가 퍼붓다.	đổ mưa 도 므어	비교하다.	so sánh 쏘 싸잉
비결	bí quyết 비 꾸엣	비기다.	hòa 화
비결이 뭐야?	Bí quyết gì? 비 꾸엣 지	비누	xà phòng 싸 퐁

비 그쳤어?
Tạnh mưa chưa?
땅 므어 쯔어

비가 갑자기 내리다.
đột nhiên mưa
돗 니엔 므어

비가 갑자기 퍼붓다
bỗng nhiên đổ mưa
봉 니엔 도 므어

비공식적인
không chính thức
콩 찌잉 특

비공식휴일이라서 회사마다 달라.
Ngày nghỉ không chính thức, nên mỗi công ty một khác.
응아이 응이 콩 찌잉 특, 넨 모이 꽁 띠 못 칵

비듬	gàu 가우	비스킷	bánh quy 바잉 꿔
비디오	đầu video 더우 비대오	비슷하다.	giống 종
비린내가 나다.	tanh 따잉	비싸게 팔다.	bán đắt 반 닷
비밀을 지키다.	bảo mật 바오 멋	비오는 날씨	trời mưa 쩌이 므어
비밀이야.	Bí mật mà. 비 멋 마	비올거야.	Sẽ mưa đấy. 쌔 므어 더이
비범한	khác thường 칵 트엉	비 와.	Mưa rồi. 므어 조이
비빔밥	cơm trộn thập cẩm 껌 쫀 텁 껌	비용	chi phí 찌 피
비서	thư ký 트 끼	비우다.(자리)	đi vắng 디 방

비밀 / 이거 비밀이야.	bí mật / Đây là điều bí mật. 비 멋 / 더이 라 디에우 비 멋
비밀스럽게	một cách bí mật 못 까익 비 멋
비서를 뽑다.	tuyển chọn thư ký 뚜엔 쫀 트 끼
비싸요, 좀 깎아주세요.	Đắt quá! Giảm giá đi. 닷 꽈, 잠 쟈 디

비율	tỷ lệ 띠 레	빈 공간	chỗ trống 쪼 쫑
비자	visa 비싸	빈곤한	nghèo nàn 응애오 난
비탈길	đường dốc 드엉 족	빈혈(의학)	thiếu máu 티에우 마우
비평하다.	phê bình 페 빙	빌다	xin 씬
비프스테이크	bít tết 빗 뗏	빌딩	toà nhà 또아 냐
비행기	máy bay 마이 바이	빌려주다.	cho mượn 조 므언
비행기 편	chuyến bay 쭈엔 바이	빌리다.	mượn 므언
비행기 멀미	say máy bay 싸이 마이 바이	빗	cái lược 까이 르억

비자를 연장하다.
　　　　　　　　　gia hạn visa
　　　　　　　　　쟈 한 비싸

비즈니스 관계를 맺다.
　　thiết lập quan hệ thương mại
　　티엣 럽 꽌 헤 트엉 마이

비행기 표는 샀어요?
　　Chị mua được vé máy bay chưa?
　　찌 무어 드억 배 마이 바이 쯔어

한국어	베트남어
빗자루	chổi 쪼이
빙하가 녹다.	băng tan 방 딴
빛	ánh sáng 아잉 쌍
빛나는 눈	mắt long lanh 맛 롱 라잉
빛이 충만한	sáng sủa 쌍 쑤어
빠르게	nhanh 냐잉
빠른 속도로	siêu tốc 씨에우 똑
빠지다.(열정)	đam mê 담 메
빨간색	màu đỏ 머우 도
빨래를 널다.	phơi quần áo 퍼이 꿘 아오
빨랫줄	dây phơi 저이 퍼이
빨리	Nhanh lên. 냐잉 렌
빵	bánh mì 바잉 미
빼내다.	kéo ra 깨오 자

빌려주신다면 정말 좋겠어요.
Chị cho mượn thì hay quá.
찌 조 므언 티 하이 꽈

빠른 / 두 시간 빠른
nhanh hơn / nhanh hơn 2 tiếng
냐잉 헌 / 냐잉 헌 하이 띠응

빠를수록 좋다.
càng sớm càng tốt
깡 썸 깡 똣

빨간 펜으로 밑줄 긋다.
gạch chân bằng bút đỏ
가익 쩐 방 붓 도

한국어	베트남어
빼앗다.	cướp / 고업
빼앗아 차지하다.	giành giật / 자잉 젓
뺨	má / 마
뽑다.	rút ra / 줏 자
뾰족한	nhọn / 뇬
삐다.	bong gân / 봉 건
삐졌어.	Dỗi rồi. / 조이 조이

빨래가 안 말라요.
Quần áo chưa khô.
꿘 아오 쯔어 코

빨래를 해서 널다.
Giặt quần áo rồi phơi.
잣 꿘 아오 조이 퍼이

빨리 회복하기를 바랍니다.
Chúc sớm bình phục sức khỏe.
쭉 썸 비잉 푹 쓱 쾌

빨리와.
Đến nhanh lên nhé.
덴 냐잉 렌 내

빵 잘라주세요.
Xin cắt bánh mì cho tôi.
씬 깟 바잉 미 조 또이

人

한국어-베트남어

인류학 패러다임

한국어-베트남어

사등(등수)	đứng thứ tư 등 트 뜨	사귀다.	làm quen 람 꾸앤
사(숫자)	bốn 본	사나운	dữ, ác 즈, 악
사거리	ngã tư 응아 뜨	사는 방식	lối sống 로이 쏭
사건	sự kiện 쓰 끼엔	사다.	mua 무어
사격하다.	bắn 반	사대양	bốn biển 본 비엔
사고	tai nạn 따이 난	사라지다.	biến mất 비엔 멋
사공	lái đò 라이 도	사람	người 응어이
사과(과일)	quả táo 꽈 따오	사람들	những người 늉 응어이

4년 후에 다시 개최돼.   4 năm sau lại tổ chức.
　　　　　　　　　　　본 남 싸우 라이 또 쯕

사다. / 내가 이 식사 살께.   Tôi đãi bạn món này.
　　　　　　　　　　　또이 다이 반 몬 나이

사람들이 그러는데 이 영화 재미있데.
　　　　Phim này ai cũng bảo là hay lắm.
　　　　핌 나이 아이 꿍 바오 라 하이 람

161

사람이 만든	nhân tạo 년 따오	사망	cái chết 까이 쩻
사랑	tình yêu 띵 이에우	사망하다.	qua đời 꽈 더이
사랑에 빠지다.	tương tư 뜨엉 뜨	사무실	văn phòng 반 퐁
사랑하다.	yêu 이에우	사물	sự vật 쓰 벗

사람들이 말하기를   người ta nói
                                            응어이 따 노이

사람들이 바글바글하네.   Đông như kiến!
                                           동 느 끼엔

사람마다 다르다.   mỗi người một khác
                                     모이 응어이 못 칵

사람마다 좋아하는 것은 다르다.
                                         mỗi người một thích
                                         모이 응어이 못 틱

사랑스러운(아기나 애인)   dễ thương
                                         제 트엉

사랑스러운(어른에게)   đẹp lão
                                         댑 라오

사랑해요.   Anh yêu em. / Em yêu anh.
                         아잉 이에우 앰 / 앰 이에우 아잉

한국어	베트남어	한국어	베트남어
사방	bốn phương 본 프엉	사업하다.	kinh doanh 끼잉 좌잉
사별하다.	tử biệt 뜨 비엣	사와.	Hãy mua về. 하이 무어 베
사실	sự thật 쓰 텃	사용법	cách dùng 까익 중
사실을 말하다.	nói sự thật 노이 쓰 텃	사용자	người dùng 응어이 중
사실적인	sinh động 씨잉 동	사용하다.	dùng, sử dụng 중, 쓰 중
사십	bốn mươi 본 므어이	사용하지 않다.	không dùng 콩 중

사무실에서 그 문제에 대해 논의 하죠.
Chúng ta sẽ bàn việc đó trong văn phòng.
쭝 따 쌔 반 비엑 도 쫑 반 퐁

사생활을 존중하다.   tôn trọng đời tư
                         똔 쫑 더이 뜨

사생활을 캐묻다.   dò hỏi về đời tư
                         조 호이 베 더이 뜨

사업이 번창하다.   làm ăn phát đạt
                         람 안 팟 닷

사용안내   hướng dẫn sử dụng
                         흐엉 전 쓰 중

사원(사람)	nhân viên 년 비엔	사이에	giữa 즈어
사원(절)	ngôi chùa 응오이 쭈어	사자(동물)	con sư tử 꼰 쓰 뜨
사월	tháng tư 탕 뜨	사장	giám đốc 잠 독
사위	con rể 꼰 제	사전	từ điển 뜨 디엔
사육하다.	chăn nuôi 짠 누오이	사직하다.	từ chức 뜨 쯕
사이공(호치민시)	Sài Gòn 싸이 곤	사진 한장	1 tấm ảnh 못 떰 아잉

사이클 선수 vận động viên đua xe đạp
번 동 비엔 두어 쌔 답

사장님 스트레스 받겠다.
Giám đốc sẽ căng thẳng đấy.
잠 독 쌔 깡 탕 더이

사장님께 허락받다. Tôi xin phép giám đốc.
또이 씬 팹 잠 독

사진 3X4사이즈 한 장 1 tấm ảnh khổ 3X4
못 떰 아잉 코 바 본

사진 한 장씩 인쇄해 주세요. Mỗi phim rửa 1 ảnh.
모이 핌 즈어 못 아잉

사진을 찍다.	chụp ảnh 쭙 아잉	사학	sử học 쓰 혹
사찰	chùa 쭈어	사학자	nhà sử học 냐 쓰 혹
사탕	kẹo 깨오	사회	xã hội 싸 호이
사탕수수	mía 미아	삭제하다.	xóa 쏘아
사탕수수주스	mía đá 미아 다	산	núi 누이
사투리	tiếng địa phương 띠응 디아 프엉	산 정상	đỉnh núi 디잉 누이

사진기를 준비할게요. Tôi sẽ chuẩn bị máy ảnh.
또이 쌔 쭈언 비 마이 아잉

사진을 찍어서 기념으로 남기자.
Chụp một tấm ảnh để làm kỷ niệm nhé!
쭙 못 떰 아잉 데 람 끼 니엠 내

사진촬영금지 cấm chụp hình
껌 쭙 히잉

사탕 드세요. Mời chị ăn kẹo.
머이 찌 안 깨오

사회경험이 없을 거예요.
Chắc là không có kinh nghiệm thực tế.
짝 라 콩 꼬 끼잉 응이엠 특 떼

한국어	베트남어	발음
산림	rừng	증
산맥	dãy núi	자이 누이
산모	sản phụ	싼 푸
산부인과	khoa sản	콰 싼
산업	công nghiệp	꽁 응이엡
산책하다.	đi dạo	디 자오
산출량	sản lượng	싼 르엉
산파	bà đỡ	바 더
살 / 30살	tuổi / 30 tuổi	뚜어이 / 바 무어이 뚜어이
살구	quả mơ	꽈 머
살다.	sống	쏭
살인	giết người, án mạng	젯 응어이, 안 망
살찌다.	tăng cân	땅 껀
삶	cuộc sống	꾸옥 쏭
삶은 계란	trứng luộc	쯩 루옥
삶의 태도	lối sống	로이 쏭

살 / 두 살 난 아들   tuổi / con trai 2 tuổi
뚜어이 / 꼰 짜이 하이 뚜어이

살이 많이 찐 것 같아.(혼잣말)
Tôi thấy mình mập quá!
또이 터이 미잉 멉 꽈

삶은 고구마   khoai lang luộc
콰이 랑 루옥

한국어-베트남어

삼(숫자)	ba 바	상담하다.(업무)	trao đổi 짜오 도이
삼거리	ngã ba 응아 바	상당히	khá 카
삼십	ba mươi 바 므어이	상대선수	đấu thủ 더우 투
삼월	tháng ba 탕 바	상대적인	tương đối 뜨엉 도이
삼일	ba ngày 바 응아이	상사병	bệnh tương tư 버익 뜨엉 뜨
삼촌	chú 쭈	상상하다.	tưởng tượng 뜨엉 뜨엉
상(우승)	giải thưởng 쟈이 트엉	상세히	chi tiết 찌 띠엣
상관없이	bất chấp 벗 쩝	상업채권	thương phiếu 트엉 피에우
상담	tư vấn 뜨 번	상용하다.	thường dùng 트엉 중

상당하는(금액)   tương đương
뜨엉 드엉

상반신을 찍다.   chụp ảnh nửa người
쭙 아잉 느어 응어이

상영하다.(영화, 드라마)   chiếu phim
찌에우 핌

상을 타다.	đoạt giải / 돗 쟈이	상태	tình trạng, trạng thái / 띠잉 짱, 짱 타이
상응하다.	tương ứng / 뜨엉 응	상품	hàng hóa / 항 화
상의(옷)	áo / 아오	상품을 진열하다.	xếp hàng / 쎕 항
상징하다.	biểu tượng / 비에우 뜨엉	상품을 팔다.	bán hàng / 반 항
상처	vết thương / 벳 트엉	상품의(고급)	hảo hạng / 하오 항

상자/ 맥주 1 상자   hộp / 1 hộp bia
홉 / 못 홉 비아

상자처럼 생겼어.   Nó giống hình cái hộp.
노 종 히잉 까이 홉

상점은 아침 8시에 문을 연다.
Cửa hàng mở cửa từ 8 giờ sáng.
끄어 항 머 끄어 뜨 땀 져 쌍

상점은 저녁 9시에 문을 닫는다.
Cửa hàng đóng cửa lúc 9 giờ tối.
끄어 항 동 끄어 룩 찐 져 또이

상처를 받다.(마음)   bị tổn thương
비 똔 트엉

상품목록을 덧붙이다.   kèm theo danh mục hàng hóa
깸 태오 자잉 묵 항 화

한국어	베트남어	한국어	베트남어
상형문자	chữ tượng hình 쯔 뜨엉 히잉	새우	con tôm 꼰 똠
상호간에	lẫn nhau 런 나우	새콤달콤한	chua ngọt 쭈어 응옷
상황	tình hình, tình huống 띠잉 히잉, 띠잉 후옹	새해	năm mới 남 머이
새 단어	từ mới 뜨 머이	색깔	màu sắc 머우 싹
새(동물)	chim 찜	색소폰	kèn xắc xô 깬 싹 쏘
새 것의	mới 머이	색종이	giấy màu 져이 머우
새끼를 낳다.	gây giống 거이 종	샐러드	sa-lad 싸 랏
새롭다.	mới lạ 머이 라	샘플(상품)	hàng mẫu 항 머우
새벽	bình minh, sáng sớm 비잉 미잉, 쌍 썸	생각	ý tưởng 이 뜨엉

새 집으로 이사하다.　　dọn về một căn nhà mới
　　　　　　　　　　　존 베 못 깐 냐 머이

새해 복 많이 받으세요.　Chúc mừng năm mới.
　　　　　　　　　　　쭉 믕 남 머이

색은 예쁜데 좀 크네. Màu sắc đẹp nhưng hơi rộng.
　　　　　　　　　　머우 싹 댑 능 허이 종

생각나다.	nhớ ra 녀 자	생계비를 벌다.	kiếm sống 끼엠 쏭
생각지도 않게	bất ngờ 벗 응어	생과일주스	sinh tố 씨잉 또
생각하다.	nghĩ 응이	생리(여성)	kinh nguyệt 끼잉 응우엣
생강	củ gừng 꾸 긍	생리용품	băng vệ sinh 방 베 씨잉

샘플을 보여주세요. Cho tôi xem một số hàng mẫu.
조 또이 쌤 못 쏘 항 머우

생각보다 무겁네요. Chị nặng hơn em tưởng.
찌 낭 헌 앰 뜨엉

생각보다 비싸다고요? Đắt hơn chị nghĩ à?
닷 헌 찌 응이 아

생각이 있어요? 없어요?
Có biết suy nghĩ hay không đấy?
꼬 비엣 쑤이 응이 하이 콩 더이

생각할 시간이 필요해.
Tôi cần có thời gian suy nghĩ.
또이 껀 꼬 터이 잔 쑤이 응이

생각해 볼게요. Tôi sẽ suy nghĩ.
또이 쌔 쑤이 응이

생계를 위해 일하다. làm để sống
람 데 쏭

생맥주	bia tươi, bia hơi 비아 뜨어이, 비아 허이	생수	nước khoáng 느억 쾅
생명을 구하다.	cứu sống 끄우 쏭	생일	sinh nhật 씨잉 녓
생물	sinh vật 씨잉 벗	생태계	hệ sinh thái 헤 씨잉 타이
생방송	trực tiếp 쯕 띠엡	생활	cuộc sống 꾸옥 쏭
생방송하다.	phát trực tiếp 팟 쯕 띠엡	생활(방식)	ăn ở 안 어
생산물	sản phẩm 싼 펌	샤워기	vòi hoa sen 보이 화 쌘
생산성	năng suất 낭 쑤엇	샴푸	dầu gội đầu 저우 고이 더우
생산하다.	sản xuất 싼 쑤엇	서기장	tổng bí thư 똥 비 트

생일 케이크　　　　　　　bánh sinh nhật
　　　　　　　　　　　　바잉 씨잉 녓

생일카드를 그녀에게 드리려고요.
　　　　Em sẽ gửi thiếp mừng sinh nhật chị ấy.
　　　　앰 쌔 그이 티엡 믕 씨잉 녓 찌 어이

생활이 점점 우울해져요. Cuộc sống trở nên buồn tẻ.
　　　　　　　　　　　　꾸옥 쏭 쩌 넨 부온 때

한국어	베트남어	발음
서늘한	se lạnh	쌔 라잇
서두르다.	vội	보이
서력(서기)	công nguyên	꽁 응우엔
서로	lẫn nhau	런 냐우
서로 같은	giống nhau	종 냐우
서로 다른	khác nhau	칵 냐우
서로 밀착된	gắn liền	간 리엔
서로 부딪히다.	đâm nhau	덤 냐우
서로 섞다.	trộn với nhau	쫀 버이 냐우
서로 싸우다.	đánh nhau	다잉 냐우
서류	giấy tờ	져이 떠
서명	ký tên	끼 뗀
서민의	bình dân	비잉 전
서비스(전자제품 등)	dịch vụ	직 부
서비스요금	tiền phục vụ	띠엔 푹 부
서비스하다.(전산)	phục vụ	푹 부
서빙하다.	phục vụ	푹 부
서술하다.	diễn tả	지엔 따

한국어	베트남어	발음
서로 서로	với nhau, bên nhau	버이 냐우, 벤 냐우
서로 아세요?	Biết nhau rồi à?	비엣 냐우 조이 아
서비스가 엉망이다.	dịch vụ lộn xộn	직 부 론 쏜

서양의	tây 떠이	선두에 선	đứng đầu 등 더우
서점	hiệu sách 히에우 싸익	선물	món quà 몬 꽈
서커스	xiếc 씨엑	선물하다.	tặng quà 땅 꽈
서행	chạy chậm 짜이 쩜	선반	mặt bằng 맛 방
석사	thạc sĩ 탁 씨	선발팀	đội tuyển 도이 뚜엔
석유	dầu hỏa 저우 화	선생님(남자)	thầy giáo 터이 쟈오
선글라스	kính râm 끼잉 럼	선생님(여자)	cô giáo 꼬 쟈오

선글라스를 쓰다.	đeo kính râm 대오 끼잉 럼
선물을 살 수가 없다.	Tôi không mua quà được. 또이 콩 무어 꽈 드억
선물하고 싶었어요.	Tôi muốn tặng cho chị ấy. 또이 무온 땅 조 찌 어이
선수	vận động viên, tuyển thủ 번 동 비엔, 뚜엔 투
선을 긋다.	gạch một đường 가익 못 드엉

선조	tổ tiên 또 띠엔	선풍기	quạt máy 꽛 마이
선진적이다.	tiên tiến 띠엔 띠엔	설(음력)	tết nguyên đán 뗏 응우엔 단
선착순	lần lượt 런 르엇	설립하다.	sáng lập 쌍 럽
선출하다.	bầu 버우	설명서	bản hướng dẫn 반 흐엉 전
선크림	kem chống nắng 깸 쫑 낭	설명하다.	giải thích 자이 틱
선택하다.	lựa chọn 르어 쫀	설사	bệnh tiêu chảy 버익 띠에우 짜이

선착순으로 티셔츠를 주다. lần lượt phát áo Tshirt
런 르엇 팟 아오 티셧

선크림을 계속 바르다.
tiếp tục bôi kem chống nắng
띠엡 뚝 보이 깸 쫑 낭

선크림을 바르다 bôi kem chống nắng
보이 깸 쫑 낭

설 쇠러 고향에 가? Có về quê ăn tết không?
꼬 베 꿰 안 뗏 콩

설날음식 món ăn của ngày tết
몬 안 꾸어 응아이 뗏

한국어	베트남어	한국어	베트남어
설사약	thuốc tiêu chảy 투억 띠에우 짜이	성 잘 내는	bực mình 븍 미잉
설익은	chín tái 찐 따이	성(이름)	họ 호
설치하다.(전산)	cài đặt 까이 닷	성격	tính cách 띠잉 까익
설탕	đường 드엉	성공하다.	thành công 타잉 꽁
설탕이든	có đường 꼬 드엉	성냥	diêm 지엠
섬	hòn đảo 혼 다오	성립하다.	thành lập 타잉 럽

설사하다. bị đau bụng tiêu chảy
비 다우 붕 띠에우 짜이

설을 재미있게 쇘어요? Ăn tết vui không?
안 뗏 부이 콩

성가신 일 더는 없을 거예요. Không có rắc rối nữa.
콩 꼬 작 조이 느어

성격이 발랄하고 좋은 vui tính
부이 띠잉

성공하시기를 바랄게요. Chúc chị thành công.
쭉 찌 타잉 꽁

성교하다. làm tình, giao hợp
람 띠잉, 쟈오 헙

성장하다.	trưởng thành 쯔엉 타잉	세 시간	ba tiếng đồng hồ 바 띠응 동 호
성적	thành tích 타잉 띡	세계	thế giới 테 져이
성조 있어?	Có dấu không? 꼬 저우 콩	세계에서	trên thế giới 쩬 테 져이
성질	tính chất 띠잉 쩟	세관	hải quan 하이 꽌
성탄절	giáng sinh 쟝 씨잉	세관신고	kê khai hải quan 께 카이 하이 꽌
세 번째	thứ ba 트 바	세금	thuế 투에

성은 박입니다. 이름은 박민수입니다.
Tôi họ Park. Tôi tên là Park min su.
또이 호 박. 또이 뗀 라 박 민 수

성함을 알려주시겠어요? Xin chị cho biết quí danh?
씬 찌 쪼 비엣 뀌 자잉

성형수술   phẫu thuật thẩm mỹ
                                        퍼우 투엇 텀 미

세게 때리다.   đánh mạnh vào
                                        다잉 마잉 바오

세 권 주세요.   Cho tôi 3 quyển ạ.
                                        조 또이 바 꾸엔 아

한국어	베트남어
세기(기간)	thế kỷ 테 끼
세다.(숫자)	đếm 뎀
세달	ba tháng 바 탕
세대	thời đại 터이 다이
세를 주다.	cho thuê 조 투에
세미나	hội thảo 호이 타오
세배	lời chúc Tết 러이 쭉 뗏
세뱃돈 넣는 봉투	bao lì xì 바오 리 씨
세옴(오토바이 택시)	xe ôm 쌔 옴
세일(할인판매)	khuyến mại 쿠옌 마이
세탁기	máy giặt 마이 잣
세탁세제	bột giặt 봇 잣
세탁소	hiệu giặt là 히에우 잣 라
세탁하다.	giặt giũ 잣 주
세포	tế bào 떼 바오
셋(숫자)	ba 바

세금을 내다. đóng thuế, nộp thuế
동 투에, 놉 투에

세뱃돈 tiền mừng tuổi, tiền lì xì
띠엔 믕 뚜오이, 띠엔 리 씨

세뱃돈을 주고받는 풍습
phong tục cho và nhận tiền mừng tuổi
퐁 뚝 조 바 년 띠엔 믕 뚜오이

소	con bò 콘 보	소름끼치는	ghê gớm 게 검
소개하다.	giới thiệu 져이 티에우	소리	tiếng 띠응
소견	lời nhận xét 러이 년 쌧	소리를 듣다.	nghe tiếng 응애 띠응
소고기	thịt bò 팃 보	소매치기	kẻ móc túi 깨 목 뚜이
소극적인	tiêu cực 띠에우 끅	소매업하다.	bán lẻ 반 래
소금	muối 무오이	소멸하다.	tiêu diệt 띠에우 지엣
소나기	mưa rào 므어 자오	소변	nước tiểu 느억 띠에우
소득	thu nhập, doanh thu 투 녑, 조잉 투	소변보다.	đi tiểu 디 띠에우
소득세	thuế lợi tức 투에 러이 뜩	소비자	người tiêu dùng 응어이 띠에우 중

소개해 드릴게요.
Tôi xin giới thiệu.
또이 씬 져이 티에우

소나기를 만나다.
gặp mưa rào
갑 므어 자오

소리치다.(도움을 구하러)
kêu cứu
께우 끄우

한국어	베트남어	한국어	베트남어
소비하다.	tiêu dùng 띠에우 중	소유	sở hữu 써 휴
소설	tiểu thuyết 띠에우 투엣	소포	bưu phẩm 뷰 펌
소송에서 이기다.	thắng kiện 탕 끼엔	소화	tiêu hóa 띠에우 화
소수민족	dân tộc thiểu số 전 똑 티에우 쏘	소화불량	khó tiêu hóa 코 띠에우 화
소식	tin tức 띤 뜩	속눈썹	lông mi 롱 미
소아마비	trẻ bại liệt 째 바이 리엣	속닥거리다.	bàn tán 반 딴
소원	nguyện vọng 응우옌 봉	속담	tục ngữ 뚝 응으

소식이 없는(사라진)   biệt tăm
비엣 땀

소음이 조금 있네.   Hơi lạo xạo.
허이 라오 싸오

소파 어디에 둬요?   Ghế sôpha này để ở đâu ạ?
게 쏘파 나이 데 어 더우 아

소프트웨어(전산)   phần mềm
펀 멤

소화에 좋다.   tốt cho tiêu hóa
똣 조 띠에우 화

속도	tốc độ 똑 도	손가락	ngón tay 응온 따이
속도를 줄이다.	giảm tốc 쟘 똑	손가방	túi xách tay 뚜이 싸익 따이
속삭이다.	nói thầm 노이 텀	손녀	cháu gái 짜우 가이
속성으로	cấp tốc 껍 똑	손님	khách 카익
속어	tiếng lóng 띠응 롱	손등	mu bàn tay 무 반 따이
속이다.	lừa dối 르어 조이	손목시계	đồng hồ đeo tay 동 호 대오 따이
속하다.	thuộc về 투억 베	손수건	khăn tay 칸 따이
손	tay 따이	손실	thiệt hại 티엣 하이

속이려 하지 마.   Đừng lừa tôi.
등 르어 또이

손님과 관계를 유지하기 위해서 베트남어를 항상 공부해야 합니다.
Tôi vẫn phải học thêm tiếng Việt để giao tiếp với khách hàng.
또이 번 파이 혹 템 띠응 비엣 데 자오 띠엡 버이 카익 항

한국어	베트남어
손으로 누르다.	ấn bằng tay / 언 방 따이
손을 올리다.	giơ tay / 져 따이
손자	cháu trai / 짜우 짜이
손잡이	tay cầm, chuôi / 따이 껌, 쭈오이
손재주가 있는	khéo tay / 캐오 따이
손전등	đèn pin / 댄 삔
손톱	móng tay / 몽 따이
손톱깎이	kéo cắt móng tay / 깨오 깟 몽 따이
손해	thiệt hại / 티엣 하이
손해를 보다.	thiệt thòi / 티엣 토이
솔직한	thật thà / 텃 타
솔질을 하다.	chải / 짜이
솜씨 좋은	khéo léo / 캐오 래오
송년회	liên hoan cuối năm / 리엔 호안 꾸오이 남
손을 흔들어 인사하다.	vẫy tay chào / 버이 따이 짜오
솔직히 말하자면,	nhưng thành thật mà nói / 능 타잉 텃 마 노이
송별회를 열다.	tổ chức tiệc chia tay / 또 쯕 띠엑 찌아 따이
송이 / 장미 3송이	bông / 3 bông hoa hồng / 봉 / 바 봉 화 홍

송별회	tiệc chia tay 띠엑 찌아 따이	수다스러운	lắm mồm 람 몸
쇼윈도	tủ kính 뚜 끼잉	수단	phương tiện 프엉 띠엔
쇼핑	mua sắm 무어 쌈	수도(도시)	thủ đô 투 도
수건	khăn 칸	수동의	thủy động 투이 동
수고비	tiền công 띠엔 꽁	수량	số lượng 쏘 르엉
수공의	thủ công 투 꽁	수력	thủy lực, thủy điện 투이 륵, 투이 디엔
수군	thủy quân 투이 꿴	수련	hoa súng 화 쑹
수근거리다.	bàn tán 반 딴	수류탄	quả lựu đạn 꽈 류 단
수년(기간)	hàng năm 항 남	수리하다.	sửa chữa 쓰어 쯔어

쇠고기 쌀국수를 더 좋아해요? 닭고기 쌀국수를 더 좋아해요?

Chị thích phở bò hơn hay phở gà hơn?
찌 틱 퍼 보 헌 하이 퍼 가 헌

수도요금 받으러 왔나요?   Chị tới thu tiền nước à?
찌 떠이 투 띠엔 느억 아

한국어	베트남어
수면(물)	mặt nước 맛 느억
수박	dưa hấu 즈어 허우
수백의	hàng trăm 항 짬
수상 인형극	múa rối nước 무어 조이 느억
수상(직위)	thủ tướng 투 뜨엉
수상해.	Đáng nghi lắm. 당 응이 람
수선하다.	sửa chữa 쓰어 쯔어
수속절차	thủ tục 투 뚝
수송하다.	vận tải 번 따이
수수료	tiền hoa hồng 띠엔 화 홍
수술	mổ 모
수습하다.	thực tập 특 떱
수신인	người nhận 응어이 년
수십 여의	hàng chục 항 쭉
수여하다.	trao 짜오
수영	bơi 버이
수영장	bể bơi 베 버이
수요(필요)	nhu cầu 뉴 꺼우
수요일	thứ tư 트 뜨
수익을 만들다.	kiếm 끼엔
수입	doan 투
수입세	thuế nhập 투 커우

수영할 줄 알아요? Chị có biết bơi k? 찌 꼬 비

한국어	베트남어		한국어	베트남어
숙박하다.	ở lại 어 라이		술	rượu 즈어우
숙제	bài tập 바이 떱		술 취한	say rượu 싸이 즈어우
숙주	giá 쟈		술어	vị ngữ 비 응으
순서	thứ tự 트 뜨		술을 끊다.	bỏ rượu 보 즈어우
순서대로(선착순)	lần lượt 런 르엇		술집	quán rượu 꽌 즈어우
순탄한	thuận lợi 투언 러이		숨기다.	giấu 져우
순회하다.	hành trình 히잉 찌잉		숨쉬기 어려운	khó thở 코 터
숟가락	thìa 티아		숫자	số 쏘

술 도수가 높아요.　　Rượu nặng quá.
　　　　　　　　　　즈어우 낭 꽈

술 많이 먹지 마.　　Đừng uống quá nhiều rượu.
　　　　　　　　　　등 우엉 꽈 니에우 즈어우

술 잘하시네요.　　　Anh uống khá thật.
　　　　　　　　　　아잉 우엉 카 텃

쉬다. / 잘 쉬었어?　nghỉ / Đi nghỉ có vui không?
　　　　　　　　　　응이 / 디 응이 꼬 부이 콩

한국어	베트남어	발음
숲	rừng	증
쉬운	dễ	제
쉽게 믿는	cả tin	까 띤
쉽게 상하다.	dễ bị hỏng	제 비 홍
쉽다.	dễ	제
스물(숫자)	hai mươi	하이 므어이
스스로에게	cho mình	조 미잉
스위치	công tắc	꽁 딱
스케줄	thời khóa biểu	터이 콰 비에우
스키를 타다.	trượt tuyết	쯔엇 뚜엣
스키장	sân trượt tuyết	썬 쯔엇 뚜엣
스타(인물)	ngôi sao	응오이 싸오
스타푸르츠(과일)	quả khế	꽈 케
스탬플러	dập ghim	접 김
스포츠	thể thao	테 타오
스포츠 신문	báo thể thao	바오 테 타오
쉽죠?	Dễ phải không?	제 파이 콩
스타일	phong cách, nếp sống	퐁 까익, 넵 쏭
스트레스 받다.	căng thẳng, cuống lên	깡 탕, 꾸옹 렌
스페인어	tiếng Tây Ban Nha	띠응 떠이 반 냐

한국어	베트남어	한국어	베트남어
스프	súp / 쑵	습도	độ ẩm / 도 엄
스프레이	bình xịt / 바잉 씻	승객	hành khách / 하잉 카익
스프링	dây cót / 저이 꼿	승리	chiến thắng / 찌엔 탕
스피커	cái loa / 까이 로아	승리하다.	thắng lợi / 탕 러이
슬픈	buồn / 부온	승자	nhà vô địch / 냐 보 딕
슬픔	nỗi buồn / 노이 부온	시(도시)	thành phố / 타잉 포
습격당하다.	bị tấn công / 비 떤 꽁	시(문학)	bài thơ / 바이 터
습관	thói quen / 토이 꾸앤	시(시간)	giờ / 져

슬퍼하지 마. Đừng buồn đấy.
등 부온 더이

습도가 높아서 힘들어. Vì độ ẩm cao nên rất mệt.
비 도 엄 까오 넨 젓 멧

승무원 tiếp viên hàng không
띠엡 비엔 항 콩

시간 / 한 시간 tiếng / 1 tiếng
띠응 / 못 띠응

시간	thời gian 터이 쟌	시간을 약속하다.	hẹn giờ 헨 져
시간경계선	mốc giờ 목 져	시간이 되다.	đến giờ 덴 져
시간당	trên giờ 쩬 져	시계	đồng hồ 동 호

시간당 300km　　　　　　　　　300km trên giờ.
　　　　　　　　　　　　　　　　바 짬 쩬 져

시간도 없고 바빠.
Tôi không có nhiều thời gian, tôi rất bận.
또이 콩 꼬 니에우 터이 쟌, 또이 젓 번

시간약속을 해 주세요. Xin được hẹn thời gian gặp.
씬 드억 핸 터이 쟌 갑

시간을 낼 수가 없다.　　　　Tôi lấy đâu ra thời gian.
또이 러이 더우 자 터이 쟌

시간을 절약하다.　　　　　　　tiết kiệm thời gian
띠엣 끼엠 터이 쟌

시간이 걸리다.　　　　　　　　　　mất thời gian
멋 터이 쟌

시간이 오래 걸리네.　　　　　Mất thời gian quá.
멋 터이 쟌 꽈

시간이 정말 빠르다.　　　　　Thời gian nhanh thế!
터이 쟌 냐잉 테

한국어	베트남어	한국어	베트남어
시계를 차다.	đeo đồng hồ 대오 동 호	시샘하다.	ghen 갠
시기	thời kỳ 터이 끼	시스템(전산)	hệ 헤
시끄러운	ồn ào 온 아오	시아버지	bố chồng 보 쫑
시내(도시)	nội thành 노이 타잉	시어머니	mẹ chồng 매 쫑
시다.(맛)	chua 쭈어	시원한	mát, mát mẻ 맛, 맛 매
시도	dùng thử 중 트	시월	tháng mười 탕 므어이
시들다.	héo, tàn 해오, 딴	시위하다.	biểu tình 비에우 띵
시민	người dân 응어이 전	시작하다.	bắt đầu 밧 더우

시끄러운걸.   Hơi ồn ào quá.
허이 온 아오 꽈

시내중심   trung tâm thành phố
쭝 떰 타잉 포

시장에 자주 가세요?
Chị thường xuyên đi chợ không ạ?
찌 트엉 쑤엔 디 쩌 콩 아

시장	chợ, thương trường 쩌, 트엉 쯔엉	시험삼아하다.	thử 트
시점(시기)	thời điểm 터이 디엠	시험에 떨어지다.	thi trượt 티 쯔엇
시청자	khán giả 칸 쟈	시험지	bài thi 바이 티
시체	xác 싹	식당	nhà hàng 냐 항
시클로	xích lô 씩 로	식량	lương thực 르엉 특
시행하다.	thi hành 티 하잉	식사	bữa ăn 브어 안
시험	thi 티	식사하다.	ăn cơm 안 껌
시험 문제	đề thi 데 티	식용유	dầu ăn 저우 안

시키지 마세요.   Đừng bắt chị.
등 밧 찌

시험 봤어요?   Chị đã thi chưa?
찌 다 티 쯔어

시험 결과가 어때요?   Kết quả thi của chị thế nào?
껫 꽈 티 꾸어 찌 테 나오

식당칸(기차)   toa ăn trên xe lửa
또아 안 쩬 쌔 르어

한국어	베트남어	한국어	베트남어
식이요법하다.	ăn kiêng 안 끼응	신경 쓰지 않다.	mặc kệ 막 께
식중독	ngộ độc thức ăn 응오 독 특 안	신고	bản báo cáo 반 바오 까오
식초	giấm 점	신고서	tờ khai 떠 카이
식탁	bàn ăn 반 안	신랑	chú rể 쭈 제
식품	thực phẩm 특 펌	신랑측	nhà trai 냐 짜이
신(종교)	chúa 쭈어	신뢰하다.	tin 띤
신경 쓰다.	chu đáo 쭈 다오	신문	tờ báo 떠 바오

신경 써 주시는군요.   Chị chu đáo quá.
찌 쭈 다오 꽈

신경쓰지 마.   Đừng bận tâm.
등 번 떰

신고서를 작성하셨나요?   Chị đã viết tờ khai chưa?
찌 다 비엣 떠 카이 쯔어

신고서를 작성해 주세요.
Mời chị điền vào tờ khai này.
머이 찌 디엔 바오 떠 카이 나이

한국어	베트남어	발음
신물이 넘어오다.	ợ chua	어 쭈어
신발	giày dép	쟈이 잽
신발을 신다.	đi giày	디 쟈이
신병	tân binh	떤 비잉
신부측	nhà gái	냐 가이
신부(결혼)	cô dâu	꼬 저우
신비	bí ẩn	비 언
신사(남자)	người đàn ông	응어이 단 옹
신선하다.	tươi	뜨어이
신앙	tín ngưỡng	띤 응으엉
신용	tín nhiệm	띤 니엠
신용장	tín phiếu	띤 피에우
신용카드	thẻ tín dụng	태 띤 중
신중한	chu đáo	쭈 다오
신청서	đơn xin	던 씬
신형이다.	kiểu mới	끼에우 머이
신호	tín hiệu	띤 히에우
신호등	đèn giao thông	댄 쟈오 통
신혼	tân hôn	떤 혼
실	sợi chỉ	써이 찌
실례합니다.	Xin lỗi.	씬 로이
실망이다.	thất vọng	텃 봉

신문을 보면 알게 될 거예요. Chị đọc báo sẽ biết.
찌 독 바오 쌔 비엣

한국어	베트남어		
실무자	cán bộ nghiệp vụ 깐 보 응이엡 부	실제의	thực tế 특 떼
실물	hiện vật 히엔 벗	실직하다.	thất nghiệp 텃 응이엡
실수	lỗi 로이	실크	lụa 루어
실수하다.	sai lầm 싸이 럼	실패하다.	thất bại 텃 바이
실습하다.	thực hành 특 하잉	실행하다.	thực hiện 특 히엔
실시하다.	thi hành 티 하잉	싫어하다.	ghét 갯
실장(지위)	trưởng phòng 쯔엉 퐁	싫음 말고.	Đừng có ghét. 등 꼬 갯
실제가격	giá thực 자 특	심다.	trồng 쫑
실제로	thực sự 특 쓰	심리	tâm lý 떰 리
실제수입	thu nhập thực 투 녑 특	심리학	tâm lý học 떰 리 혹

실제로 있었던 일   chuyện xảy ra có thực
쭈엔 싸이 자 꼬 특

실크를 생산하다.   sản xuất lụa
싼 쑤엇 루어

심장	trái tim 짜이 띰	싱글룸	phòng đơn 퐁 던
심장병	bệnh tim 버익 띰	싱싱한	tươi 뜨어이
심판(경기)	trọng tài 쫑 따이	싸다.(커버)	bọc, gói 복, 고이
십 억(숫자)	tỷ 띠	싸우다.(논쟁)	tranh cãi 짜잉 까이
십이(숫자)	mười hai 므어이 하이	싸우다.(불화)	bất hòa 벗 화
십이월	tháng mười hai 탕 므어이 하이	싸우다.(투쟁)	đấu tranh 더우 짜잉
십일(숫자)	mười một 므어이 못	쌀	gạo 가오
십일월	tháng mười một 탕 므어이 못	쌀국수	phở 퍼
싱겁다.	nhạt 냣	쌀을 씻다.	vo gạo 보 가오

싸 주세요.　　　　　　　　　Xin gói vào cho tôi.
씬 고이 바오 조 또이

쌀국수를 많이 먹었어.　　Tôi ăn bao nhiêu là phở bò.
또이 안 바오 니에우 라 퍼 보

쌀국수를 제일 좋아 해요.　　Tôi thích phở hơn cả.
또이 틱 퍼 헌 까

한국어	베트남어	한국어	베트남어
쌍꺼풀	mắt hai mí 맛 하이 미	쓰다.(맛)	đắng 당
쌍둥이의	sinh đôi 씨잉 도이	쓰레기통	thùng rác 퉁 작
썩다.(이)	sâu 써우	쓸모없는	vô dụng 보 중
쏟다.	đổ 도	씨름하다.	đấu vật 더우 벗
쓰다.(글씨)	viết 비엣	씹다.	nhai 냐이
쓰다.(기록)	ghi 기	씻다.	rửa 즈어

쌍 / 완벽한 한 쌍   đôi / 1 đôi hoàn hảo
도이 / 못 도이 호안 하오

씹을 수 없다.   không nhai được
콩 냐이 드억

ㅇ

한국어-베트남어

한국어-베트남어

아, 그렇군요.	À, thế à. 아, 테 아	아래층	dưới nhà 즈어이 냐
아가씨	thiếu nữ 티에우 느	아름다운	đẹp 댑
아기	em bé 앰 배	아름다운 사람	người đẹp 응어이 댑
아내	vợ 버	아마	có lẽ, chắc là 꼬 래, 짝 라
아니(대답)	không 콩	아마 그럴걸.	Có lẽ là thế. 꼬 래 라 테
아들	con trai 꼰 짜이	아마 될 거야	Chắc là được. 짝 라 드억
아랑곳 하지 않고	mặc kệ 막 께	아마추어	nghiệp dư 응이엡 즈
아래	dưới 즈어이	아무 때나	bất kỳ lúc nào 벗 끼 룩 나오

아깝잖아. 버리지 마.　　Tiếc lắm, đừng vứt đi.
　　　　　　　　　　　　띠엑 람, 등 븟 디

아닐 거야.　　Chắc không phải thế đâu.
　　　　　　짝 콩 파이 테 더우

아르바이트가다.　　đi làm thêm
　　　　　　　　디 람 템

아마 25살 일걸요?　　Chắc khoảng 25 tuổi.
　　　　　　　　　　짝 쾅 하이 므어이 람 뚜어이

199

아무 뜻 없이(의도)	vô ý 보 이	아오자이	áo dài 아오 자이
아무 맛이 없다.	vô vị 보 비	아이	con bé 꼰 배
아빠	bố 보	아이를 낳다.	đẻ 대
아쉬워하다.	tiếc 띠엑	아이스녹차	trà đá 짜 다
아시아	châu Á 쩌우 아	아이스크림	kem 깸

아마 전화했어도 통화 못했을 거야.
Có lẽ nếu chị gọi thì chắc cũng không gặp em.
꼬 래 네우 찌 고이 티 짝 꿍 콩 갑 앰

아무 말도 하지 마. Đừng nói gì cả!
등 노이 지 까

아무것도 몰라. Tôi không biết gì hết.
또이 콩 비엣 지 헷

아무것도 변하지 않을 것이다.
sẽ không có gì thay đổi được
쌔 콩 꼬 지 타이 도이 드억

아무것도 아니야. Không sao.
콩 싸오

아무데나 앉으세요. Ngồi đâu cũng được mà.
응오이 더우 꿍 드억 마

아저씨	chú 쭈	아침에	vào buổi sáng 바오 부오이 쌍
아직 안 먹다.	chưa ăn 쯔어 안	아침을 먹다.	ăn sáng 안 쌍

아오자이를 입어해?   Phải mặc áo dài à?
파이 막 아오 자이 아

아이 돌보면서 일하는 건 너무 피곤하잖아.
Vừa chăm sóc con, vừa đi làm thì mệt lắm.
브어 짬 쏙 꼰, 브어 디 람 티 멧 람

아이가 있어요?   Chị đã có cháu nào chưa?
찌 다 꼬 짜우 나오 쯔어

아주 맑을 거예요.   Có thể sẽ nắng to.
꼬 테 쌔 낭 또

아줌마, 뭣 좀 물어 볼게요.
Chị gì ơi, làm ơn cho em hỏi.
찌 지 어이, 람 언 조 앰 호이

아직 길이 익숙지 않다.   chưa thuộc đường
쯔어 투억 드엉

아직 대화해 본적이 없다.   chưa bao giờ nói chuyện
쯔어 바오 져 노이 쭈엔

아직 베트남에 대해 많이 이해하지 못해요.
Tôi chưa hiểu nhiều về Việt Nam.
또이 쯔어 히에우 니에우 베 비엣 남

아파	Đau quá! 다우 꽈	아프리카	châu Phi 쩌우 피
아파트	căn hộ 깐 호	아픈	ốm, đau 옴, 다우

아직 안 골랐어요.   chưa chọn được
쯔어 쫀 드억

아직 익숙지 않다.   chưa quen
쯔어 꾸앤

아직도 배불러.   Vẫn no quá.
번 노 꽈

아직도 베트남어가 어려워서 우울해.
Tôi buồn vì tiếng Việt vẫn còn khó lắm.
또이 부온 비 띠응 비엣 번 꼰 코 람

아침 6시부터 아침식사가 가능합니다.
Từ 6 giờ sáng, có thể bắt đầu ăn sáng.
뜨 싸우 져 쌍, 꼬 테 밧 더우 안 쌍

아침에 보통 뭘 먹어요?
Vào buổi sáng chị thường ăn gì?
바오 부오이 쌍 찌 트엉 안 지

아침에 안개가 끼다.   Vào buổi sáng, có sương.
바오 부오이 쌍, 꼬 쓰엉

아파서 밥을 못 먹겠어.
Vì đau quá nên không ăn cơm được.
비 다우 꽈 넨 콩 안 껌 드억

한국어	베트남어	한국어	베트남어
아픔	nỗi đau 노이 다우	악어	con cá sấu 꼰 까 써우
아홉 번째	thứ chín 트 찐	악필이네요.	Viết xấu quá. 비엣 써우 꽈
아홉(숫자)	chín 찐	안 좋은 결과	hậu quả 허우 꽈
악기	nhạc cụ 냑 꾸	안(내부)	trong 쫑
악기를 치다.	đánh đàn 다잉 단	안개	sương mù, sương 쓰엉 무, 쓰엉
악몽	ác mộng 악 몽	안경을 쓰다.	đeo kính 대오 끼잉
악수	bắt tay 밧 따이	안과에 가다.	đi khám mắt 디 캄 맛

아파서 일찍 집에 가야해.
Vì đau đầu nên phải về nhà sớm.
비 다우 더우 넨 파이 베 냐 썸

아픈 게 나아졌나요?
Chị đã thấy đỡ mệt hơn chưa ạ?
찌 다 터이 더 멧 헌 쯔어 아

아픈지 얼마나 됐어요?
Đau lâu chưa?
다우 러우 쯔어

안 나갔어요?
Chị không đi đâu à?
찌 콩 디 더우 아

안내소	phòng chỉ dẫn 퐁 찌 전	안되다.	không được 콩 드억
안내책자	sách hướng dẫn 싸익 흐엉 전	안락하다.	thoải mái 토아이 마이
안내하다.	hướng dẫn 흐엉 전	안심하다.	yên tâm 엔 떰
안녕하세요.	Xin chào. 씬 짜오	안에	trong 쫑

안 돼. 비밀이야. 얘기해 줄 수 없어.
Không được. Bí mật mà. Không thể nói được.
콩 드억. 비 멋 마. 콩 테 노이 드억

안 만나다. / 나 안본지 꽤 됐잖아요.
không gặp / Lâu lắm rồi chị không gặp em.
콩 갑 / 러우 람 조이 찌 콩 갑 앰

안 먹으면 되지 뭐. Không ăn nữa cũng được mà.
콩 안 느어 꿍 드억 마

안 어울려.　　　　　　　　　　Không hợp với tôi.
콩 헙 버이 또이

안 어울려. 사지마.　　　Không hợp đâu, đừng mua.
콩 헙 더우, 등 무어

안개가 짙다.　　　　　　　　sương mù dày đặc
쓰엉 무 자이 닥

안녕. 다시 만나.　　　　　Tạm biệt! Hẹn gặp lại!
땀 비엣, 핸 갑 라이

한국어	베트남어	한국어	베트남어
안전	an toàn / 안 또안	알고 싶다.	muốn biết / 무온 비엣
안정된	ổn định / 온 딕	알고 지내다.	quen biết / 꾸앤 비엔
안쪽의	bên trong / 벤 쫑	알레르기	dị ứng / 지 응
앉다.	ngồi / 응오이	알려주다.	kể cho / 께 쪼
앉을 자리	chỗ ngồi / 쪼 응오이	알리다.	thông báo / 통 바오
알게 하다.	cho biết / 쪼 비엣	알아들었어요.	Tôi hiểu. / 또이 히에우

안녕히 계세요. 저는 가겠습니다.
Xin phép chị, em về ạ.
씬 팹 찌, 앰 베 아

안녕히 계십시오.
Tạm biệt chị.
땀 비엣 찌

안약을 넣다.
nhỏ thuốc mắt
뇨 투억 맛

안타요.(세옴아저씨께)
Không đi.
콩 디

알 / 매일 2알씩
viên / mỗi ngày 2 viên
비엔 / 모이 응아이 하이 비엔

알약	thuốc viên 투억 비엔	압력을 넣다.	ép 앱
알코올중독	nghiện rượu 응이엔 즈어우	앞의	trước mặt 쯔억 맛
암	bệnh ung thư 버익 웅 트	앞질러가다.	vượt qua 브엇 꽈
암산하다.	tính nhẩm 띠잉 념	앞쪽	phía trước . 피아 쯔억
암탉	con gà mái 꼰 갸 마이	앞치마	tạp dề 땁 제

알다. / 잘 알겠어.
biết / Tôi rõ rồi.
비엣 / 또이 조 조이

알아 맞혀 보세요.
Chị thử đoán xem.
찌 트 도안 쌤

알아보다. / 나 알아보시겠어요?
nhận ra / Nhận ra tôi không ạ?
년 자 / 년 자 또이 콩 아

알았어. 20만동.
Được rồi. 200,000Đ.
드억 조이 하이 짬 응인 동

알았어. 알았어.(재촉당할때)
Đồng ý! Đồng ý!
동 이, 동 이

알코올중독자
kẻ nghiện rượu
깨 응이엔 즈어우

한국어	베트남어	
애니메이션	phim hoạt hình	핌 홧 히잉
애석하다.	đáng tiếc	당 띠엑
애원하다.	cầu xin	꺼우 씬
애인	người yêu	응어이 이에우
애정	tình thương	띠잉 트엉
애착을 가지다.	lưu luyến	류 루엔
애호가	người hâm mộ	응어이 험 모
액션	hành động	하잉 동
액션영화	phim hành động	핌 하잉 동
앵두	quả anh đào	꽈 아잉 다오
앵무새	con vẹt	꼰 뱃
야구	bóng chày	봉 짜이
야기하다.	gây ra	거이 자
야단맞다.	bị mắng	비 망
야생의	hoang dại	황 자이
약	thuốc	투억
약(대략)	khoảng	쾅
약간	một ít	못 잇

앞 사무실	văn phòng đối diện đó
	반 퐁 도이 지엔 도
애무하다.	âu yếm, yêu thương
	어우 이엠, 이에우 트엉
애프터서비스	dịch vụ bảo hành
	직 부 바오 하잉

약국	hiệu thuốc 히에우 투억	약속이 있어.	Có hẹn rồi. 꼬 핸 조이
약도	sơ đồ 써 도	약속하다.	hẹn 핸
약사	dược sĩ 즈억 씨	약을 먹다.	uống thuốc 우엉 투억
약속	lời hứa 러이 흐어	약혼식을 하다.	ăn hỏi 안 호이
약속어음	kỳ phiếu 끼 피에우	얄미워	Đáng ghét quá. 당 갯 꽈
약속을 지키다	giữ lời hứa 즈 러이 흐어	얇은	mỏng 몽

야박하네.   Chị là đồ nhẫn tâm.
찌 라 도 녇 떰

야참을 먹다.   ăn bữa phụ vào buổi tối
안 브어 푸 바오 부어이 또이

약 30분 걸려요.   hết mất khoảng 30 phút
헷 멋 쾅 바 므어이 풋

약간만 말 할 줄 알아요.

     Tôi chỉ nói được một ít thôi.
또이 찌 노이 드억 못 잇 토이

약국으로 가세요.   Mời sang phòng dược.
머이 쌍 퐁 즈억

한국어	베트남어	한국어	베트남어
얇은 종이	giấy mỏng / 져이 몽	양식(식량)	lương thực / 르엉 특
양념	gia vị / 쟈 비	양심	lương tâm / 르엉 떰
양념장	nước chấm / 느억 쩜	양쪽	hai bên / 하이 벤
양력	dương lịch / 즈엉 릭	양초	cây nến / 꺼이 넨
양말	tất / 떳	양파	củ hành tây / 꾸 하잉 떠이
양말을 신다.	đi tất / 디 떳	양해하다.	thông cảm / 통 깜
양배추	bắp cải / 밥 까이	어!(감탄사)	ôi / 오이
양복	comple, âu phục / 껌레, 어우 푹	어감	linh cảm / 리잉 깜
양상추	rau xà lách / 자우 싸 라익	어깨	vai / 바이
양성하다.	đào tạo / 다오 따오	어느	nào / 나오
양식	kiểu / 끼에우	어느 것	cái nào / 까이 나오

얘기 할게 있어요. Em có chuyện muốn nói với chị.
앰 꼬 쭈엔 무온 노이 버이 찌

어느 곳이나	mọi nơi 모이 너이	어느 팀	đội nào 도이 나오
어느 나라에서	ở nước nào 어 느억 나오	어두운	tối 또이
어느 날	một hôm 못 홈	어디	ở đâu 어 더우
어느 언니요?	Chị nào? 찌 나오	어디 가다.	đi đâu 디 더우
어느 종목에서	ở môn nào 어 몬 나오	어디 둬요?	để ở đâu ạ? 데 어 더우 아

얘기해 줄 수 없어.
Không thể nói được.
콩 테 노이 드억

얘기해줘.
Kể cho tôi nghe đi.
께 조 또이 응애 디

어느 나라 사람입니까?
Chị là người nước nào?
찌 라 응어이 느억 나오

어느 나라 제품이예요?
Đây là sản phẩm của nước nào?
더이 라 싼 펌 꾸어 느억 나오

어느 정도까지
đến mức độ nào
덴 묵 도 나오

어느 종목에서 금메달을 땄어?
Đạt huy chương vàng ở môn nào?
닷 휘 쯔엉 방 어 몬 나오

어때?	Thế nào? 테 나오	어떻게	như thế nào 느 테 나오
어떤 것?	Cái nào? 까이 나오	어떻게 하지?	Làm thế nào? 람 테 나오
어떤지 좀 보다.	xem nào 쌤 나오	어려운	khó 코

어느 지역을 가면 좋은지 조언 좀 해 주세요.
Chị có thể khuyên em nên đi đâu không?
찌 꼬 테 쿠엔 앰 넨 디 더우 콩

어느 지역을 방문하셨어요?
Chị đã đi thăm những nơi nào rồi?
찌 다 디 탐 능 너이 나오 조이

어느 팀이 이겼어? Đội nào thắng?
도이 나오 탕

어느 호텔이 제일 커요? Khách sạn nào lớn nhất?
카익 싼 나오 런 녓

어디 머물 거예요? Chị định ở đâu?
찌 딕 어 더우

어디 약속 있어? Định đi đâu bây giờ à?
딕 디 더우 버이 져 아

어디다 뒀더라. 잃어버렸나?
Để đâu rồi không biết. Đánh mất à?
데 더우 조이 콩 비엣, 다잉 멋 아

어르신	ông 옹	어른	người lớn 응어이 런

어디를 가든지 비옷을 가지고 다녀야해요.
   Đi đâu cũng phải mang theo áo mưa.
   디 더우 꿍 파이 망 태오 아오 므어

어디서 배웠어요?   Chị học ở đâu đấy?
   찌 혹 어 더우 더이

어디서 사야하는지 모르겠어.
   Tôi không biết mua nó ở đâu.
   또이 콩 비엣 무어 노 어 더우

어디서 살 수 있어요?   Có thể mua ở đâu?
   꼬 테 무어 어 더우

어디서 샀는지 물어볼게.   Tôi sẽ hỏi mua nó ở đâu.
   또이 쌔 호이 무어 노 어 더우

어디서 일하세요?   Chị làm việc ở đâu?
   찌 람 비엑 어 더우

어디에 가세요?   Chị đi đâu đấy?
   찌 디 더우 더이

어디에 쓰는 거야?   Cái này dùng làm gì?
   까이 나이 중 람 지

어디에서 돌아오는 거예요?   Chị đi đâu về?
   찌 디 더우 베

어때? 예뻐?   Thế nào? đẹp phải không?
   테 나오, 댑 파이 콩

| 어리둥절한 | lúng túng 룽 뚱 | 어리석은 | ngu, ngốc 응우, 응옥 |

어떤 것들이 면세가 되나요?
Những thứ gì có thể miễn thuế?
능 트 지 꼬 테 미엔 투에

어떤 게 더 키가 커요?
Cái nào cao hơn?
까이 나오 까오 헌

어떤 게 더 편하게 갈까?
Đi bằng gì thì tiện hơn?
디 방 지 티 띠엔 헌

어떤 운동을 하세요?
Chị có thường chơi môn thể thao nào không?
찌 꼬 트엉 쩌이 몬 테 타오 나오 콩

어떤 음악 좋아해요?
Chị thích loại nhạc nào?
찌 틱 롸이 냑 나오

어떤 종류의 물건이 있는지 모릅니다.
Không biết có những loại hàng gì.
콩 비엣 꼬 능 롸이 항 지

어떤 종류의 책이에요?
Đây là loại sách gì?
더이 라 롸이 싸익 지

어떤 호텔이 가장 화려한가요?
Khách sạn nào sang trọng nhất?
카익 싼 나오 쌍 쫑 녓

어떻게 구분해요?
Phân biệt thế nào bây giờ?
펀 비엣 테 나오 버이 져

| 어린 | trẻ 째 | 어린이 | đứa trẻ 드어 째 |

어떻게 나를 속여?
Làm sao có thể lừa được tôi chứ.
람 싸오 꼬 테 르어 드억 또이 쯔

어떻게 된 거예요?
Chị bị sao đấy?
찌 비 싸오 더이

어떻게 먹는 거예요?
Cái này ăn như thế nào?
까이 나이 안 느 테 나오

어떻게 생각해요?
Chị thấy thế nào?
찌 터이 테 나오

어떻게 생겼어?
Chị ấy ra sao?
찌 어이 자 싸오

어떻게 쓰는 거야?
Dùng thế nào?
중 테 나오

어떻게 알았어요?
Sao chị biết?
싸오 찌 비엣

어떻게 '장동건'을 들어 본 적이 없어요.
Tại sao chưa bao giờ nghe đến tên 'Jang Dong Gun'.
따이 싸오 쯔어 바오 져 응애 덴 뗀 장동건

어려운 시기
đến giai đoạn khó
덴 쟈이 돤 코

어렵지 않다.
Không khó lắm.
콩 코 람

한국어	베트남어	한국어	베트남어
어릿광대	chú hề / 쭈 헤	어젯밤	đêm qua / 뎀 꽈
어선	tàu đánh cá / 따우 다잉 까	어쩔 수 없이 ~ 하다.	đành / 다잉
어울리다.	hợp / 헙	어찌됐건	nói 1 cách khác / 노이 못 까익 칵
어제	hôm qua / 홈 꽈	어휘	từ ngữ / 뜨 응으
어제 저녁	tối qua / 또이 꽈	언니, 누나	chị gái / 찌 가이

어리다. / 두 살 어리다.　　kém / kém 2 tuổi.
　　　　　　　　　　　　깸 / 깸 하이 뚜어이

어우. 너무 달아.　　　　Ôi, ngọt quá.
　　　　　　　　　　　오이, 응옷 꽈

어젯밤에 분명하게 말했잖아요.
　　　　　　Tôi đã nói rõ tối qua rồi mà.
　　　　　　또이 다 노이 조 또이 꽈 조이 마

어젯밤에 잘 잤어요?
　　　　　　Đêm qua chị có ngủ được không?
　　　　　　뎀 꽈 찌 꼬 응우 드억 콩

어쨌든 젖었을 거야.　　Trước sau gì cũng ướt thôi.
　　　　　　　　　　　쯔억 싸우 지 꿍 으엇 토이

어쩌다 그렇게 됐네.　　Chỉ là vô tình thôi.
　　　　　　　　　　찌 라 보 띵 토이

언니, 누나(호칭)	chị 찌	언제요?(과거)	Khi nào? 키 나오
언어	ngôn ngữ 응온 응으	언제요?(미래)	Hôm nào? 홈 나오
언제	khi nào 키 나오	얻다.	thu 투
언제부터	từ bao giờ 뜨 바오 져	얼굴	mặt 맛

어쩔 수 없이 자다.   đành phải ngủ
다잉 파이 응우

언니 집에 갈게요.   Em sang nhà chị.
앰 쌍 냐 찌

언니나 동생 있어요?   Chị có mấy anh, chị, em?
찌 꼬 머이 아잉 찌 앰

언제 납품합니까?   Bao giờ giao hàng?
바오 져 쟈오 항

언제 돌아가시나요?   Bao giờ chị về ạ?
바오 져 찌 베 아

언제 우리 집에 오실 거예요?
         Khi nào chị sẽ tới nhà em?
키 나오 찌 쌔 떠이 냐 앰

언제 졸업했어요? Chị tốt nghiệp đại học năm nào?
찌 똣 응이앱 다이 혹 남 나오

얼굴에	ở mặt 어 맛	얼마나 먼	bao xa 바오 싸
얼굴을 가리다.	che mặt 째 맛	얼마나 오래	bao lâu 바오 러우
얼굴이 타다.	mặt bị đen 맛 비 댄	얼마나?	Bao nhiêu? 바오 니에우
얼굴표정	bộ mặt 보 맛	얼음	đá 다
얼다.	đóng băng 동 방	엄격하군요.	Nghiêm quá! 응이엠 꽈
얼룩	vết, vết bẩn 벳, 벳 번	엄금하다.	nghiêm cấm 응이엠 껌
얼마	mấy 머이	엄마	mẹ 매
얼마나 걸려?	Mất bao lâu? 멋 바오 러우	엄중한	nghiêm trọng 응이엠 쫑

언제 찾아 갈 수 있나요?
   Bao giờ sẽ lấy được?
   바오 져 쌔 레이 드억

얼마동안 베트남에 있을 건가요?
   Chị sẽ ở Việt Nam trong bao lâu?
   찌 쌔 어 비엣 남 쫑 바오 러우

얼마를 투자 하실 건가요?
   Chị định đầu tư bao nhiêu?
   찌 딕 더우 뜨 바오 니에우

엄청나게	vô cùng 보 꿍	엉망진창으로	lộn xộn 론 쏜
업무	công việc 꽁 비엑	엎지르다.	làm đổ 람 도
없어.	Không có. 콩 꼬	에티켓을 지키다.	giữ lễ 즈 레
없어지다.	mất, bị thất lạc 멋, 비 텃 락	엘리베이터	thang máy 탕 마이

얼마예요?	Bao nhiêu tiền ạ? 바오 니에우 띠엔 아
얼마정도 알고 있다.	biết ít nhiều 비엣 잇 니에우
엄마를 닮았네요.	Giống mẹ quá. 종 매 꽈
업데이트하다.(전산)	cập nhật 껍 녓
에스컬레이터	thang cuốn 탕 꾸온
에어컨	máy điều-hòa nhiệt độ 마이 디에우 화 니엣 도
에어컨 켜주세요.	Xin bật máy điều-hòa giúp ạ. 씬 벗 마이 디에우 화 쥽 아
엑스레이를 찍다.	chụp X-quang 쭙 엑스 꽝

여권	hộ chiếu 호 찌에우	여기다.(생각하다.)	coi 꼬이

여권 준비했어요? Đã chuẩn bị hộ chiếu chưa ạ?
다 쭈언 비 호 찌에우 쯔어 아

여기 금연지역이야. Đây là khu cấm hút thuốc lá.
더이 라 쿠 껌 훗 투억 라

여기 돈이요. Xin gửi tiền chị.
씬 그이 띠엔 찌.

여기 혼자 왔어요? Chị đến đây một mình à?
찌 덴 더이 못 미잉 아

여기가 어느 도로 인가요? Đó là phố nào à?
도 라 포 나오 아

여기 근처에 버스정류장이 있어요?
Ở gần đây có bến xe buýt không ạ?
어 건 더이 꼬 벤 쌔 븻 콩 아

여기는 남편 분 회사예요?
Đây là công ty của chồng chị à?
더이 라 꽁 띠 꾸어 쫑 찌 아

여기서 멀어요? Cách đây còn xa không ạ?
까익 더이 꼰 싸 콩 아

여기서 세워주세요.(택시)
Dừng ở đây. Cho tôi xuống đây.
증 어 더이, 조 또이 쑤엉 더이

여기에	đây này 더이 나이	여드름	mụn 문
여덟 번째	thứ tám 트 땀	여러 가지	nhiều loại 니에우 라이
여덟(숫자)	tám 땀	여러 해	nhiều năm 니에우 남
여동생	em gái 앰 가이	여론	dư luận 즈 루언

여기에 버스정류장이 있어요?
Ở đây có bến xe buýt không ạ?
어 더이 꼬 벤 쌔 븟 콩 아

여기에 빈방 있어요?
Ở đây có phòng trống không?
어 더이 꼬 퐁 쫑 콩

여기에 재미있게 놀만한 곳이 있나요?
Ở đây có nơi nào đáng chơi vui không?
어 더이 꼬 너이 나오 당 쩌이 부이 콩

여동생은 나보다 2살 어려.
Em gái tôi kém tôi 2 tuổi.
앰 가이 또이 깸 또이 하이 뚜어이

여러분 모두 즐거운 휴일 보내세요.
Chúc mọi người có ngày nghỉ vui vẻ!
쭉 모이 응어이 꼬 응아이 응이 부이 배

한국어	베트남어		
여름	mùa hè 무어 해	여왕	nữ hoàng 느 황
여름 방학	nghỉ hè 응이 해	여우	con cáo 꼰 까오
여름에	vào mùa hè 바오 무어 해	여자	cô gái 꼬 가이
여름휴가	nghỉ hè 응이 해	여자들	các cô gái 깍 꼬 가이
여보세요.(전화)	alô 알로	여전히	vẫn 번
여선생님	cô giáo 꼬 자오	여행	chuyến du lịch 쭈엔 주 릭
여섯 번째	thứ sáu 트 싸우	여행 비자	visa du lịch 비싸 주 릭
여섯(숫자)	sáu 싸우	여행가방	va-li 바 리
여성	phụ nữ 푸 느	여행사	công ty du lịch 꽁 띠 주 릭
여전히 잘 지내.		Tôi vẫn khỏe. 또이 번 쾌	
여전히 잘 지내세요?		Chị vẫn khỏe chú? 찌 번 쾌 쯔	
여행가이드		hướng dẫn viên du lịch 흐엉 전 비엔 주 릭	

여행자	khách du lịch 카익 주 릭	역무원	nhân viên nhà ga 년 비엔 냐 갸
여행자수표	séc du lịch 쌕 주 릭	역사	lịch sử 릭 쓰
여행하다.	du lịch 주 릭	역할	vai trò 바이 쩌
역	ga 갸	연결	liên hệ 리엔 헤
역량	lực lượng 륵 르엉	연결하다	liên kết 리엔 껫

여행사가 일체의 수속을 해 줄 것 입니다.
Công ty du lịch có thể thay chị làm tất cả mọi thủ tục.

꽁 띠 주 릭 꼬 테 타이 찌 람 떳 까 모이 투 뚝

여행자를 위한　　dành cho người đi du lịch
자잉 쪼 응어이 디 주 릭

여행팀과 함께 가는 것이 가장 좋아요.
Tốt nhất là đi cùng với đoàn du lịch.

똣 녓 라 디 꿍 버이 도안 주 릭

역사를 이해할수록 당신의 여행이 더 즐거워질 것입니다.
Càng hiểu lịch sử thì chuyến đi của chị sẽ càng thú vị.

깡 히에우 릭 쓰 티 쭈엔 디 꾸어 찌 쌔 깡 투 비

한국어	베트남어	한국어	베트남어
연계	từ nối 뜨 노이	연락 가능한	liên lạc 리엔 락
연관	liên quan 리엔 꽌	연료	nhiên liệu 니엔 리에우
연구하다.	nghiên cứu 응이엔 뀨	연립의	liên hợp 리엔 헙
연극	kịch 끽	연말	cuối năm 꾸오이 남
연근	củ sen 꾸 쌘	연못	ao 아오
연기되다.(시간)	trì hoãn 찌 호안	연설	diễn văn 지엔 반
연기하다.(공연)	biểu diễn 비에우 지엔	연소자	con em 꼰 앰
연기하다.(영화)	đóng phim 동 핌	연속하다.	liên tục 리엔 뚝
연꽃(베트남국화)	hoa sen 화 쌘	연습하다.	luyện tập 루엔 떱

연봉이 정말 세다.
Tiền lương rất cao.
띠엔 르엉 젓 까오

연습 많이 한 것 맞죠?
Chắc phải luyện tập nhiều nhỉ?
짝 파이 루엔 떱 니에우 니

연애하다.	yêu đương 이에우 드엉	열개(가 한 묶음)	chục 쭉
연약하다.	yếu 이에우	열거하다.	liệt kê 리엣 께
연어	cá hồi 까 호이	열다.	mở 머
연장하다.	kéo dài 깨오 자이	열다섯	mười lăm 므어이 람
연초(때)	đầu năm 더우 남	열둘(숫자)	mười hai 므어이 하이
연회를 베풀다.	mở tiệc 머 띠엑	열쇠	chìa khóa 찌아 콰
열 번째	thứ mười 트 므어이	열심히	chăm chỉ 짬 찌
열(숫자)	mười 므어이	열심히 하다.	cố gắng 꼬 강

열쇠 잃어버린 것 같아.
Hình như tôi đã đánh mất chìa khóa rồi.
히잉 느 또이 다 다잉 멋 찌아 콰 조이

열심히 설명하다.   cố gắng giải thích
꼬 강 쟈이 틱

열심히 할게요.   Tôi sẽ cố gắng.
또이 쌔 꼬 강

한국어	베트남어	한국어	베트남어
열악한	khắc nghiệt 칵 응이엣	열하나(숫자)	mười một 므어이 못
열이 내리다.	khỏi sốt 코이 쏫	염소	con dê 꼰 제
열이 있는	sốt 쏫	염전	ruộng muối 주옹 무오이
열정	nhiệt tình 니엣 띵	염증	viêm 비엠
열중하다.	chăm chú 짬 쭈	엽서	bưu thiếp 뷰 티엡
열차	xe lửa 쌔 르어	영광	vinh quang 비잉 꽝

열악한 환경
môi trường khắc nghiệt
모이 쯔엉 칵 응이엣

열이 납니까?
Có sốt không?
꼬 쏫 콩

열이 있어서 일하러 가지 못했다.
Vì chị ấy ốm nên chị ấy không đi làm.
비 찌 어이 옴 넨 찌 어이 콩 디 람

열이 조금 나다.
hơi sốt
허이 쏫

영문판 여행서적
sách hướng dẫn viết bằng tiếng Anh
싸익 흐엉 전 비엣 방 띠응 아잉

영리한	thông minh 통 미잉	영어로?	Bằng tiếng Anh? 방 띠응 아잉
영문학	anh văn 아잉 반	영업하다.	kinh doanh 끼잉 좌잉
영상	hình ảnh 히잉 아잉	영웅	anh hùng 아잉 훙
영수증	hóa đơn 화 던	영원히	mãi mãi 마이 마이
영양을 주다.	bổ dưỡng 보 즈엉	영원히 떠나다.	đi biệt 디 비엣
영어	tiếng Anh 띠응 아잉	영토내(국토)	nội địa 노이 디아

영수증 좀 주세요.
Cho tôi xin hóa đơn.
조 또이 씬 화 던

영어 할 줄 아세요?
Chị có biết nói tiếng Anh không?
찌 꼬 비엣 노이 띠응 아잉 콩

영어로 이야기하다.   nói chuyện bằng tiếng Anh
노이 쭈엔 방 띠응 아잉

영어학원비   tiền học tiếng Anh
띠엔 혹 띠응 아잉

영업 액에 따라 세금을 납부해야한다.
Phải đóng thuế theo doanh thu.
파이 동 투에 태오 좌잉 투

한국어	베트남어	한국어	베트남어
영향	ảnh hưởng 아잉 흐엉	예(보기)	ví dụ 비 주
영화	phim 핌	예금통장	phiếu gửi tiền 피에우 그이 띠엔
영화를 보다.	xem phim 쌤 핌	예매권	vé trả trước 배 짜 쯔억
영화제	liên hoan phim 리엔 호안 핌	예물	lễ vật 레 벗
옆의	bên cạnh 벤 까잉	예방하다.	đề phòng 데 퐁

영하 / 영하 11도　　　　　　　　　âm / âm 11℃
　　　　　　　　　　　　　　　　엄 / 엄 무어이 못 쎄

영화가 싱겁다.　　　　　　　　　bộ phim nhạt nhẽo
　　　　　　　　　　　　　　　　보 핌 냣 냬오

영화를 촬영하다.　　　　　　　　quay phim
　　　　　　　　　　　　　　　　꽈이 핌

예를 드세요.　　　　　　　　　　Hãy lấy ví dụ đi.
　　　　　　　　　　　　　　　　하이 러이 비 주 디

예를 들자면.　　　　　　　　　　lấy ví dụ, chẳng hạn
　　　　　　　　　　　　　　　　러이 비 주, 짱 한

예방 접종서　　　　　　　　　　giấy kiểm dịch
　　　　　　　　　　　　　　　　져이 끼엠 직

예방 주사를 맞다　　　　　　　　tiêm phòng
　　　　　　　　　　　　　　　　띠엠 퐁

한국어	베트남어	발음	한국어	베트남어	발음
예배	thờ cúng	터 꿍	예의 있게	lịch sự	릭 쓰
예보하다.(날씨)	dự báo	즈 바오	예의가 없는	bất lịch sự	벗 릭 쓰
예쁘다.	xinh	씨잉	예의를 지키다.	giữ lịch sự	즈 릭 쓰
예산	ngân sách	응언 싸익	예전에	trước đây	쯔억 더이
예술	nghệ thuật	응에 투엇	예측하다.	dự đoán	즈 도안
예술가	nghệ sĩ	응에 씨	옐로우 카드	thẻ vàng	태 방
예약하다.	đặt trước	닷 쯔억	옛날	ngày xưa	응아이 쓰어

예뻐 보이네요.   Trông chị đẹp lắm.
쫑 찌 댑 람

예쁜 사람이라고 들었어요.
Em có nghe nói chị rất đẹp.
앰 꼬 응애 노이 찌 젓 댑

예술가이실 것 같아요.   Chắc chị là một nghệ sĩ.
짝 찌 라 못 응에 씨

예의상 그런 거죠.   Lịch sự đấy mà.
릭 쓰 더이 마

오(감탄)	ồ 오	오는(시기)	tới 떠이
오(숫자)	năm 남	오늘	hôm nay 홈 나이

오는 길에 계란 사와.
Trên đường về, hãy mua trứng gà nhé.
쩬 드엉 베, 하이 무어 쯩 갸 녜

오는 길이 편했어요?
Trên đường đi thuận lợi chứ ạ?
쩬 드엉 디 투언 러이 쯔 아

오늘 가시나요?
Hôm nay chị đi à?
홈 나이 찌 디 아

오늘 고마웠어요.　Cảm ơn chị vì ngày hôm nay.
깜 언 찌 비 응아이 홈 나이

오늘 공기가 맑아요.
Hôm nay không khí trong lành.
홈 나이 콩 키 쫑 라잉

오늘 날씨가 나빠요　Hôm nay thời tiết xấu.
홈 나이 터이 띠엣 써우

오늘 날씨가 좋아요　Hôm nay thời tiết tốt.
홈 나이 터이 띠엣 똣

오늘 예뻐 보이네요.　Hôm nay trông chị đẹp lắm.
홈 나이 쫑 찌 댑 람

오늘 길에	trên đường về 쩬 드엉 베	오늘밤에	tối nay 또이 나이
오늘날	hiện nay 히엔 나이	오다.	tới 떠이

오늘 오후는 쉬어. 집에 있을 거야.
Chiều nay nghỉ, tôi ở nhà.
찌에우 나이 응이, 또이 어 냐

오늘 일을 끝냈어요?
Hôm nay đã xong việc chưa ạ?
홈 나이 다 쏭 비엑 쯔어 아

오늘 재미없었어.　　Hôm nay không vui.
홈 나이 콩 부이

오늘 정말 재밌다.　　Hôm nay rất vui.
홈 나이 젓 부이

오늘 즐거웠어요.　　Ngày hôm nay khá nhỉ.
응아이 홈 나이 카 니

오늘은 내가 한 턱 낼게요.　Hôm nay tôi sẽ chiêu đãi.
홈 나이 또이 쌔 찌에우 다이

오늘은 당신 뜻대로 하세요.
Hôm nay chị được ưu tiên nhé.
홈 나이 찌 드억 유 띠엔 내

오늘이 3번째야.　　Hôm nay là lần thứ ba.
홈 나이 라 런 트 바

한국어	베트남어	한국어	베트남어
오락(물)	giải trí / 쟈이 찌	오렌지 한쪽	múi cam / 무이 깜
오래	lâu / 러우	오르다.	đi lên / 디 렌
오래됐지.	Lâu lắm rồi. / 러우 람 조이	오르다.(가격)	tăng lên / 땅 렌
오래된 친구	bạn cũ / 반 꾸	오르다.(나무등)	leo lên / 래오 렌
오랫동안	lâu dài / 러우 자이	오른쪽	bên phải / 벤 파이
오렌지	quả cam / 꽈 깜	오리	con vịt / 꼰 빗
오렌지 주스	nước cam / 느억 깜	오만한	kiêu hãnh / 끼에우 하잉

오래 가지 않다.
 không kéo dài
 콩 깨오 자이

오래 기다리게 해서 미안합니다.
 Xin lỗi để các chị đợi lâu quá.
 씬 로이 데 깍 찌 더이 러우 꽈

오래간만이예요.   Lâu lắm không được gặp chị.
 러우 람 콩 드억 갑 찌

오른쪽으로 가야하는 거죠?
 Tôi phải rẽ tay phải, phải không ạ?
 또이 파이 재 따이 파이, 파이 콩 아

오빠, 형	anh trai 아잉 짜이	오월	tháng năm 탕 남
오빠, 형(호칭)	anh 아잉	오이	dưa chuột 즈어 쭈옷
오세요.	Hãy đến. 하이 덴	오전	buổi sáng 부오이 쌍
오염	ô nhiễm 오 니엠	오케스트라	dàn nhạc 잔 냑

오이로 팩을 하다. đắp mặt bằng dưa chuột
답 맛 방 즈어 쭈옷

오지 않는다면 nếu không đến đây
네우 콩 덴 더이

오토바이 좀 봐주세요.(자리 비울동안)
Trông xe hộ tôi.
쫑 쌔 호 또이

오토바이가 무서워. Tôi sợ xe máy.
또이 써 쌔 마이

오토바이로 여기에서 집까지 얼마나 걸려요?
Đi xe máy từ đây đến nhà chị mất bao lâu?
디 쌔 마이 뜨 더이 덴 냐 찌 멋 바오 러우

오토바이와 차가 추돌하다.
Xe máy và ôtô đã đâm nhau.
쌔 마이 바 오또 다 덤 냐우

오해하셨어요. Chị hiểu lầm rồi.
찌 히에우 럼 조이

한국어	베트남어	한국어	베트남어
오타	lỗi sai / 로이 싸이	온라인	trực tuyến / 쯕 뚜엔
오토바이	xe máy / 쌔 마이	온수기	bình nóng lạnh / 비잉 농 라잇
오프너	cái mở nắp / 까이 머 납	온화한	dịu dàng / 쥬 장
오해하다.	hiểu lầm / 히에우 염	올 거죠?	Chị sẽ đến chứ? / 찌 쌔 덴 쯔
오후	buổi chiều / 부오이 찌에우	올가미	bẫy / 버이
옥(보석)	ngọc / 응옥	올림픽	thế vận hội / 테 번 호이
옥수수	ngô / 응오	올해	năm nay / 남 나이
온도	nhiệt độ / 니엣 도	옮기다.	di chuyển / 지 쭈엔
온도계	nhiệt kế / 니엣 께	옳다.	đúng / 둥
온도를 재다.	cặp nhiệt độ / 깝 니엣 도	옷	quần áo / 꿘 아오

올해 몇 살이세요?
Chị năm nay bao nhiêu tuổi rồi ạ?
찌 남 나이 바오 니에우 뚜어이 조이 아

옷가게	cửa hàng quần áo 끄어 항 꿘 아오	옷을 입다.	mặc quần áo 막 꿘 아오
옷감	vải 바이	옷을 짜다.	vắt quần áo 밧 꿘 아오
옷걸이	mắc áo 막 아오	옷이 끼다.	áo chật 아오 쩟
옷을 다리다.	là quần áo 라 꿘 아오	와이셔츠	áo sơ mi 아오 써 미
옷을 맞추다.	may quần áo 마이 꿘 아오	와인	rượu vang 즈어우 방
옷을 벗다.	cởi quần áo 꺼이 꿘 아오	완고한	khó tính 코 띵
옷을 빨다.	giặt quần áo 잣 꿘 아오	완성되다.	hoàn thành 호안 타잉

옷 따뜻하게 입어.   Hãy mặc ấm vào.
하이 막 엄 바오

옷을 갈아입다.   thay quần áo
타이 꿘 아오

옷을 빨고 있어요.   Tôi đang giặt quần áo.
또이 당 잣 꿘 아오

완벽한   hoàn toàn, hoàn
호안 또안, 호안

완벽한 타이밍이네.   Đúng giờ thật.
둥 져 텃

234

완전한	hoàn hảo 호안 하오	왕래하다.	đi lại 디 라이

왕에게 바치다.   dâng lên vua
정 렌 부어

왜 그렇게 늦게 돌아왔어요?
Sao chị về muộn thế này?
싸오 찌 베 무온 테 나이

왜 그렇게 서둘러요? Sao chị vội đi làm thế?
싸오 찌 보이 디 람 테

왜 그렇게 자꾸 재촉해.
Sao cứ giục liên tục như thế.
싸오 끄 죽 리엔 뚝 느 테

왜 그렇지? Sao lại thế cơ chứ?
싸오 라이 테 꺼 쯔

왜 무슨 일인데? Có chuyện gì thế?
꼬 쭈엔 지 테

왜 미리 말을 안했어. Sao không nói trước.
싸오 콩 노이 쯔억

왜 어제 일을 쉬었어요?
Tại sao hôm qua chị nghỉ làm?
따이 싸오 홈 꽈 찌 응이 람

왜 이렇게 느린 거야.(컴퓨터) Sao máy chậm thế này.
싸오 마이 쩜 테 나이

왕복의	khứ hồi 크 호이	왕위를 빼앗다.	đoạt vị 돗 비
왕복표	vé khứ hồi 배 크 호이	왕의 무덤	lăng mộ vua 랑 모 부어

왜 이렇게 사람이 많은 거야.
Sao đông người thế này.
싸오 동 응어이 테 나이

왜 이렇게 오래 길이 막히는 거야.
Sao tắc đường lâu thế này.
싸오 딱 드엉 러우 테 나이

왜 저것도 좋은데.
Như thế cũng được rồi.
느 테 꿍 드억 조이

왜 절 따라 오시는 거예요?
Tại sao chị cứ phải đi theo em?
따이 싸오 찌 끄 파이 디 태오 앰

왜 한숨 쉬고 있어?
Sao lại thở dài?
싸오 라이 터 자이

왜?
Tại sao? Sao thế?
따이 싸오, 싸오 테

왜냐면 걸으려고 하지 않으니까.
Tại vì họ không chịu đi bộ.
따이 비 호 콩 찌우 디 보

왠지 알아요?
Chị biết tại sao không?
찌 비엣 따이 싸오 콩

한국어	베트남어	한국어	베트남어
왕자	hoàng tử / 황 뜨	외국인	người nước ngoài / 응어이 느억 응와이
왜	tại sao, vì sao / 따이 싸오, 비 싸오	외로이	cô đơn / 꼬 던
왜 안 돼?	Tại sao không? / 따이 싸오 콩	외모	bề ngoài / 베 응와이
외교	ngoại giao / 응와이 쟈오	외무부	bộ ngoại giao / 보 응와이 쟈오
외교관	nhà ngoại giao / 냐 응와이 쟈오	외상	chấn thương / 쩐 트엉
외교단	đoàn ngoại giao / 도안 응와이 쟈오	외식하다.	ăn hàng / 안 항
외국	nước ngoài / 느억 응와이	외진(벽촌)	héo lánh / 해오 라잉
외국어	ngoại ngữ / 응와이 응으	외침(침략)	ngoại xâm / 응와이 썸

외국회사   công ty nước ngoài
꽁 띠 느억 응와이

외상 되요?   Mua chịu được không?
무어 찌우 드억 콩

외장하드(전산)   ổ cứng cầm tay
오 끙 껌 따이

외출중이다.   đang ở ngoài, đi vắng
당 어 응와이, 디 방

외할머니	bà ngoại 바 응와이	왼편	bên trái 벤 짜이
외할아버지	ông ngoại 옹 응와이	요괴	yêu quái 이에우 꽈이
외화	ngoại tệ 응와이 떼	요구르트	sữa chua 쓰어 쭈어
왼손	tay trái 따이 짜이	요구하다.	yêu cầu 이에우 꺼우
왼쪽	bên trái 벤 짜이	요금	cước phí 끄억 피
왼쪽으로	sang trái 쌍 짜이	요금을 내다.	đóng thuế 동 투에

왼편에 있는 것이 bên tay trái là
벤 따이 짜이 라

요구를 만족시켜 드릴 수 있습니다.
Yêu cầu của chị có thể đáp ứng được.
이에우 꺼우 꾸어 찌 꼬 테 답 응 드억

요구를 만족시키다. đáp ứng được yêu cầu
답 응 드억 이에우 꺼우

요리 잘하세요? Chị nấu ăn có ngon không ạ?
찌 너우 안 꼬 응온 콩 아

요리하고 있어. Tôi đang nấu ăn.
또이 당 너우 안

요리	món ăn 몬 안	요소들	các yếu tố 깍 이에우 또
요리법	cách nấu 까익 너우	요약	tóm tắt 똠 땃
요리하다.	nấu ăn 너우 안	요즘	dạo này 자오 나이
요소	thành phần 타잉 펀	욕실	phòng tắm 퐁 땀

요즘 다시 자전거를 타기 시작했다.
Hiện nay, tôi bắt đầu đi xe đạp lại.
히엔 나이, 또이 밧 더우 디 쌔 답 라이

요즘 살찌신 것 같아요.
Dạo này trông chị tăng cân thì phải!
자오 나이 쫑 찌 땅 껀 티 파이

요즘 어떻게 지내? Dạo này thế nào?
자오 나이 테 나오

요즘 자연재해가 자주 일어난다.
Dạo này hay xảy ra thiên tai.
자오 나이 하이 싸이 자 티엔 따이

요즘은 정말 덥다. Dạo này, trời nắng thật!
자오 나이, 쩌이 낭 텃

욕심도 많네. Sao mà tham thế!
싸오 마 탐 테

욕심	lòng tham 롱 탐	용띠	tuổi rồng 뚜어이 종
욕심이 많은	tham quá 탐 꽈	용법	cách dùng 까익 중
용(동물)	con rồng 꼰 종	용서하다.	châm chước 쩜 쯔억
용감하다.	dũng cảm 중 깜	우	tiến triển 띠엔 찌엔
용돈	tiền tiêu vặt 띠엔 띠에우 밧	우기	mùa mưa 무어 므어

우리 같이 놀러가자.	Chúng ta đi chơi nhé. 쭝 따 디 쩌이 내
우리 내기 했거든.	Chúng tôi đã cá với nhau. 쭝 또이 다 까 버이 냐우
우리 모두 그렇지.	Chúng ta ai cũng thế mà. 쭝 따 아이 꿍 테 마
우리 뭐 먼저 하지?	Chúng ta làm gì trước? 쭝 따 람 지 쯔억
우리 어떻게 하지?	Chúng ta làm sao đây? 쭝 따 람 싸오 더이
우리 집에 놀러와.	Đến nhà tôi chơi nhé. 덴 냐 또이 쩌이 내
우리 집에 올 거죠?	Chị sẽ đến nhà tôi chứ? 찌 쌔 덴 냐 또이 쯔

우리 테니스 칠래요?
Chúng ta đi chơi quần vợt có được không?
쭝 따 디 쩌이 꿘 벗 꼬 드억 콩

우리 함께 배드민턴 치러 가요.
Chúng ta đi đánh cầu lông đi.
쭝 따 디 다잉 꺼우 롱 디

우리(듣는 사람포함 않음)　　　　　　　chúng tôi
쭝 또이

우리(듣는 사람포함)　　　　　　　　　chúng ta
쭝 따

우리가 친구가 된다면 좋을 거야.
Nếu chúng ta kết bạn được thì hay quá.
네우 쭝 따 껫 반 드억 티 하이 꽈

우리끼리만?　　　　　　　Chỉ chúng ta thôi à?
찌 쭝 따 토이 아

우리는 같이 일할 것이다.
Chúng tôi sẽ làm việc với nhau.
쭝 또이 쌔 람 비엑 버이 냐우

우리는 부부예요.　　　　Chúng tôi là vợ chồng.
쭝 또이 라 버 쫑

우리는 안 지 오래 됐어요.
Chúng tôi biết nhau lâu rồi.
쭝 또이 비엣 냐우 러우 조이

우리의 협력관계가 유쾌하기를 기대합니다.
Hy vọng chúng ta sẽ có quan hệ hợp tác vui vẻ.
히 봉 쭝 따 쌔 꼬 꽌 헤 헙 딱 부이 배

우대가격	giá hữu nghị 자 휴 응이	우비	áo mưa 아오 므어
우대하다.	ưu đãi 유 다이	우산	ô 오
우럭(동물)	con ốc 꼰 옥	우선	trước hết 쯔억 헷
우리보다	hơn chúng ta 헌 쭝 따	우선순위	thứ tự ưu tiên 트 뜨 유 띠엔
우물	giếng 지응	우스운	hài 하이
우박	mưa đá 므어 다	우승자	vô địch 보 딕

우린 가지 않기로 결정했다.
Chúng tôi đã quyết định không đến.
쭝 또이 다 꾸엣 딕 콩 덴

우린 공통점이 많아.
Chúng ta có nhiều điểm giống nhau.
쭝 따 꼬 니에우 디엠 종 냐우

우산 가지고 가세요.
Hãy mang theo ô đi.
하이 망 태오 오 디

우승을 거머쥐다.
đoạt chức vô địch
돗 쯕 보 딕

우연의 일치네.
Trùng hợp nhỉ?
쭝 헙 니

한국어	베트남어
우승팀	đội vô địch 도이 보 딕
우아하다.	nhã nhặn 냐 냔
우아한	có duyên 꼬 주옌
우연	may rủi 마이 주이
우연히	ngẫu nhiên 응어우 니엔
우울한	buồn 부온
우울해.	Tôi rất buồn. 또이 젓 부온
우월감	tự tôn, mặc cảm 뜨 똔, 막 깜
우유	sữa 쓰어
우정	tình bạn 띵 반
우주선	tàu vũ trụ 따우 부 쭈
우주인	nhà du hành vũ trụ 냐 주 하잉 부 쭈
우체국	bưu điện 뷰 디엔
우체부	người đưa thư 응어이 드어 트
우체통	hòm thư 홈 트
우표	tem 땜
우표를 붙이다.	dán tem 잔 땜
우회전금지	cấm rẽ phải 껌 재 파이
우회전하다.	rẽ phải 재 파이
운동경기	môn điền kinh 몬 디엔 끼잉
운동종목	môn thể thao 몬 테 타오
운동하다.	tập thể dục 떱 테 죽
운수 좋은 날이네	Hôm nay số đỏ. 홈 나이 쏘 도

운동화	giày thể thao 자이 테 타오	운전사	người lái xe 응어이 라이 쌔
운반하다.	vận chuyển 번 쭈엔	운전하다.	lái xe 라이 쌔
운송비	phí vận chuyển 피 번 쭈엔	운하	kênh 께잉
운송하다.	vận tải 번 따이	울다.	khóc 콕
운이 없는	số đen 쏘 댄	울지 마.	Đừng khóc. 등 콕
운이 좋다.	sướng, số đỏ 쓰엉, 쏘 도	움직이다.	di chuyển 지 쭈엔
운이 좋은데.	May quá! 마이 꽈	웃기는	buồn cười 부온 끄어이
운전면허증	bằng lái xe 방 라이 쌔	웃기는 농담	chuyện cười 쭈엔 끄어이

운이 없는 날이네.
Hôm nay số đen quá.
홈 나이 쏘 댄 꽈

운전을 위험하게 했어요.
Anh đi liều quá.
아잉 디 리에우 꽈

원래계획은 이틀 밤이다.
Đúng theo kế hoạch là 2 đêm
둥 태오 께 화익 라 하이 뎀

한국어	베트남어	한국어	베트남어
웃기지?	Buồn cười nhỉ? 부온 끄어이 니	원인	nguyên nhân 응우엔 년
웃다.	cười 끄어이	원장	viện trưởng 비엔 쯔엉
웅장하다.	tráng lệ 짱 레	원점	cội nguồn 꼬이 응우온
원	vòng 봉	원조하다.	tài trợ 따이 쩌
원금	tiền vốn 띠엔 본	원주(둘레)	đường tròn 드엉 쫀
원료	nguyên liệu 응우엔 리에우	원천	nguồn gốc 응우온 곡
원숭이	con khỉ 꼰 키	원피스	váy liền 바이 리엔
원시의	nguyên thủy 응우엔 투이	원하는 대로	tuỳ 뚜이
원앙새	chim oanh 찜 와잉	원형의	tròn 쫀

원샷(술자리) tràm phần trăm
짬 펀 짬

원하는 대로 잘되길 바랍니다. Chúc vạn sự như ý.
쭉 반 쓰 느 이

월급날이 오다. đến ngày lĩnh lương
덴 응아이 리잉 르엉

한국어	베트남어	발음
월경이 있다.	có kinh	꼬 낑
월권하다.	vượt quyền	브엇 꾸엔
월급	lương	르엉
월급날	ngày lĩnh lương	응아이 링 르엉
월말	cuối tháng	꾸오이 탕
월요일	thứ hai	트 하이
웨이터	người phục vụ	응어이 푹 부
웨이트리스	cô phục vụ	꼬 푹 부
웹디자인하다.	thiết kế web	티엣 께 웹
위(방향)	trên	쩬
위(신체)	dạ dày	자 자이
위가 아프다.	bệnh dạ dày	버익 자 자이
위대한	vĩ đại	비 다이
위로하다.	an ủi	안 우이
위반하다.	vi phạm	비 팜
위신	uy tín	우이 띤

월세를 내다.		nộp tiền thuê nhà 놉 띠엔 투에 나
웹디자이너		người thiết kế web 응어이 티엣 께 웹
위산(의학)		axít trong dạ dày 아씻 쫑 자 자이
위층 살아.		Tôi sống ở tầng trên. 또이 쏭 어 떵 쩬

한국어	베트남어	한국어	베트남어
위안하다.	an ủi 안 우이	위한	dành cho 자잉 쪼
위원장	trưởng ban 쯔엉 반	위험한	nguy hiểm 응우이 히엠
위원회	ủy ban 우이 반	위협하다.	đe dọa 대 좌
위조하다.	giả mạo 쟈 마오	유감스럽다.	đáng tiếc 당 띠엑
위층	ở tầng trên 어 떵 쩬	유격병	du kích 주 끽
위치	vị trí 비 찌	유교	nho giáo 뇨 쟈오
위치하다.	ở vị trí 어 비 찌	유능한	được việc 드억 비엑
위치해 있다.	nằm 남	유니폼	trang phục công sở 짱 푹 꽁 써

유가 증권(양도할 수 있는) giá chứng khoán
쟈 쯩 콴

유교의 영향을 받다. chịu ảnh hưởng của nho giáo
찌우 아잉 흐엉 꾸어 뇨 쟈오

유명배우 diễn viên nổi tiếng
지엔 비엔 노이 띠응

유명해지기 시작하다. bắt đầu nổi tiếng
밧 더우 노이 띠응

한국어	베트남어	한국어	베트남어
유럽	châu Âu 쩌우 어우	유월	tháng sáu 탕 싸우
유리	kính 끼잉	유익하다.	có lợi 꼬 러이
유리한	thuận lợi 투언 러이	유일한	duy nhất 주이 녓
유명인사	danh nhân 자잉 년	유적	di tích 지 띡
유명한	nổi tiếng 노이 띠응	유전의	di truyền 지 쭈엔
유사시	có chuyện 꼬 쭈엔	유지하다.	giữ gìn 즈 진
유사한	tương tự 뜨엉 뜨	유창한	thành thạo 타잉 타오
유산(재산)	tài sản 따이 싼	유치한	trẻ con, ấu trĩ 째 꼰, 어우 찌
유언	di chúc 지 쭉	유쾌한	tươi tắn 뜨어이 딴
유언으로 남겨주다.	chúc thư 쭉 트	유통	lưu thông 류 통
유용한	bổ ích 보 익	유학가다.	du học 주 혹
유행을 타지 않다.			không lỗi mốt 콩 로이 못

248

한국어	베트남어	발음
유한의	hữu hạn	휴 한
유행성감기	cúm	꿈
유행하는	hợp thời trang	헙 터이 짱
유형	loại hình	롸이 히잉
유혹하다.	rủ rê	주 제
육(숫자)	sáu	싸우
육교	cầu vượt	꺼우 브엇
육로	đường bộ	드엉 보
육상	các môn điền kinh	깍 몬 디엔 끼잉
육수	nước dùng	느억 중
은(금속)	bạc	박
은근히 아프다.	bị đau âm ỉ	비 다우 엄 이
은메달	huy chương bạc	휘 쯔엉 박
은퇴하다.	về hưu	베 휴

육상선수 vận động viên điền kinh
번 동 비엔 디엔 끼잉

육체노동 lao động tay chân
라오 동 따이 쩐

은행의 대출을 받는 것은 매우 어렵다.
Vay được tiền của ngân hàng rất khó.
바이 드억 띠엔 꾸어 응언 항 젓 코

음력은 모든 나라가 똑같은 줄 알았어.
Tôi đã tưởng rằng lịch âm của các nước đều giống nhau.
또이 다 뜨엉 장 릭 엄 꾸어 깍 느억 데우 종 냐우

은행	ngân hàng 응언 항	음식점	nhà hàng 냐 항
음력	âm lịch 엄 릭	음식점에는	ở nhà hàng 어 냐 항
음력날짜	lịch âm 릭 엄	음악	âm nhạc 엄 냑
음료수	nước uống 느억 우엉	음악가	nhạc sĩ 냑 씨
음색(노래)	giọng hát 지엉 핫	음악을 듣다.	nghe nhạc 응애 냑
음식	thức ăn 특 안	음절	âm tiết 엄 띠엣

음식 괜찮죠? Đồ ăn có ngon không?
도 안 꼬 응온 콩

음식을 골라보세요. Chị chọn món ăn đi.
찌 쫀 몬 안 디

음식을 주문하다. gọi món ăn
고이 몬 안

의가형제(드라마이름) anh em nhà bác sĩ
아잉 앰 냐 박 씨

의미가 있다. / 그녀에겐 의미 있는 건 아녜요.
có nghĩa / Đối với chị ấy có nghĩa gì đâu.
꼬 응이아 / 도이 버이 찌 어이 꼬 응이아 지 더우

음표	nốt nhạc 놋 낙	의견	ý kiến 이 끼엔
음향	âm thanh 엄 타잉	의도	ý định 이 딕
응(대답)	ừ, có 으, 꼬	의례	lễ nghi 레 응이
응급치료하다.	cấp cứu 껍 뀨	의문	nghi ngờ 응이 응어
응원하다.	cổ vũ 꼬 부	의미	nghĩa 응이아

의욕상실이야.
　Chẳng muốn làm gì cả.
　짱 무온 람 지 까

의자칸 기차표(뒤로 젖혀지는)
　vé ghế nằm
　배 게 남

의자칸 기차표(앉아가는)
　vé ghế ngồi
　배 게 응오이

이 근처에 어느 은행이 있습니까?
　Gần đây có ngân hàng nào không ạ?
　건 더이 꼬 응언 항 나오 콩 아

이 길 따라
　theo đường này
　태오 드엉 나이

이 길 따라 쭉 가세요.
　Xin đi thẳng theo đường này.
　씬 디 탕 태오 드엉 나이

의사(직업)	bác sĩ 박 씨	의지가 굳은	cứng rắn 꿍 잔
의심하다.	nghi ngờ 응이 응어	의지하다.	dựa 즈어
의자	ghế 게	의학	y học 이 혹

이 병에 담긴 것은 무슨 양념이에요?
Lọ này đựng gia vị gì vậy?
로 나이 등 쟈 비 지 버이

이 열차는 언제 호찌밍에 도착합니까?
Chuyến tàu này bao giờ đến Hồ Chí Minh?
쭈옌 따우 나이 바오 져 덴 호 찌 미잉

이 옷을 입으세요.　　Hãy mặc cái áo này đi.
하이 막 까이 아오 나이 디

이 음식은 향채와 같이 먹어.
Món này ăn cùng với rau thơm.
몬 나이 안 꿍 버이 자우 텀

이 회사 일은 내가 다 하는 거야?
Chẳng lẽ tôi phải làm hết việc của công ty này à?
짱 레 또이 파이 람 헷 비엑 꾸어 꽁 띠 나이 아

이거 내거야.　　Cái này là của tôi.
까이 나이 라 꾸어 또이

이거 어때요?　　Cái này thế nào?
까이 나이 테 나오

이 닦다.	đánh răng 다잉 장	이 지역	khu vực này 쿠 븍 나이

이건 괜찮죠?   Cái này không sao chứ?
까이 나이 콩 싸오 쯔

이건 내 짐작이니까 정확하진 않아.
Vì đây chỉ là phỏng đoán của tôi nên chưa chính xác.
비 더이 찌 라 퐁 도안 꾸어 또이 넨 쯔어 찡잉 싹

이건 뭐로 만든 거예요?   Cái này làm từ cái gì?
까이 나이 람 뜨 까이 지

이건 좀 크네.   Cái này hơi to.
까이 나이 허이 또

이걸 뭐라고 불러요?   Cái này gọi là gì?
까이 나이 고이 라 지

이걸 베트남어로 뭐라고 불러요?
Cái này tiếng việt gọi là gì?
까이 나이 띠응 비엣 고이 라 지

이걸로 살게요.   Tôi mua cái này.
또이 무어 까이 나이

이것은 무엇이예요?   Cái này là cái gì?
까이 나이 라 까이 지

이것이 당신의 노트북이예요?
Đây có phải là máy tính xách tay của chị không?
더이 꼬 파이 라 마이 띵잉 싸익 따이 꾸어 찌 콩

이 지역에 tại khu vực này	이(치아) răng
따이 쿠 븍 나이	장
이(숫자) hai	이가 썩다. sâu răng
하이	쓰우 장

이것저것 다 넣어주세요. Cho tôi tất cả mọi thứ.
조 또이 떳 까 모이 트

이것저것 섞어서 만동어치 주세요.
Cho tôi 1 xuất 10000, thức ăn gì cũng được ạ.
조 또이 못 쑤엇 므어이 응인, 특 안 지 꿍 드억 아

이게 아니라 không phải cái này mà là
콩 파이 까이 나이 마 라

이곳에서 송금이 가능하나요?
Ở đây có nhận gửi tiền không?
어 더이 꼬 년 그이 띠엔 콩

이나 / 10만 동 이나
tận những / tận những 100000 Đ
떤 능 / 떤 능 못 짬 응인 동

이러면 안 되잖아. Không phải thế này chứ.
콩 파이 테 나이 쯔

이런 건 처음 보는 건데, 어디에 쓰는 거야?
Lần đầu tiên chứng kiến cảnh này, để làm gì?
런 더우 띠엔 쯩 끼엔 까잉 나이, 데 람 지

이런 방은 하루에 얼마예요?
Loại phòng này bao nhiêu tiền một ngày?
롸이 퐁 나이 바오 니에우 띠엔 못 응아이

한국어	베트남어	한국어	베트남어
이것	cái này / 까이 나이	이라크	Irắc / 이락
이기적인	ích kỷ / 익 끼	이런 것	cảnh này / 까잉 나이
이끌다.	chỉ dẫn / 찌 전	이륙하다.	cất cánh / 껏 까잉

이런 조리 스타일을 뭐라고 부릅니까?
Nấu kiểu này gọi là gì?
너우 끼에우 나이 고이 라 지

이런, 메스꺼워.
trời, gớm quá!
쩌이, 검 꽈

이렇게
thế này, như thế này
테 나이, 느 테 나이

이렇게 갑자기 얘기하면 어떻게 해?
Nói bất ngờ thế này. thì làm thế nào?
노이 벗 응어 테 나이, 티 람 테 나오

이렇게 작성하는 것이 맞습니까?
Tôi viết thế này có đúng không?
또이 비엣 테 나이 꼬 둥 콩

이렇게 하면
nếu làm thế này
네우 람 테 나이

이를 닦고 자다.
đánh răng rồi đi ngủ
다잉 장 조이 디 응우

이름은 모르겠어.
Tôi không nhớ tên.
또이 콩 녀 뗀

이를 뽑다.	nhổ răng 뇨 장	이름을 짓다.	đặt tên 닷 뗀
이름	tên 뗀	이름전체	họ tên 호 뗀
이름을 적다.	ghi tên 기 뗀	이마	trán 짠

이리와 봐. 할 말이 있어.
Em đến đây. Chị bảo cái này.
앰 덴 더이, 찌 바오 까이 나이

이메일 쓰는 것을 부탁하다. Chị nhờ em viết e-mail.
찌 녀 앰 비엣 이메일

이면지(절약용)   giấy tận dụng
져이 떤 중

이면지 쓰세요.   Hãy dùng giấy tận dụng.
하이 중 져이 떤 중

이미 4달을 베트남에서 살았다.
Tôi đã sống ở Việt Nam bốn tháng.
또이 다 쏭 어 비엣 남 본 탕

이번 여행이 성공하시길 빕니다.
Chúc chị có chuyến đi thành công.
쭉 찌 꼬 쭈옌 디 타잉 꽁

이번 주말에 한국에 돌아가려고 해요.
Cuối tuần này tôi sẽ về Hàn Quốc.
꾸오이 뚜언 나이 또이 쌔 베 한 꿕

한국어	베트남어	한국어	베트남어
이메일을 보내다.	gửi e-mail 그이 이메일	이번	lần này 런 나이
이면(뒷면)	mặt trái 맛 짜이	이불	chăn 짠
이모	dì 지	이불을 깔다.	trải giường 짜이 즈엉
이민	di dân 지 전	이사하다.	dọn nhà 존 냐
이발하다.	cắt tóc 깟 똑	이상(소망)	lý tưởng 리 뜨엉

이번에 와보니 베트남이 많이 현대화됐어요.
Lần này đến, Việt Nam đã hiện đại hơn nhiều.
런 나이 덴, 비엣 남 다 히엔 다이 헌 니에우

이번이 두 번째야. Đây là lần thứ hai.
더이 라 런 트 하이

이번이 마지막이야. Đây là lần cuối.
더이 라 런 꾸오이

이사 들어가다. dọn nhà vào
존 냐 바오

이상 / 이십 명 이상 tận / tận 20 người
떤 / 떤 하이 므어이 응어이

이상한 사람이네. Chị ấy khác thường lắm.
찌 어이 칵 트엉 람

이상하게 운전하다.	lái xe lạ 라이 쌔 라	이쑤시개	tăm 땀
이상한	lạ 라	이야기	câu chuyện 꺼우 쭈엔
이서하다.	ký phía sau 끼 피아 싸우	이야기를 하다.	kể chuyện 께 쭈엔
이성	lẽ phải 래 파이	이야기하다.	nói chuyện 노이 쭈엔
이슈	vấn đề 번 데	이열치열	lấy độc trị độc 러이 독 찌 독
이슬람	hồi giáo 호이 쟈오	이와 동시에	trong khi đó 쫑 키 도

이야기할 수 있도록 하다. / 히엔씨와 통화할 수 있을까요?
cho nói chuyện / Làm ơn cho nói chuyện với chị Hiền.

쪼 노이 쭈엔 / 람 언 쪼 노이 쭈엔 버이 찌 히엔

이윤 중 10%를 공제할 수 있습니다.
Chị có thể trích mười phần trăm trong số lãi.

찌 꼬 테 찍 므어이 펀 짬 쫑 쏘 라이

이윤을 5% 나눠 줄 수도 있어요.
Em có thể chia cho chị 5% tiền lời.

앰 꼬 테 찌아 조 찌 남 펀 짬 띠엔 러이

이윤이 높지 않다.   lãi không nhiều

라이 콩 니에우

이웃	hàng xóm 항 쏨	이유	lý do 리 조
이월(달)	tháng hai 탕 하이	이윤	lời, số lãi 러이, 쏘 라이

이자가 얼마나 되나요? Lãi suất bao nhiêu?
라이 쑤엇 바오 니에우

이전처럼 피곤하진 않아요.
Không còn mệt như mấy hôm trước.
콩 꼰 멧 느 머이 홈 쯔억

이제 그만 가야해. Thôi tôi đi đây.
토이 또이 디 더이

이제 그만 끊자.(전화) Thôi cúp máy nhé.
토이 꿉 마이 내

이제 어떻게 하지? Làm thế nào bây giờ?
람 테 나오 버이 저

이제나저제나 하고 기다렸다. Tôi đã thấp thỏm chờ.
또이 다 텁 톰 쩌

이젠 익숙해요. Bây giờ cũng quen rồi.
버이 저 꿍 꾸앤 조이

이쪽으로 이사 온 지 얼마나 되셨어요?
Chị dọn về đây lâu chưa?
찌 존 베 더이 러우 쯔어

이체송금 chuyển tiền tài khoản khác
쭈옌 띠엔 따이 콴 칵

이율(저금)	lãi suất 라이 쑤엇
이자	tiền lãi 띠엔 라이
이전에	trước kia 쯔억 끼아
이제 충분해요.	Thôi đủ rồi! 토이 두 조이
이주하다.	di cư 지 끄
이층버스	xe buýt hai tầng 쌔 뷧 하이 떵
이치에 맞지 않는	vô lý 보 리
이해하기 쉬운	dễ hiểu 제 히에우
이해하기 힘든	khó hiểu 코 히에우
이해하다.	hiểu 히에우
이코노미 클래스	ghế hạng nhì 게 항 니
이하 / 30이하	dưới / dưới 30 즈어이 / 즈어이 바 므어이
이하 / 6세 이하	dưới / dưới 6 tuổi 즈어이 / 즈어이 싸우 뚜어이
이해가 안되다.	không hiểu 콩 히에우
이해하다.(어려운 상황을)	thông cảm 통 깜
이해하셨어요?	Có hiểu không ạ? 꼬 히에우 콩 아
이해해 주세요.	Xin thông cảm cho. 씬 통 깜 쪼

한국어	베트남어	한국어	베트남어
이해했어?	Có hiểu không? 꼬 히에우 콩	인내심	kiên trì 끼엔 찌
이혼	ly hôn 리 혼	인도	Ấn Độ 언 도
익명의	không tên 콩 뗀	인도(교통)	vỉa hè 비아 해
익살스러운	hài hước 하이 흐억	인류	nhân loại 년 롸이
익숙하지 않은	không quen 콩 꾸앤	인물	nhân vật 년 벗
익숙한(문화)	quen 꾸앤	인부	người làm 응어이 람
익숙해지다.	làm quen 람 꾸앤	인사(만남)	chào hỏi 짜오 호이
익힌(완전히)	chín kỹ 찐 끼	인상	ấn tượng 언 뜨엉
인계하다.(업무)	giao ban 쟈오 반	인생	đời sống 더이 쏭
인구	dân số 전 쏘	인쇄하다.	in 인
인구수	số người 쏘 응어이	인식하다.	hiểu biết 히에우 비엣

인분 / 삼 인분	người ăn / 3 người ăn 응어이 안 / 바 응어이 안

한국어	베트남어	발음
인용	trích đoạn	찍 돤
인정하다.	thừa nhận	트어 년
인 줄 알다.	đã tưởng rằng	다 뜨엉 장
인 척 가장하다.	giả bộ	쟈 보
인출하다.	rút tiền	줏 띠엔
인파를 이루다.	đông người	동 응어이
인형	búp bê	붑 베
인형극	múa rối	무어 조이
인화지	giấy in	져이 인
일	việc	비역

인터넷이 죽었어.(속어)　　Mạng chết rồi.
　　　　　　　　　　　　망 쩻 조이

일 권 있어요?(시리즈)　　Có tập 1 không ạ?
　　　　　　　　　　　　꼬 떱 못 콩 아

일 때문에 오신건가요?
　　Chị sang Việt Nam chắc là để làm việc?
　　찌 쌍 비엣 남 짝 라 데 람 비역

일 열심히 해.　　Làm việc chăm chỉ vào.
　　　　　　　　람 비역 짬 찌 바오

일 잘됐죠?　　Mọi việc tốt chứ?
　　　　　　　모이 비역 똣 쯔

일단 밥 드세요.　　Chị ăn cơm đi đã!
　　　　　　　　　찌 안 껌 디 다

일(숫자)	một 못	일등급	hạng nhất 항 녓
일간신문	báo hàng ngày 바오 항 아이	일반적으로	nói chung 노이 쭝
일곱 번째	thứ bảy 트 바이	일본	Nhật Bản 녓 반
일곱(숫자)	bảy 바이	일본어	tiếng Nhật 띠응 녓
일광욕하다.	tắm nắng 땀 낭	일생동안	trên đời 쩬 더이
일깨우다.	nói cho biết 노이 쪼 비엣	일시적인	tạm thời 땀 터이

일렬로 만들다.   xếp thành hàng
                                   쎕 타잉 항

일상용품   đồ dùng hàng ngày
                                   도 중 항 아이

일어난 지 얼마나 되셨어요?   Chị dậy lâu chưa?
                                     찌 저이 러우 쯔어

일요일에 시간 있어?
                    Chủ nhật tuần này có rỗi không?
                    쭈 녓 뚜언 나이 꼬 조이 콩

일은 넘치는데 일 할 사람이 없어.
Công việc bừa bộn thế này mà chẳng có ai làm cả.
    꽁 비엑 브어 본 테 나이 마 짱 꼬 아이 람 까

한국어	베트남어	발음
일어나.	đứng lên	등 렌
일어나다.(잠)	dậy	저이
일어서다.	đứng	등
일요일	chủ nhật	쭈 녓
일월	tháng giêng	탕 지응
일을 그만두다.	nghỉ việc	응이 비엑
일을 끝내다.	làm xong	람 쏭
일이 많이 남다.	bừa bộn	브어 본
일일이 세다.	kể	께
일자리를 구하다.	xin việc	씬 비엑

일이 끝나고   sau khi làm xong
싸우 키 람 쏭

일이 너무 많아.   Không ngớt việc.
콩 응엇 비엑

일이 다 해결되어 끝났지. Giải quyết xong hết việc.
쟈이 꾸옛 쏭 헷 비엑

일이 바쁘세요?   Công việc của chị có bận không?
꽁 비엑 꾸어 찌 꼬 번 콩

일이 있어서 가봐야겠어.   Tôi có việc, phải đi rồi.
또이 꼬 비엑, 파이 디 조이

일을 끝까지 하다.   làm đến cuối cùng
람 덴 꾸오이 꿍

일주일에 한번   một tuần một lần
못 뚜언 못 런

한국어	베트남어	한국어	베트남어
일제히 발사하다.	loạt / 롯	잃어버리다.	bị mất / 비 멋
일찍	sớm / 썸	임금	tiền lương / 띠엔 르엉
일찍 일어나다.	dậy sớm / 저이 썸	임대료	tiền thuê / 띠엔 투에
일치하다.	nhất trí / 녓 찌	임대하다.	thuê / 투에
일하다.	làm việc / 람 비역	임명하다.	cử / 끄
일하러 가다.	đi làm / 디 람	임무	nhiệm vụ / 니엠 부
일회용밴드	dải băng / 자이 방	임시의	tạm thời / 땀 터이
잃다.	mất / 멋	임신	mang thai / 망 타이
잃어 버렸어?	Đánh mất à? / 다잉 멋 아	임신하다.	có mang / 꼬 망

읽다. / 이 책을 읽으세요.
đọc / Hãy đọc quyển sách này đi.
독 / 하이 독 꾸엔 싸익 나이 디

입니까? / 히엔씨 입니까?
có phải là~không? / Chị có phải là Hiền không?
꼬 파이 라 콩 / 찌 꼬 파이 라 히엔 콩

임업	lâm nghiệp 럼 응이엡	입어보다.	mặc thử 막 트
입	môi 모이	입을 벌리다.	há miệng 하 미응
입 냄새나다.	mồm hôi 몸 호이	입이 가벼운	bép xép 뱁 쌥
입구	cổng, lối vào 꽁, 로이 바오	입이 무겁다.	ít nói 잇 노이
입국카드	thẻ nhập cảnh 태 녑 까잉	입장권	vé vào cửa 배 바오 끄어
입국하다.	nhập cảnh 녑 까잉	입장료	phí vào cửa 피 바오 끄어
입다.(옷)	mặc 막	입찰하다.	đấu thầu 더우 터우
입맛에 맞다.	hợp khẩu vị 협 커우 비	잇따른	liền 리엔

입맛에 맞으실지 모르겠어요.
　　Tôi không biết có hợp khẩu vị của chị không.
　　또이 콩 비엣 꼬 헙 커우 비 꾸어 찌 콩

입으면 편하다.
　　Khi mặc thì tôi cảm thấy rất thoải mái.
　　키 막 티 또이 깜 터이 젓 토아이 마이

잎으로 싸다.
　　　　　　　　　　　　　　gói bằng lá dong
　　　　　　　　　　　　　　고이 방 라 종

있어야 한다.	phải có 파이 꼬	잊다.	quên 꾸엔
잉크	mực 믁	잊어버려.	Thôi dẹp đi. 토이 잽 디
잊고 자버리다.	ngủ quên 응우 꾸엔	잎	lá 라

한국어-베트남어

자(사무용품)	thước kẻ 트억 깨	자르다.	cắt 깟
자다.	ngủ 응우	자리로 돌아가.	Về chỗ đi. 베 쪼 디
자동	tự động 뜨 동	자막	phụ đề 푸 데
자동차	ôtô 오또	자매	chị em 찌 앰
자동차로 가다.	đi ôtô 디 오또	자몽	quả bưởi 꽈 브어이
자두	quả mận 꽈 먼	자물쇠로 잠그다.	khoá 콰
자라다.	lớn lên 런 렌	자발적인	tự nguyện 뜨 응우옌
자랑스럽다.	tự hào 뜨 하오	자백하다.	tự thú 뜨 투
자료	tài liệu 따이 리에우	자본	vốn 본

자기소개를 하다. tự giới thiệu
  뜨 져이 티에우

자기소개서 cá nhân tự giới thiệu
  까 년 뜨 져이 티에우

자루 / 펜 3자루 cây / 3 cây bút
  꺼이 / 바 꺼이 붓

자산	tài sản 따이 싼	자신의	của mình 꾸어 미잉
자세한	cặn kẽ 깐 깨	자연	thiên nhiên 티엔 니엔
자손	con cháu 꼰 짜우	자연스럽게	tự nhiên 뜨 니엔
자식	người con 응어이 꼰	자연재해	thiên tai 티엔 따이
자신감을 가져.	Tự tin lên. 뜨 띤 렌	자유	tự do 뜨 조
자신을 보호하다.	tự vệ 뜨 베	자유형 수영	bơi tự do 버이 뜨 조

자세히 이야기하다. tường thuật
뜨엉 투엇

자원봉사자 tình nguyện viên
띠잉 응우엔 비엔

자유저축예금 tài khoản tiết kiệm
따이 콴 띠엣 끼엠

자장면은 한국에선 흔하고 싼 음식이지만, 베트남에선 많이 먹지 못했다.
JaJangmeon là món ăn thông thường và rẻ ở Hàn Quốc, nhưng ở Việt Nam chúng tôi đã không thể ăn nó nhiều.
자장면 라 몬 안 통 트엉 바 재 어 한 꿕, 능 어 비엣 남 쭝 또이 다 콩 테 안 노 니에우

한국어	베트남어	한국어	베트남어
자전거	xe đạp 쌔 답	작동하다.	chạy 짜이
자존	tự tôn 뜨 똔	작문	bài luận 바이 루언
자주	thường xuyên 트엉 쑤엔	작문하다.	đặt câu 닷 꺼우
자주 발생하다.	hay xảy ra 하이 싸이 자	작별하다.	tạm biệt 땀 비엣
자주색	màu tía 머우 띠아	작업	công trình 꽁 찌잉
작가	nhà văn 냐 반	작용	tác động 딱 동
작년	năm ngoái 남 응와이	작은	nhỏ 뇨

자전거 타다가 넘어졌어.   Tôi đã bị ngã xe đạp.
또이 다 비 응아 쌔 답

자전거 타지 않아.   Tôi không đi xe đạp.
또이 콩 디 쌔 답

자주 가다.   thường xuyên đi
트엉 쑤엔 디

작별 인사하러 왔습니다.
Bây giờ em đến để chào tạm biệt chị.
버이 져 앰 덴 데 짜오 땀 비엣 찌

작은 길	đường nhỏ 드엉 뇨	잔디	cỏ 꼬
작은 눈	mắt híp 맛 힙	잔소리하다	khiển trách 키엔 짜익
작품	tác phẩm 딱 펌	잔업	làm thêm 람 템
잔고	số tiền còn thừa 쏘 띠엔 꼰 트어	잔치	tiệc, bữa tiệc 띠엑, 브어 띠엑

작은 돈으로 바꾸다.   đổi tiền lẻ
도이 띠엔 래

작은 택시 하나 필요해요.
Tôi cần một chiếc taxi nhỏ.
또이 껀 못 찌엑 딱시 뇨

잔 / 우유 한잔   cốc / 1 cốc sữa
꼭 / 못 꼭 쓰어

잔돈으로 바꿔주세요.   Đổi tiền lẻ cho tôi.
도이 띠엔 래 조 또이

잔잔한 음악(발라드)이 더 좋아요
Tôi thích nhạc nhẹ hơn.
또이 틱 냑 냬 헌

잘 골라 와야해.   Nhớ chọn kỹ nhé.
녀 쫀 끼 내

잘 곳이 필요하다.   cần chỗ ngủ
껀 쪼 응우

잘 대해줘.	Lịch sự nhé. 릭 쓰 내	잘게 자르다.	thái miếng 타이 미응
잘 맞네요.	Vừa quá. 브어 꽈	잘라내다.	lược 루억
잘 맞다.	vừa 브어	잘못 걸다.	gọi nhầm 고이 념
잘 먹다.	ngon miệng 응온 미응	잘못 생각하다.	lầm 럼
잘 아는	quen thuộc 꾸앤 투억	잘못 이해하다.	hiểu lầm 히에우 염
잘 자.	Chúc ngủ ngon! 쭉 응우 응온	잘못하다.	sai, sai trái 싸이, 싸이 짜이
잘 자라다.	chóng lớn 쫑 런	잘하네.	Giỏi lắm. 조이 람

잘 먹어라.   Hãy ăn cho tốt vào.
하이 안 쪼 똣 바오

잘 사귀어 놔야지.   Phải làm quen mới được.
파이 람 꾸앤 머이 드억

잘 잤어?   Có ngủ ngon không?
꼬 응우 응온 콩

잘 진행하고 있습니다.   Hòm hòm cả rồi ạ.
홈 홈 까 조이 아

잘못 들었어.   Tôi nghe không rõ.
또이 응애 콩 조

잘하는	giỏi 죠이	잠자리에 들다.	đi ngủ 디 응우
잠그다.	khóa 콰	잠재력	tiềm năng 띠엠 낭
잠깐만요.	Khoan đã. 콴 다	잡다.	bắt 밧
잠깨다.	thức dậy 특 저이	잡다한	lặt vặt 랏 밧
잠시 동안	một chút 못 쭛	잡아 빼다.	rút ra 줏 자
잠이 안 오다.	mất ngủ 멋 응우	잡음	lạo xạo 라오 싸오
잠자리	con chuồn chuồn 꼰 쭈온 쭈온	잡지	tạp chí 땁 찌
잠자리(장소)	chỗ ngủ 쪼 응우	장 / 종이 한 장	tờ / 1 tờ 떠 / 못 떠

잘생겼다.(남자)	Đẹp trai quá. 댑 짜이 꽈
잠깐만 기다려줘.	Đợi một chút nhé. 더이 못 쭛 내
잠시 나갔다 올게요.	Tôi ra ngoài một tí. 또이 자 응와이 못 띠
잠을 잘 못자다.	không ngủ được 콩 응우 드억

한국어	베트남어	한국어	베트남어
장 / 표 두 장	vé / 2 vé 배 / 하이 배	장래	tương lai 뜨엉 라이
장(신체)	ruột 주옷	장래에는	trong tương lai 쫑 뜨엉 라이
장갑을 끼다.	đeo găng tay 대오 강 따이	장려하다.	khuyến khích 쿠엔 키익
장갑이 끼다.	găng tay chật 강 따이 쩟	장롱	tủ áo 뚜 아오
장관	bộ trưởng 보 쯔엉	장미	hoa hồng 화 홍
장기(체스)	cờ tướng 꺼 뜨엉	장보러 가다.	đi chợ 디 쩌
장기의(기간)	lâu dài 러우 자이	장소	chỗ 쪼
장난감	đồ chơi 도 쩌이	장식품	đồ trang sức 도 짱 쓱

장 / 벽돌 한 장   viên / 1 viên gạch
비엔 / 못 비엔 가익

장기를 두다.   đánh cờ, chơi cờ
다잉 꺼, 쩌이 꺼

장부거래 하실 건가요?   Trả bằng cách ghi sổ nợ?
짜 방 까익 기 쏘 너

장사하기가 쉽지 않다.   Làm ăn buôn bán rất khó.
람 안 부온 반 젓 코

장식하다.	trang trí 짱 찌	재떨이	gạt tàn thuốc 갓 딴 투억
장작	củi 꾸이	재미없는	không hay 콩 하이
장점	ưu điểm 유 디엠	재미있는	thú vị, hấp dẫn 투 비, 헙 전
장치	thiết bị 티엣 비	재미있어?	có hay không? 꼬 하이 콩
장학금	học bổng 혹 봉	재미있을 것이다.	sẽ vui 쌔 부이
재검토하다.	xem lại 쌤 라이	재밌겠지?	Hay đấy nhỉ? 하이 더이 니
재난	thiên tai 티엔 따이	재밌다.	Hay quá. 하이 꽈
재능	năng khiếu, tài năng 낭 키에우, 따이 낭	재발하다.	tái phát 따이 팟
재다.	đo 도	재산	tài sản 따이 싼

장티푸스(의학) bệnh sốt thương hàn
버익 쏫 트엉 한

장학금이 취소되다. bị cắt học bổng
비 깟 혹 봉

재미있어 보이지? Trông hay quá nhỉ?
쫑 하이 꽈 니

재정	tài chính 따이 찌잉	저것	cái kia 까이 끼아
재촉하다.	thúc giục, giục 툭 죽, 죽	저것 봐.	Nhìn kìa. 닌 끼아
재혼	tái giá 따이 쟈	저금하다.	tiết kiệm 띠엣 끼엠
잼	mứt 믓	저녁	buổi tối 부오이 또이
쟁반	mâm 멈	저녁마다	tối nào 또이 나오
쟁취하다.	giành giật 자잉 젓	저녁식사	bữa tối 브어 또이

재채기하다.   hắt hơi, hắt xì hơi
                                   핫 허이, 핫 씨 허이

저걸로 주세요.   Cho tôi cái kia ạ.
                                   조 또이 까이 끼아 아

저녁 먹는 거 말고 다른 것도 하나요?
         Ngoài ăn tối ra, chị còn làm gì nữa không?
         응와이 안 또이 자, 찌 꼰 람 지 느어 콩

저녁 산다고 했잖아요.   Chị mời em ăn tối mà.
                                   찌 머이 앰 안 또이 마

저녁을 먹고 텔레비전을 보다.   ăn tối rồi xem tivi
                                           안 또이 조이 쌤 띠비

저렇게	thế kia 테 끼아	저자	tác giả 딱 쟈
저미다.(칼)	thái 타이	저작권	quyền tác giả 꾸엔 딱 쟈

저녁을 준비하다.
chuẩn bị bữa tối
쭈언 비 브어 또이

저는 그렇게 보지 않는데요.
Tôi không nhận thấy điều ấy.
또이 콩 년 터이 디에우 어이

저는 막 왔습니다.
Tôi mới đến thôi.
또이 머이 덴 토이

저는 아주 좋습니다. 당신은요? **Tôi khỏe, còn chị?**
또이 쾌, 꼰 찌

저라면 웃음이 안 나오시겠어요?
Nếu chị là em thì có cười không?
네우 찌 라 앰 티 꼬 끄어이 콩

저를 따라 오세요.
Mời chị đi theo em.
머이 찌 디 태오 앰

저분은 누구예요?
Chị kia là ai đấy ạ?
찌 끼아 라 아이 더이 아

저에게 얘기하는 거예요? **Chị nói chuyện với em à?**
찌 노이 쭈엔 버이 앰 아

저에게 주세요.
Hãy đưa cho tôi.
하이 드어 조 또이

저장소	bể 베	적응된	quen 꾸앤
저장하다.(전산)	lưu trữ 류 쯔	적장	tướng giặc 뜨엉 작
저항하다.	chống lại 쫑 라이	적합하지 않은	không hợp 콩 헙
적극	tích cực 띡 끅	적합한	thích hợp 틱 헙
적다.(기록)	ghi 기	전 세계	toàn thế giới 또안 테 져이
적도	xích đạo 씩 다오	전국	toàn quốc 또안 꿕
적용	ứng dụng 응 중	전극	cực 끅
적용하다.	áp dụng 압 중	전기	điện 디엔

저쪽에 사람들 정말 많다.
Ở đằng kia đông người quá.
어 당 끼아 동 응어이 꽈

적다. / 내가 적을 게. ghi / Để tôi ghi lại.
기 / 데 또이 기 라이

전 / 3시 10분전 kém / ba giờ kém mười phút
깸 / 바 져 깸 므어이 풋

한국어	베트남어	발음
전기를 끊다.	cắt điện	깟 디엔
전기장판	chăn điện	짠 디엔
전기주전자	ấm điện	엄 디엔
전기콘센트	ổ cắm điện	오 깜 디엔
전날	hôm trước	홈 쯔억
전단지	đồ đồng nát	도 동 낫
전당포	cầm đồ	껌 도
전등	đèn	댄
전람회	triển lãm	찌엔 람
전력을 다하다.	hết sức	헷 쓱
전면적인	toàn diện	또안 지엔
전문(잘하는)	chuyên môn	쭈엔 몬
전문가	chuyên gia	쭈엔 쟈
전문분야	nghề	응에
전반적으로	nói chung là	노이 쭝 라
전부	đều, toàn	데우, 또안
전설	truyền thuyết	쭈엔 투엣
전설이 일어나다.	xảy ra	싸이 자

전반적으로 베트남 음식들은 달아요.
Nói chung là các món ăn Việt Nam rất ngọt.
노이 쭝 라 깍 몬 안 비엣 남 젓 응옷

전선을 뽑다.   rút dây điện ra
                                줏 저이 디엔 자

전시하다.	bày 바이	전통	truyền thống 쭈엔 통
전자(전기)	điện tử 디엔 뜨	전투	chiến sự 찌엔 쓰
전자레인지	lò vi sóng 로 비 쏭	전투하다.	chiến đấu 찌엔 더우
전자제품	đồ điện tử 도 디엔 뜨	전하다.	truyền 쭈엔
전쟁	chiến tranh 찌엔 짜잉	전혀 다른	khác xa 칵 싸
전체	toàn thể 또안 테	전화	điện thoại 디엔 토와이
전체적인	tổng thể 똥 테	전화 끊자.	Cúp đi. 꿉 디
전치사	giới từ 져이 뜨	전화 왔어요.	Có điện thoại! 꼬 디엔 토와이

전신을 찍다.	chụp ảnh cả người 쭙 아잉 까 응어이
전에 / 3년 전에	cách đây / cách đây 3 năm 까익 더이 / 까익 더이 바 남
전통음식	món ăn truyền thống 몬 안 쭈엔 통
전혀 폐가 되지 않아요.	Không có gì phiền cả. 콩 꼬 지 피엔 까

전화기	máy điện thoại	전화를 끊다.	cúp máy
	마이 디엔 토와이		꿉 마이

전화기를 잃어버리다.   mất điện thoại
멋 디엔 토와이

전화로 주문하다.   gọi bằng điện thoại
고이 방 디엔 토와이

전화를 걸다.   gọi điện thoại
고이 디엔 토와이

전화를 바꾸다.   chuyển máy
쭈옌 마이

전화를 받다.   nhận điện thoại
년 디엔 토와이

전화를 사용해도 될까요?
Sử dụng máy điện thoại một lát có được không?
쓰 중 마이 디엔 토와이 못 랏 꼬 드억 콩

전화번호 / 히엔 전화번호 아세요?
số điện thoại / Chị có biết số điện thoại của em Hiền không?
쏘 디엔 토와이 / 찌 꼬 비엣 쏘 디엔 토와이 꾸어 앰 히엔 콩

전화번호를 좀 불러 주세요.
Chị làm ơn đọc hộ số điện.
찌 람 언 독 호 쏘 디엔

전화 벨소리   chuông điện thoại
쭈옹 디엔 토와이

절(사찰)	chùa 쭈어	젊은이	thanh niên 타잉 니엔
절교하다.	tuyệt tình 뚜엣 띵	점(얼룩)	vết 벳
절대적인	tuyệt đối 뚜엣 도이	점(점수)	điểm 디엠
절반	một nửa 못 느어	점수	tỉ số 띠 쏘
절약	tận dụng 떤 중	점수를 유지하다.	giữ tỉ số 즈 띠 쏘
절정	đỉnh cao 디잉 까오	점심(시기)	buổi trưa 부오이 쯔어
절차(전산)	thủ tục 투 뚝	점심시간	giờ ăn trưa 져 안 쯔어
젊은	trẻ 째	점원	người phục vụ 응어이 푹 부

전화했었어요?

Chị đã gọi điện cho em phải không?
찌 다 고이 디엔 쪼 앰 파이 콩

점 / 그림 1점

bức / 1 bức tranh
븍 / 못 븍 짜잉

점심 고마워.

Cảm ơn vì bữa trưa.
깜 언 비 브어 쯔어

점점	dần 전	정감	tình cảm 띠잉 깜
접대하다.(손님)	tiếp khách 띠엡 카익	정규	chính quy 찌잉 뀌
접속사	liên từ 리엔 뜨	정도	mức độ 믁 도
접수	tiếp nhận 띠엡 년	정돈된	gọn 곤
접시	đĩa 디아	정돈하다.	dọn 존
접촉하다.	tiếp xúc 띠엡 쑥	정류소	bến xe 벤 쌔
젓가락	đũa 두어	정리하다.	sắp xếp 쌉 쎕
정가	đúng giá 둥 쟈	정말 무서워.	Thấy sợ thật. 터이 써 텃

점점 짧아지다.   ngày càng ngắn hơn
응아이 깡 응안 헌

정각 / 정각 12시   đúng / đúng 12 giờ
둥 / 둥 므어이 하이 져

정각 12시야.   Bây giờ đúng 12 giờ.
버이 져 둥 므어이 하이 져

정말 기뻐.   Tôi rất hạnh phúc.
또이 젓 하잉 푹

정말 좋다.	Rất hay. 젓 하이	정면에 있는	ở trước mặt 어 쯔억 맛
정말로	thật 텃	정보	thông tin 통 띤

정말 미안합니다. 좀 늦었습니다.
　　　　　　　　　　　Xin lỗi, tôi đến muộn.
　　　　　　　　　　　씬 로이, 또이 덴 무온

정말 어려워.　　　　Khó thật đấy, khó ơi là khó.
　　　　　　　　　　코 텃 더이, 코 어이 라 코

정말 완벽하군.　　　　　　　　　Thật hoàn hảo!
　　　　　　　　　　　　　　　텃 호안 하오

정말 잘됐다.　　　　　　　　　Sướng thật đấy.
　　　　　　　　　　　　　쓰엉 텃 더이

정말 잘하시네요.　　　　　　Chị làm tốt thật đấy.
　　　　　　　　　　　　찌 람 똣 텃 더이

정말 큰 도움을 주셨습니다.
　　　　　　　　Chị thật sự đã giúp em rất nhiều.
　　　　　　　　찌 텃 쓰 다 줍 앰 젓 니에우

정말로 보지 못했다고요?　Chị không thấy thật à?
　　　　　　　　　　　　찌 콩 터이 텃 아

정말이지 영광이군.　　　Thật đúng là 1 vinh dự.
　　　　　　　　　　　텃 둥 라 못 비잉 즈

정부관계자　　　　　　　　　nội các chính phủ
　　　　　　　　　　　　　　노이 각 찌잉 푸

한국어	베트남어	한국어	베트남어
정복하다.	chinh phục / 찌잉 푹	정장	âu phục / 어우 푹
정부	chính phủ / 찌잉 푸	정전	mất điện / 멋 디엔
정상(꼭대기)	đỉnh, ngọn / 디잉, 응온	정절 있는	chung thủy / 쭝 투이
정숙한	hiền / 히엔	정지등	đèn đỏ / 댄 도
정시에	đúng giờ / 둥 져	정지하다.	đình chỉ / 디잉 찌
정신	tinh thần / 띠잉 턴	정직한	trung thực / 쭝 특
정신이 돈	hóa điên / 화 디엔	정찰가격	giá thực / 쟈 특
정어리	cá mòi / 까 모이	정책	chính sách / 찌잉 싸익
정원	vườn / 브언	정치	chính trị / 찌잉 찌
정의하다.	định nghĩa / 딕 응이아	정치인	nhà chính trị / 냐 찌잉 찌

정상화시키다.   bình thường hóa
비잉 트엉 화

정신병원   bệnh viện tâm thần
버익 비엔 떰 턴

정치적 힘	chính quyền 찌잉 꾸엔	제고시키다.	đề cao 데 까오
정확한	chính xác 찌잉 싹	제공하다.	biếu, cung cấp 비에우, 꿍 껍
젖다.	ướt 으엇	제단(종교)	bàn thờ 반 터

제 대신 안부를 전해 주세요.
Chị cho em gửi lời thăm chị ấy nhé.
찌 쪼 앰 그이 러이 탐 찌 어이 내

제 말뜻 아시잖아요.
Chị hiểu ý em mà.
찌 히에우 이 앰 마

제 명함입니다.
Đây là danh thiếp của tôi.
더이 라 자잉 티엡 꾸어 또이

제 발음은 별로 좋지 않아요.
Tôi phát âm không được tốt lắm.
또이 팟 엄 콩 드억 똣 람

제 우산 가지세요.
Hãy dùng ô của tôi.
하이 중 오 꾸어 또이

제 전화번호 알고 있었어?
Đã biết số điện thoại của tôi chưa ạ?
다 비엣 쏘 디엔 토와이 꾸어 또이 쯔어 아

제가 늘 말씀드렸잖아요.
Em cũng đã nói với chị rồi.
앰 꿍 다 노이 버이 찌 조이

제도	chế độ 쩨 도	제삿날	giỗ chạp 죠 짭
제목	đề tài 데 따이	제습하다.	hút ẩm 훗 엄
제발	làm ơn 람 언	제시하다.	trình bày 찌잉 바이
제방	bờ 버	제안하다.	đề nghị 데 응이
제비를 뽑다.	rút thăm 줏 탐	제일 궁금한	tò mò nhất 떠 머 녓
제사를 지내다.	thờ 터	제일 높은	cao nhất 까오 녓

제가 말한 것 알아 들으셨어요?
Em nói, chị có hiểu không?
앰 노이, 찌 꼬 히에우 콩

제가 방금한 얘기 들었어요?
Chị có nghe em vừa nói gì không?
찌 꼬 응애 앰 브어 노이 지 콩

제가 정말 죄송해요.   Tôi thật xin lỗi.
또이 텃 씬 로이

제가 함께 가겠습니다.   Tôi đi cùng với chị.
또이 디 꿍 버이 찌

제일 슬픈 순간   lúc buồn nhất
룩 부온 녓

제자	học trò 혹 쩌	조건	điều kiện 디에우 끼엔
제정하다.(법률)	ban hành 반 하잉	조국	tổ quốc 또 꿕
제조하다.	chế tạo 쩨 따오	조금	một chút 못 쭛
제출하다.	đưa ra 드어 자	조금 있다가	lát nữa 랏 느어
제한하다.	hạn chế 한 쩨	조금 추운	hơi lạnh 허이 라잇
조개	con nghêu 꼰 응헤우	조금만 쉬다.	nghỉ một chút 응이 못 쭛

제일 친한 친구	bạn thân nhất 반 턴 녓
제일 편리한(교통수단)	tiện nhất 띠엔 녓
조각 / 한 조각	miếng / 1 miếng 미응 / 못 미응
조금 다치다.	chỉ bị đau một ít 찌 비 다우 못 잇
조금 있다가 다시 올게.	Lát nữa tôi quay lại. 랏 느어 또이 꽈이 라이
조금 있으면 도착 할 거야.	1 lát nữa tôi sẽ đến. 못 랏 느어 또이 쌔 덴

조금씩	dần dần 전 전	조용히 해.	Im đi. 임 디
조금의	một chút 못 쭛	조절하다.	điều hoà 디에우 화
조류독감	nhiễm cúm gà 니엠 꿈 야	조정하다.	điều chỉnh 디에우 찌잉
조미료	các loại gia vị 깍 롸이 쟈 비	조직	tổ chức 또 쯕
조상	tổ tiên 또 띠엔	조치	biện pháp 비엔 팝
조성하다.	tạo thành 따오 타잉	조카(남)	cháu trai 짜우 짜이
조심하다.	cẩn thận 껀 턴	조카(여)	cháu gái 짜우 가이
조용하군.	Quá yên lặng. 꽈 연 랑	조합(조직)	tổ hợp 또 헙
조용하다.	yên tĩnh 연 띠잉	조항	điều khoản 디에우 콴
조용한	im 임	조화(종이꽃)	hoa giấy 화 져이

조사하다.   điều tra, khảo sát
               디에우 짜, 카오 쌋

조심해서가.   Đi cẩn thận nhé, Bảo trọng nhé.
               디 껀 턴 내, 바오 쫑 내

족(식용)	chân giò 쩐 져	졸려	Buồn ngủ quá. 부온 응우 꽈
존경하다.	kính trọng 끼잉 쫑	졸리다.	buồn ngủ 부온 응우
존재하다.	tồn tại 똔 따이	졸업하다.	tốt nghiệp 똣 응이엡
존중하다.	quý 뀌	좀 비슷한	hơi giống 허이 종

조화를 이루다.   hòa nhập, hài hòa
화 녑, 하이 화

졸업하고 바로 여기로 오다.
tốt nghiệp đại học rồi đến đây luôn
똣 응이엡 다이 혹 조이 덴 더이 루언

좀 괜찮아졌어?   Thấy khỏe hơn chưa?
터이 쾌 헌 쯔어

좀 더 기다려보자.   Thử đợi thêm một lúc.
트 더이 템 못 룩

좀 더 싼 것이 있어요? Có loại nào rẻ hơn không?
꼬 롸이 나오 재 헌 콩

좀 먹어 볼래요? Chị muốn ăn thử một ít không ạ?
찌 무온 안 트 못 잇 콩 아

좀 빨리 할 순 없나? Liệu làm nhanh được không?
리에우 람 냐잉 드억 콩

좁다.	hẹp 햅	종기	nhọt 놋
좁은(마음)	nhỏ hẹp 뇨 햅	종류	loại 라이
종(벨)	chuông 쭈옹	종이	giấy 져이
종교	tôn giáo 똔 쟈오	종합	tổng hợp 똥 헙

좀 심하네.
Hơi quá rồi đấy!
허이 꽈 조이 더이

좀 있다가 봐.
Tí nữa gặp nhé.
띠 느어 갑 내

좀 있다가, 집에 바래다주실래요?
Lát nữa, chị đưa em về được không?
랏 느어, 찌 드어 앰 베 드억 콩

좀 작은 사이즈는 없나요?
Chị có cái nào nhỏ hơn không?
찌 꼬 까이 나오 뇨 헌 콩

좀 참아.
Cố chịu một chút đi mà.
꼬 찌우 못 쭛 디 마

종업원(식당)
người phục vụ
응어이 푹 부

좋기만 하네.(반박)
Tôi thích mà.
또이 틱 마

좋아요.	Tốt quá! 똣 꽈	좋은 날씨	trời đẹp 쩌이 댑
좋아하다.	thích 틱	좋은 소식	tin vui 띤 부이
좋은	tốt 똣	좌회전금지	cấm rẽ trái 껌 재 짜이

좋아 하지 않다.   không thích
   콩 틱

좋아하는 물건   thứ tôi thích
   트 또이 틱

좋아하는지 아닌지   có thích hay không
   꼬 틱 하이 콩

좋아하다.(마니아처럼)   say mê
   싸이 메

좋아하셨으면 좋겠네요.(선물주면서)
   Em mong chị sẽ thích.
   앰 몽 찌 쌔 틱

좋은 결과를 얻다.   đạt kết quả tốt đẹp
   닷 껫 꽈 똣 댑

좋은 성적을 거두다.   đạt thành tích tốt
   닷 타잉 띡 똣

좌석번호는 몇 번 이예요?   Số ghế bao nhiêu?
   쏘 게 바오 니에우

좌회전하다.	rẽ trái 재 짜이	주다.	cho, trao 쪼, 짜오
죄	tội 또이	주된	chủ yếu 쭈 이에우
죄 없는	vô tội 보 또이	주름(얼굴)	nếp nhăn 넵 냔
주(날짜)	tuần 뚜언	주말	cuối tuần 꾸오이 뚜언
주고받다.	cho và nhận 쪼 바 년	주말에	vào cuối tuần 바오 꾸오이 뚜언
주관(자아)	chủ quan 쭈 꽌	주머니	túi 뚜이
주근깨	tàn nhang 딴 냥	주목하세요.	Chú ý. 쭈 이
주기(시기)	chu kỳ 쭈 끼	주문하다.	đặt hàng 닷 항
주기적인	định kỳ 딕 끼	주민	cư dân 끄 전

죄송합니다만, 이름을 알 수 있을까요?
Xin lỗi, em có thể được biết tên chị không?
씬 로이, 앰 꼬 테 드억 비엣 뗀 찌 콩

주민등록증   chứng minh thư
쯩 미잉 트

한국어	베트남어	한국어	베트남어
주방장	người đầu bếp 응어이 더우 뱁	주시하다.	ngắm 응암
주변	xung quanh 쑹 꽈잉	주식	cổ phiếu 꼬 피에우
주변에	ở quanh 어 꽈잉	주어	chủ ngữ 쭈 응으
주부	bà nội trợ 바 노이 쩌	주유비	tiền xăng 띠엔 쌍
주사	tiêm 띠엠	주의 깊게	kỹ 끼
주석(대통령)	chủ tịch 쭈 띡	주의하다.	chú ý 쭈 이
주석을 달다.	chú thích 쭈 틱	주인	chủ 쭈
주소	địa chỉ 디아 찌	주장(축구)	đội trưởng 도이 쯔엉

주사는 필요 없어요.   Không cần tiêm.
콩 껀 띠엠

주식제로 하실 건가요?   Làm theo kiểu cổ phần?
람 태오 끼에우 꼬 펀

주인이 없으니까 서비스가 엉망이네.
Vì không có người quản lý nên dịch vụ rất lộn xộn.
비 콩 꼬 응어이 꽌 리 넨 직 부 젓 론 쏜

주전자	ấm đun nước 엄 둔 느억	준비하다.	chuẩn bị 쭈언 비
주제	chủ đề 쭈 데	줄	dây 저이
주차장	nhà xe 냐 쌔	줄(늘어선)	hàng 항
주차하다.	đỗ 도	줄서다.	xếp hàng 쎕 항
주체	chủ thể 쭈 테	줄이다.	giảm 잠
주택	nhà ở 냐 어	중국	Trung Quốc 쭝 꿕
주택난	nhà cửa khan hiếm 냐 끄어 칸 히엠	중국어	tiếng Trung Quốc 띠응 쭝 꿕
죽다.	chết 쩻	중년을 지난	cao tuổi 까오 뚜어이
죽순	măng 망	중독되다.	nghiện 응이엔
죽음	cái chết 까이 쩻	중량	trọng lượng 쫑 르엉
준결승	bán kết 반 껫	중량초과	quá trọng lượng 꽈 쫑 르엉

줄서세요.　　　　　Xin mời xếp hàng.
　　　　　　　　　씬 머이 쎕 항

한국어	베트남어	한국어	베트남어
중병의	bệnh nặng 버익 낭	쥐	chuột 쭈옷
중심 센터	trung tâm 쭝 떰	쥐다.	nắm 남
중앙	trung ương 쭝 으엉	쥐띠	tuổi chuột 뚜어이 쭈옷
중요하게 여기다.	coi trọng 꼬이 쫑	쥐어박다.	đấm, cốc 덤, 꼭
중요한	quan trọng 꽌 쫑	즉시	ngay lập tức 응아이 럽 뜩
중죄	tội nặng 또이 낭	즐거운	vui 부이
중추절	tết trung thu 뗏 쭝 투	즐겁다.	vui vẻ 부이 배
중학교	trường trung học 쯔엉 쭝 혹	즐기다.	vui chơi 부이 쩌이

중소기업   công ty vừa và nhỏ
꽁 띠 브어 바 뇨

중요하지 않다.   không quan trọng
콩 꽌 쫑

쥐(근육의 경련)   chứng chuột rút
쯩 쭈옷 줏

즐거운 여행 되세요.   Một chuyến đi vui vẻ.
못 쭈엔 디 부이 배

증가하다.	tăng cường 땅 끄엉	증정하다.	tặng 땅
증권	chứng khoán 쯩 콴	증조부	cụ ông 꾸 옹
증발시키다.	bốc hơi 복 허이	지갑	ví 비
증서	chứng từ 쯩 뜨	지겹네.	Chán lắm. 짠 람
증인	nhân chứng 년 쯩	지구	trái đất 짜이 덧
증정품	quà tặng 꽈 땅	지금	bây giờ 버이 져

즐거운 크리스마스 되기를 바라며, 1년 동안 행복이 가득하길 바랍니다.
Chúc chị Giáng sinh vui vẻ và 1 năm mới thật hạnh phúc.

쭉 찌 쟝 씨잉 부이 배 바 못 남 머이 텃 하잉 푹

즐거웠어?　　　　　　　　　　　Có vui vẻ không?
꼬 부이 배 콩

즐겁기를 바랍니다.　　　　　　　Chúc vui vẻ.
쭉 부이 배

증명하다.　　　　　　　　chứng tỏ, chứng minh
쯩 또, 쯩 미잉

지금 바로	ngay bây giờ 응아이 버이 져	지금 비가 와?	Đang mưa à? 당 므어 아

지금 가는 길이예요.   Bây giờ đang trên đường.
버이 져 당 쩬 드엉

지금 말고.   Không phải bây giờ.
콩 파이 버이 져

지금 몇 시예요?   Bây giờ là mấy giờ rồi?
버이 져 라 머이 져 조이

지금 어디에 있어요?   Bây giờ đang ở đâu đấy?
버이 져 당 어 더우 더이

지금 제가 일이 좀 있어서요.
Bây giờ tôi có chút việc bận.
버이 져 또이 꼬 쭛 비엑 번

지금 회사를 운영하고 있다.
Bây giờ tôi làm công việc kinh doanh.
버이 져 또이 람 꽁 비엑 끼잉 좌잉

지금까지 말한 적이 없다.   không bao giờ nói
콩 바오 져 노이

지금은 알아들으시겠어요?   Bây giờ đã hiểu chưa?
버이 져 다 히에우 쯔어

지금은 익숙해졌어요.   Bây giờ thì cũng quen rồi.
버이 져 티 꿍 꾸앤 조이

지금은 통화중이예요.   Bây giờ máy đang bận.
버이 져 마이 당 번

지금 필요해?	Cần luôn à? 껀 루언 아	지능	trí thông minh 찌 통 미잉
지나가다.	đi qua 디 꽈	지다.	thua 투어
지나간	đã qua 다 꽈	지다.(해)	lặn 란
지나치다.(정도)	quá mức 꽈 믁	지도(지리)	bản đồ 반 도
지난달	tháng trước 탕 쯔억	지력	trí óc 찌 옥
지난주	tuần trước 뚜언 쯔억	지루한	chán 짠

지금은 편하지 않아. 내가 나중에 다시 전화할게.
　　Lúc này không tiện, tôi gọi lại sau nhé.
　　　룩 나이 콩 띠엔, 또이 고이 라이 싸우 내

지나서 / 이십분이 지나서　　sau / sau 20 phút
　　　　　　　　　　　　　싸우 / 싸우 하이 므어이 풋

지난 한 해 동안 수고 많으셨습니다.
　　Trong năm qua chị đã vất vả nhiều.
　　쫑 남 꽈 찌 다 벗 바 니에우

지난번 일에 대해 안타깝게 생각해.
　　Tôi rất tiếc vì sự việc đã qua.
　　또이 젓 띠엑 비 쓰 비엑 다 꽈

지루해요.　　　　　　　　　　　Đơn điệu quá.
　　　　　　　　　　　　　　　　던 디에우 꽈

지름길	đường tắt 드엉 땃	지역	miền 미엔
지리	địa lý 디아 리	지우개	tẩy 떠이
지명하다.(직위)	đề cử 데 끄	지원하다.	tình nguyện 띠잉 응우엔
지방	địa phương 디아 프엉	지저분한	bẩn 번
지방자치단체	thị xã 티 싸	지적인	thông minh 통 미잉
지불하다.	trả tiền 짜 띠엔	지점	địa điểm 디아 디엠
지붕	mái nhà 마이 냐	지정하다.	chỉ định 찌 딕
지사제	thuốc tiêu chảy 투억 띠에우 짜이	지지하다.	ủng hộ 웅 호
지수	chỉ số 찌 쏘	지진	động đất 동 덧
지시	chỉ thị 찌 티	지키다.	bảo vệ 바오 베
지식	kiến thức 끼엔 특	지탱하다.	duy trì 주이 찌

지름길을 알아. Tôi biết đường tắt.
또이 비엣 드엉 땃

지하땅굴	địa đạo 디아 다오
지형	địa hình 디아 히잉
지휘하다.	chỉ huy 찌 휘
직무	chức vụ 쯕 부
직속(의)	trực thuộc 쯕 투억
직업	việc làm 비엑 람
직원	nhân viên 년 비엔
직장(일터)	chỗ làm 쪼 람
직접	trực tiếp 쯕 띠엡
직접 건네주다.	chuyền tay 쭈엔 따이
직접 눈으로	tận mắt 떤 맛
직진하다.	đi thẳng 디 탕
진공청소기	cái máy hút bụi 까이 마이 훗 부이
진공펌프	bơm chân không 범 쩐 콩
진드기	bọ chó 보 쩌
진료기록	y bạ 이 바

직장은 오페라하우스 근처에요.
Nơi làm việc của tôi ở gần nhà hát lớn.
너이 람 비엑 꾸어 또이 어 건 냐 핫 런

직접 그렇게 말하진 않았지만.
Dù chị chưa nói trực tiếp cho em biết.
주 찌 쯔어 노이 쯕 띠엡 조 앰 비엣

직접 묻지 않다.
không trực tiếp hỏi.
콩 쯕 띠엡 호이

한국어	베트남어	한국어	베트남어
진보하다.	tiến bộ 띠엔 보	진한(맛, 색)	đậm 덤
진실을 말하다.	nói thật 노이 텃	진행하다.	tiến hành 띠엔 하잉
진입금지	cấm vào 껌 바오	진화하다.	tiến hóa 띠엔 화
진찰실	phòng khám 퐁 캄	진흙	bùn 분
진찰하다.	khám bệnh 캄 벅	질문	câu hỏi 꺼우 호이
진통제	thuốc giảm đau 투억 쟘 다우	질문하다.	hỏi 호이

진료접수하다.   đăng ký khám
당 끼 캄

진실을 말 할 거야.   Tôi sẽ nói thật.
또이 쌔 노이 텃

진정하라고.(말릴 때)   Từ từ đã chứ.
뜨 뜨 다 쯔

진짜 바보 같네.   Đúng là ngốc.
둥 라 응옥

질리지 않아.   Chẳng biết chán là gì.
짱 비엣 짠 라 지

짐은 어떻게 보내요?   Gửi hành lý bằng cách nào?
그이 하잉 리 방 까익 나오

질투하다.	ghen 갠	집	nhà 냐
짐	hành lý 하잉 리	집(단층)	căn hộ 깐 호
짐작	phỏng đoán 퐁 도안	집근처에	ở gần nhà tôi 어 건 냐 또이
짐작하기에	tưởng là 뜨엉 라	집부터	từ nhà 뜨 냐

집 생각이 나시죠? Chắc chị nhớ nhà lắm nhỉ?
짝 찌 녀 냐 람 니

집 주소 알려 줄 수 있어요?
Cho em biết địa chỉ nhà chị, được không?
쪼 앰 비엣 디아 찌 냐 찌, 드억 콩

집근처 수퍼마켓	siêu thị ở gần nhà tôi 씨에우 티 어 건 냐 또이
집까지 걷다.	đi bộ đến nhà tôi 디 보 덴 냐 또이
집밖을 나가지 않다.	không ra khỏi nhà 콩 자 코이 냐
집에 놀러와.	Hãy đến nhà tôi chơi nhé? 하이 덴 냐 또이 쩌이 내
집으로 곧장 가다.	đi thẳng về nhà 디 탕 베 냐

집에 두었어.	Để ở nhà. 데 어 냐	집행하다.	thực hiện 특 히엔
집에서 가까운	gần nhà 건 냐	집회	hội đồng 호이 동
집주인	chủ nhà 쭈 냐	징후(병)	triệu chứng 찌에우 쯩
집중하다.	tập trung 떱 쭝	짜다.(직물)	dệt 젯
집중하세요.	Hãy tập trung. 하이 떱 쭝	짜증나다.	phát bực 팟 븍

집은 어디 예요?
Gia đình chị ở đâu?
쟈 디잉 찌 어 더우

집주인에게 연락해서 약속 좀 잡아줘.
Hãy liên lạc với chủ nhà và hẹn trước giúp tôi.
하이 리엔 락 버이 쭈 냐 바 핸 쯔억 즙 또이

집주인에게 항의하러 전화하다.
gọi điện cho chủ nhà để thắc mắc
고이 디엔 쪼 쭈 냐 데 탁 막

집중할 수 없어요.
Tôi không thể tập trung.
또이 콩 테 떱 쭝

집집마다 집 스타일이 똑같아서 놀랐어.
Nếp sống của nhà nào cũng giống nhau nên tôi rất ngạc nhiên.
넵 쏭 꾸어 냐 나오 꿍 죵 냐우 넨 또이 젓 응악 니엔

짠(맛)	mặn 만	쫓다.	đuổi 두오이
짧게 자르다.	cắt ngắn 깟 응안	쭉 보다.	đọc qua 독 꽈
짧은	ngắn 응안	찌르다.	đâm 덤
짧은 머리	tóc ngắn 똑 응안	찢어지다.	bị xé rách 비 쌔 작

쭉 가세요. 꺾지 마시고요.
Chị cứ đi thẳng. Đừng rẽ.
찌 끄 디 탕. 등 재

ㅊ

한국어-베트남어

한국어	베트남어	한국어	베트남어
차(교통)	ôtô / 오또	차별하다.	phân biệt / 펀 비엣
차(음료)	trà / 짜	차에서 내리다.	xuống xe / 쑤엉 쌔
차고	nhà để xe / 냐 데 쌔	차용하다.	vay / 바이
차다.(발로)	đá / 다	차이	chênh lệch / 쩨잉 렉
차례(행사)	nghi lễ / 응이 레	차지하다.(물건)	chiếm / 찌엠
차례대로	lần lượt / 런 르엇	착륙하다.	hạ cánh / 하 까잉
차를 끓이다.	pha trà / 파 짜	착하네.(아기)	Ngoan quá. / 응완 꽈
차를 운전하다.	lái xe / 라이 쌔	착한(어린이)	ngoan / 응완

차(음료) 준비 됐나요?

Đã pha trà chưa ạ?
다 파 짜 쯔어 아

차를 꼭 갈아타야 하나요?

Có nhất thiết phải chuyển xe không?
꼬 녓 티엣 파이 쭈엔 쌔 콩

차마 볼 수 없다.

không chịu nhìn
콩 찌우 닌

찬란한	rực rỡ 즉 저
찬성한다면	nếu đồng ý 네우 동 이
찬성할 것이다.	sẽ đồng ý 쌔 동 이
참가하다.	tham gia 탐 자
참고하다.	tham khảo 탐 카오
참여하다.	tham dự 탐 즈
참치	cá ngừ 까 응으
찹쌀	gạo nếp 가오 넵
창문	cửa sổ 끄어 쏘
창문을 열다.	mở cửa sổ 머 끄어 쏘
창백하다.	nhợt nhạt 녓 낫
창조하다.	sáng tạo 쌍 따오
찰떡궁합커플	1 đôi hoàn hảo 못 도이 화안 하오
참기 어려운	khó chịu, ngột ngạt 코 찌우, 응옷 응앗
참다	cam chịu, chịu đựng 깜 찌우, 찌우 등
창가 탁자	cái bàn gần cửa sổ 까이 반 건 끄어 쏘
창구 / 2번 창구	quầy / quầy số 2 꾸어이 / 꾸어이 쏘 하이
창문 닫아 주세요.	Xin đóng cửa sổ giúp ạ. 씬 동 끄어 쏘 쥽 아

한국어	베트남어
창피한	xấu hổ 써우 호
찾아내다.	tìm ra 띰 자
찾아볼게.	Để tôi tìm. 데 또이 띰
찾지 못 하다.	không tìm ra 콩 띰 자
채가다.	giật 젓
채권	trái phiếu 짜이 피에우
채소	rau 자우
채식하다.	ăn chay 안 짜이
책	quyển sách 꾸엔 싸익
책과 신문	sách báo 싸익 바오

찾다. / 잘 찾아보세요.
tìm / Thử tìm kỹ lại xem nào.
띰 / 트 띰 끼 라이 쌤 나오

찾아보려고.(시험 삼아)
để tìm thử
데 띰 트

찾을 수 있다.
có thể tìm được
꼬 테 띰 드억

채 / 집 두 채
căn / hai căn nhà
깐 / 하이 깐 냐

책 사다 주실 수 있으세요?
Mua giúp tôi một quyển sách có được không?
무어 줍 또이 못 꾸엔 싸익 꼬 드억 콩

책 좀 빌려줘.
Cho tôi mượn sách nhé.
쪼 또이 므언 싸익 내

한국어	베트남어
책꽂이	giá sách 쟈 싸익
책상	bàn 반
책임감	trách nhiệm 짜익 니엠
책임자	người phụ trách 응어이 푸 짜익
책임지다.	phụ trách 푸 짜익
책잡다.	chê 쩨
챔피언	vô địch 보 딕
처럼 생긴	có hình 꼬 히잉
처리하다.	xử lý 쓰 리
처방전	đơn thuốc 던 투억
처신하다.	cư xử 끄 쓰
처음부터	từ đầu 뜨 더우
처음으로	lần đầu tiên 런 더우 띠엔
천(숫자)	nghìn 응인
천둥	sấm 썸
천장	trần, trần nhà 쩐, 쩐 냐

처음 베트남에 왔을 때는

　　khi đến Việt Nam lần đầu tiên
　　　키 덴 비엣 남 런 더우 띠엔

처음부터 끝까지　　　　từ đầu đến cuối
　　　　　　　　　　뜨 더우 덴 꾸오이

척 / 배 두 척　　　　chiếc / 2 chiếc tàu
　　　　　　　　찌엑 / 하이 찌엑 따우

천정팬	quạt trần 꽛 쩐	첫사랑	mối tình đầu 모이 띠잉 더우
천천히	từ từ 뜨 뜨	청경채	rau cải chíp 자우 까이 찝
철(금속)	sắt 쌋	청년단	đoàn thanh niên 도안 타잉 니엔
철도	đường xe lửa 드엉 쌔 르어	청년시절	tuổi trẻ 뚜어이 째
철도역	nhà ga 냐 갸	청량음료	nước ngọt 느윽 응옷
첩	ái phi 아이 피	청바지	quần bò 꿘 보
첫 번째	thứ nhất 트 녓	청하다.	mời 머이

천만에요.
    Không dám. Không sao.
        콩 잠, 콩 싸오

천연재료
    chất liệu tự nhiên
        쩟 리에우 뜨 니엔

천천히 말씀해 주세요.
    Xin nói từ từ thôi.
        씬 노이 뜨 뜨 토이

첫사랑은 이루어 지지 않는다.
    Mối tình đầu không bao giờ thành.
        모이 띠잉 더우 콩 바오 져 타잉

체계	hệ thống 헤 통	체한	đau bụng 다우 북
체력	thể lực 테 륵	초(시간)	giây 져이
체스	cờ tướng 꺼 뜨엉	초과하다.	quá 꽈
체육	thể dục 테 죽	초대	lời mời 러이 머이
체제	cơ quan nhà nước 꺼 꽌 냐 느억	초대장	giấy mời 져이 머이
체중계	cái cân 까이 껀	초등학교	trường tiểu học 쯔엉 띠에우 혹
체크무늬의	kẻ ô vuông 깨 오 부옹	초록색	màu xanh lá cây 머우 싸잉 라 꺼이

청소하다.   dọn dẹp, dọn sạch
                                                                            존 잽, 존 싸익

청소할 사람을 찾아 났어요.
     Em đã tìm cho chị 1 người để dọn dẹp rồi.
     앰 다 띰 조 찌 못 응어이 데 존 잽 조이

체온을 재 봅시다.   Hãy cặp nhiệt độ thử xem.
                                                하이 깝 니엣 도 트 쌤

초대장이 있어요.   Tôi có giấy mời.
                                                    또이 꼬 져이 머이

초목	thảo mộc 타오 목	총자본	tổng vốn 똥 본
초상(얼굴)	chân dung 쩐 중	총탄	đạn 단
초안	bản thảo 반 타오	총합계	tổng cộng 똥 꽁
초인종	chuông cửa 쭈옹 끄어	최근	gần đây 건 더이
촉진하다.	thúc đẩy 툭 더이	최대(수량)	tối đa 또이 다
총(합계)	tổng số 똥 쏘	최선	tốt nhất 똣 녓
총국장	tổng cục trưởng 똥 꾹 쯔엉	최선을 다해.	Hết sức đi. 헷 쓱 디
총서기	tổng thư ký 똥 트 끼	최소(수량)	tối thiểu 또이 티에우
총을 장전하다.	nạp súng 납 쏭	최신의	mới nhất 머이 녓

최고기온   nhiệt độ cao nhất
니엣 도 까오 녓

최선을 다해 도와 드릴게요.   Tôi sẽ hết sức giúp đỡ.
또이 쌔 헷 쓱 줍 더

최저기온   nhiệt độ thấp nhất
니엣 도 텁 녓

한국어	베트남어
최종점수	tỉ số chung cuộc 띠 쏘 쭝 꾸옥
최초	lúc đầu 룩 더우
최후	lần cuối 런 꾸오이
추가하다.	thêm 템
추상적인	trừu tượng 쯔 뜨엉
추석	tết trung thu 뗏 쭝 투
추억	kỷ niệm 끼 니염
추운	lạnh, rét 라잇, 쟷
추워지다.	trở nên se lạnh 쩌 낸 쌔 라잇
추첨	xổ số 쏘 쏘
추측하다.	đoán 도안
축구	bóng đá 봉 다
축구 경기를 하다.	đá bóng 다 봉
축구경기	trận bóng đá 쩐 봉 다

추석까지 있으실 건가요?
Chị sẽ ở đến tết trung thu?
찌 쌔 어 덴 뗏 쭝 투

추측할 수 없어요.
Tôi không thể đoán được.
또이 콩 테 도안 드억

축구 보고 있나봐.
Họ xem bóng đá đấy!
호 쌤 봉 다 더이

축구라면 아주 미치지!
Tôi mê bóng đá lắm đấy!
또이 메 봉 다 람 더이

한국어	베트남어		
축구선수	cầu thủ 꺼우 투	축하해요.	Chúc mừng chị. 쭉 믕 찌
축구장	sân cỏ 썬 꺼	출구	cửa ra 끄어 자
축구팀	đội bóng đá 도이 봉 다	출근시간	giờ đi làm 져 디 람
축제	lễ hội 레 호이	출발	khởi hành 커이 하잉
축제일	ngày hội 응아이 호이	출발점	điểm xuất phát 디엠 쑤엇 팟
축축한	ẩm 엄	출생증명서	giấy khai sinh 져이 카이 씨잉
축하하다.	chúc mừng 쭉 믕	출입국	xuất nhập cảnh 쑤엇 녑 까잉
축하해.	Chúc mừng em. 쭉 믕 앰	출장가다.	đi công tác 디 꽁 딱

출근할 시간이 되다.　　　　　　đến giờ đi làm
　　　　　　　　　　　　　　　덴 져 디 람

출발하다.　　　　　　　　　　 xuất phát, lên đường
　　　　　　　　　　　　　　　쑤엇 팟, 렌 드엉

출입국을 하기 위해서는 어떤 수속을 해야 하나요?
Xuất nhập cảnh cần làm những thủ tục gì?
쑤엇 녑 까잉 껀 람 능 투 뚝 지

한국어	베트남어	한국어	베트남어
출판사	nhà xuất bản / 냐 쑤엇 반	충수염	viêm ruột thừa / 비엠 주옷 트어
출현하다.	xuất hiện / 쑤엇 히엔	취미	sở thích / 써 틱
춤을 잘 추다.	nhảy giỏi / 냐이 죠이	취하다.	say / 싸이
춤추다.(전통적인)	múa / 무어	취했어.	Say rồi. / 싸이 조이
춤추다.(현대적인)	nhảy / 냐이	층	tầng / 떵
충고	lời khuyên / 러이 쿠엔	치료하다.	chữa trị / 쯔어 찌
충고하다.	khuyên nhủ / 쿠엔 뉴	치료학요법(의학)	liệu pháp / 리에우 팝
충분하다.	đầy đủ / 더이 두	치마	váy / 바이
충분하지 못한	vơi / 버이	치약	kem đánh răng / 깸 다잉 장
충분한	đủ / 두	친구	bạn / 반
충성	trung thành, tận tình / 쭝 타잉, 떤 띵	친구가 되다.	kết bạn / 껫 반
충전하다.	nạp điện, sạc điện / 납 디엔, 싹 디엔		

한국어-베트남어

친근한	gần gũi 건 구이	친한 사람	người thân 응어이 턴
친동생	em ruột 앰 주옷	친한 친구	bạn thân 반 턴
친밀한	thân thiết 턴 티엣	친할아버지	ông nội 옹 노이
친선	thân tình 턴 띵	친해지다.	làm quen với 람 꾸앤 버이
친애하는	thân mến 턴 멘	친해지다.	quen 꾸앤
친절한	tử tế 뜨 떼	칠(미술)	sơn 썬
친척	họ hàng 호 항	칠(숫자)	bảy 바이
친하다.	thân 턴	칠십	bảy mươi 바이 므어이

친구 집에 가려고요.
　　　Tôi định đến nhà một người bạn.
　　　　　또이 딕 덴 냐 못 응어이 반

친절한 환대에 감사합니다.
　　　Xin cảm ơn thiện tình của chị.
　　　　　씬 깜 언 티엔 띵 꾸어 찌

친척을 방문하다.　　　　　　thăm họ hàng
　　　　　　　　　　　　　　탐 호 항

칠월	tháng bảy 탕 바이	침술	châm cứu 쩜 뀨
칠판	bảng đen 방 댄	침실	phòng ngủ 퐁 응우
칠판지우개	lau bảng 라우 방	침울한	trầm uất 쩜 우엇
칠하다.	tô màu 또 머우	침착한	bình tĩnh 비잉 띠잉
침대	giường 즈엉	칫솔	bàn chải đánh răng 반 짜이 다잉 장
침대시트	khăn trải giường 칸 짜이 즈엉	칭찬하다.	khen 캔
침략하다.	xâm lược 썸 르억		

5

한국어-베트남어

F 한국근현대사

한국어	베트남어	한국어	베트남어
카네이션	hoa phăng / 화 팡	카세트	máy cassette / 마이 깟쎗
카드(게임)	bài / 바이	카트(쇼핑센터)	xe kéo / 쌔 깨오
카드(종이)	thiếp / 티엡	칵테일	cốc tai / 꼭 따이
카드(플라스틱)	thẻ / 태	칼	con dao / 꼰 자오
카드를 섞다.	trộn bài / 쫀 바이	칼라사진	ảnh màu / 아잉 머우
카메라	máy ảnh / 마이 아잉	칼럼리스트	chuyên mục / 쭈옌 묵

카드 충전해주세요.(핸드폰) Nạp thẻ cho tôi ạ.
납 태 조 또이 아

카드(신용카드)를 정지시키다. khóa thẻ
콰 태

카드를 치다. chơi bài, đánh bài
쩌이 바이, 다잉 바이

카탈로그 danh mục hàng hóa
자잉 묵 항 화

카탈로그를 보여주세요.
Cho tôi xem danh mục hàng hóa.
조 또이 쌤 자잉 묵 항 화

한국어	베트남어	한국어	베트남어
캄보디아	Cambodia 깜부지아	커튼	rèm cửa 잼 끄어
캐나다	Canada 까나다	커플	cặp vợ chồng 깝 버 종
캐묻다.	dò hỏi 조 호이	커피	cà phê 까 페
캔 맥주	bia lon 비아 론	컬러 프린터기	máy in màu 마이 인 머우
캠퍼스(학용품)	compa 꼼빠	컴퓨터	máy vi tính 마이 비 띠잉
커서(전산)	con trỏ 꼰 쩌	컴퓨터 공학(전산)	tin học 띤 혹

캔 / 맥주 3 캔
　　　　　　　　lon / 3 bia lon
　　　　　　　　론 / 바 비아 론

커피 준거 고마워.
　　Cám ơn vì đã mua cà phê cho tôi.
　　깜 언 비 다 무어 까 페 조 또이

커피 탔어요?
　　　　　　Đã pha cà phê chưa ạ?
　　　　　　다 파 까 페 쯔어 아

커피가 진해요.
　　　　　　　　Cà phê đặc quá!
　　　　　　　　까 페 닥 꽈

커피를 컴퓨터에 쏟았어.
　　　　Cà phê đã đổ vào máy vi tính.
　　　　까 페 다 도 바오 마이 비 띠잉

한국어	베트남어	한국어	베트남어
컵	cúp 꿉	코끼리	con voi 꼰 보이
컵라면	mì cốc 미 꼭	코를 골다.	ngáy 응아이
케이크	bánh ngọt 바잉 응옷	코를 풀다.	xì mũi 씨 무이
켜다.(기계)	bật máy 벗 마이	코코넛	quả dừa 꽈 즈어
코	mũi 무이	코트	áo khoác 아오 콱
코 고는 소리	tiếng ngáy 띠응 응아이	콘돔	bao cao su 바오 까오 쑤
코가 막히다.	ngạt mũi 응앗 무이	콜라	cô-ca 꼬 까
코가 헐다.	đau mũi 다우 무이	콜론(:)	dấu hai chấm 저우 하이 쩜

컴퓨터가 너무 느려.	Máy chạy chậm quá. 마이 짜이 쩜 꽈
컴퓨터가 이상해.	Máy bị trục trặc. 마이 비 쭉 짝
컴퓨터로 놀다.(게임등)	chơi vi tính 쩌이 비 띠잉
켤레 / 운동화 1 켤레	đôi / 1 đôi giầy thể thao 도이 / 못 도이 져이 테 타오

콧물이 나다.	sổ mũi 쏘 무이
콧수염	ria, râu mép 지아, 저우 맵
크게 말하다.	nói to lên 노이 또 렌
크기	cỡ 꺼
크다.	to 또
크리스천	công giáo 꽁 쟈오
큰 목소리로	giọng to 지엉 또
큰길	đường lớn 드엉 런
큰길에서	ở đường lớn 어 드엉 런
큰소리로 환호하다.	hò hét 호 햇
클럽	câu lạc bộ 꺼우 락 보
클립	ghim 김
키가 작다.	thấp 텁
키가 크다.	cao 까오

쿠션침대칸표   vé giường mềm
배 즈엉 멤

크게 말씀하세요.   Xin nói to lên ạ.
씬 노이 또 렌 아

큰일이네, 늦었어요.   Chết, muộn rồi.
쩻, 무온 조이

키가 보통이다.   chiều cao bình thường
찌에우 까오 비잉 트엉

키가 어떻게 되세요?   Chiều cao bao nhiêu?
찌에우 까오 바오 니에우

키보드	bàn phím 반 핌	키친타월	khăn giấy 칸 저이
키스하다.	hôn 혼	킬로미터	kilô mét 낄오 맷

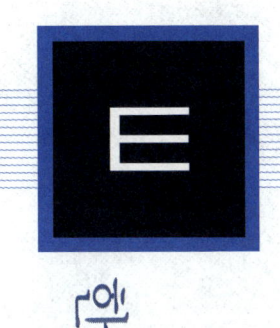

E

한국어-베트남어

3

에필로그

한국어	베트남어	한국어	베트남어
타다.(불에)	cháy 짜이	탁월한	xuất sắc 쑤엇 싹
타다.(차)	lên xe 렌 쌔	탄내가 나다.	khét 캣
타당하다.	có lý 꼬 리	탄밥, 누룽지	sém 쌤
타이어	bánh xe 바잉 쌔	탈출하다.	thoát khỏi 톳 코이
타이틀	danh hiệu 자잉 히에우	탑(건축)	tháp 탑
타이핑하다.	đánh máy 다잉 마이	탑승시간	giờ lên máy bay 져 렌 마이 바이
타조	chim đà điểu 찜 다 디에우	태국	Thailand 타이란
타진하다.	thăm dò 탐 조	태국어	tiếng Thái 띠응 타이
탁구	bóng bàn 봉 반	태권도	thái cực quyền 타이 끅 꾸엔

탑하노이는 어느 정류장에서 내려야해요?
Đến Tháp Hà Nội xuống xe ở bến nào?
덴 탑 하 노이 쑤엉 쌔 어 벤 나오

탑하노이에 가려면 몇 번 버스를 타야 해요?
Xin hỏi đến Tháp Hà Nội đi xe buýt số mấy ạ.
씬 호이 덴 탑 하 노이 디 쌔 붓 쏘 머이 아

태극기	thái cực kỳ 타이 끅 끼	턱	cái cằm 까이 깜
태도	thái độ 타이 도	턱수염	râu 저우
태양	mặt trời 맛 쩌이	테니스	quần vợt 꿘 벗
태어나다.	sinh 씨잉	테마	đề tài 데 따이
태연하게	thản nhiên 탄 니엔	테스트하다.	thử 트
태풍	bão 바오	테이블	bàn, bảng 반, 방
택시	taxi 딱시	테이프	băng dính 방 지잉

텔레비전 볼륨 좀 줄여주세요.
Chị vặn nhỏ hộ em cái tivi.
찌 반 뇨 호 앰 까이 띠비

텔레비전 좀 보게 가만히 있어요.
Ngồi yên cho tôi xem tivi.
응오이 연 쪼 또이 쌤 띠비

텔레비전을 보고 있어요. Đang xem tivi.
당 쌤 띠비

텔레비전을 보면서 vừa xem tivi
브어 쌤 띠비

한국어-베트남어

토끼	con thỏ 콘 토	통관	hải quan 하이 꽌
토너멘트 시합	đấu loại 더우 롸이	통관하다.	qua hải quan 꽈 하이 꽌
토라지다.	dỗi 조이	통상(보통)	thông thường 통 트엉
토마토	cà chua 까 쭈어	통속의	thông tục 통 뚝
토요일	thứ bảy 트 바이	통신원	phóng viên 퐁 비엔
톤(무게)	tấn 떤	통역하다.	phiên dịch 피엔 직
통	thùng 통	통일하다.	thống nhất 통 녓
통계(상)의	thống kê 통 께	통통하다.	mập 멉
통과하다.	thông qua 통 꽈	통화중이다.	máy bận 마이 번

토론하다.	thảo luận, bàn bạc 타오 루언, 반 박
토의하다.	bàn về, bàn luận 반 베, 반 루언
통역(사람)	người phiên dịch 응어이 피엔 직

퇴근시간	giờ tan tầm 져 딴 떰	투창	lao 라오
투명한	trong 쫑	투표하다.	biểu quyết 비에우 꾸엣
투어하다.(콘서트)	lưu diễn 류 지엔	투피스	váy rời 바이 저이
투자법(법률)	luật đầu tư 루엇 더우 뜨	튀기다.	rán 잔
투자액	số tiền đầu tư 쏘 띠엔 더우 뜨	트랜지스터	bóng bán dẫn 봉 반 전
투자자	nhà đầu tư 냐 더우 뜨	트럼펫을 불다.	thổi kèn 토이 깬
투자하다.	đầu tư 더우 뜨	트렌드	xu hướng 쑤 흐엉
투쟁하다.	đấu tranh 더우 짜잉	특별한	đặc biệt 닥 비엣

투명한 파랑색 우비   áo mưa màu xanh trong
아오 므어 머우 싸잉 쫑

트윈룸   phòng có hai giường
퐁 꼬 하이 즈엉

특별히 그녀를 좋아하는 것도 아니야.
    Tôi cũng không đặc biệt thích chị ấy.
    또이 꿍 콩 닥 비엣 틱 찌 어이

특산품	đặc sản 닥 싼	틀린	nhầm 념
특수성	đặc tính 닥 띵	티슈	giấy ăn 져이 안
특징	đặc trưng 닥 쯩	티켓	vé 배
틀니	răng giả 장 쟈	팀 / 두 팀	đội / hai đội 도이 / 하이 도이
틀니를 맞추다.	lắp răng giả 랍 장 쟈	팁	tiền boa 띠엔 보아
틀렸어.	Nhầm rồi. 념 조이		

특별히 준비해 두다.   dành riêng
자잉 지응

팀 / 우승팀   đội / đội vô địch
도이 / 도이 보 딕

II

한국어-베트남어

II

한국불교

한국어	베트남어
파(야채)	hành hoa 하잉 화
파고들다.(소문)	rành về 자잉 베
파괴되다.	tàn phá 딴 파
파다.(나무등)	khắc 칵
파도	sóng 쏭
파란색	màu xanh 머우 싸잉
파마	uốn 우온
파마하다.	uốn tóc 우온 똑
파면하다.	cách chức 까익 쯕
파산	phá sản 파 싼
파산하다.	đi đến phá sản 디 덴 파 싼
파업하다.	bãi công 바이 꽁
파인애플	quả dứa 꽈 즈어
파일(사무용품)	tập file 떱 파일
파일(전산)	tập tin 떱 띤
파충류	bò sát 보 쌋
파티하다.	liên hoan 리엔 호안
파파야	quả đu đủ 꽈 두 두

파란색으로 신어 봐도 되나요?
Tôi thử cái màu xanh kia được không ạ?
또이 트 까이 머우 싸잉 끼아 드억 콩 아

파트타임으로 일하다. làm bán thời gian
람 반 터이 쟌

한국어	베트남어	한국어	베트남어
판결안	nghị án 응이 안	팔찌	vòng tay 봉 따이
판결을 내리다.	tuyên án 뚜엔 안	패션	thời trang 터이 짱
판단하다.	nhận xét 년 쌧	팩스	máy FAX 마이 빡스
판매하다.	bán hàng 반 항	팩을 하다.(피부)	đắp mặt 답 맛
판사	thẩm phán 텀 판	팬(애호가)	người hâm mộ 응어이 험 모
팔	tay, cánh tay 따이, 까잉 따이	팬티	quần lót 꿘 롯
팔(숫자)	tám 땀	퍼센트(%)	phần trăm 펀 짬
팔십	tám mươi 땀 므어이	퍼지다.	lan rộng 란 종
팔월	tháng tám 탕 땀	퍼트리다.	làm lây lan 람 러이 란
팔짱을 끼다.	khoanh tay 쾨잉 따이	펌프	máy bơm 마이 범

팔다. / 잘 팔리다.   bán / bán chạy
반 / 반 짜이

팩 / 맥주 한 팩   thùng / 1 thùng bia
통 / 못 통 비아

한국어	베트남어		
페인트	sơn 썬	편지를 쓰다.	viết thư 비엣 트
펜	bút 붓	편집자	biên tập viên 비엔 떱 비엔
펭귄	chim cánh cụt 찜 까잉 꿋	편집장	tổng biên tập 똥 비엔 떱
펴다.	trải 짜이	편해지다.	dễ chịu 제 찌우
편리한	tiện lợi 띠엔 러이	평(아파트)	khoảng không 쾅 콩
편안하다.(마음)	thoải mái 토아이 마이	평가하다.	đánh giá 다잉 쟈
편지	thư 트	평균의	trung bình 쭝 비잉
편지를 기다리다.	mong thư 몽 트	평등하다.	bình đẳng 비잉 당
편지를 보내다.	gửi thư 그이 트	평방미터	mét vuông 맷 부옹

페이지 / 3 페이지   trang / trang 3
짱 / 짱 바

편지를 우체통에 넣다.   bỏ thư vào thùng thư
보 트 바오 퉁 트

평균기온   nhiệt độ trung bình
니엣 도 쭝 비잉

평상시	bình thường 비잉 트엉	폐병	bệnh phổi 버익 포이
평야	đồng bằng 동 방	포기하다.	từ bỏ, bỏ rơi 뜨 버, 버 저이
평영(수영)	bơi ếch 버이 에익	포기하지 마.	Đừng từ bỏ. 등 뜨 버
평일	ngày thường 응아이 트엉	포도	quả nho 꽈 뇨
평화	hòa bình 화 비잉	포맷하다.(전산)	định dạng 딕 장
폐(의학)	lá phổi 라 포이	포장하다.	gói 고이
폐를 끼치다.	làm phiền 람 피엔	포크	dĩa 지아

평상시에도 좀 늦는 편이다.
Bình thường cũng hơi muộn.
비잉 트엉 꿍 허이 무온

폐가 되지 않는다면
nếu chị không phiền
네우 찌 콩 피엔

폐를 끼쳤네요.
Làm phiền chị.
람 피엔 찌

포장해주세요.
Gói vào cho tôi.
고이 바오 조 또이

한국어	베트남어	한국어	베트남어
포함하다.	gồm / 곰	표준어	ngôn ngữ chuẩn / 응온 응으 쭈언
폭(옷감)	khổ / 코	표현	biểu hiện / 비에우 히엔
폭탄	bom / 봄	푸다.	múc ra / 묵 자
폭포	thác / 탁	푸딩	karamen / 까라맨
폴더(전산)	thư mục / 트 묵	푹 자다.	ngủ ngon / 응우 응온
폴란드	Ba lan / 바 란	풀(사무용품)	hồ / 호
표	vé / 배	풀다.	tháo / 타오
표(설문)	phiếu / 피에우	품목	mặt hàng / 맛 항
표시하다.	biểu thị / 비에우 티	품질	chất lượng / 쩟 르엉
표준	tiêu chuẩn / 띠에우 쭈언	풍경	phong cảnh / 퐁 까잉

표 예약해 주실 수 있으세요?
Chị có thể giúp em đặt một vé được không?
찌 꼬 테 좁 앰 닷 못 배 드억 콩

한국어	베트남어
풍금	phong cầm 퐁 껌
풍부한	phong phú 퐁 푸
풍부한 맛	đậm đà 덤 다
풍습	phong tục 퐁 뚝
프라이팬	chảo 짜오
프랑스	Pháp 팝
프랑스어	tiếng Pháp 띠응 팝
프런트데스크	bàn tiếp tân 반 띠엡 떤
프로그래머	lập trình viên 럽 찡잉 비엔
프로듀서	nhà sản xuất 냐 싼 쑤엇
프로세스(전산)	quá trình 꽈 찡잉
프로젝트	dự án, đề án 즈 안, 데 안
프로페셔널	chuyên nghiệp 쭈엔 응이엡
프린터기	máy in 마이 인
프린트지	giấy photocopy 져이 포또까삐
피	máu 마우
프로그래밍하다.(전산)	lập trình 럽 찡잉
프로그램 계획시간표(TV)	chương trình 쯔엉 찡잉
프로그램 팸플릿	chương trình biểu diễn 쯔엉 찡잉 비에우 지엔
플라스틱으로 만들다.	làm bằng nhựa 람 방 느어

한국어	베트남어		
피가 나다.	chảy máu 짜이 마우	피하다.	tránh 짜잉
피곤하다.	mệt, mệt mỏi 멧, 멧 모이	핀란드	Phần Lan 펀 란
피곤할 텐데	Mệt lắm nhỉ. 멧 람 니	핀을 꼽다.(머리)	cặp tóc 깝 똑
피곤해도	mệt nhưng 멧 능	필수적이다.	cần thiết 껀 티엣
피동	bị động 비 동	필요 없다.	không cần 콩 껀
피망	ớt tây 엇 떠이	필요하다.	cần 껀
피부	da 자	필통	hộp bút 홉 붓
피우다.	hút 훗	핏기가 없다.	nước da xấu 느억 자 써우
피임약	thuốc tránh thai 투억 짜잉 타이	핑크색	màu hồng 머우 홍

플루트(피리)를 불다.　　　　　　thổi sáo
　　　　　　　　　　　　　　　토이 싸오

피부가 하얗다.　　　　　　　　Da trắng lắm.
　　　　　　　　　　　　　　　자 짱 람

필름을 현상하다.　　　　　　　tráng một cuộn phim
　　　　　　　　　　　　　　　짱 못 꾸온 핌

하

한국어-베트남어

한국어	베트남어
하고 싶다.	muốn 무온
하노이	Hà Nội 하 노이
하노이 인구	dân số Hà Nội 전 쏘 하 노이
하는 동안에	trong khi 쫑 키
하는 척하다.	vờ 버
하늘	bầu trời 버우 쩌이
하늘색	màu xanh da trời 머우 싸잉 자 쩌이
하드(전산HDD)	ổ cứng 오 끙
하드웨어(전산)	phần cứng 펀 끙
하려하지 않다.	không chịu 콩 찌우
하루 종일	cả ngày 까 응아이
하루 중에	trong ngày 쫑 응아이

하나도 이해 못하다.
Không hiểu gì cả.
콩 히에우 지 까

하노이 면적
diện tích Hà Nội
지엔 띡 하 노이

하늘이 맑다.
bầu trời quang đãng
버우 쩌이 꽝 당

하려고만 하면 뭘 못해.
Muốn thì làm gì mà không được.
무온 티 람 지 마 콩 드억

하롱베이는 하노이에서 얼마나 떨어져 있어요?
Hạ Long cách Hà Nội bao nhiêu cây số?
하 롱 까익 하 노이 바오 니에우 꺼이 쏘

하마터면	suýt nữa 쉿 느어	하지만	nhưng mà, nhưng 능 마, 능
하얀색	màu trắng 머우 짱	학과	bài học 바이 혹
하인	đầy tớ 더이 떠	학교	trường học 쯔엉 혹

하루 종일 내내   suốt một ngày
쑤옷 못 응아이

하루만 묵어야겠어.   Tôi sẽ chỉ ở lại 1 ngày thôi.
또이 쌔 찌 어 라이 못 응아이 토이

하마터면 교통사고가 날 뻔했다.
Suýt nữa thì bị tai nạn giao thông.
쉿 느어 티 비 따이 난 쟈오 통

하얀색인거요.   cái màu trắng
까이 머우 짱

하지만 지금 상황에선 이게 최선이야.
Nhưng mà trong tình huống bây giờ thì thế này là tốt nhất rồi.
능 마 쫑 띵 후옹 버이 져 티 테 나이 라 뜻 녓 조이

학과의 책임자   chủ nhiệm khoa
쭈 니엠 콰

학교 가지 않을 때는   khi không đi học
키 콩 디 혹

학교가다.	đi học 디 혹	학장	hiệu trưởng 히에우 쯔엉
학기	học kỳ 혹 끼	한 걸음	một bước 못 브억
학생	sinh viên 씨잉 비엔	한 번 더	1 lần nữa 못 런 느어
학습하다.	học tập 혹 떱	한 후부터	đến lượt tôi 덴 르엇 또이
학우	bạn học 반 혹	한가한	rồi, rảnh 조이, 자잉
학위	bằng cấp, học vị 방 껍, 혹 비	한도를 늘리다.	dài hạn 자이 한

학교마다 다르다.   mỗi trường một khác
                                    모이 쯔엉 못 칵

학교에 지각하다.   đi học muộn
                               디 혹 무온

한 번 더 말씀해 주세요.   Xin nói lại một lần nữa.
                                     씬 노이 라이 못 런 느어

한 번도 미국에 기본적 없어.
                     Tôi chưa đi Mỹ lần nào.
                     또이 쯔어 디 미 런 나오

한 부 복사해 주실 수 있으세요?
Có thể photocopy cho tôi một bản được không?
꼬 테 포또까피 조 또이 못 반 드억 콩

한국   Hàn Quốc
한 꿕

한개 남아 있어.   Còn một cái nữa.
곤 못 까이 느어

한개 더 주세요.   Cho tôi một cái này nữa ạ.
조 또이 못 까이 나이 느어 아

한개 얼마예요?(싼 것에 물을 때)

Mấy nghìn một cái ạ?
머이 응인 못 까이 아

한개만 주세요.   Chỉ cho tôi một cái thôi ạ.
찌 조 또이 못 까이 토이 아

한국 사람이예요.   Tôi là người Hàn Quốc.
또이 라 응어이 한 꿕

한국 사람과 베트남사람은 비슷해요.
Người Hàn Quốc và người Việt Nam giống nhau.
응어이 한 꿕 바 응어이 비엣 남 종 나우

한국 사람은 성질이 급한 것으로 유명한데 당신은 그보다 더 하네요.
Người Hàn Quốc nổi tiếng về cái tính khẩn trương thế mà chị còn hơn đấy.
응어이 한 꿕 노이 띠응 베 까이 띠잉 컨 쯔엉 테 마 찌 꼰 헌 더이

한국 선수들이 경기를 정말 잘해.
Cầu thủ Hàn Quốc chơi rất hay.
꺼우 투 한 꿕 쩌이 젓 하이

한국 스타 중에 누가 제일 좋아요?
Chị thích nhất ngôi sao nào của Hàn Quốc?
찌 틱 녓 응오이 싸오 나오 꾸어 한 꿕

한국 음악 좀 들려줄까?
Chị cho em nghe nhạc Hàn Quốc nhé.
찌 조 앰 응애 냑 한 꿕 내

한국 제품입니다. Đây là hàng Hàn Quốc.
더이 라 항 한 꿕

한국과 베트남은 좀 비슷해.
Việt Nam và Hàn Quốc hơi giống nhau.
비엣 남 바 한 꿕 허이 종 냐우

한국과 베트남의 관계가 갈수록 발전한다.
Quan hệ giữa Hàn Quốc và Việt Nam càng ngày càng phát triển.
꽌 헤 즈어 한 꿕 바 비엣 남 깡 응아이 깡 팟 찌엔

한국과 비교할 때, 베트남 월세는 너무 비싸.
So với Hàn Quốc, thuê nhà ở Việt Nam rất đắt.
쏘 버이 한 꿕, 투에 냐 어 비엣 남 젓 닷

한국과 비교해보면 so với Hàn Quốc
쏘 버이 한 꿕

한국국민 모두 cả nước Hàn Quốc
까 느억 한 꿕

한국사람 người Hàn Quốc
응어이 한 꿕

한국어를 베트남어로 번역하다.
Dịch từ tiếng Hàn ra tiếng Việt.
직 뜨 띠응 한 자 띠응 비엣

한국어를 잘 하시네요.
>Chị nói tiếng Hàn Quốc tốt lắm.
찌 노이 띠응 한 꿕 똣 람

한국어를 할 수 있어요?
>Chị có biết nói tiếng Hàn không?
찌 꼬 비엣 노이 띠응 한 콩

한국에 가본적 있어요?
>Chị đã đi Hàn Quốc bao giờ chưa ạ?
찌 다 디 한 꿕 바오 져 쯔어 아

한국에 대해 어떻게 생각하세요?
>Chị thấy Hàn Quốc thế nào?
찌 터이 한 꿕 테 나오

한국에 비하면, 여름이 더 길고 뜨겁고 습도가 높아.
So với Hàn Quốc, mùa hè dài hơn, nắng hơn,
và độ ẩm cao hơn.
쏘 버이 한 꿕, 무어 해 자이 헌, 낭 헌, 바 도 엄 까오 헌

한국에서 겨울엔 눈이 많이 온다.
Vào mùa đông ở Hàn Quốc, tuyết rơi rất nhiều.
바오 무어 동 어 한 꿕, 뚜엣 저이 젓 니에우

한국에서 굉장히 유명한 분이야.
>Chị ấy rất nổi tiếng ở Hàn Quốc.
찌 어이 젓 노이 띠응 어 한 꿕

한국에서 왔어. Tôi đến từ Hàn Quốc.
또이 덴 뜨 한 꿕

한국영화만 좋아하다. chỉ thích phim Hàn Quốc thôi
찌 틱 핌 한 꿕 토이

한숨 쉬다.	thở dài 터 자이	할 가치가 있는	đáng 당
한쪽 편에 서다.	bênh vực 베잉 븍	할 것이다.	sẽ 쌔
한턱을 내다.	chiêu đãi, đãi 찌에우 다이, 다이	할머니	bà 바

한국음력과 베트남음력이 다르다는 것을 알고 깜짝 놀랐어.
Tôi rất ngạc nhiên khi biết lịch âm của Hàn Quốc và Việt Nam khác nhau.
또이 젓 응악 니엔 키 비엣 릭 엄 꾸어 한 꿕 바 비엣 남 칵 나우

한국적 방식
phong cách Hàn Quốc
퐁 까익 한 꿕

한권만 사요?
Chỉ mua 1 quyển thôi ạ?
찌 무어 못 꾸엔 토이 아

한번 보세요.
Chị thử nhìn xem đi.
찌 트 닌 쌤 디

한번 본 것 같아.
Tôi nghĩ là xem rồi.
또이 응이 라 쌤 조이

한번 해 보세요.
Mời thử một lần ạ.
머이 트 못 런 아

한번만 봐주세요. Hãy bỏ quá cho tôi 1 lần đi mà.
하이 보 꽈 조 또이 못 런 디 마

한베사전
từ điển Hàn-Việt
뜨 디엔 한 비엣

할아버지	ông 옹	합리적인	hợp lý 헙 리
할아버지와 할머니	ông bà 옹 바	합성하다.(사진)	ghép ảnh 갭 아잉
할인	giảm giá, hạ giá 잠 쟈, 하 쟈	합의하다.	đồng ý 동 이
함께	cùng 꿍	합작경영	liên doanh 리엔 좌잉
함께 가다.	cùng đi 꿍 디	합치다.	kết hợp 껫 헙
함성을 지르다.	reo hò 재오 호	항공	hàng không 항 콩
합격했어요.	Tôi qua rồi. 또이 꽈 조이	항공권	vé máy bay 배 마이 바이

할 말이 없어.   Chẳng có lời gì để nói.
짱 꼬 러이 지 데 노이

할 얘기가 뭔데요?   Chị định nói gì?
찌 딕 노이 지

할일이 없어   Chẳng có việc gì để làm.
짱 꼬 비엑 지 데 람

함께 일하는 친구   bạn cùng làm việc
반 꿍 람 비엑

합작을 하실 건가요?   Làm theo cách liên doanh?
람 태오 까익 리엔 좌잉

한국어-베트남어

항공우편	gửi thư máy bay 그이 트 마이 바이	해고	sa thải, đuổi việc 싸 타이, 두오이 비엑
항공회사	hãng hàng không 항 항 콩	해로	đường biển 드엉 비엔
항구	cảng 깡	해방하다.	giải phóng 쟈이 퐁
항로	đường hàng không 드엉 항 콩	해법	giải pháp 쟈이 팝
항상	luôn luôn 루언 루언	해변	bãi biển 바이 비엔
항생제	thuốc kháng sinh 투억 캉 씨잉	해산물	hải sản 하이 싼
항의하다.	thắc mắc 탁 막	해산하다.	giải tán 쟈이 딴
해가 되다.	làm hại 람 하이	해안	bờ biển 버 비엔
해결하다.	giải quyết 쟈이 꾸엣	핵	hạt nhân 핫 년

항공 운송입니까? Vận chuyển bằng đường không?
번 쭈엔 방 드엉 콩

항상 곁에 두세요.   Hãy luôn ở bên cạnh nhé.
하이 루언 어 벤 까잉 냬

해고되다.   bị sa thải, bị đuổi việc
비 싸 타이, 비 두오이 비엑

핵폭탄	bom hạt nhân 봄 핫 년	행복	hạnh phúc 하잉 푹
핸드폰	điện thoại di động 디엔 토와이 지 동	행복해지다.	gặp may 갑 마이
햇볕이 내리쬐다.	nắng 낭	행사가 열리다.	diễn ra 지엔 자
햇빛	tia nắng 띠아 낭	행상하다.	bán rong 반 종
행동	hành động 하잉 동	행성	hành tinh 하잉 띵

해운 운송입니까? Vận chuyển bằng đường biển?
번 쭈엔 방 드엉 비엔

핸드폰 번호가 뭐예요?
Điện thoại di động của chị số bao nhiêu ạ?
디엔 토와이 지 동 꾸어 찌 쏘 바오 니에우 아

햇볕이 따뜻하네. Nắng ấm quá.
낭 엄 꽈

햇빛이 이글거리는 nắng chói chang
낭 쪼이 짱

행복하게 살아. Sống hạnh phúc đi.
쏭 하잉 푹 디

행복하시고 장수하시기 바랍니다.
Chúc chị hạnh phúc và sống lâu.
쭉 찌 하잉 푹 바 쏭 러우

한국어	베트남어	한국어	베트남어
행운	may mắn 마이 만	향채(야채)	rau thơm 자우 텀
행정	hành chính 하잉 찌잉	허가서	giấy phép 저이 팹
향기	hương, mùi thơm 흐엉, 무이 텀	허락을 구하다.	xin phép 씬 팹
향기가 좋은	có mùi thơm 꼬 무이 텀	허락하다.	cho phép 쪼 팹
향기로운	thơm 텀	허리띠를 매다.	thắt lưng 탓 릉
향상되다.	tiến bộ 띠엔 보	허벅다리	bắp đùi 밥 두이
향상시키다.	nâng cấp 넝 껍	허풍떨다.	nói khoác 노이 콱
향수	nước hoa 느억 화	헌법	hiến pháp 히엔 팝
향수병에 걸리다.	nhớ nhà 녀 냐	헐거운(옷)	rộng 종

향이 참 좋네요.   Mùi trà thơm thật.
무이 짜 텀 텃

향채 빼주세요.   Không cho rau thơm. chị ạ.
콩 쪼 자우 텀, 찌 아

허락하지 않다.   không cho phép
콩 쪼 팹

한국어	베트남어	발음
헤어져야 한다.	phải chia tay	파이 찌아 따이
헤어지다.	chia tay	찌아 따이
헥타르	héc-ta	헥 따
헬멧	mũ bảo hiểm	무 바오 히엠
혀	lưỡi	르어이
혁명	cách mạng	까익 망
혁신하다.	đổi mới	도이 머이
현(도시)	huyện	휘엔
현금	tiền mặt	띠엔 맛
현금자동지급기	ATM	에이티엠
현기증이 나는	chóng mặt	쫑 맛
현대적인	hiện đại	히엔 다이
현대화	hiện đại hóa	히엔 다이 화
현상	hiện tượng	히엔 뜨엉

헬멧을 쓰다.   đội mũ bảo hiểm
도이 무 바오 히엠

현 상태   tình hình hiện nay
띠잉 히잉 히엔 나이

현금으로 지불하실 겁니까?   Trả bằng tiền mặt?
짜 방 띠엔 맛

현금으로 하실 건가요? 카드로 하실 건가요?
Chị mang tiền mặt hay thẻ tín dụng?
찌 망 띠엔 맛 하이 태 띤 중

한국어	베트남어	한국어	베트남어
현상하다.	rửa 즈어	형, 오빠	anh trai 아잉 짜이
현수막	biểu ngữ 비에우 응으	형, 오빠(호칭)	anh 아잉
현장에서	tại chỗ 따이 쪼	형과 누나	anh chị 아잉 찌
혈색	nước da 느억 자	형벌	trừng phạt 쯩 팟
혈색이 좋다.	nước da đẹp 느억 자 댑	형부	anh rể 아잉 제
혈압	huyết áp 휘엣 압	형성하다.	hình thành 히잉 타잉
혈통	huyết thống 휘엣 통	형수	chị dâu 찌 저우
혈통손자	cháu nội 짜우 노이	형식	hình thức 히잉 특
협정문	bản hiệp định 반 히엡 딕	형용사	tính từ 띠잉 뜨
협회	hiệp hội 히엡 호이	형제	anh em 아잉 앰

현장에서 걸리다.   bị bắt quả tang
비 밧 꽈 땅

협력하다.   cộng tác, hợp tác
꽁 딱, 헙 딱

한국어	베트남어	한국어	베트남어
형태	hình thức 히잉 특	호박(야채)	bí 비
호기심 있는	tò mò 떠 머	호박잎	rau bí 자우 비
호되다.	khắt khe 캇 캐	호소하다.	kêu gọi 께우 고이
호랑이	hổ 호	호수	hồ 호
호랑이띠	tuổi hổ 뚜어이 호	호주	úc 욱
호루라기를 불다.	thổi còi 토이 꼬이	호텔	khách sạn 카익 싼
호르몬	kích thích tố 끽 틱 또	호흡	hơi thở 허이 터

호치민시에 갈 기회가 아직 없었어요.
Tôi chưa có dịp đến thành phố Hồ Chí Minh.
또이 쯔어 꼬 집 덴 타잉 포 호 찌 미잉

호치민시   thành phố Hồ Chí Minh
                  타잉 포 호 찌 미잉

호치민시 가는 비행기 표 사려고요.
Tôi muốn mua vé máy bay đi thành phố Hồ Chí Minh ạ.
또이 무온 무어 배 마이 바이 디 타잉 포 호 찌 미잉 아

호흡하다.	thở 터	혼합의	thập cẩm 텁 껌
혹시	liệu 리에우	홍보를 하다.	cổ động 꼬 동
혹은	hay 하이	홍수	lũ lụt 루 룻
혼동하다.	lẫn lộn 런 론	홍수나다.	bị lũ lụt 비 루 룻
혼자	một mình 못 미잉	홍콩	Hồng Kông 홍 꽁

호치민시에 가본 적이 있어요?
Chị đã đến thành phố Hồ Chí Minh bao giờ chưa?
찌 다 덴 타잉 포 호 찌 미잉 바오 져 쯔어

호치민주석   chủ tịch Hồ Chí Minh
                  쭈 떡 호 찌 미잉

혹시 내 열쇠 가지고 있어요?
Liệu chị có cầm chìa khóa của em không nhỉ?
리에우 찌 꼬 껌 찌아 콰 꾸어 앰 콩 니

혹시 히엔집인가요? Phải nhà Hiền đây không ạ?
                  파이 냐 히엔 더이 콩 아

혼자 시간 보내는걸 좋아해.
                  Tôi thích được yên tĩnh.
                  또이 틱 드억 연 띠잉

혼자 어떻게 하시려고요? 1 mình chị định làm gì?
                      못 미잉 찌 딕 람 지

화가	họa sĩ 화 씨	화원	vườn hoa 부언 화
화나는	bực mình, tức 북 미잉, 뜩	화장대	bàn trang điểm 반 짱 디엠
화랑	phòng tranh 퐁 짜잉	화장실	nhà vệ sinh 냐 베 씨잉
화면(전산)	màn hình 만 히잉	화장실에 가다.	đi vệ sinh 디 베 씨잉
화보	họa báo 화 바오	화장하다.	trang điểm 짱 디엠
화산	núi lửa 누이 르어	화학	hóa học 화 혹
화살	mũi tên 무이 뗀	확대하다.	mở rộng 머 종
화상	bị bỏng 비 봉	확실히	chắc chắn 짝 짠
화요일	thứ ba 트 바	확인하다.	xác nhận 싹 년

화나네. Bực mình quá, Tức quá!
북 미잉 꽈, 뜩 꽈

화장실이 어디예요? Nhà vệ sinh ở đâu?
냐 베 씨잉 어 더우

화장품을 쓰다. dùng mỹ phẩm
중 미 펌

한국어	베트남어	한국어	베트남어
확정하다.	xác định 싹 딕	환전하다.	chuyển đổi 쭈엔 도이
환경	môi trường 모이 쯔엉	황금	vàng 방
환불하다.	trả lại 짜 라이	회 / 2회	lượt / 2 lượt 르엇 / 하이 르엇
환어음	hối phiếu 호이 피에우	회계	kế toán 께 또안
환영하다.	hoan nghênh 환 응에잉	회담	hội đàm 호이 담
환율	tỉ giá 띠 쟈	회비	đoàn phí 도안 피
환자	bệnh nhân 버익 년	회사	công ty 꽁 띠

확대하실 필요는 없어요.   Không cần phóng to.
콩 껀 퐁 또

환율이 오늘 어떻게 되나요?
Hôm nay tỉ giá là bao nhiêu?
홈 나이 띠 쟈 라 바오 니에우

환전 어디에서 해요?   Đổi tiền ở đâu ạ?
도이 띠엔 어 더우 아

활발하게 발전하다.   phát triển mạnh
팟 찌엔 마잉

회사로 와.	Đến công ty đi. 덴 꽁 띠 디	회화(그림)	hội họa 호이 화
회상하다.	nhớ lại 녀 라이	회화(대화)	hội thoại 호이 토와이
회원	hội viên 호이 비엔	횡단보도	lối sang đường 로이 쌍 드엉
회의	họp 홉	효과	hiệu quả 히에우 꽈
회의에서	trong cuộc họp 쫑 꾸옥 홉	효도하다.	hiếu thảo 히에우 타오
회의하러 가다.	đi họp 디 홉	후추	hạt tiêu 핫 띠에우
회초리	roi 조이	훈련하다.	tập luyện 떱 루엔

회사에 둔거 아니야? 회사에 가 보자.
Không phải là đã để ở công ty à? Thử đến công ty xem nào.
콩 파이 라 다 데 어 꽁 띠 아, 트 덴 꽁 띠 쌤 나오

회사에 바래다 주세요.
Chị đèo em đến cơ quan nhé!
찌 대오 앰 덴 꺼 꽌 내

회사에 있어요.
Đang ở công ty.
당 어 꽁 띠

후회하다.
ân hận, thương tiếc
언 헌, 트엉 띠엑

한국어	베트남어
훈장	huy hiệu 휘 히에우
훌륭한	đẹp 댑
훔치다.	ăn cắp, lấy trộm 안 깝, 러이 쫌
휘젓다.	khuấy 쿠어이
휘파람을 불다.	huýt sáo 휫 싸오
휴가를 가다.	đi nghỉ mát 디 응이 맛
휴대용의	cầm tay 껌 따이
휴식	nghỉ 응이
휴일	ngày nghỉ 응아이 응이
휴지(두루마리)	giấy vệ sinh 져이 베 씨잉
휴학하다.	nghỉ học 응이 혹
흉내 내다.	mô phỏng 모 퐁
흉년	năm mất mùa 남 멋 무어
흐르다.(시간)	trôi 쪼이
흐르다.(유동)	chảy 짜이
흐리다.(날씨)	âm u 엄 우
흐린	mờ 머
흑맥주	bia đen 비아 댄
흑백사진	ảnh đen trắng 아잉 댄 짱
흑인	người da đen 응어이 자 댄
흔적	vết, dấu hiệu 벳, 저우 히에우
흘리다.(바닥)	rơi 저이
흔하지 않다.	không nhiều đâu 콩 니에우 더우

한국어	베트남어
흘리지 마.	Đừng đánh rơi. 등 다잉 저이
흠 없는	hoàn toàn 호안 또안
흡입하다.	hít 힛
흥분하다.	phấn khởi 펀 커이
흥정하다.	mặc cả 막 까
희귀한	hiếm có 히엠 꼬
희극	hài kịch 하이 끽
희망	mơ ước 머 으억
희생	hy sinh 히 씨잉
희생자	nạn nhân 난 년
흰 우유	sữa nguyên chất 쓰어 응우옌 쩟
흰 피부	da trắng 자 짱
힘(능력)	tài năng 따이 낭
힘(물리)	sức lực 쓱 륵
힘(체력)	sức mạnh 쓱 마잉
힘내	Vui lên. 부이 렌

흔한 음식   món ăn thông thường
몬 안 통 트엉

희망이 없다.   không có hy vọng
콩 꼬 히 봉

흰 우유에도 설탕이 들어 있어서 놀랐어.
Sữa nguyên chất cũng có đường nên tôi đã rất ngạc nhiên.

쓰어 응우옌 쩟 꿍 꼬 드엉 넨 또이 다 젓 응악 니엔

한국어	베트남어
힘드네.	Vất vả nhỉ. 벗 바 니
힘든	vất vả 벗 바
CD를 굽다	ghi đĩa cd 기 디아 씨디
PC방	quán chát 꽌 짯
USB를 꽂다.	cắm USB 깜 우엣베
힘들어 죽겠네.	Mệt chết mất. 멧 쩻 멋
MP3플레이어	máy nghe nhạc mp3 마이 응애 냑 엠피바
TV드라마	phim truyền hình 핌 쭈엔 히잉

부 록

- 숫자
- 시간
- 요일
- 월
- 호칭
- 가족관계
- 간단한 감탄사
- 감정표현
- 택시에서
- 쇼핑하기
- 색
- 음식점
- 추천 베트남 서민음식
- 과일
- 야채
- 사무실
- 학교과정
- 베트남 성조 이름
- 기호 이름
- 베트남이 어때요?
- 베트남 행정시군
- 북부와 남부의 주요단어비교
- 반의어
- 베트남 사이트

숫자

0	không 콩	10	mười 므어이
1	một 못	20	hai mươi 하이 므어이
2	hai 하이	30	ba mươi 바 므어이
3	ba 바	40	bốn mươi 본 므어이
4	bốn 본	50	năm mươi 남 므어이
5	năm 남	60	sáu mươi 싸우 므어이
6	sáu 싸우	70	bảy mươi 바이 므어이
7	bảy 바이	80	tám mươi 땀 므어이
8	tám 땀	90	chín mươi 찐 므어이
9	chín 찐	100	một trăm 못 짬

천(1000)		một nghìn / 약 70원 못 응인
만(10000)		mười nghìn / 약 700원 므어이 응인
십만(100000)		một trăm nghìn / 약 7000원 못 짬 응인
백만(1000000)		một triệu / 약 7만원 못 찌에우
십억(1000000000)		một tỷ / 약 7천만원 못 띠

(* 1000동에 70원의 환율을 적용시)

시간

시	giờ 져	반	rưỡi 즈어이
분	phút 풋	전	kém 깸
초	giây 져이	오전 7시	bảy giờ sáng 바이 져 쌍
정각	đúng 둥	오후 3시	ba giờ chiều 바 져 찌에우

3시 10분	ba giờ mười phút 바 져 므어이 풋
3시 10분전	ba giờ kém mười phút 바 져 깸 므어이 풋
3시 반	ba giờ rưỡi 바 져 즈어이
정각 3시	đúng ba giờ 둥 바 져

요일

일요일	chủ nhật 쭈 녓	목요일	thứ năm 트 남
월요일	thứ hai 트 하이	금요일	thứ sáu 트 싸우
화요일	thứ ba 트 바	토요일	thứ bảy 트 바이
수요일	thứ tư 트 뜨		

월

일월	tháng giêng 탕 지응	칠월	tháng bảy 탕 바이
이월	tháng hai 탕 하이	팔월	tháng tám 탕 땀
삼월	tháng ba 탕 바	구월	tháng chín 탕 찐
사월	tháng tư 탕 뜨	시월	tháng mười 탕 므어이
오월	tháng năm 탕 남	십일월	tháng mười một 탕 므어이 못
유월	tháng sáu 탕 싸우	십이월	tháng mười hai 탕 므어이 하이

호칭

할아버지(약 50세 이상) / 3인칭	ông / ông ấy 옹 / 옹 어이
할머니(약 45세 이상) / 3인칭	bà / bà ấy 바 / 바 어이

삼촌, 아저씨	chú, bác 쭈, 박
형, 남편(부인이 부를 때) / 3인칭	anh / anh ấy 아잉 / 아잉 어이
누나, 언니 / 3인칭	chị / chị ấy 찌 / 찌 어이
아가씨 / 3인칭	cô / cô ấy 꼬 / 꼬 어이
당신(친구사이)	cậu 꺼우
나(친구사이)	tớ 떠
매우 나이가 많은 사람(존경의 의미)	cụ 꾸
손자, 나이 많이 어린 사람	cháu 짜우
동생	em 앰
나(나이와 상관없이 독립적으로 나를 표현할 때)	tôi 또이

가족관계

한국어	베트남어	발음
할아버지	ông	옹
할머니	bà	바
엄마	mẹ	매
아빠	bố	보
부인	vợ	버
남편	chồng	쫑
언니, 누나	chị gái	찌 가이
오빠, 형	anh trai	아잉 짜이
여동생	em gái	앰 가이
남동생	em trai	앰 짜이
딸	con gái	꼰 가이
아들	con trai	꼰 짜이
손녀	cháu gái	짜우 가이
손자	cháu trai	짜우 짜이
며느리	con dâu	꼰 저우
사위	con rể	꼰 제
고모	cô	꼬
이모	dì	지

간단한 감탄사

네	vâng, vâng ạ, dạ 벙, 벙 아, 자	됐어.	thôi 토이
응	ừ, có 으, 꼬	됩니다.	được. 드억
어! (놀람)	ôi 오이	어때?	thế nào? 테 나오
오, 와 (감탄)	ồ 오	좋지?	thích chứ 틱 쯔
자(말을 시작할때)	nào 나오	이럴수가. 맙소사.	trời ơi 쩌이 어이
아니요.	không 콩	아이구!	chết! 쩻
안돼요.	không được 콩 드억	좋아.	ok 오께
맞아요.	đúng , đúng rồi 둥, 둥 조이	농담이야.	đùa thôi 두어 토이
그래? 그래.	thế á, thế à. 테 아, 테 아		
믿을 수 없어.			không tin được. 콩 띤 드억

감정표현

한국어	베트남어	발음
피곤해.	Mệt lắm.	멧 람
우울해.	Rất buồn.	젓 부온
짜증나.	Chán quá.	짠 꽈
졸려.	Buồn ngủ quá.	부온 응우 꽈
춥네.	Lạnh quá.	라잇 꽈
웃기네.	Buồn cười quá.	부온 끄어이 꽈
즐거워	Rất vui.	젓 부이
부끄러워.	Xấu hổ.	써우 호
화나.	Tức quá.	뜩 꽈
활짝 웃어.	Cười lên.	끄어이 렌
울지마.	Đừng khóc.	등 콕
걱정하지 마.	Đừng lo.	등 로
신경쓰지마.	Đừng bận tâm.	등 번 떰
무서워.	Sợ.	써
힘내.	Cố lên.	꼬 렌
실망이야.	Thất vọng.	텃 봉
포기하지마.	Đừng từ bỏ.	등 뜨 버
최선을 다해.	Hết sức đi.	헷 쓱 디

택시에서

운전사	người lái xe 응어이 라이 쌔	정면	trước mặt 쯔억 맛
기본요금	giá cơ bản 쟈 꺼 반	길 건너편	bên kia đường 벤 끼아 드엉
좌회전하다.	rẽ trái 재 짜이	직진하다.	đi thẳng 디 탕
우회전하다.	rẽ phải 재 파이	되돌아가다.	quay lại 꽈이 라이
오른쪽	bên phải 벤 파이	다리를 건너다.	đi qua cầu 디 꽈 꺼우
왼쪽	bên trái 벤 짜이		

한국 대사관으로 가주세요.
　　Cho tôi đến Đại sứ quán Hàn Quốc.
　　조 또이 덴 다이 쓰 꽌 한 꿕

계속 똑바로 직진하다.　　cứ đi thẳng
　　　　　　　　　　　　　　끄 디 탕

300m 정도 직진하다.　　đi thẳng khoảng 300 mét
　　　　　　　　　　　　　디 탕 쾅 바 짬 맷

부록

에어컨 켜주세요.	Xin bật máy điều-hòa giúp ạ. 씬 벗 마이 디에우 화 좁 아
창문 닫아 주세요.	Xin đóng cửa sổ giúp ạ. 씬 동 끄어 쏘 좁 아
왼쪽으로 돌지마세요.	Đừng rẽ trái. 등 재 짜이
이쪽이 대우빌딩 가는 길 맞나요?	Đây có phải là đường tới tòa nhà Daewoo không ạ? 더이 꼬 파이 라 드엉 떠이 또아 냐 대우 콩 아
맞는 길로 가고 있나요?	Chị có đi đúng đường không? 씬 꼬 디 둥 드엉 콩
길끝 사거리까지 가세요.	Xin đến ngã tư cuối phố này. 씬 덴 응아 뜨 꾸오이 포 나이
여기서 세워주세요.	Cho tôi xuống đây. 조 또이 쑤엉 더이
거스름돈 주세요.	Cho tôi tiền lẻ. 조 또이 띠엔 래

쇼핑하기

지불하다.	trả tiền 짜 띠엔
거스름돈	tiền lẻ 띠엔 래
현금	tiền mặt 띠엔 맛
봉지	túi 뚜이
보증기간	thời gian bảo hành 터이 쟌 바오 하잉
어디서 살 수 있어요?	Có thể mua ở đâu? 꼬 테 무어 어 더우
어디에 쓰는 거야?	Cái này dùng làm gì? 까이 나이 중 람 지
그냥 구경하는 거예요.	Tôi chỉ xem thôi ạ. 또이 찌 쌤 토이 아
어느 나라 제품이예요?	Đây là sản phẩm của nước nào? 더이 라 싼 펌 꾸어 느억 나오
더 작은 것은 없나요?	Có cái nhỏ hơn không ạ? 꼬 까이 뇨 헌 콩 아
다른 색도 있어요?	Có màu khác không ạ? 꼬 머우 칵 콩 아
더 큰 것은 없나요?	Có cái to hơn không ạ? 꼬 까이 또 헌 콩 아

부록

좀 더 싼 것이 있어요?	Có loại nào rẻ hơn không ạ? 꼬 라이 나오 재 헌 콩 아
어때? 예뻐?	Thế nào? đẹp phải không? 테 나오, 댑 파이 콩
안 어울려. 사지마.	Không hợp đâu, đừng mua. 콩 헙 더우, 등 무어
한개만 주세요.	Chỉ cho tôi một cái thôi ạ. 찌 조 또이 못 까이 토이 아
한개 더 주세요.	Cho tôi thêm một cái này nữa ạ. 조 또이 템 못 까이 나이 느어 아
모두 얼마예요?	Tất cả bao nhiêu tiền ạ? 떳 까 바오 니에우 띠엔 아
얼마예요?	Bao nhiêu tiền? 바오 니에우 띠엔
비싸요, 좀 깎아주세요.	Đắt quá! Giảm giá đi. 닷 꽈, 잠 자 디
거스름돈 주세요.	Cho tôi tiền lẻ. 조 또이 띠엔 래

색

한국어	베트남어	발음
빨간색	màu đỏ	머우 도
파란색	màu xanh	머우 싸잉
노란색	màu vàng	머우 방
검은색	màu đen	머우 댄
하얀색	màu trắng	머우 짱
갈색	màu nâu	머우 너우
분홍색	màu hồng	머우 홍
초록색	màu xanh lá cây	머우 싸잉 라 꺼이
보라색	màu tím	머우 띰
하늘색	màu xanh da trời	머우 싸잉 자 쩌이

음식점

음식을 주문하다.	gọi món ăn	고이 몬 안
전문	chuyên môn	쭈엔 몬
가격	giá	쟈
서빙하다.	phục vụ	푹 부
메뉴판	thực đơn	特 던

인분 / 삼 인분		người ăn / 3 người ăn 응어이 안 / 바 응어이 안	
종업원	người phục vụ 응어이 푹 부	젓가락	đũa 두어
영수증	hoá đơn 화 던	숟가락	thìa 티아
먹다.	ăn 안	포크	đĩa 지아
다 먹다.	ăn xong 안 쏭	나이프	con dao 꼰 자오
마시다.	uống 우옹	이쑤시개	tăm 땀
계산하다.	tính tiền 띠잉 띠엔	티슈	giấy ăn 저이 안
배고프다.	đói 도이	재떨이	gạt tàn thuốc 갓 딴 투억
배부르다.	no 노	얼음잔	cốc đá 꼭 다
오프너	cái mở nắp 까이 머 납	얼음	đá 다

맛 표현

간이 적당하다.	vừa muối 브어 무오이
신선하다.	tươi 뜨어이
느끼하다. / 느끼해.	mỡ / mỡ quá. 머 / 머 꽈
시다. / 아! 시어.	chua / ôi chua quá. 쭈어 / 오이 쭈어 꽈
짜다. / 아! 짜.	mặn / ôi mặn quá. 만 / 오이 만 꽈
싱겁다. / 싱거워.	nhạt / nhạt quá. 냣 / 냣 꽈
쓰다. / 써.	đắng / đắng quá. 당 / 당 꽈
맵다. / 매워.	cay / cay quá. 까이 / 까이 꽈
뜨겁다. / 앗! 뜨거.	nóng / ôi nóng quá 농 / 오이 농 꽈
맛있다. / 맛있다.	ngon / ngon lắm. 응온 / 응온 람
무미하다.(아무 맛도 안나다.)	vô vị 보 비

부록

달다. / 달아.	ngọt / ngọt quá. 응옷 / 응옷 꽈
향기가 좋다. / 향기가 좋은 걸.	thơm / thơm quá 텀 / 텀 꽈
입맛에 맞다.	hợp khẩu vị 헙 커우 비
달면서 맛있다.	vừa ngon vừa ngọt 브어 응온 브어 응옷
탄내가 나다. khét 캣	비린내가 나다. tanh 따잉

양념

양념장	nước chấm 느억 쩜	소금	muối 무오이
식초	giấm 점	라임(과일)	chanh 짜잉
향채	rau thơm 자우 텀	설탕	đường 드엉
간장	xì dầu 씨 저우		

한국인에게 추천하는 반찬

조개국	canh nghêu 까잉 응헤우	감자튀김	khoai tây rán 콰이 떠이 쟌
토마토국	canh cà chua 까잉 까 쭈어	샐러드	sa lad 싸 랏
가지절임	cà muối 까 무오이		

튀김(쌀국수와 같이 먹음)	quẩy 꾸어이
호박잎마늘볶음	rau bí xào tỏi 자우 비 싸오 또이
자우무엉마늘볶음	rau muống xào tỏi 자우 무엉 싸오 또이

식사와 같이 할 음료수

생맥주	bia tươi, bia hơi 비아 뜨어이, 비아 허이	캔 맥주	bia lon 비아 론
병맥주	chai / 3 chai bia 짜이 / 바 짜이 비아	콜라	cô-ca 꼬 까

부록

아이스녹차(보리차처럼 마심)	trà đá 짜 다
(망고)생과일쥬스	sinh tố (xoài) 씨잉 또 (쏘아이)

종업원부르기

여기요.(여성연장자)	chị ơi 찌 어이	여기요.(어린종업원)	em ơi 앰 어이
여기요.(남성연장자)	anh ơi 아잉 어이		

메뉴판을 보여주세요.	Cho tôi xem thực đơn ạ. 조 또이 쌤 특 던 아
식탁을 닦아주세요.	Xin lau bàn này giúp. 씬 라우 반 나이 좁
에어컨 꺼주세요.	Xin tắt máy điều-hòa giúp ạ. 씬 땃 마이 디에우 화 좁 아
에어컨 켜주세요.	Xin bật máy điều-hòa giúp ạ. 씬 벗 마이 디에우 화 좁 아
금강산도 식후경	có thực mới vực được đạo 꼬 특 머이 북 드억 다오

음식고르기

베트남 요리가 아주 맛있다고 들었어.
Nghe nói các món ăn Việt Nam ngon lắm.
응애 노이 깍 몬 안 비엣 남 응온 람

뭘 제일 좋아하세요?
Chị thích ăn gì nhất?
찌 틱 안 지 녓

쌀국수를 제일 좋아 해요.
Tôi thích phở hơn cả.
또이 틱 퍼 헌 까

음식을 골라보세요.
Chị chọn món ăn nào ạ?
찌 쫀 몬 안 나오 아

골라주세요.
Xin chọn cho tôi.
씬 쫀 조 또이

내건 내가 고를 거야.
Tôi muốn tự tôi chọn.
또이 무온 뜨 또이 쫀

뭐 드시겠어요?
Chị dùng gì ạ?
찌 중 지 아

언니가 저녁 산다고 했잖아요.
Chị mời em ăn tối mà.
찌 머이 앰 안 또이 마

오늘은 내가 한 턱 낼게요.
Hôm nay tôi chiêu đãi.
홈 나이 또이 찌에우 다이

오늘은 당신 뜻대로 하세요.
Hôm nay chị được ưu tiên nhé.
홈 나이 찌 드억 유 띠엔 내

주문하기

| 주문할께요. | Tôi muốn gọi món ăn. |
또이 무온 고이 몬 안

| 향채 빼 주세요. | Không cho rau thơm, chị ạ. |
콩 조 자우 텀, 찌 아

| 미원 넣지 마세요. | Đừng cho mì chính, chị ạ. |
등 조 미 찡, 찌 아

| 네, 그렇게 해주세요. | Được ạ. |
드억 아

| 저걸로 주세요. | Cho tôi cái kia ạ. |
조 또이 까이 끼아 아

다른 음식으로 바꿔도 되요?
Có thể đổi món khác được không ạ?
꼬 테 도이 몬 칵 드억 콩 아

| 이것저것 다 넣어주세요. | Cho tôi tất cả mọi thứ. |
조 또이 떳 까 모이 트

| 주문했어요. | Tôi gọi món ăn rồi. |
또이 고이 몬 안 조이

| 계산을 지금하나요? | Trả tiền luôn ạ? |
짜 띠엔 루언 아

식사하기

드시죠.
Xin mời.
씬 머이

입맛에 맞으실지 모르겠어요.
Tôi không biết có hợp khẩu vị của chị hay không nữa.
또이 콩 비엣 꼬 헙 커우 비 꾸어 찌 하이 콩 느어

맛있겠다.
Có vẻ ngon nhỉ.
꼬 배 응온 니

맛있게 먹어.
Chúc ăn ngon.
쭉 안 응온

맛보세요.
Mời ăn thử ạ.
머이 안 트 아

이걸 뭐라고 불러요?
Cái này gọi là gì?
까이 나이 고이 라 지

이 병에 담긴 것은 무슨 양념이에요?
Lọ này đựng gia vị gì vậy?
로 나이 등 쟈 비 지 버이

이 조리 스타일을 뭐라고 부릅니까?
Nấu kiểu này gọi là gì?
너우 끼에우 나이 고이 라 지

이거 흔한 음식이예요?	Đây có phải là món ăn thông thường không? 더이 꼬 파이 라 몬 안 통 트엉 콩
음식 괜찮죠?	Đồ ăn có ngon không? 도 안 꼬 응온 콩
맛있어?	Có ngon không? 꼬 응온 콩
다이어트 하세요?	Chị có ăn kiêng không? 찌 꼬 안 끼엥 콩
어떻게 먹는 거예요?	Cái này ăn như thế nào? 까이 나이 안 느 테 나오
이 음식은 향채와 같이 먹어.	Món này ăn cùng với rau thơm. 몬 나이 안 꿍 버이 자우 텀
뭐 더 마실래요?	Chị muốn uống gì nữa không ạ? 찌 무온 우엉 지 느어 콩 아
뜨거운 물 조금만 더 주세요.	Cho thêm ít nước nóng nữa ạ. 조 템 잇 느억 농 느어 아
물 더 주세요.	Xin cho thêm nước. 씬 조 템 느억
서비스가 엉망이다.	dịch vụ lộn xộn 직 부 론 쏜

주인이 없으니까 서비스가 엉망이네.		
Vì không có người quản lý nên dịch vụ rất lộn xộn.		
비 콩 꼬 응어이 꽌 리 녠 직 부 젓 론 쏜		

너무 배불러. — No quá.
노 꽈

저 취했어요. — Tôi say rồi.
또이 싸이 조이

술 도수가 높아요. — Rượu nặng quá.
즈어우 낭 꽈

술 잘하시네요. — Anh uống khá thật.
아잉 우엉 카 텃

다 먹었어요. — Ăn xong rồi.
안 쏭 조이

다 먹어. — Ăn hết đi.
안 헷 디

계산해 주세요. — Chị ơi! tính tiền.
찌 어이, 띵 띠엔

계산하기

내가 저녁 산다고 했잖아.   Chị mời các em ăn tối mà.
찌 머이 깍 앰 안 또이 마

더치페이해도 될까요? Trả tiền riêng có được không ạ?
짜 띠엔 지응 꼬 드억 콩 아

계산이 잘못됐어요.   Tính tiền sai rồi.
띠잉 띠엔 싸이 조이

돈 여기있어요.   Xin gửi tiền, Đây ạ.
씬 그이 띠엔, 더이 아

영수증 좀 주세요.   Cho tôi xin hoá đơn.
조 또이 씬 화 던

싸 주세요.   Xin gói vào cho tôi.
씬 고이 바오 조 또이

감사합니다. 아줌마.   Cám ơn chị. Xin chị.
깜 언 찌, 씬 찌

추천 베트남 서민음식

군밤	hạt dẻ nướng 핫 제 느엉(겨울)
생과일 주스	sinh tố 씨잉 또
과일빙수	hoa quả dầm 화 꽈 점
찹쌀 주먹밥	xôi 쏘이
베트남식 빈대떡	bánh xèo 바잉 쌔오
고기 완자를 얹은 면	bún chả 분 짜
사탕수수 주스	mía đá 미아 다
닭 바베큐	chân gà (cánh gà) nướng 쩐 야 느엉
군 옥수수	ngô nướng 응오 느엉(겨울)

과일

사과	quả táo 꽈 따오	메론	quả dưa lê 꽈 즈어 레
배	quả lê 꽈 레	감	quả hồng 꽈 홍
망고	quả xoài 꽈 쏘아이	포도	quả nho 꽈 뇨
망고스틴	quả măng cụt 꽈 망 꿋	토마토	cà chua 까 쭈어
파인애플	quả dứa 꽈 즈어	복숭아(과일)	quả đào 꽈 다오
파파야	quả đu đủ 꽈 두 두	자두	quả mận 꽈 먼
두리안	quả sầu riêng 꽈 써우 지응	바나나	quả chuối 꽈 쭈오이
리찌	quả vải 꽈 바이	오렌지	quả cam 꽈 깜
딸기	dâu tây 저우 떠이	귤	quả quýt 꽈 꿧

야채

당근	củ cà rốt 꾸 까 롯	생강	củ gừng 꾸 긍
오이	dưa chuột 즈어 쭈옷	가지	cà tím 까 띰
파	hành hoa 하잉 화	숙주	giá 쟈
양파	hành tây 하잉 떠이	버섯	nấm 넘
배추	cải thảo 까이 타오	감자	củ khoai tây 꾸 콰이 떠이
마늘	củ tỏi 꾸 또이	고구마	củ khoai lang 꾸 콰이 랑

사무실

파일	tập file 떱 파일	스탬플러	dập ghim 접 김
수정액	bút xóa 붓 쏘아	수첩	sổ 쏘

지우개	tẩy 떠이	팩스	máy FAX 마이 팍스
테이프	băng dính 방 지잉	칼라프린터기	máy in màu 마이 인 머우
계산기	máy tính 마이 띠잉	프린터기	máy in 마이 인
볼펜	bút bi 붓 비	컴퓨터	máy vi tính 마이 비 띠잉
봉투	phong bì 퐁 비	모니터	cái mô-ni-tơ 까이 모 니 떠
풀	hồ 호	스피커	cái loa 까이 로아
클립	ghim 김	노트북	máy tính xách tay 마이 띠잉 싹 따이
자	thước kẻ 트억 깨	데스크톱	máy tính để bàn 마이 띠잉 데 반
칼	dao 자오	프린터 잉크	mực in 묵 인
가위	kéo 깨오	USB	USB 우엣베
전화기	máy điện thoại 마이 디엔 토와이		

디지털카메라	máy ảnh kỹ thuật số
	마이 아잉 끼 투엇 쏘

컴퓨터활용

파일(전산)	tập tin	프린트지	giấy photocopy
	떱 띤		져이 포또까피

마우스	chuột	외장하드	ổ cứng cầm tay
	쭈옷		오 끙 껌 따이

공시디	đĩa trắng	바이러스	virus
	디아 짱		비룻

바이러스에 감염되다.	bị nhiễm virus
	비 니엠 비룻

종이가 기계에 걸리다.	bị tắc giấy
	비 딱 져이

마우스 오른쪽 클릭하다.	nhấn phải chuột
	년 파이 쭈옷

프로그램을 설치하다.	cài đặt chương trình
	까이 닷 쯔엉 찌잉

포맷하다.	định dạng
	딕 장

USB를 꼽다.	cắm USB 깜 우엣베
CD를 굽다	ghi đĩa cd 기 디아 씨디
인터넷이 죽었어.(속어)	Mạng chết rồi. 망 쩻 조이
전선을 뽑다.	rút dây điện ra 줏 저이 디엔 자
바이러스 걸린것 같아.	Chắc là đã bị nhiễm virus. 짝 라 다 비 니엠 비룻
왜 이렇게 느린거야.	Sao máy chậm thế này. 싸오 마이 쩜 테 나이
기계 고장 난 것 같아요. 한번 봐주실래요?	Hình như thiết bị này hỏng rồi. chị sẽ xem giúp em chứ? 히잉 느 티엣 비 나이 홍 조이. 찌 쌔 쌤 즙 앰 쯔
복사할 줄 알아요?	Chị biết cách photocopy không? 찌 비엣 까익 포또까피 콩
한 부 복사해 주실 수 있으세요?	Có thể photocopy cho tôi một tờ được không? 꼬 테 포또까피 조 또이 못 떠 드억 콩
사무실	văn phòng 반 퐁

사장	giám đốc 쟘 독	월급날	ngày lĩnh lương 응아이 리잉 르엉
대표	đại diện 다이 지엔	월급	lương 르엉
통역	người phiên dịch 응어이 피엔 직	공휴일	ngày lễ 응아이 레
직원	nhân viên 년 비엔	휴일	ngày nghỉ 응아이 응이
공장 노동자	công nhân 꽁 년	베한사전	từ điển Việt-Hàn 뜨 디엔 비엣 한
실무자	cán bộ nghiệp vụ 깐 보 응이엡 부	한베사전	từ điển Hàn-Việt 뜨 디엔 한 비엣
점심시간	giờ ăn trưa 져 안 쯔어	열쇠	chìa khóa 찌아 콰
출근시간	giờ đi làm 져 디 람	자물쇠	cái khóa 까이 콰
퇴근시간	giờ tan tầm 져 딴 떰	명함	danh thiếp 자잉 티엡

월급날이 오다.	đến ngày lĩnh lương 덴 응아이 리잉 르엉
비서를 뽑다.	tuyển chọn thư ký 뚜엔 쫀 트 끼

뽑다.	rút ra	고용하다.	thuê
	줏 자		투에

한국적 방식   phong cách Hàn Quốc
퐁 까익 한 꿕

한국어를 베트남어로 번역하다.
Dịch từ tiếng Hàn ra tiếng Việt.
직 뜨 띠응 한 자 띠응 비엣

해고되다.   bị sa thải, bị đuổi việc
비 싸 타이, 비 두오이 비역

월세를 내다.   nộp tiền thuê nhà
놉 띠엔 투에 냐

이리와 봐. 할 말이 있어. Em đến đây. Chị bảo cái này.
앰 덴 더이. 찌 바오 까이 나요

영어 할 수 있어요? Chị có biết nói tiếng Anh không?
찌 꼬 비엣 노이 띠응 아잉 콩

한국어를 할 수 있어요? Chị có biết nói tiếng Hàn không?
찌 꼬 비엣 노이 띠응 한 콩

비공식휴일이라서 회사마다 달라.
Ngày nghỉ không chính thức, nên mỗi công ty một khác.
응아이 응이 콩 찌잉 특, 넨 모이 꽁 띠 못 칵

좀 빨리 할 순 없나?	Liệu làm nhanh có được không?
	리에우 람 냐잉 꼬 드억 콩
차(음료) 준비됐어요?	Đã pha trà chưa ạ?
	다 파 짜 쯔어 아
볼펜 좀 주시겠습니까?	Mang cho tôi cái bút bí?
	망 조 또이 까이 붓 비

학교과정

학교	trường học 쯔엉 혹	전문대학	trường cao đẳng 쯔엉 까오 당
유아원	nhà trẻ 냐 쩨	대학교	trường đại học 쯔엉 다이 혹
유치원	mẫu giáo 머우 쟈오	대학원	viện cao học 비엔 까오 혹
초등학교	trường tiểu học 쯔엉 띠에우 혹	일학년	năm thứ nhất 남 트 녓
중학교	trường trung học 쯔엉 쭝 혹	이학년	năm thứ hai 남 트 하이
고등학교	trường phổ thông 쯔엉 포 통	삼학년	năm thứ ba 남 트 바

사학년	năm thứ tư 남 트 뜨	교사	giáo viên 쟈오 비엔
석사	thạc sĩ 탁 씨	강사	giảng viên 쟝 비엔
박사	tiến sĩ 띠엔 씨	교수	giáo sư 쟈오 쓰
대학원에서 공부중인		đang học cao học 당 혹 까오 혹	

베트남 성조 이름

	thanh ngang 타잉 응앙	ả	dấu hỏi 저우 호이
á	dấu sắc 저우 싹	ã	dấu ngã 저우 응아
à	dấu huyền 저우 휘엔	ạ	dấu nặng 저우 낭

기호이름

,	(dấu) phẩy (저우) 퍼이	;	(dấu) chấm phẩy (저우) 쩜 퍼이
.	(dấu) chấm (저우) 쩜	!	(dấu) chấm than (저우) 쩜 탄
:	(dấu) hai chấm (저우) 하이 쩜	?	(dấu) chấm hỏi (저우) 쩜 호이

부록

베트남이 어때요?

습도가 높아서 힘들어. Vì độ ẩm cao nên rất mệt.
비 도 엄 까오 넨 젓 멧

한국과 비교할 때, 베트남 월세는 너무 비싸.
So với Hàn Quốc, thuê nhà ở Việt Nam rất đắt.
쏘 버이 한 꿕. 투에 냐 어 비엣 남 젓 닷

베트남어 발음이 어려워요. Phát âm tiếng Việt khó.
팟 엄 띠응 비엣 코

한국 사람과 베트남사람은 비슷해요.
Người Hàn Quốc và người Việt Nam giống nhau.
응어이 한 꿕 바 응어이 비엣 남 종 나우

한국에 비하면, 여름이 더 길고 뜨겁고 습도가 높아.
So với Hàn Quốc, mùa hè dài hơn, nắng hơn, và độ ẩm cao hơn.

쏘 버이 한 꿕, 무어 해 자이 헌, 낭 헌, 바 도 엄 까오 헌

날씨가 더워요. Trời nóng quá.

쩌이 농 꽈

베트남 행정시군

특별시

* 는 10대 도시입니다.

Thành phố Cần Thơ*
타잉 포 껀 터

Thành phố Hải Phòng*
타잉 포 하이 퐁

Thành phố Đà Nẵng*
타잉 포 다 낭

Thành phố Hồ Chí Minh*
타잉 포 호 찌 미잉

Thành phố Hà Nội*
타잉 포 하 노이

59개주 / 대표도시

Tỉnh An Giang (Long Xuyên)

띠잉 안 장 (롱 쑤엔)

Tỉnh Bà Rịa-Vũng Tàu (Vũng Tàu)

띠잉 바 자 붕 따우 (붕 따우)

Tỉnh Bắc Giang (Bắc Giang)
띠잉 박 장 (박 장)

Tỉnh Bắc Kạn (Bắc Kạn)
띠잉 박 깐 (박 깐)

Tỉnh Bạc Liêu (Bạc Liêu)
띠잉 박 리에우 (박 리에우)

Tỉnh Bắc Ninh (Bắc Ninh)
띠잉 박 니잉 (박 니잉)

Tỉnh Bến Tre (Bến Tre)
띠잉 벤 쩨 (벤 쩨)

Tỉnh Bình Định (Quy Nhơn)*
띠잉 비잉 딕 (뀌 년)

Tỉnh Bình Dương (Thủ Dầu Một)
띠잉 비잉 즈엉 (투 저우 못)

Tỉnh Bình Phước (Đồng Xoài)
띠잉 비잉 프억 (동 쏘아이)

Tỉnh Bình Thuận (Phan Thiết)
띠잉 비잉 투언 (판 티엣)

Tỉnh Cà Mau (Cà Mau)
띠잉 까 마우 (까 마우)

Tỉnh Cao Bằng (Cao Bằng)
띠잉 까오 방 (까오 방)

부록

Tỉnh Đăk Lăk (Buôn Mê Thuột)	띵 닥 락 (부온 메 투옷)
Tỉnh Đăk Nông (Gia Nghĩa)	띵 닥 농 (자 응이아)
Tỉnh Điện Biên (Điện Biên Phủ)	띵 디엔 비엔 (디엔 비엔 푸)
Tỉnh Đồng Nai (Biên Hoà)*	띵 동 나이 (비엔 화)
Tỉnh Đồng Tháp (Cao Lãnh)	띵 동 탑 (까오 라잉)
Tỉnh Gia Lai (Pleiku)	띵 쟈 라이 (플래이꾸)
Tỉnh Hà Giang (Hà Giang)	띵 하 장 (하 장)
Tỉnh Hà Nam (Phủ Lý)	띵 하 남 (푸 리)
Tỉnh Hà Tây (Hà Đông)	띵 하 떠이 (하 동)
Tỉnh Hà Tĩnh (Hà Tĩnh)	띵 하 띵 (하 띵)
Tỉnh Hải Dương (Hải Dương)	띵 하이 즈엉 (하이 즈엉)

Tỉnh Hậu Giang (Vị Thanh)	띵 허우 장 (비 타잉)
Tỉnh Hoà Bình (Hoà Bình)	띵 화 비잉 (화 비잉)
Tỉnh Hưng Yên (Hưng Yên)	띵 흥 엔 (흥 엔)
Tỉnh Khánh Hòa (Nha Trang)*	띵 카잉 화 (냐 짱)
Tỉnh Kiên Giang (Rạch Giá)*	띵 끼엔 낭 (자익 자)
Tỉnh Kon Tum (Kon Tum)	띵 꼰 뚬 (꼰 뚬)
Tỉnh Lai Châu (Lai Châu)	띵 나이 쩌우 (라이 쩌우)
Tỉnh Lâm Đồng (Đà Lạt)	띵 럼 동 (다 랏)
Tỉnh Lạng Sơn (Lạng Sơn)	띵 랑 썬 (랑 썬)
Tỉnh Lào Cai (Lào Cai)	띵 라오 까이 (라오 까이)
Tỉnh Long An (Tân An)	띵 롱 안 (떤 안)

부록

Tỉnh Nam Định (Nam Định)	띠잉 남 딩 (남 딕)
Tỉnh Nghệ An (Vinh)	띠잉 응에 안 (비잉)
Tỉnh Ninh Bình (Ninh Bình)	띠잉 니잉 비잉 (니잉 비잉)
Tỉnh Ninh Thuận (Phan Rang-Tháp Chàm)	띠잉 니잉 투언 (판 장 탑 짬)
Tỉnh Phú Thọ (Việt Trì)	띠잉 푸 토 (비엣 찌)
Tỉnh Phú Yên (Tuy Hòa)	띠잉 푸 엔 (뛰 화)
Tỉnh Quảng Bình (Đồng Hới)	띠잉 꽝 비잉 (동 허이)
Tỉnh Quảng Nam (Tam Kỳ)	띠잉 꽝 남 (땀 끼)
Tỉnh Quảng Ngãi (Quảng Ngãi)	띠잉 꽝 아이 (꽝 아이)
Tỉnh Quảng Ninh (Hạ Long)	띠잉 꽝 니잉 (하 롱)
Tỉnh Quảng Trị (Đông Hà)	띠잉 꽝 찌 (동 하)

Tỉnh Sóc Trăng (Sóc Trăng)	띠잉 쏙 짱 (쏙 짱)
Tỉnh Sơn La (Sơn La)	띠잉 썬 라 (썬 라)
Tỉnh Tây Ninh (Tây Ninh)	띠잉 떠이 니잉 (떠이 니잉)
Tỉnh Thái Bình (Thái Bình)	띠잉 타이 비잉 (타이 비잉)
Tỉnh Thái Nguyên (Thái Nguyên)	띠잉 타이 응우엔 (타이 응우엔)
Tỉnh Thanh Hóa (Thanh Hóa)	띠잉 타잉 화 (타잉 화)
Tỉnh Thừa Thiên-Huế (Huế)*	띠잉 트어 티엔 후에 (후에)
Tỉnh Tiền Giang (Mỹ Tho)	띠잉 띠엔 장 (미 토)
Tỉnh Trà Vinh (Trà Vinh)	띠잉 짜 비잉 (짜 비잉)
Tỉnh Tuyên Quang (Tuyên Quang)	띠잉 뚜엔 꽝 (뚜엔 꽝)
Tỉnh Vĩnh Long (Vĩnh Long)	띠잉 비잉 롱 (비잉 롱)

Tỉnh Vĩnh Phúc (Vĩnh Yên)
띵 비잉 푹 (비잉 옌)

Tỉnh Yên Bái (Yên Bái)
띵 옌 바이 (옌 바이)

북부와 남부의 주요단어비교

하노이 / 호치민

thuyền / ghe 보트, 작은 배 투옌 / 개	cái ô / cây dù 우산 까이 오 / 꺼이 주
bát / chén 사발, (술) 잔 밧 / 짼	sân bay / phi trường 공항 썬 바이 / 피 쯔엉
cốc / ly 유리잔, (물) 컵 꼭 / 리	ô tô / xe hơi 자동차 오 또 / 쌔 허이
bao diêm / hộp quẹt 성냥갑 바오 지엠 / 홉 꾸앳	
máy điều hòa / máy lạnh 에어컨 마이 디에우 화 / 마이 라잇	
cơ quan / công sở, sở 사무소 꺼 꽌 / 꽁 써, 써	
hoa quả / trái cây 과일(총칭) 화 꽈 / 짜이 꺼이	

không có gì / không có chi 콩 꼬 지 / 콩 꼬 찌	괜찮아요.
cân / ký　　킬로그램(kg) 껀 / 끼	trứng gà / hột gà　계란 쯩 야 / 홋 야
chè / trà　　차(음료) 째 / 짜	màn / mùng　　모기장 만 / 뭉
nghìn / ngàn　천(숫자) 응인 / 응안	chăn / mền　　담요 짠 / 멘
bố / ba　　아버지 보 / 바	ngô / bắp　　옥수수 응오 / 밥
mẹ / má　　어머니 매 / 마	lạc / đậu phụng　땅콩 락 / 더우 풍
quả / trái　　과일 꽈 / 짜이	đường / lộ　길, 도로 드엉 / 로
tay phải / tay mặt 오른손 따이 파이 / 따이 맛	xe buýt / xe đò　버스 쌔 븻 / 쌔 도
nem / chả giò　스프링롤 냄 / 짜 져	hiệu / tiệm　　가게 히에우 / 띠엠
giò / chả　고기만두 죠 / 짜	xà phòng / xà bông 비누 싸 퐁 / 싸 봉
gì / chi　　무엇(what) 지 / 찌	kem / cà rem 아이스크림 깸 / 까 쟴

thư / thơ 트 / 터	편지
lợn / heo 런 / 해오	돼지
tầng / lầu 떵 / 러우	층
tầng 1 / lầu trệt 떵 못 / 러우 쩻	1층
tầng 2 / lầu 1 떵 하이 / 러우 못	2층
tầng 3 / lầu 2 떵 바 / 러우 2	3층
dầu / nhớt 저우 / 녓	오일
vườn thú / sở thú 브언 투 / 써 투	동물원
gầy / ốm 거이 / 옴	얇은, 마른
ốm / bệnh 옴 / 버익	아픈
keo kiệt / kẹo 깨오 끼엣 / 깨오	인색한
nhanh / lẹ 냐잉 / 래	빨리
đắt / mắc 닷 / 막	값비싼
nhé / nghe 내 / 응애	~가 맞지
xe máy / xe gắn máy 쌔 마이 / 쌔 간 마이	오토바이
hiệu ăn / tiệm ăn 히에우 안 / 띠엠 안	음식점, 레스토랑
hiệu ảnh / tiệm chụp hình 히에우 아잉 / 띠엠 쭙 히잉	사진관
thịt lợn / thịt heo 팃 런 / 팃 해오	돼지고기

béo / mập 배오 / 멉	뚱뚱한	tiêm / chích 띠엠 / 찍	주사맞다.
vâng / dạ 벙 / 자	예, 맞아요.	rẽ / quẹo 재 / 꾸애오	돌다
rỗi / rảnh 조이 / 자잉	한가한 시간	yêu / thương 이에우 / 트엉	사랑
buồn / nhột 부온 / 놋	슬픈, 미묘한	là / ủi 라 / 우이	철
vào / vô 바오 / 보	들어와요	rán / chiên 잔 / 찌엔	튀기다, 볶다

quả dứa / trái thơm 꽈 즈어 / 짜이 텀	파인애플
đô la Mỹ / Mỹ kim 돌 라 미 / 미 낌	미국돈 화폐(USD)
ban công / bao lơn 반 꽁 / 바오 런	발코니
nhanh lên / lẹ lên 냐잉 렌 / 래 렌	서둘르다.
đắt quá / mắc quá 닷 꽈 / 막 꽈	너무 값비싼
một ít / chút xíu 못 잇 / 쭛 씨우	약간, 조금

부록

đánh vỡ / đập bể 다잉 버 / 덥 베	깨뜨리다
cắt tóc / hớt tóc 깟 똑 / 헛 똑	머리를 깎다.
gọi / kêu 고이 / 께우	부르다.
phanh / thắng 파잉 / 탕	브레이크(자동차)
xấu hổ / mắc cỡ 써우 호 / 막 꺼	수줍어하는
nói dối / nói sạo 노이 조이 / 노이 싸오	거짓말하다.
nói khoác / nói dóc 노이 콱 / 노이 족	자랑하다.
nói đùa / nói giỡn 노이 두어 / 노이 지언	농담하다.
tắc đường / kẹt xe 딱 드엉 / 깻 쌔	교통체증
rẽ tay phải / quẹo tay mặt 재 따이 파이 / 꾸애오 따이 맛	오른쪽으로 돌다.
chụp ảnh / chụp hình 쯥 아잉 / 쯥 히잉	사진을 찍다.

반의어

buồn / vui 부온 / 부이	슬픈 / 기쁜	rộng / hẹp 종 / 햅	넓은 / 좁은
tốt / tồi 똣 / 또이	좋은 / 나쁜	mới / cũ 머이 / 꾸	새로운 / 늙은
béo / gầy 배오 / 거이	뚱뚱한 / 마른	dễ / khó 제 / 코	쉬운 / 어려운
khỏe / yếu 쾌 / 이에우	건강한 / 약한	dày / mỏng 자이 / 몽	두꺼운 / 얇은
cao / thấp 까오 / 텁	높은 / 낮은	nhanh / chậm 냐잉 / 쩜	빠른 / 늦은
trắng / đen 짱 / 댄	흰 / 검은	sáng / tối 쌍 / 또이	밝은 / 어두운
trẻ / già 째 / 쟈	젊은 / 늙은	sớm / muộn 썸 / 무온	이른 / 늦은
đắt / rẻ 닷 / 재	값비싼 / 값싼	phải / trái 파이 / 짜이	오른쪽 / 왼쪽
dài / ngắn 자이 / 응안	긴 / 짧은	đúng / sai 둥 / 싸이	올바른 / 나쁜
đẹp / xấu 댑 / 써우			아름다운 / 못생긴

chăm / lười 짬 / 르어이	부지런한 / 게으른
giàu / nghèo 쟈우 / 응애오	부유한 / 가난한
thông minh / ngu dốt 통 미잉 / 응우 좃	영리한 / 멍청한
hạnh phúc / bất hạnh 하잉 푹 / 벗 하잉	행복한 / 불행한
nặng / nhẹ 낭 / 내	무거운 / 가벼운
nóng / lạnh 농 / 라잇	뜨거운 / 시원한
sạch / bẩn 싸익 / 번	깨끗한 / 지저분한

베트남 사이트

KBS WORLD 한국의 뉴스를 베트남어로 전하는 홈페이지
http://world.kbs.co.kr

24h(하이뜨져) 베트남 연예온라인 잡지
http://www.24h.com.vn

VTV (베떼베) 방송국
http://www.vtv.vn

yahoo 베트남
http://vn.yahoo.com/

베트남 가요음악
http://www.nhacso.net

베트남 온라인 뉴스
http://www.nhandan.com.vn/
http://www.vietnamnet.vn/

한국인이 운영하는 베트남뉴스
http://www.vnnews.co.kr/

베트남어-한국어

저자 | 신연희, 박민규

베트남~중국의

차례

a	5
b	13
c	45
d	95
e	141
g	141
h	159
i	179
k	179
l	199
m	219
n	239
o	273
p	273
q	287
r	295
s	303
t	317
u	375
v	375
x	391
y	391
부록	401

a

베트남어-한국어

à 아	질문하는 접미사
À, quên! 아 꾸엔	깜박했다.
À, thế à. 아, 테아	아, 그렇군요.
ạ 아	존대를 나타내는 접미사
ác mộng 악 몽	악몽
ai 아이	누구
Ai cập 아이 껍	이집트
ai cũng 아이 꿍	누구나
Ai đấy? 아이 더이	누구세요?
ái phi 아이 피	첩
a lô 알 로	(전화 받을 때)여보세요?
anh em nhà bác sĩ 아잉 앰 냐 박 씨	의가형제(드라마이름)
an 안	안전한
an toàn 안 또안	안전
an ủi 안 우이	위로하다.
án 안	사례
án mạng 안 망	살인
anh 아잉	오빠, 형(호칭)
anh ấy 아잉 어이	그 남자(연장자)
anh chị 아잉 찌	형과 누나
anh chị em 아잉 찌 앰	형제 자매
anh em 아잉 앰	형제

anh họ 아잉 호	사촌 오빠/형	ảnh màu 아잉 머우	칼라사진
anh hùng 아잉 훙	영웅	ánh 아잉	불빛
anh minh 아잉 미잉	슬기로운	ánh sáng 아잉 쌍	빛
anh ơi 아잉 어이	아저씨!	ao 아오	연못
anh rể 아잉 제	형부	ảo thuật 아오 투엇	마술
anh ruột 아잉 주옷	친형	áo 아오	상의(옷)
anh trai 아잉 짜이	오빠, 형	Áo 아오	오스트리아
anh văn 아잉 반	영문학	áo bà ba 아오 바 바	블라우스
ảnh 아잉	사진	áo chật 아오 쩟	옷이 끼다.
ảnh đen trắng 아잉 댄 짱	흑백사진	áo dài 아오 자이	아오자이
ảnh hưởng 아잉 흐엉	영향	áo giáp 아오 잡	갑옷
Anh yêu em. 아잉 이에우 앰		(여자에게)사랑해요.	

8

áo khoác 아오 꽉	코트
áo lót 아오 롯	브래지어
áo mưa 아오 므어	우비
áo sơ mi 아오 써 미	와이셔츠
áp dụng 압 중	적용하다.
áp lực 압 륵	(물리)압력
Asiad 아시아드	아시안게임
ắc qui 악 꾸이	배터리
ăn 안	먹다.
ăn bữa phụ 안 브어 푸	간식을 먹다.
ăn cắp 안 깝	훔치다.
ăn chay 안 짜이	채식하다.
ăn cỗ 안 꼬	축제를 베풀다.
ăn cơm 안 껌	식사하다.
Ăn cơm đi. 안 껌 디	밥 먹어.
ăn da 안 자	(햇볕에)그을리다.
ăn diện 안 지엔	잘 차려입다.
ăn gì? 안 지	뭘 먹어?
Ăn gì chưa? 안 지 쯔어	뭐 좀 먹었어?
ăn hàng 안 항	외식하다.

áo tứ thân
아오 뜨 턴 구식 아오자이의 일종

áo xanh
아오 싸잉 가난한 여성들의 옷

Ăn hết đi. 안 헷 디	다 먹어.	ăn sáng 안 쌍	아침을 먹다.
ăn hỏi 안 호이	약혼식을 하다.	ăn sống 안 쏭	날것으로 먹다.
ăn khách 안 카익	손님이 많다.	ăn tết 안 뗏	명절을 새다.
ăn không 안 콩	놀고 지내다.	ăn thịt 안 팃	고기를 먹다.
ăn kiêng 안 끼응	다이어트하다.	ăn thử 안 트	맛보다.
ăn mày 안 마이	구걸하다.	ăn thử một ít 안 트 못 잇	조금 맛보다.
ăn mặc 안 막	옷을 입다.	ăn trộm 안 쫌	도둑
ăn nói 안 노이	이야기 하다.	ăn uống 안 우엉	먹고 마시다.
ăn ở 안 어	생활(방식)	ăn vụng 안 붕	몰래 먹다.
Ăn rồi. 안 조이	먹었어.	ăn xong 안 쏭	다 먹다.

ăn như heo
안 느 해오

게걸스럽게 먹다.

Ăn thử có được không?
안 트 꼬 드억 콩

먹어봐도 돼?

Ăn xong rồi. 안 쏭 조이	다 먹었어.
âm lịch 엄 릭	음력
âm nhạc 엄 냑	음악
âm thanh 엄 타잉	음향
âm tiết 엄 띠엣	음절
âm u 엄 우	(날씨가)흐리다.
ầm ầm 엄 엄	시끄러운
ẩm 엄	축축한
ẩm thực 엄 특	먹기와 마시기
ấm 엄	미지근한
ấm áp 엄 압	따뜻하다.
ấm cúng 엄 꿍	편안한
ấm điện 엄 디엔	전기주전자
ấm đun nước 엄 둔 느억	주전자
ân hận 언 헌	후회하다.
ân huệ 언 훼	은혜
ấn 언	누르다.
Ấn Độ 언 도	인도
ấn tượng 언 뜨엉	인상
âu phục 어우 푹	양복
ăn trầu 안 쩌우	쩌우(이를 물들게 함)를 먹다.
âm / âm 11℃ 엄 / 엄 무어이 못 쎄	영하 / 영하 11도

ẩu 어우	조심성 없다.	ấy 어이	그(분, 것)
ấu trĩ 어우 찌	유치한		

b

베트남어-한국어

베트남어-한국어

ba 바	3, (남부어)아버지
ba bị 바 비	요괴
ba lá 바 라	벼의 일종
Ba Lan 바 란	폴란드
ba lô 바 로	배낭
ba mươi 바 므어이	30
bà 바	할머니
bà ấy 바 어이	할머니 3인칭
bà con 바 꼰	친척
bà cụ 바 꾸	늙은 여성
bà đỡ 바 더	산파
bà già 바 자	노파
bà lão 바 라오	노파
bà mối 바 모이	결혼 중매인
bà ngoại 바 응와이	외할머니
bà nội 바 노이	친할머니
bà nội trợ 바 노이 쩌	주부
bã 바	피곤해서 녹초가 됨.

ba chân bốn cẳng
바 쩐 본 깡
전속력으로

Ba Đình
바 딩
바딩(구역명-하노이)

bách khoa
바익 콰
여러 가지 공예의

bác 박	삼촌	bài báo 바이 바오	기사(신문)
bác bỏ 박 보	폐지하다.	bài hát 바이 핫	노래
bác sĩ 박 씨	의사	bài học 바이 혹	학과, 교훈
bạc 박	은(금속)	bài luận 바이 루언	작문, 논문
Bạc Liêu 박 리에우	박 리에우(도시명)	bài tập 바이 떱	숙제
bạc màu 박 머우	불모의, 메마른	bài thi 바이 티	시험지
bạch 바익	하얀	bài thơ 바이 터	시(문학)
bạch huyết cầu 바익 휘엣 꺼우	백혈구	bài thuốc 바이 투억	처방전
bạch kim 바익 낌	백금	bài toán 바이 또안	문제(학문적)
bạch phiến 바익 피엔	진통제	bài văn 바이 반	구절(문장)
bài 바이	과(공부), 카드(게임)	bãi 바이	벌판
bàn bạc 반 박			토론하다. 의견을 나누다.

bãi biển 바이 비엔	해변	**ban ngày** 반 응아이	낮
bãi công 바이 꽁	파업하다.	**ban sáng** 반 쌍	아침(에)
bãi thực 바이 특	단식투쟁하다.	**ban trưa** 반 쯔어	정오에
bại liệt 바이 리엣	마비	**bàn** 반	책상, 토의하다.
ban 반	(고어)주다, (때)종결사	**bàn ăn** 반 안	식탁
ban bố 반 보	선포하다.	**bàn chải** 반 짜이	솔
ban chiều 반 찌에우	오후(에)	**bàn chải đánh răng** 반 짜이 다잉 장	칫솔
ban công 반 꽁	베란다	**bàn chân** 반 쩐	발
ban cua 반 꾸어	장티푸스(의학)	**bàn gần cửa sổ** 반 건 끄어 쏘	창가 탁자
ban đêm 반 뎀	밤(저녁)	**bàn ghế** 반 게	책상과 의자
ban giám đốc 반 잠 독	경영진	**bàn là** 반 라	다리미
ban hành 반 하잉	(법률을)제정하다.	**bàn luận** 반 루언	토의하다.

bàn phím 반 핌	키보드, 건반	bản hiệp định 반 히엡 딕	협정문
bàn tán 반 딴	속닥거리다.	bản hướng dẫn 반 흐엉 전	설명서
bàn tay 반 따이	손	bản làng 반 랑	(소수민족의)부락
bàn thắng 반 탕	골인	bản sắc 반 싹	특성
bàn thờ 반 터	제단(종교)	bản thảo 반 타오	초안
bàn tiếp tân 반 띠엡 떤	프런트데스크	bản thân 반 턴	자기 자신
bàn trang điểm 반 짱 디엠	화장대	bán 반	팔다.
bản / 3 bản 반 / 바 반	부/3부	bán buôn 반 부온	도매로 팔다.
bản báo cáo 반 바오 까오	신고	bán chạy 반 짜이	잘 팔리다.
bản chất 반 쩟	본질	bán đắt 반 닷	비싸게 팔다.
bản đồ 반 도	지도(지리)	bán đấu giá 반 더우 쟈	경매하다.
bạn cùng làm việc 반 꿍 람 비엑			함께 일하는 친구

베트남어	한국어
bán hàng 반 항	상품을 팔다.
bán kết 반 껫	준결승
bán lẻ 반 래	소매하다.
bán rong 반 종	행상하다.
bạn 반	친구, 너
bạn bè 반 배	친구들
bạn cũ 반 꾸	오래된 친구
bạn đồng nghiệp 반 동 응이엡	동료
bạn hàng 반 항	동업자
bạn học 반 혹	학우
bạn thân 반 턴	친한 친구
bạn thân nhất 반 턴 녓	가장 친한 친구
bạn trai 반 짜이	남자친구
bạn trẻ 반 째	젊은이
bảng 방	나무판자, 게시판
bảng báo giá 방 바오 쟈	견적서
bảng đen 방 댄	칠판
bảng giá 방 쟈	가격표
bánh 바잉	빵, 바퀴
bánh bao 바잉 바오	만두
bánh đa nem 바잉 다 냄	라이스페이퍼
bánh kem 바잉 깸	바잉 껨(크림빵)
bánh mì 바잉 미	빵

bánh ngọt 바잉 응옷	케이크	bao lơn 바오 런	발코니
bánh xe 바잉 쌔	타이어	bao nhiêu 바오 니에우	얼마나 많이
bánh quy 바잉 뀌	비스킷	Bao nhiêu? 바오 니에우	얼마나?
bánh trung thu 바잉 쭝 투	월병	Bao nhiêu tiền? 바오 니에우 띠엔	얼마예요?
bao 바오	통, 얼마의	bao phủ 바오 푸	덮다.
bao cao su 바오 까오 쑤	콘돔	bao quanh 바오 꽈잉	둘러싸다.
bao diêm 바오 지엠	성냥갑	bao vây 바오 버이	둘러싸다.
bao giờ 바오 져	언제	bao xa 바오 싸	얼마나 먼
bao lâu 바오 러우	얼마나 오래	bảo 바오	~라고 하다.
bao lì xì 바오 리 씨	세뱃돈 넣는 봉투	bảo chứng 바오 쯩	담보

bánh chưng
바잉 쯩   바잉 쯩 (구정용 네모진 쌀떡)

bánh cốm
바잉 꼼   바잉 꼼 (초록색의 쌀떡)

베트남어	한국어
bảo đảm 바오 담	보장하다.
bảo hành 바오 하잉	(품질 등의)보증
bảo hiểm 바오 히엠	보험
bảo là 바오 라	말하기를
bảo mật 바오 멋	비밀을 지키다.
bảo tàng 바오 땅	박물관
bảo tồn 바오 똔	보존하다.
bảo vệ 바오 베	보호하다.
bão 바오	태풍
bão tuyết 바오 뚜엣	눈보라
báo 바오	신문, 표범, 보고하다.
báo cáo 바오 까오	보고하다.
báo chí 바오 찌	언론, 신문
báo giá 바오 쟈	견적가격
bánh đa 바잉 다	바잉 다(뻥튀기 같은 과자)
bánh giầy 바잉 져이	바잉 저이(떡의 일종)
bánh phở 바잉 퍼	바잉 퍼(쌀국수면 중에 하나)
bánh sinh nhật 바잉 씨잉 녓	생일 케이크
bánh tôm 바잉 똠	바잉 똠(새우를 넣은 부침개)

báo hàng ngày 바오 항 아이	일간신문	bay mùi 바이 무이	냄새를 제거하다.
báo lá cải 바오 라 까이	저속한 신문	bày 바이	전시하다.
báo thể thao 바오 테 타오	스포츠 신문	bày hàng 바이 항	전시하다.
báo tin 바오 띤	통지하다.	bảy 바이	7
bay 바이	날다.	bảy giờ sáng 바이 져 쌍	오전 7시
bay đi 바이 디	날아가다.	bảy mươi 바이 므어이	70

bánh xèo
바잉 쌔오
바잉쌔오 (베트남식 빈대떡)

Bao giờ chị về ạ?
바오 져 찌 베 아
언제 돌아가시나요?

bao giờ chưa?
바오 져 쯔어
~해 본 적이 있습니까?

bao gồm
바오 곰
구성되다. 포함하다.

Bao nhiêu tuổi?
바오 니에우 뚜어이
몇 살이야?

Bảo trọng nhé.
바오 쫑 내
조심해서가.

bắc 박	북부의
Bắc Giang 박 장	박 장(도시명)
Bắc Kạn 박 깐	박 깐(도시명)
Bắc Kinh 박 끼잉	북경(도시명)
Bắc Mỹ 박 미	북아메리카
Bắc Nam 박 남	남북
Bắc Ninh 박 니잉	박 니잉(도시명)
Bắc Triều Tiên 박 찌에우 띠엔	북한
bắc vĩ tuyến 박 비 뚜엔	북위선
băm 밤	다지다.(요리)
băn khoăn 반 콴	걱정하다.
bắn 반	사격하다. (물)튀기다.
băng 방	건너가다. 테이프
Băng Cốc 방 꼭	방콕
băng dính 방 지잉	테이프
băng tan 방 딴	빙하가 녹다.
băng vệ sinh 방 베 씨잉	생리용품
băng y tế 방 이 떼	붕대
bằng 방	~로(수단, 재료), 증서
bằng cách 방 까익	~에 의한
bằng cấp 방 껍	학위, 졸업증서
bằng gì 방 지	무엇을 타고
báo mộng 바오 몽	꿈에서 미리 알려주다.

bằng lái xe 방 라이 쌔	운전면허증	bắt 밧	잡다.
bằng lòng 방 롱	만족해하다.	bắt buộc 밧 부옥	맞추다.
bằng nhau 방 나우	공평하게	bắt chước 밧 쯔억	모방하다.
bắp cải 밥 까이	양배추	bắt đầu 밧 더우	시작하다.
bắp đùi 밥 두이	허벅다리	bắt được 밧 드억	잡다.
bắp ngô 밥 응오	(남부어)옥수수	bắt nạt 밧 낫	괴롭히다.

bát / 3 bát phở bò 밧 / 바 밧 퍼 보	그릇 / 쌀국수 3그릇
Bằng tiếng gì? 방 띠응 지	무슨 언어로?
bắt đầu nổi tiếng 밧 더우 노이 띠응	유명해지기 시작하다.
bắt nguồn 밧 응우온	~로 부터 생기다.
Bận làm gì? 번 람 지	뭐하느라 바빴어요?
bất cứ việc gì 벗 끄 비엑 지	무슨 일이건

bắt tay 밧 따이	악수	bất bình 벗 비잉	불만족한
bậc 벅	등급	bất bình đẳng 벗 비잉 당	불공평하다.
bậc thang 벅 탕	계단	bất cẩn 벗 껀	부주의한
bấm 범	누르다.	bất chấp 벗 쩝	~에 상관없이
bần 번	병마개(코르크)	bất công 벗 꽁	불공평한
bần huyết 번 휘엣	빈혈(의학)	bất cứ 벗 끄	~이든지 모두
bẩn 번	지저분한	bất động sản 벗 동 싼	부동산
Bẩn ơi là bẩn. 번 어일 라 번	정말 더럽다.	bất hạnh 벗 하잉	불행하다.
bận 번	바쁜	bất hiếu 벗 히에우	불효의
bận rộn 번 존	바쁘다.	bất hòa 벗 화	싸우다.(불화)
bất ngờ 벗 응어			생각지도 않게, 갑자기
bầu tổng thống 버우 똥 통			대통령을 뽑다.

bất kể 벗 께	~에 상관없이	bật lửa 벗 르어	라이터
bất kỳ lúc nào 벗 끼 룩 나오	아무 때나	bật máy 벗 마이	(기계)켜다.
bất lịch sự 벗 릭 쓰	예의가 없는	bầu 버우	선출하다.
bất lực 벗 륵	무력한	bầu trời 버우 쩌이	하늘
bất ổn 벗 온	불안한	bây giờ 버이 져	지금
bất thường 벗 트엉	보통이 아닌	bẫy 버이	덫
bất tiện 벗 띠엔	불편하다.	bấy giờ 버이 져	그때에
bất tỉnh 벗 띵	의식불명의	bấy nhiêu 버이 니에우	~만큼
bật 벗	뽑다.	be 배	논두렁을 쌓다.

bầu trời quang đãng.
버우 쩌이 꽝 당

하늘이 맑다.

Bây giờ cũng quen rồi.
버이 져 꿍 꾸앤 조이

이젠 익숙해요.

béo
배오

뚱뚱하다. 기름기가 있는

bè bạn 배 반	친구들
bẻ 배	깨뜨리다.
bé 배	어린
bé nhỏ 배 뇨	작은
bé xé ra to 배 쌔 자 또	과장하다.
bèn 밴	그 다음에 즉시
bén 밴	날카로운
béo ngậy 배오 응어이	기름진
béo phì 배오 피	비만의
bép xép 뱁 쌥	입이 가벼운
bê 베	(들어서)가져오다. 송아지
bề ngoài 베 응와이	외모
bể 베	수영장, 저장소, 깨지다.
bể bơi 베 버이	수영장
bế 베	안아주다.
bên 벤	~쪽
bên cạnh 벤 까잉	옆의
bên kia 벤 끼아	건너편
bên kia đường 벤 끼아 드엉	길 건너편
bên ngoài 벤 응와이	바깥쪽
bên nhau 벤 나우	서로 서로
bên phải 벤 파이	오른쪽
bên tay trái là 벤 따이 짜이 라	왼편에 있는 것이

bên trái 벤 짜이	왼쪽	bệnh cao huyết áp 버익 까오 휘엣 압	고혈압
bên trong 벤 쫑	내부의	bệnh dạ dày 버익 자 자이	위가 아프다.
bền 벤	지속적인	bệnh dại 버익 자이	광견병
bền gan 벤 간	참을성 있는	bệnh dịch 버익 직	유행병
bến 벤	정류소	bệnh lao 버익 라오	결핵
bến cảng 벤 깡	부두	bệnh mất ngủ 버익 멋 응우	불면증
Bến Tre 벤 째	벤 째(도시명)	bệnh nặng 버익 낭	중병의
bến xe 벤 쌔	버스정류장	bệnh nhân 버익 년	환자
bênh vực 베잉 븍	한쪽 편에 서다.	bệnh phổi 버익 포이	폐병
bệnh 버익	병(질병), 아픈	bệnh tật 버익 떳	병(질병)

    bệnh đã đỡ   병이 차도가 있다.
    버익 다 더

    bệnh tương tư   상사병
    버익 뜨엉 뜨

bệnh tiêu chảy 버익 띠에우 짜이	설사	bi quan 비 꽌	비관하다.
bệnh tim 버익 띰	심장병	bí ẩn 비 언	신비
bệnh tưởng 버익 뜨엉	노이로제	bí mật 비 멋	비밀
bệnh ung thư 버익 웅 트	암	bí quyết 비 꾸엣	비결
bệnh viện 버익 비엔	병원	Bí quyết gì? 비 꾸엣 지	비결이 뭐야?
bếp gas 벱 가	가스레인지	bị 비	~하게 되다. 자루
bết 벳	(옷이 젖어서)달라붙다.	bị bắt 비 밧	포로, 사로잡히다.

bệnh viện tâm thần 정신병원
버익 비엔 떰 턴

bí mật trốn về 몰래 도망 오다.
비 멋 쫀 베

bị bắt quả tang 현장에서 걸리다.
비 밧 꽈 땅

bị bệnh mất ngủ 불면증에 걸리다.
비 버익 멋 응우

bị cắt học bổng 장학금이 취소되다.
비 깟 혹 봉

bị bỏng 비 봉	화상
bị cảm 비 깜	감기 걸린
bị cháy đen 비 짜이 댄	검게 타다.
bị chán nản 비 짠 난	낙담하다.
bị cúm 비 꿈	감기에 걸리다.
bị đau một ít 비 다우 못 잇	조금 다치다.
bị động 비 동	피동
bị đốt 비 돗	(곤충에)물리다.
bị đuổi việc 비 두오이 비역	해고되다.
bị hói. 비 호이	머리가 벗겨지다.
bị hỏng 비 홍	고장
bị lũ lụt 비 루 룻	홍수 나다.
bị mắng 비 망	야단맞다.
bị mất 비 멋	잃어버리다.
bị muỗi đốt 비 무오이 돗	모기에 물리다.
bị sa thải 비 싸 타이	해고되다.
bị đau bụng tiêu chảy 비 다우 북 띠에우 짜이	설사하다.
bị đau ở chân 비 다우 어 쩐	다리를 다치다.
bị mắc mưa rào 비 막 므어 자오	소나기를 만나다.
bị nhiễm virus 비 니엠 비룻	바이러스에 감염되다.

베트남어	한글발음	한국어
bị tắc	비 딱	(종이가 기계에)걸리다.
bị tấn công	비 떤 꽁	습격당하다.
bị thất lạc	비 텃 락	없어지다.
bị thương	비 트엉	다치다.
bị xé rách	비 쌔 작	찢어지다.
bia	비아	맥주, 과녁
bia chai	비아 짜이	병맥주
bia đen	비아 댄	흑맥주
bia hơi	비아 허이	맥주, 서민형 생맥주
bia lon	비아 론	캔 맥주
bia mộ	비아 모	묘비
bia tươi	비아 뜨어이	생맥주
bìa	비아	겉표지, (두부 한)모
bịa	비아	위조하다.
biên chế	비엔 쩨	전 직원
biên giới	비엔 져이	변경. 국경
Biên Hòa	비엔 화	비엔 화(도시명)
biên tập viên	비엔 떱 비엔	편집자
bị tai nạn giao thông	비 따이 난 쟈오 통	교통사고 당하다.
bị tổn thương	비 똔 트엉	(마음에)상처를 받다.
biết điều	비엣 디에우	분별 있는, 사교적인

biển 비엔	바다, 간판
biển cả 비엔 까	바다
biển cấm 비엔 껌	금지표지판
biển hiệu 비엔 히에우	간판
biến đổi 비엔 도이	바꾸다. 변화하다.
biến hóa 비엔 화	변화하다.
biến mất 비엔 멋	사라지다.
biến sắc 비엔 싹	변색하다.
biến thành 비엔 타잉	변하다.
biến thể 비엔 테	다른
biện pháp 비엔 팝	조치
biết 비엣	알다.
biết chừng nào 비엣 쯩 나오	얼마나
biết đâu 비엣 더우	아무도 모른다.
biết ơn 비엣 언	감사하게 여기다.
biết thế 비엣 테	만약 알고 있다면
biệt thự 비엣 트	별장
biểu đạt 비에우 덧	표현하다.

biết ít nhiều 비엣 잇 니에우   얼마정도 알고 있다.

Biết nhau rồi à? 비엣 나우 조이 아   서로 아세요?

biết nói tiếng Anh 비엣 노이 띠응 아잉   영어를 하다.

베트남어	한국어
biểu đồ 비에우 도	그래프
biểu hiện 비에우 히엔	나타나다.
biểu ngữ 비에우 응으	현수막
biểu quyết 비에우 꾸엣	투표하다.
biểu thị 비에우 티	드러내다.
biểu tình 비에우 띵	시위하다.
biếu 비에우	제공하다. 드리다.
bình 비잉	비평하다. (담는)병
bình dân 비잉 전	서민의, 값싼
bình đẳng 비잉 당	평등하다.
bình gas 비잉 가	가스통
bình hoa 비잉 화	꽃병
Biết tại sao không? 비엣 따이 싸오 콩	왠지 알아요?
biệt tăm 비엣 땀	소식이 없는(사라진)
biểu diễn 비에우 지엔	(공연에서)연기하다.
biểu diễn ca múa 비에우 지엔 까 무어	가요 쇼 프로그램
biểu tượng 비에우 뜨엉	상징하다. 아이콘(전산)
bình thường hóa 비잉 트엉 화	정상화 시키다.

bình minh 비잉 미잉	새벽	bịt 빗	덮어 가리다.
bình nóng lạnh 비잉 농 라잇	온수기	bò 보	소
bình quân 비잉 꿘	평균, 보통	bò sát 보 쌋	파충류
bình thản 비잉 탄	마음이 평온한	bỏ 보	버리다.
bình thường 비잉 트엉	보통, 평상시	bỏ cuộc 보 꾸옥	포기하다.
bình tĩnh 비잉 띠잉	침착한	Bỏ đi. 보 디	버려.
bình xịt 바잉 씻	스프레이	bỏ học 보 혹	중퇴하다.
bít tết 빗 떽	비프스테이크	bỏ qua 보 꽈	무관심하다.

Bình thường thôi.　　　　　　　　　그냥 보통이지.
비잉 트엉 토이

bính　　　　　　　　　　　　병(갑을 병의), (옷)빌려온
비잉

bò cuộn　　　　　　　　　보 꾸온 (쇠고기 스프링롤)
보 꾸온

bỏ chạy　　　　　　　　　　　달아나다. 도망가다.
보 짜이

bỏ quá 보 파	용서하다.	bóc 복	(포장, 껍질을)뜯다.
bỏ quên 보 꾸엔	두고 가다.	bọc 복	싸다. 커버
bỏ rượu 보 즈어우	술을 끊다.	bom 봄	폭탄
bỏ thuốc lá 보 투억 라	담배를 끊다.	bom đạn 봄 단	지뢰
bọ chó 보 쪼	진드기	bom hạt nhân 봄 핫 년	핵폭탄

bỏ đi
보 디   (던져)버리다. 떠나가 버리다.

bỏ lỡ một cơ hội
보 러 못 꺼 호이   기회를 놓치다.

Bỏ quá cho.
보 파 쪼   봐주세요.(넘어가 주세요.)

bỏ rơi
보 저이   저버리다. (관계)끊다. 포기하다.

bỏ thư vào thùng thư
보 트 바오 퉁 트   편지를 우체통에 넣다.

bó / 1 bó hoa hồng
보 / 못 보 화 홍   다발 / 장미꽃 한 다발

bổ sung
보 쑹   대체하다. 보충하다.

bọn 무리, (나쁜 사람)놈 본	bóng chuyền 배구 봉 쭈엔
bọn họ 그 들 본 호	bóng đá 축구 봉 다
bọn mình 우리들 본 미잉	bóng đá Mỹ 미식축구 봉 다 미
bong gân 삐다. 봉 건	bóng đèn 전등 봉 댄
bỏng 데다.(불에) 봉	bóng rổ 농구 봉 조
bóng 공, 그림자, 빛나다. 봉	bóp 손으로 누르다. 봅
bóng bàn 탁구 봉 반	bóp miệng 금식하다. 봅 미응
bóng bán dẫn 트랜지스터 봉 반 전	bóp mồm 금식하다. 봅 몸
bóng chày 야구 봉 짜이	bọt 거품 봇
bộ / 1 bộ quần áo 보 / 못 보 꿘 아오	벌 / 옷 한 벌
bộ / bộ chính trị 보 / 보 찌잉 찌	부 / 정치부
bốc 복	(물, 바람, 먼지)일어나다.

bọt mép (봇 맵)	거품
bồ (보)	동지, 큰 바구니
bổ (보)	쪼개다.
bổ dưỡng (보 즈엉)	영양을 주다.
bổ ích (보 익)	유용한
bổ ngữ (보 응으)	보어
bố (보)	아빠
bố chồng (보 쫑)	시아버지
bố mẹ (보 매)	부모
bố trí (보 찌)	배열하다.
bố vợ (보 버)	장인
bộ chỉ huy (보 찌 휘)	본부사령부
bộ giáo dục (보 자오 죽)	교육부
bộ mặt (보 맛)	얼굴표정
bộ môn (보 몬)	부문
bộ ngoại giao (보 응와이 자오)	외무부
bốc hơi (복 허이)	증발시키다. 건조시키다.
bôi kem chống nắng (보이 깸 쫑 낭)	선크림을 바르다.
bôi nhọ vào mặt (보이 뇨 바오 맛)	얼굴을 더럽히다.
bông / 3 bông hoa hồng (봉 / 바 봉 화 홍)	송이 / 장미 3송이

bộ nhớ 보 녀	메모리(전산)	bốn mươi 본 므어이	40
bộ nông lâm 보 농 럼	농림부	bốn phương 본 프엉	사방
bộ phận 보 펀	부분	bông hoa 봉 화	꽃
bộ thương mại 보 트엉 마이	무역부	bỗng 봉	갑자기
bộ trưởng 보 쯔엉	장관	bỗng nhiên 봉 니엔	갑자기
bốc mùi 복 무이	냄새를 풍기다.	bốt 봇	구역, 장화
bộc lộ 복 로	폭로하다.	bột 봇	가루
bồi dưỡng 보이 즈엉	기르다.	bột giặt 봇 쟛	세탁세제
bốn 본	4	bột ngọt 봇 응옷	조미료(미원등)
bốn biển 본 비엔	사대양	bơ 버	버터
bốn lăm 본 람	45	bờ 버	둑

bỗng nhiên đổ mưa
봉 니엔 도 므어
비가 갑자기 퍼붓다.

bờ biển 버 비엔	해안	bởi 버이	~에 의해
bờ cõi 버 꼬이	국경	bởi vậy 버이 버이	그 때문에
bờ sông 버 쏭	강변	bới lông tìm vết 버이 롱 띰 벳	결점 찾기
bỡ ngỡ 버 응어	경험이 없는	bơm chân không 범 쩐 콩	진공펌프
bơi 버이	수영	bớt 벗	줄이다.
bơi ếch 버이 에익	평영(수영)	BraXin 브라신	브라질
bơi lội 버이 로이	수영하다.	bù 부	보상하다. (머리)얽힌
bơi ngửa 버이 응어	배영(수영법)	bù đầu 부 더우	(일에)빠지다.
bơi thuyền 버이 투엔	노를 젓다.	bùa 부어	부적
bơi tự do 버이 뜨 조	자유형수영	bùi 부이	향기가 나는
bởi vì 버이 비	~이기 때문에. 왜냐하면		
bún bò 분 보	분보(쇠고기를 넣은 국수)		

bùi tai 부이 따이	듣기 좋은	buổi 부오이	시(때)
bụi 부이	먼지	buổi chiều 부오이 찌에우	오후
bụi bặm 부이 밤	먼지	buổi sáng 부오이 쌍	오전
bùn 분	진흙	buổi tối 부오이 또이	저녁
bún 분	면	buổi trưa 부오이 쯔어	점심(시기)
bụng 붕	배(인체)	buồm 부옴	돛
bụng phệ 붕 페	배 나온	buôn bán 부온 반	판매하다.
Bungari 붕가리	불가리아	buôn lậu 부온 러우	밀수하다.
buộc 부옥	묶다. 작은 묶음	buồn 부온	슬픈, 우울한
buộc tóc 부옥 똑	머리를 묶다.	buồn cười 부온 끄어이	웃기는
bún chả 분 짜		분짜(고기 완자를 얹은 면)	
bún ốc 분 옥		분옥(우렁이 들어간 국수)	

베트남어	한국어
Buồn cười quá. 부온 끄어이 꽈	웃기네.
buồn ngủ 부온 응우	졸리다.
Buồn ngủ quá. 부온 응우 꽈	졸려
buồn phiền 부온 피엔	슬퍼 고민하다.
buồn tẻ 부온 때	단조로운
búp bê 붑 베	인형
bút 붓	펜
bút bi 붓 비	볼펜
bút lông 붓 롱	붓
bút xóa 붓 쏘아	수정액(사무용품)
bụt 붓	부처
bừa bãi 브어 바이	어지럽게
bừa bộn 브어 본	일이 많이 남다.
bữa 브어	낮, 식사
bữa ăn 브어 안	식사
bữa cơm 브어 껌	식사
bữa tiệc 브어 띠엑	잔치
bữa tối 브어 또이	저녁식사
buổi chiếu 부오이 찌에우	영화, (방송의)프로
buôn bán 부온 반	무역하다. 장사하다.
Buôn Mê Thuột 부온 메 투옷	부온 메 투옷(도시명)

bức ảnh 북 아잉	그림, 사진	bước chân 브억 쩐	걸음
bức thiết 북 티엣	긴급한	bước đầu 브억 더우	처음의
bức thư 북 트	편지	bước đi 브억 디	걸음
bức tranh 북 짜잉	그림	bước một 브억 못	한 걸음
bức tường 북 뜨엉	벽	bước ra 브억 자	나가다.
bức xúc 북 쑥	긴급한	bước tiến 브억 띠엔	선두의
Bực mình quá 븍 미잉 꽈	화나네.	bước vào 브억 바오	발을 들이다.
bực tức 븍 뜩	화가 난	bưởi 브어이	자몽(과일)
bưng 븡	들다.(손에)	bưu điện 뷰 디엔	우체국
bước 브억	단계, 걸음	bưu phẩm 뷰 펌	소포
bực mình 븍 미잉			성 잘 내는, 화나는
bức / 1 bức tranh 북 / 못 북 짜잉			점 / 그림 1점

bưu thiếp 엽서
뷰 티엡

C

베트남어-한국어

베트남어	한국어
ca / 까	사례
ca dao / 까 자오	민요
ca hát / 까 핫	노래하다.
ca khúc / 까 쿡	가곡
ca nhạc / 까 냑	노래와 음악
ca sĩ / 까 씨	가수
ca sĩ Việt Nam / 까 씨 비엣 남	베트남 가수
cà chua / 까 쭈어	토마토
Cà Mau / 까 마우	까 마우(도시명)
cà muối / 까 무오이	가지절임(반찬)
Cà phê đặc quá! / 까 페 닥 꽈	커피가 진해.
cà phê / 까 페	커피
cà rốt / 까 롯	당근
cà tím / 까 띰	가지(야채)
cà vạt / 까 밧	넥타이
cả / 까	모든
cả hai đều / 까 하이 데우	둘 다
cả ngày / 까 응아이	하루 종일
cả tin / 까 띤	쉽게 믿는
cá / 까	내기하다. 물고기
cá cược / 까 끄억	내기하다.
cả nước Hàn Quốc / 까 느억 한 꿕	한국국민 모두

cá hồi 까 호이	연어	các bạn 깍 반	친구들
cá kho 까 코	건어	các cái khác 깍 까이 칵	다른 것들
cá mòi 까 모이	정어리	các cô gái 깍 꼬 가이	여자들
cá ngừ 까 응으	참치	các môn điền kinh 깍 몬 디엔 끼잉	육상
cá nhân 까 년	개인	các ông 깍 옹	할아버지들
cá sấu 까 써우	악어	các yếu tố 깍 이에우 또	요소들
cá vàng 까 방	금붕어	cách 까익	법(방법), 떨어진
các 깍	~들(복수)	cách chức 까익 쯕	파면하다.
các anh 깍 아잉	남자들	cách dùng 까익 중	사용법
các bà 깍 바	할머니들	cách khác 까익 칵	다른 방법

cả nước Việt Nam
까 느억 비엣 남 — 베트남국민 모두

cá nhân tự giới thiệu
까 년 뜨 져이 티에우 — 자기소개서

베트남어	한국어
cách mạng 까익 망	혁명
cách nấu 까익 너우	요리법
cách thức 까익 특	시도, 방법
cai quản 까이 꽌	감독하다.
cài 까이	묶다. (전산)설치하다.
cài đặt 까이 닷	(전산)설치하다.
cải cách 까이 까익	개혁하다.
cải chíp 까이 찝	청경채
cải thảo 까이 타오	배추
cải thiện 까이 티엔	개선하다.
cải tiến 까이 띠엔	혁신하다.
cãi 까이	토론하다.
cãi nhau 까이 나우	따지다.
cãi vã 까이 바	말다툼하다.
cái bình thường 까이 비잉 트엉	보통 것
cái đó 까이 도	그것
cái gì 까이 지	무엇
Cái gì? 까이 지	뭐야?

cách đây / cách đây 1 năm   먼, 년전 / 일 년 전
까익 더이 / 까익 더이 못 남

cai   직장, 포기하다. 관리하다.
까이

cải lương   고치다. 개혁하다. 개혁
까이 르엉

cái khác 까이 칵	다른 것	cảm cúm 깜 꿈	감기
cái kia 까이 끼아	저것	cảm động 깜 동	감동하다.
cái màu trắng 까이 머우 짱	하얀색인 것	Cảm động quá. 깜 동 꽈	감동이야.
cái nào 까이 나오	어느 것	cảm giác 깜 작	감각
cái này 까이 나이	이것	cảm nghĩ 깜 응이	감명
cái nút 까이 눗	단추	cảm nhận 깜 년	느끼다.
cái xiên 까이 씨엔	꼬챙이	cảm thán 깜 탄	감탄
cam 깜	오렌지	cảm thấy 깜 터이	느끼다.
cam chịu 깜 찌우	참다.	cảm xúc 깜 쑥	감동

cái / 3 cái quạt máy
까이 / 바 까이 꽛 마이
대 / 선풍기 3대

Cái đó là của tôi.
까이 도 라 꾸어 또이
그거 내거야.

Cái nào cao hơn?
까이 나오 까오 헌
어떤 게 더 커요?

cám ơn 깜 언	감사하다.	Canađa 까나다	캐나다
Campuchia 깜푸찌아	캄보디아	càng 깡	더욱 더
can 깐	분리하다. 지팡이	càng ngày 깡 아이	나날이
can thiệp 깐 티엡	간섭하다.	càng ngày càng 깡 아이 깡	더욱 더
cản trở 깐 쩌	저지하다.	cảng 깡	항구
cán bộ 깐 보	간부	canh 까잉	국(음식)
cán bộ nghiệp vụ 깐 보 응이엡 부	실무자	canh cà chua 까잉 까 쭈어	토마토국
cạn 깐	얕은	canh giữ 까잉 즈	감시하다.
cạn kiệt 깐 끼엣	고갈되다.	canh nghêu 까잉 응헤우	조갯국

Cám ơn chị ạ.   감사합니다. 아줌마.
깜 언 찌 아

càng ngày càng phát triển   날이 갈수록 발전하다.
깡 아이 깡 팟 찌엔

càng ngày càng tốt   날이 갈수록 좋아지다.
깡 아이 깡 똣

cành 까잉	나뭇가지	cánh 까잉	날개
cảnh 까잉	경치	cánh đồng 까잉 동	들판
cảnh đẹp 까잉 댑	아름다운 경치	cánh gà 까잉 갸	닭날개
cảnh này 까잉 나이	이런 것	cánh tay 까잉 따이	팔
cảnh quan 까잉 꽌	경관	cạnh 까잉	가장자리
cảnh sát 까잉 쌋	경찰	cạnh tranh 까잉 짜잉	경쟁하다.
cảnh sắc 까잉 싹	경치, 국면	cao 까오	높은, 키가 큰
cảnh tượng 까잉 뜨엉	광경	Cao Bằng 까오 방	까오 방(도시명)

càng sớm càng tốt 빠를수록 좋다.
깡 썸 깡 똣

cảnh sát giao thông 교통경찰
까잉 쌋 쟈오 통

cánh đồng lúa mạch 보리밭
까잉 동 루어 막

Cao Lãnh 까오 라잉(도시명)
까오 라잉

베트남어	한국어
cao cả 까오 까	저명한
cao cấp 까오 껍	고급의
cao đẹp 까오 댑	기품 있는
cao học 까오 혹	대학원
cao hơn 까오 헌	더 높은, 더 큰
cao nguyên 까오 응우옌	고원
cao nhất 까오 녓	제일 높은
cao quý 까오 뀌	고귀한
cao su 까오 쑤	고무
cao tầng 까오 떵	고층의
cao thế 까오 테	높은 전압
cao tuổi 까오 뚜어이	중년을 지난
cao vút 까오 붓	아주 높은
cáo 까오	여우
cạo râu 까오 저우	면도하다.
cát 깟	모래
cắm 깜	(플러그 등에)꽂다. 걸다.
cắm đầu cắm cổ 깜 더우 깜 꼬	정신없이 몰두하는
Cắm vào đi. 깜 바오 디	(플러그 등에)꽂아.
căn / hai căn nhà 깐 / 하이 깐 냐	채 / 집 두 채

cau 까우	빈랑나무의 열매	cắm USB 깜 우엣베	USB를 꼽다.
cay 까이	맵다.	căn bản 깐 반	근본
cày cấy 까이 꺼이	땅을 갈다.	căn bệnh 깐 버익	병의 원인
cắc 깍	단단한 것을 치는 소리	căn hộ 깐 호	아파트, 집
cằm 깜	턱	căn nhà 깐 나	집
cắm cổ 깜 꼬	몰두하다.	căn phòng 깐 퐁	방
cắm đầu 깜 더우	몰두하다.	cặn kẽ 깐 깨	자세한
cắm điện 깜 디엔	전기콘센트	căng 깡	잡아당기다.
cắm trại 깜 짜이	캠핑	căng buồm 깡 부옴	돛을 달다.

căn phòng ngột ngạt
깐 퐁 응옷 응앗
방이 답답하다.

cấm chụp hình
껌 쭙 히잉
사진촬영금지

Cân nặng bao nhiêu?
껀 낭 바오 니에우
몸무게가 얼마야?

베트남어	한국어
căng thẳng (깡 탕)	스트레스 받다.
cẳng (깡)	다리
cặp (깝)	가방, 한 쌍
cặp nhiệt độ (깝 니엣 도)	온도를 재다.
cặp sốt (깝 쏫)	온도계
cặp tóc (깝 똑)	(머리에)핀을 꼽다.
cặp vợ chồng (깝 버 쫑)	부부
cắt (깟)	(손톱 등을)자르다. 베다.
cắt đứt (깟 듯)	줄이다.
cắt ngắn (깟 응안)	짧게 자르다.
cắt tóc (깟 똑)	이발하다.
cần chỗ ngủ (껀 쪼 응우)	잘 곳이 필요하다.
cầm (껌)	(손에)들다. 보관하다.
cầm đồ (껌 도)	전당포
Cầm lấy. (껌 러이)	가지세요.
cầm tay (껌 따이)	휴대용의
cấm (껌)	금지하다.
cấm rẽ phải (껌 재 파이)	우회전금지
cấm rẽ trái (껌 재 짜이)	좌회전금지
cấm vào (껌 바오)	진입금지
cân (껀)	저울, 킬로그램
cân bằng (껀 방)	균형
cân nặng (껀 낭)	무게가 나가다.

cân nhắc 껀 냑	고려하다.	cẩn 껀	상감세공을 박아 넣다.
cần 껀	필요하다. ~해야 한다.	cẩn thận 껀 턴	조심하다.
cần cấp 껀 껍	긴급한	cấp 껍	등급, 지급하다.
cần cù 껀 꾸	근면한	cấp bách 껍 바익	급박한
Cần gì? 껀 지	뭐 필요해?	cấp bậc 껍 벅	계급
Cần luôn à? 껀 루언 아	지금 필요해?	cấp thiết 껍 티엣	긴급한
cần thiết 껀 티엣	필수적이다.	cấp tốc 껍 똑	속성으로
Cần Thơ 껀 터	껀터 (도시명)	cấp trên 껍 쩬	고위계층
cần phải 껀 파이		반드시 ~해야 한다.	
cấp bậc cao nhất 껍 벅 까오 녓		가장 높은 계급	
cấp cứu 껍 끄우		응급치료하다. 구급	
cập nhật 껍 녓		업데이트하다.(전산)	

cất 껏	(물건 등을)나르다.
cất cánh 껏 까잉	이륙하다.
câu 꺼우	문장, 낚시
câu cá 꺼우 까	낚시하다.
câu chuyện 꺼우 쭈엔	이야기
câu hỏi 꺼우 호이	질문
câu lạc bộ 꺼우 락 보	클럽
câu thơ 꺼우 터	시의 한행
câu văn 꺼우 반	문장
cầu 꺼우	간청하다. 다리(건축)
cầu cống 꺼우 꽁	다리와 도로
cầu khiến 꺼우 키엔	권고
cầu mong 꺼우 몽	열망하다.
cầu thang 꺼우 탕	계단
cầu thủ 꺼우 투	축구선수
cầu trượt 꺼우 쯔엇	미끄럼틀
cầu vượt 꺼우 브엇	육교
cầu xin 꺼우 씬	애원하다.
cẩu thả 꺼우 타	부주의한
cấu hình 꺼우 히잉	구성(전산)
cầu thang tự động 꺼우 탕 뜨 동	에스컬레이터
cầu thủ Hàn Quốc 꺼우 투 한 꿕	한국 선수

cấu tạo 꺼우 따오	구축하다.	cha 짜	아버지
cấu trúc 꺼우 쭉	구조(전산)	cha mẹ 짜 매	부모(남부어)
cậu 꺼우	너(친구사이)	chà 짜	(감탄사) 오!, 마찰하다.
cây 꺼이	나무	chả 짜	(고기등)갈아서 구운
cây cỏ 꺼이 꼬	초목	chả cá 짜 까	갈아서 구운 생선
cây cối 꺼이 꼬이	나무	chả rán 짜 잔	튀긴 고기
cây leo 꺼이 래오	감아 올라가는 식물	chai 짜이	(음료등을 담는)병
cây số 꺼이 쏘	킬로미터	chải 짜이	솔질을 하다.
cây xanh 꺼이 싸잉	푸른 초목	chạm khắc 짬 칵	새기다.
cấy 꺼이	모를 심다.	chán 짠	지루한, 귀찮은

cây / 3 cây bút
꺼이 / 바 꺼이 붓
자루 / 펜 3자루

cha truyền con nối
짜 쭈엔 꼰 노이
부모한테 물려받은

Chán lắm. 짠 람	지겹네.	chào hỏi 짜오 호이	인사(만남)
chán nản 짠 난	낙담시키다.	chảo 짜오	프라이팬
Chán quá. 짠 꽈	귀찮아. 짜증나.	cháo 짜오	스프
chạn 짠	금고	cháu bé 짜우 배	아기
chàng 짱	젊은 남성	cháu gái 짜우 가이	조카(여), 손녀, 딸
chàng trai 짱 짜이	그 젊은이	cháu nội 짜우 노이	친손자
chanh 짜잉	라임	chảy 짜이	흐르다.(유동), 새다.
chào 짜오	안녕. 잘 가.	chảy máu 짜이 마우	피가 나다.
chào đón 짜오 돈	환영하다.	cháy 짜이	(불에)타다.

chai / 3 chai bia   병 / 맥주 3병
짜이 / 바 짜이 비아

cháu   손자, 손자뻘 사람의 호칭
짜우

cháu trai   조카(남), 손자, 아들
짜우 짜이

chạy 짜이	작동하다. 달리다.	chắc là được 짝 라 드억	아마 될 거야.
chạy ào 짜이 아오	막 뛰어가다.	chăm 짬	근면하다.
chạy chậm 짜이 쩜	서행	chăm chỉ 짬 찌	열심히
chạy theo 짜이 태오	뒤쫓다.	chăm chú 짬 쭈	열중하다.
chạy trốn 짜이 쫀	도망가다.	chăm sóc 짬 쏙	돌보다.
chạy xe 짜이 쌔	드라이브하다.	chăn 짠	담요
chắc 짝	확실한	chăn điện 짠 디엔	전기장판
chắc là 짝 라	아마	chăn nuôi 짠 누오이	사육하다.

chạy đi! chạy đi!　　　　　　　달려! 달려!
짜이 디 짜이 디

chạy quanh　　　　　　　~의 주위를 돌다.
짜이 꽈잉

chạy thi　　　　　　　달리기 경주를 하다.
짜이 티

chắc chắn　　　　　　　의심의 여지가 없는
짝 짠

베트남어	한국어
chăng 짱	펴다.
chăng nữa 짱 느어	~조차(도)
chằng 짱	묶다.
chẳng 짱	~하지 않는
chẳng ai 짱 아이	아무도 ~않다.
chẳng biết 짱 비엣	모르다.
chẳng có 짱 꼬	~가 아니다.
chẳng cứ 짱 끄	필요하지 않은
chẳng hạn 짱 한	예를 들면
chẳng hạn như 짱 한 느	예를 들면
chẳng là 짱 라	~ 때문이다.
chẳng may 짱 마이	불행하게도
chẳng mấy 짱 머이	드물게
chặng 짱	단계
chắp tay 짭 따이	손으로 연결하다.
chắt 짯	증손, 물을 빼내다.
chặt 짯	자르다. 빈틈없는
châm 쩜	불을 붙이다.
chăm học 짬 혹	공부에 열중하다. 학구적인
chẳng bao giờ 짱 바오 져	절대로 ~않다.
chẳng đáng mấy 짱 당 머이	돈을 많이 쓰지 않다.

châm chước (쩜 쯔억)	용서하다.
châm cứu (쩜 뀨)	침술
chấm hỏi (쩜 호이)	물음표(?)
chấm phẩy (쩜 퍼이)	쉼표(,)
chấm than (쩜 탄)	느낌표(!)
chậm (쩜)	느리다.
chậm chạp (쩜 짭)	느리게
chậm lại (쩜 라이)	다시 느려지다.
chân (쩐)	다리(발)
chân dung (쩐 중)	초상(얼굴)
chân giò (쩐 져)	족(식용)
chân tay (쩐 따이)	수족
chân thành (쩐 타잉)	성실한
chân trời (쩐 쩌이)	수평선
chần (쩐)	반숙하다. 꾸짖다.
chấn thương (쩐 트엉)	외상
chấp nhận (쩝 년)	받아들이다.
Chấp nhận đi. (쩝 년 디)	받아들여.
chất (쩟)	물질
chất đạm (쩟 담)	단백질
chất liệu (쩟 리에우)	재료
chất lượng (쩟 르엉)	품질
chẳng lẽ (짱 래)	~이 가능해? (놀라움)

베트남어	한국어
chật 쩟	(옷 등)꼭 끼는
châu 쩌우	대륙
châu Á 쩌우 아	아시아
châu Âu 쩌우 어우	유럽
châu chấu 쩌우 쩌우	메뚜기
châu Mỹ 쩌우 미	미대륙
châu Phi 쩌우 피	아프리카
che 쨰	가리다.
che chở 쨰 쩌	막다.
che đậy 쨰 더이	가리다.
che mặt 쨰 맛	얼굴을 가리다.
chè 쨰	차(茶)
chè đậu 쨰 더우	단팥죽
chè xanh 쨰 싸잉	녹차
chấm 쩜	마침표(.), 물방울무늬의
chậm như rùa 쩜 느 주어	달팽이처럼 느린
chân gà nướng 쩐 갸 느엉	쩐가(닭 바비큐)
chân giả 쩐 쟈	진실과 가식, 인공다리
chất liệu tự nhiên 쩟 리에우 뜨 니엔	천연재료

chẻ 째	자르다.	chết! 쩻	아이고!
chen 짼	떠밀다.	chết đuối 쩻 두오이	익사하다.
chén 짼	그릇(남부), 잔	Chết mất thôi. 쩻 멋 토이	미치겠네.
chèo 째오	배를 젓다.	chi 찌	무엇(남부)
chê 쩨	책잡다.	chi phí 찌 피	비용
chế 쩨	제조하다.	chi tiết 찌 띠엣	자세한
chế biến 쩨 비엔	가공처리하다.	chỉ 찌	단지, 가리키다.
chế độ 쩨 도	제도	chỉ bảo 찌 바오	지시하다.
chế tạo 쩨 따오	제조하다.	chỉ có 찌 꼬	다만, 홀로
chế xuất 쩨 쑤엇	처리	chỉ dẫn 찌 전	안내하다.
chênh lệch 쩽 렉	격차	chỉ đạo 찌 다오	경영하다.
chết 쩻	사망하다.	chỉ điểm 찌 디엠	밀고하다.

chỉ định 찌 딕	지정하다.	chị dâu 찌 저우	형수, 형님
chỉ đường 찌 드엉	길을 안내하다.	chị em 찌 앰	자매
chỉ huy 찌 휘	지휘하다.	chị gái 찌 가이	언니, 누나
chỉ là 찌 라	다만	Chị nào? 찌 나오	어느 언니?
chỉ số 찌 쏘	지수	chị ơi 찌 어이	언니, 누나(호칭)
Chỉ thế thôi à? 찌 테 토이 아	그것뿐이야?	chia 찌아	나누다.
chỉ thị 찌 티	지시	chia đôi 찌아 도이	반으로 나누다.
chí 찌	뜻	chia sẻ 찌아 쌔	공유하다.
chị 찌	언니, 누나(호칭)	chia tay 찌아 따이	헤어지다.
chị ấy 찌 어이	그 언니, 그 누나	chìa khóa 찌아 콰	열쇠
Chết, muộn rồi. 쩻, 무온 조이			큰일이네. 늦었어요.
chi nhánh 찌 냐잉			분점. 대리점. 지점

chích 찍	주사 맞다.(남부어)
chiếc nhẫn 찌엑 년	반지
chiếm 찌엠	(물건을)차지하다.
chiên 찌엔	양(동물), 튀기다.
chiến đấu 찌엔 더우	전투하다
chiến sự 찌엔 쓰	전투
chiến thắng 찌엔 탕	승리
chiến thuật 찌엔 투엇	전술
chiến tranh 찌엔 짜잉	전쟁
chiêu đãi 찌에우 다이	손님을 대접하다.
chiều 찌에우	오후
chiều cao 찌에우 까오	높이, 키
chiều dài 찌에우 자이	길이, 키
chiều hướng 찌에우 흐엉	추세

Chỉ chúng ta thôi à? 찌 쭝 따 토이 아 — 우리끼리만?

chị kia ơi 찌 끼아 어이 — 아줌마(낯선 사람을 부를 때)

chia thành hai cái / chiếc 찌아 타잉 하이 까이 / 찌엑 — 두개로 자르다.

chiếc / 1 chiếc taxi 찌엑 / 못 찌엑 딱시 — 대 / 택시 1대

chiếc / 2 chiếc tàu 찌엑 / 하이 찌엑 따우 — 척 / 배 두 척

chiều mai 찌에우 마이	내일 오후
chiều qua 찌에우 꽈	어제 오후
chiếu 찌에우	매트
chiếu sáng 찌에우 쌍	(밝게)밝히다.
chim 찜	새(동물)
chim cánh cụt 찜 까잉 꿋	펭귄
chim cú 찜 꾸	부엉이(새)
chim đà điểu 찜 다 디에우	타조
chim oanh 찜 와잉	원앙새
chim ưng 찜 응	독수리
chim vẹt 찜 뱃	앵무새
chìm 찜	(배등이)침몰하다.
chín 찐	9
chín chắn 찐 짠	익은, 진지한
chín kỹ 찐 끼	(완전히)익힌
chín mươi 찐 므어이	90

Chiều cao bao nhiêu? 찌에우 까오 바오 니에우 — 키가 어떻게 돼?

chiều cao bình thường 찌에우 까오 빙 트엉 — 보통 키

chiếu phim 찌에우 핌 — (영화, 드라마)상영하다.

chính thức 찌잉 특 — 분명하게, 공식적으로

chín tái 찐 따이	설익은	chịu đựng 찌우 등	참다.
chinh phục 찡 푹	정복하다.	chịu khó 찌우 코	노력하다.
chính 찌잉	실제의	cho biết 쪼 비엣	알게 하다.
chính phủ 찌잉 푸	정부	cho đến 쪼 덴	~까지
chính quy 찌잉 뀌	정규	cho là 쪼 라	생각하다.
chính quyền 찌잉 꾸엔	권력	cho mình 쪼 미잉	스스로에게
chính sách 찌잉 싸익	정책	cho mượn 쪼 므언	빌려주다.
chính tả 찌잉 따	받아쓰기	cho nên 쪼 넨	그러므로
chính trị 찌잉 찌	정치	cho phép 쪼 팹	허락하다.
chính xác 찌잉 싹	정확한	cho rằng 쪼 장	~라고 생각하다.
chịu 찌우	견디다.	cho thấy 쪼 터이	생각하게 하다.
chịu ảnh hưởng 찌우 아잉 흐엉			영향을 받다.

베트남어-한국어

cho thuê 쪼 투에	세를 주다.
Cho tôi xem. 쪼 또이 쌤	보여줘.
cho và nhận 쪼 바 년	주고받다.
cho vào 쪼 바오	넣다.
cho vay 쪼 바이	대출하다.
cho vay thế chấp 쪼 바이 테 쩝	담보대출
chó 쪼	개
chó con 쪼 꼰	강아지
choắt 쪼앗	왜소해지다.
chọc trời 쪽 쩌이	마천루
chọn 쫀	고르다.
chọn lựa 쫀 르어	선택하다.
chong chóng 쫑 쫑	바람개비
chóng 쫑	신속한, 빠른, 빨리
chóng lớn 쫑 런	잘 자라다.
chóng mặt 쫑 맛	현기증이 나는
chỗ 쪼	장소
chỗ làm 쪼 람	직장(일터)
chỗ ngồi 쪼 응오이	앉을 자리
chỗ ngủ 쪼 응우	잠자리(장소)
cho 쪼	주다. ~하기 위해서, ~에게
chọn món ăn 쫀 몬 안	음식을 고르다.

chỗ ở 쪼 어	집, 주택, 거주지	chở 쩌	수송하다.
chỗ trống 쪼 쫑	공백	chớ 쩌	하지 마세요.
chổi 쪼이	빗자루	chợ 쩌	시장
chối 쪼이	부인하다.	chợ búa 쩌 부어	시장의 총칭
chôn 쫀	(땅에)묻다.	chơi 쩌이	놀다.
chồng 쫑	남편	chơi bài 쩌이 바이	카드를 치다.
chống 쫑	대항하다. 저항하다.	chơi game 쩌이 게임	게임하다.
chống đối 쫑 도이	대항하다.	chớp 쩝	번개
chống lại 쫑 라이	저항하다.	chu đáo 쭈 다오	신경 쓰다.
chờ 쩌	기다리다.	chu kỳ 쭈 끼	주기(시기)
chờ đợi 쩌 더이	기다리다.	chủ 쭈	주인
chống say tàu xe 쫑 싸이 따우 쌔			멀미를 막다.

베트남어	한국어
chủ đạo 쭈 다오	결정적인
chủ đề 쭈 데	주제
chủ đích 쭈 딕	주요목적
chủ động 쭈 동	솔선해서 하다.
chủ nghĩa 쭈 응이아	주의, 교리
chủ ngữ 쭈 응으	주어
chủ nhà 쭈 냐	집주인
chủ nhân 쭈 년	주인
chủ nhật 쭈 녓	일요일
chủ nhiệm 쭈 니엠	주임
chủ quan 쭈 꽌	주관(자아)
chủ quán 쭈 꽌	가게주인
chủ thể 쭈 테	주체
chủ tịch 쭈 띡	주석(대통령)
chủ yếu 쭈 이에우	주된
chú 쭈	삼촌, 아저씨
chú bé 쭈 배	연하의 남자
chú rể 쭈 제	신랑
chú thích 쭈 틱	주석을 달다.
chú ý 쭈 이	주의하다.
chơi bời 쩌이 버이	(공부. 일을 안하고)놀다.
chủ nhiệm khoa 쭈 니엠 콰	학과의 책임자

Chú ý đây 쭈 이 더이	주목하세요.
chua 쭈어	시다.(맛)
chua ngọt 쭈어 응옷	새콤달콤한
Chua quá. 쭈어 꽈	시어.(맛)
chùa 쭈어	사찰
chúa 쭈어	신(종교)
chuẩn 쭈언	표준. 기준
chuẩn bị 쭈언 비	준비하다.
chúc 쭉	축하하다. 바라다.
chúc mừng 쭉 믕	축하하다.
Chúc mừng chị. 쭉 믕 찌	축하해요.
Chúc ngủ ngon! 쭉 응우 응온	잘 자.
chúc tết 쭉 뗏	새해인사를 하다.
chục 쭉	열개(한 묶음)
chùm 쭘	다발, 송이(포도등)
chùn 쭌	움츠리다.
chung 쭝	공공의
chung kết 쭝 껫	결승
chung thủy 쭝 투이	정절 있는
chủng loại 쭝 라이	종류
chủ tịch Hồ Chí Minh 쭈 띡 호 찌 미잉	호치민 주석
chuẩn bị bữa tối 쭈언 비 브어 또이	저녁을 준비하다.

chúng 쭝	그들
chúng em 우리(em의 복수) 쭝 앰	
chúng mình 쭝 미잉	우리들.
chúng tớ 쭝 떠	우리
chuôi tay cầm 쭈오이 따이 껌	손잡이
chuỗi 쭈오이	끈, 한줄
chuối 쭈오이	바나나
chuối xanh 초록색 바나나 쭈오이 싸잉	
chuồn 쭈온	잠자리(곤충)
chuồn chuồn 잠자리(곤충) 쭈온 쭈온	
chuẩn bị hộ chiếu 쭈언 비 호 찌에우	여권을 준비하다.
chuẩn bị về nước 쭈언 비 베 느억	귀국준비
Chúc ăn ngon. 쭉 안 응온	맛있게 먹어.
Chúc bác mạnh khỏe. 쭉 박 마잉 쾌	(어른에게)건강하세요.
Chúc mừng năm mới. 쭉 믕 남 머이	새해 복 많이 받으세요.
Chúc sức khỏe. 쭉 쓱 쾌	건배.(건강을 위하여)
Chúc thành công. 쭉 타잉 꽁	성공하시기를 바랄게요.

chuông 쭈옹	종(벨)	chút ít 쭛 잇	조금
chuông cửa 쭈옹 끄어	초인종	chút nào 쭛 나오	전혀 ~이다.
chuột 쭈옷	쥐, 마우스(전산)	chút nữa 쭛 느어	조금 있다가
chụp 쯉	잡다.	chút việc 쭛 비엑	(어떤)일
chụp ảnh 쯉 아잉	사진을 찍다.	chuyên chở 쭈엔 쩌	나르다.
chút 쭛	소량의	chuyên đề 쭈엔 데	특별한 주제

chúc thư
쭉 트
유언으로 남겨주다.

Chúc vạn sự như ý.
쭉 반 쓰 느 이
원하는 대로 되길 바랍니다.

Chúc vui vẻ.
쭉 부이 배
즐겁기를 바랍니다.

chúng cháu
쭝 짜우
우리(cháu 복수)

chúng con
쭝 꼰
우리(con의 복수)

chúng ta
쭝 따
우리(듣는 사람포함)

chuyên gia 쭈엔 자	전문가
chuyên môn 쭈엔 몬	전문(잘하는)
chuyên mục 쭈엔 묵	칼럼리스트
chuyên nghiệp 쭈엔 응이엡	프로페셔널
chuyền 쭈엔	건네주다.
chuyền tay 쭈엔 따이	직접 건네주다.
chuyển 쭈엔	옮기다.
chuyển đổi 쭈엔 도이	환전하다.
chuyển tàu 쭈엔 따우	차를 갈아타다.
chuyến 쭈엔	여행, 편

chúng tôi 쭝 또이	우리(듣는 사람포함 않음)
chụp ảnh cả người 쭙 아잉 까 응어이	전신을 찍다.
chụp ảnh nửa người 쭙 아잉 느어 응어이	상반신을 찍다.
chụp X-quang 쭙 엑스 꽝	엑스레이를 찍다.
chuyển động 쭈엔 동	운전하다. 움직이다.
chuyển máy 쭈엔 마이	전화를 바꾸다.
chuyển sang 쭈엔 쌍	(화제를)바꾸다.

chuyến bay 쭈엔 바이	비행기 편	chữ 쯔	문자
chuyến du lịch 쭈엔 주 릭	여행	chữ Hán 쯔 한	한자
chuyến đi 쭈엔 디	(짧은) 여행	chữ in 쯔 인	활자
chuyến xe 쭈엔 쌔	차편	chữ tượng hình 쯔 뜨엉 히잉	상형문자
chuyện 쭈엔	사건, 이야기	chữ viết 쯔 비엣	글자
chuyện cười 쭈엔 끄어이	웃기는 농담	chưa ăn 쯔어 안	아직 안 먹다.
chuyện sau lưng 쭈엔 싸우 릉	뒷담화	chữa bệnh 쯔어 버익	치료하다.

chuyển tiền sang tài khoản khác — 이체송금
쭈엔 띠엔 쌍 따이 콴 칵

chuyện chơi — 심심풀이로 하는 일
쭈엔 쩌이

chuyện có thực — 실제로 있었던 일
쭈엔 꼬 특

chuyện gì đấy? — 무슨 일이야?
쭈엔 지 더이

chứ — (대답)물론이죠. (질문)그렇죠?
쯔

chữa trị 쯔어 찌	치료하다.	chức vô địch 쯕 보 딕	승리
chứa 쯔어	담고 있다.	chức vụ 쯕 부	직무
chức 쯕	직무, 특성	chửi bới 쯔이 버이	욕하다. 악담하다.
chức danh 쯕 자잉	각 직무의 임무	chưng 쯩	삶다.
chức năng 쯕 낭	기능	chừng 쯩	절제 있는
chức vị 쯕 비	임무와 지위	chừng độ 쯩 도	정도, 대략

chưa
쯔어
아직 ~ 않다. ~했습니까?

chưa bao giờ
쯔어 바오 져
~한 적이 없다.

chưa bao giờ nói chuyện 아직 대화해 본적이 없다.
쯔어 바오 져 노이 쭈엔

chưa chọn được
쯔어 쫀 드억
아직 안 고르다.

chưa quen
쯔어 꾸앤
아직 익숙지 않다.

chưa thuộc đường
쯔어 투억 드엉
아직 길이 익숙지 않다.

chứng chuột rút 쥐(경련) 쯩 쭈옷 줏	Có ạ 네 꼬 아
chứng khoán 증권 쯩 콴	có ăn 수지맞는 꼬 안
chứng kiến 목격하다. 쯩 끼엔	Có bận không? 바빠? 꼬 번 콩
chứng minh 증명하다. 쯩 미잉	có chồng 기혼인 꼬 쫑
chứng tỏ 증거하다. 쯩 또	có chuyện 유사시 꼬 쭈엔
chương 장(책) 쯔엉	có công 공적이 있다. 꼬 꽁
cỏ 잔디 꼬	có cơ (목숨 등을)걸다. 꼬 꺼
có 질문형의 조동사, 있다. 꼬	có danh thiếp 명함이 있다. 꼬 자잉 티엡

chữa 치료하다. (잘못을)정정하다.
쯔어

chứng minh thư 주민등록증
쯩 미잉 트

chương mục (은행)구좌기록
쯔엉 묵

chương trình biểu diễn 프로그램 팸플릿
쯔엉 찌잉 비에우 지엔

Có dấu không? 성조 있어? 꼬 저우 콩	có hình ~처럼 생긴 꼬 히잉
có dịp 기회가 있다. 꼬 집	có ích 도움이 되는 꼬 익
có duyên 우아한 꼬 주엔	có khi 때때로, 아마 꼬 키
có điều 단지 꼬 디에우	có không ~까? 꼬 콩
Có được không ạ? 되나요? 꼬 드억 콩 아	có lẽ 아마도 꼬 래
có đường 설탕이 든 꼬 드엉	Có lẽ là thế. 아마 그럴걸. 꼬 래 라 테
Có hay không? 재미있어? 꼬 하이 콩	có lợi 유익하다. 꼬 러이
Có hẹn rồi. 약속이 있어. 꼬 핸 조이	có lúc 때때로 꼬 룩
Có hiểu không? 이해했어? 꼬 히에우 콩	có lý 타당하다. 꼬 리
chương trình 쯔엉 찌잉	프로그램 계획시간표(TV)
Có điện thoại! 꼬 디엔 토와이	전화 왔어요.
Có gần đây không? 꼬 건 더이 콩	가까워?

có mang 꼬 망	임신하다.	có thai 꼬 타이	임신하다.
có mặt 꼬 맛	존재하다.	có thể 꼬 테	~할 수 있는
có mấy 꼬 머이	몇 개 있는	có thêm 꼬 템	추가되다.
có mùi 꼬 무이	나쁜 냄새가 나다.	có tiếng 꼬 띠응	유명한
có mùi thơm 꼬 무이 텀	향기가 좋은	có tuyết 꼬 뚜엣	눈이 오다.
có nghĩa 꼬 응이아	의미하다.	có vấn đề 꼬 번 데	문제가 있다.
Có ngon không? 꼬 응온 콩	맛있어?	có vẻ giống 꼬 배 종	~처럼 보이다.
có nhà 꼬 냐	집에 있는	Có vẻ ngon nhỉ. 꼬 배 응온 니	맛있겠다.
Có sốt không? 꼬 쏫 콩	열이 나?	có vợ 꼬 버	결혼하다.
có tài 꼬 따이	재능이 있는	coi 꼬이	여기다.

có kinh nguyệt   월경이 있다.
꼬 끼잉 응우엣

Có ngủ ngon không?   잘 잤어?
꼬 응우 응온 콩

coi như 꼬이 느	간주하다.
coi trọng 꼬이 쫑	중요하게 여기다.
còi 꼬이	왜소한, 기적소리
compa 꼼빠	캠퍼스(학용품)
con 꼰	아이
con bé 꼰 배	아이
con bồ nông 꼰 보 농	펠리컨(새)
con cháu 꼰 짜우	자손
con cóc 꼰 꼭	두꺼비
con công 꼰 꽁	공작(동물)
con dao 꼰 자오	나이프
con dâu 꼰 저우	며느리
con đường 꼰 드엉	길
con em 꼰 앰	연소자
con gái 꼰 가이	딸
con gián 꼰 쟌	바퀴벌레
có phải là không? 꼬 파이 라 콩	입니까?
có sẵn 꼬 싼	이용할 수 있는, 고유의
có thể tìm được 꼬 테 띰 드억	찾을 수 있다.
có thích hay không 꼬 틱 하이 콩	좋아하는지 아닌지

con mắt 꼰 맛	눈	con trỏ 꼰 쪼	(전산)커서
con một 꼰 못	독자(가족)	con út 꼰 웃	막내
con ngươi 꼰 응어이	눈동자	còn 꼰	(남아)있다.
con người 꼰 응어이	사람	còn lại 꼰 라이	남기다.
con ở 꼰 어	가정부	còn thừa 꼰 트어	남다.
con rể 꼰 제	사위	còn tôi 꼰 또이	나로서는
con rối 꼰 조이	맹종자	cô 꼬	숙모, 고모, 아가씨
con số 꼰 쏘	숫자, 지수	cô ấy 꼬 어이	그녀, cô의 삼인칭
con suối 꼰 쑤오이	시내, 개울	cô-ca 꼬 까	콜라
con trai 꼰 짜이	아들	cô dâu 꼬 저우	신부(결혼)
con trai cả 꼰 짜이 까	맏아들	cô đơn 꼬 던	외로이

có thực mới vực được đạo
꼬 특 머이 북 드억 다오   금강산도식후경

cô gái 꼬 가이	여자	cổ họng 꼬 홍	목구멍
cô giáo 꼬 자오	여선생님	cổ kính 꼬 끼잉	고대의
cô phục vụ 꼬 푹 부	웨이트리스	cổ mạc 꼬 막	고막
cô ta 꼬 따	그녀	cổ phiếu 꼬 피에우	주식
cô y tá 꼬 이 따	간호사	cổ thụ 꼬 투	오래된 나무
cổ 꼬	역사가 깊은, 목	cổ tích 꼬 띡	유적
cổ điển 꼬 디엔	고전의	cổ truyền 꼬 쭈엔	오랫동안 내려온
cổ động 꼬 동	홍보를 하다.	cổ vật 꼬 벗	골동품

Có vẻ là không ngon. 꼬 베 라 콩 응온	맛없어 보여.
có vẻ hình hoa 꼬 베 히잉 화	꽃이 그려져 있다.
Có vui vẻ không? 꼬 부이 베 콩	즐거웠어?
Có vừa ý không? 꼬 브어 이 콩	마음에 들어?

cổ vũ 꼬 부	격려하다.	cố gắng 꼬 강	열심히 하다.
cổ xưa 꼬 쓰어	옛날의	cố vấn 꼬 번	고문
cỗ 꼬	짝, 잔치	cố ý 꼬 이	계획적으로
cỗ cưới 꼬 끄어이	결혼피로연	cốc 꼭	쥐어박다.
cố 꼬	노력하다. 고정된	cốc đá 꼭 다	얼음잔
cố định 꼬 딕	고정된	cốc tai 꼭 따이	칵테일

coi thường
꼬이 트엉
가볍게 생각하다.

con / 3 con gà
꼰 / 바 꼰 가
마리 / 닭 3마리

cố gắng giải thích
꼬 강 쟈이 틱
열심히 설명하다.

cốc / 1 cốc sữa
꼭 / 못 꼭 쓰어
잔 / 우유 한잔

công bố
꽁 보
공식적으로 알리다.

công nghệ thông tin
꽁 응에 통 띤
기술정보

cội nguồn 원점 꼬이 응우온	công cụ 도구 꽁 꾸
cởi quần áo 옷을 벗다. 꺼이 꿘 아오	công cuộc (맡겨진)일, 사업 꽁 꾸옥
cốm (초록색 물을 들인)꼼 꼼	công đoàn 노동조합 꽁 도안
công an 경찰관 꽁 안	công đoạn 공정 꽁 돤
công bằng 공평 꽁 방	công giáo 크리스천 꽁 쟈오
công chức 공무원 꽁 쯕	công khai 공개적인 꽁 카이
công chứng viên 공증인 꽁 쯩 비엔	công khố phiếu 국고채권 꽁 코 피에우
công cộng 공공의 꽁 꽁	công nghệ 공예, 기술 꽁 응에

công nhận 공식적으로 인정하다.
꽁 년

công ty cho thuê xe 렌터카회사
꽁 띠 쪼 투에 쌔

công ty nước ngoài 외국회사
꽁 띠 느억 응와이

công ty vừa và nhỏ 중소기업
꽁 띠 브어 바 뇨

công nghiệp 꽁 응이엡	공업, 산업	công trường 꽁 쯔엉	공사장
công nghiệp hóa 꽁 응이엡 화	공업화	công ty 꽁 띠	회사
công nghiệp nhẹ 꽁 응이엡 내	경공업	công ty du lịch 꽁 띠 주 릭	여행사
công nguyên 꽁 응우옌	서력	công ước 꽁 으억	공약
công nhân 꽁 년	공장 노동자	công việc 꽁 비엑	업무
công phu 꽁 푸	노동	công viên 꽁 비엔	공원
công sức 꽁 쓱	힘, 인력	cổng 꽁	출입문, 입구
công tác 꽁 딱	공무	cộng đồng 꽁 동	공동의
công tắc 꽁 딱	스위치	cộng hòa 꽁 화	공화(국)
công thức 꽁 특	공식(수학, 의식)	cộng tác 꽁 딱	공동으로 일하다.
công trái 꽁 짜이	공채(증권)	cốt cách 꼿 까익	성격, 개성
công trình 꽁 찡	작업	cột 꼿	기둥, 칼럼의 난

cột cờ / 꼿 꺼	깃대
cơ / 꺼	기회
cơ bản / 꺼 반	기본적인
cơ cấu / 꺼 꺼우	구조
cơ hội / 꺼 호이	기회
cơ mà / 꺼 마	그러나, ~잖아요.
cơ quan / 꺼 꽌	기관
cơ sở / 꺼 써	기초
cơ thể / 꺼 테	몸
cờ / 꺼	깃발, 장기
cờ tướng / 꺼 뜨엉	장기(체스)
cỡ / 꺼	크기
cơm / 껌	밥
cơm bình dân / 껌 비잉 전	대중식당
cơm cháy / 껌 짜이	누룽지
cơm không / 껌 콩	맨밥
cơm mới / 껌 머이	새로 지은 밥
cơm nước / 껌 느억	음식
cơm trộn thập cẩm / 껌 쫀 텁 껌	비빔밥
cơn / 껀	(병의)증세
cộng sản / 꽁 싼	공산(주의자)
cơ quan nhà nước / 꺼 꽌 냐 느억	체제, 정부행정

cơn bão 껀 바오	태풍	cụ thể 꾸 테	구체적인
cơn sốt 껀 쏫	발열	cụ thể hóa 꾸 테 화	구체화
Cu Ba 꾸 바	쿠바	cua 꾸어	게
cù lao 꾸 라오	섬, 고통스러운 일	cua biển 꾸어 비엔	바닷게
củ 꾸	뿌리식물	của 꾸어	~의, 재산
củ sen 꾸 쎈	연근	của anh 꾸어 아잉	그의, 영국의
cũ kỹ 꾸 끼	낡은	của bà 꾸어 바	그녀의
cụ bị 꾸 비	구비하다	của cải 꾸어 까이	부(재산)
cụ ông 꾸 옹	증조부	của em 꾸어 앰	그녀의, 그의

cơ sở dữ liệu
꺼 써 즈 리에우   데이터베이스(전산)

cơ sở hạ tầng
꺼 써 하 떵   사회간접시설

cởi
꺼이   (끈 등을)풀다. (옷 등을)벗다.

베트남어-한국어

của mình / 꾸어 미잉	자신의	cún / 꾼	강아지
của nhân dân / 꾸어 년 전	국민의	cung / 꿍	궁(건물)
của ông / 꾸어 옹	그의	cung cấp / 꿍 껍	제공하다.
của riêng / 꾸어 지응	개인재산	cung kính / 꿍 끼잉	공손한
cùi / 꾸이	나병의	cung trăng / 꿍 짱	달
củi / 꾸이	장작	cùng / 꿍	함께
cúi / 꾸이	머리를 숙이다.	cùng đi / 꿍 디	같이 가다.
cúi đầu / 꾸이 더우	머리를 숙이다.	cùng nhau / 꿍 냐우	함께
cúm / 꿈	유행성감기	cùng tồn tại / 꿍 똔 따이	공존하다.
cúm gà / 꿈 가	조류독감	cùng tuổi / 꿍 뚜어이	동갑
cụm từ / 꿈 뜨	간결한 말	cùng với / 꿍 버이	더불어
cơm bị cháy sém / 껌 비 짜이 쌤			밥이 타다.

củng cố 꿍 꼬	공고히 하다.	cuộc đua 꾸옥 두어	경기
cũng 꿍	~도(또한)	cuộc hẹn 꾸옥 핸	데이트, 약속
cũng nên 꿍 넨	아마도	cuộc họp 꾸옥 홉	회의
cũng như 꿍 느	마찬가지로	cuộc sống 꾸옥 쏭	삶
cũng thế 꿍 테	또한	cuộc thi 꾸옥 티	경연대회
cũng vậy 꿍 버이	역시	cuộc triển lãm 꾸옥 찌엔 람	전시회
cúng 꿍	제사를 지내다.	cuộc trò chuyện 꾸옥 쪼 쭈엔	대화
cuốc 꾸옥	팽이	cuộc vui 꾸옥 부이	오락
cuộc chiến 꾸옥 찌엔	전쟁	cuối 꾸오이	끝
cuộc đời 꾸옥 더이	생활, 인생	cuối cùng 꾸오이 꿍	결국

cơm lam 껌 람	대나무통에 지은밥
cụ 꾸	나이가 많은 사람(존경의 뜻)

베트남어	한국어
cuối năm 꾸오이 남	연말
cuối tháng 꾸오이 탕	월말
cuối tuần 꾸오이 뚜언	주말
cuốn 꾸온	~부. ~벌
cuốn hút 꾸온 훗	흡수하다.
cuốn sách 꾸온 싸익	책
cuộn phim 꾸온 핌	롤필름
cuống hoa 꾸옹 화	꽃가루
cuống lên 꾸옹 렌	스트레스 받다.
cúp 꿉	(우승)컵, 끊다.
Cúp đi. 꿉 디	전화 끊자.
cuộc 꾸옥	모임, 시합 등에 쓰이는 말
cúp điện 꿉 디엔	전기를 끊다.
cúp hơi 꿉 허이	가스를 잠그다.
cúp lương 꿉 르엉	급료를 깎다
cúp máy 꿉 마이	전화를 끊다.
cư dân 끄 전	거주자, 주민
cư trú 끄 쭈	거주
cư xử 끄 쓰	처신하다.
cử 끄	임명하다.
cử chỉ 끄 찌	태도, 모습
cử nhân 끄 년	학사 학위
cử tạ 끄 따	(역기를)들다.

cứ 끄	계속	cửa khẩu 끄어 커우	세관
Cứ đi đi. 끄 디 디	계속 가.	cửa nhà 끄어 냐	집
cự ly 끄 리	거리(멀기)	cửa ra 끄어 자	출구
cửa 끄어	문	cửa sổ 끄어 쏘	창문
cửa bán vé 끄어 반 배	매표소	cực 끅	전극, 대단히
cửa biển 끄어 비엔	항구	cực kỳ 끅 끼	극히
cửa hàng 끄어 항	가게	cứng 끙	딱딱한
cửa hàng bách hóa 끄어 항 바익 화	백화점	cứng rắn 끙 잔	의지가 굳은
cửa hàng hoa 끄어 항 화	꽃가게	cước 끄억	요금
cửa hàng quần áo 끄어 항 꿘 아오	옷가게	cước phí 끄억 피	요금
cửa hiệu 끄어 히에우	가게	cười 끄어이	웃다.
cuộn / 3 cuộn giấy vệ sinh 꾸온 / 바 꾸온 져이 베 씨잉		롤 / 휴지 3롤	

Cười lên. 꾸어이 렌	활짝 웃어.	cường độ 꾸엉 도	강도
cười nụ 꾸어이 누	미소	cường quốc 꾸엉 꿕	강국
cưỡi 꾸어이	(말 등을)타다.	cướp 꾸업	빼앗다.
cưỡi ngựa 꾸어이 응어	말을 타다.	cừu 끄	양(동물)
cưới 꾸어이	결혼하다.	cứu 끄	구하다.
cưới vợ 꾸어이 버	장가가다.	cứu chữa 끄 쯔어	치료
cương 꾸엉	고삐, 부풀은	cứu giúp 끄 줍	(응급)구조하다.
cưỡng dâm 꾸엉 점	강간	cứu sống 끄 쏭	생명을 구하다.
cương vị 꾸엉 비	지위	cứu trợ 끄 쩌	돕다.
cường 꾸엉	강한		

cứ để
끄 데
남기다. ~채로 놔두다.

cứ đi thẳng
끄 디 탕
계속 똑바로 직진하다.

cửa hàng miễn thuế
꼬어 항 미엔 투에

면세점

d

베트남어-한국어

베트남어통사론

베트남어	한국어
da 자	피부
da đẹp 자 댑	고운피부
da nổi mụn 자 노이 문	발진
da trắng 자 짱	흰 피부
dạ 자	네.(대답)
dạ dày 자 자이	위(신체)
dạ hội 자 호이	파티
dai 자이	강인한
dai sức 자이 쓱	내구성이 있는
dài 자이	길다.
dài hạn 자이 한	한도를 늘리다.
dải 자이	끈
dải băng 자이 방	일회용밴드
dám 잠	감히~하다.
dàn nhạc 잔 낙	오케스트라
dán 잔	붙이다.
dán tem 잔 땜	우표를 붙이다.
dạng 장	형태
danh 자잉	명성, 이름
danh hiệu 자잉 히에우	타이틀
da mịn màng 자 민 망	부드러운 피부
dám nói 잠 노이	대담하게 말을 하다.

danh mục 자잉 묵	목록	dành 자잉	저축하다.
danh ngữ 자잉 응으	명사어구	dành cho 자잉 쪼	위한
danh nhân 자잉 년	유명인사	dao 자오	나이프
danh sách 자잉 싸익	리스트	dao cạo 자오 까오	면도칼
danh thiếp 자잉 티엡	명함	dạo chơi 자오 쩌이	산보
danh tiếng 자잉 띠응	명성	dạo này 자오 나이	요즘
danh từ 자잉 뜨	명사	dày 자이	굵다.
danh vị 자잉 비	명예와 지위	dãy 자이	열(줄)

danh lam thắng cảnh   (이름이 난)명소
자잉 람 탕 까잉

danh mục hàng hóa   카탈로그
자잉 묵 항 화

dành cho người đi du lịch   여행자를 위한
자잉 쪼 응어이 디 주 릭

dành riêng   특별히 준비해 두다.
자잉 지응

베트남어	한국어	베트남어	한국어
dãy núi 자이 누이	산맥	dâm 점	음란한
dạy 자이	가르치다.	dâm bôn 점 본	간통
dạy bảo 자이 바오	가르치다.	dâm hôn 점 혼	불륜의 남녀관계
dạy dỗ 자이 조	가르치다.	dân 전	시민
dạy học 자이 혹	가르치다.	dân ca 전 까	민요, 대중가요
dăm 잠	네다섯의	dân chủ 전 쭈	민주
dăm ba 잠 바	서너 개의	dân chúng 전 쭝	민중
dặn 잔	충고하다.	dân cư 전 끄	거주민
dắt 잣	(아이를)데리고 가다.	dân gian 전 잔	민간

Dạo này thế nào?
자오 나이 테 나오
요즘 어떻게 지내?

dạy tiếng Việt
자이 띠응 비엣
베트남어를 가르치다.

dâng
정
정중히 들어 올려 바치다.

dân làng 전 랑	마을사람	dẫn đầu 전 더우	이끌다.
dân số 전 쏘	인구	dập ghim 접 김	스탬플러
dân số Hà Nội 전 쏘 하 노이	하노이 인구	dâu 저우	며느리
dân tộc 전 똑	민족	dâu tây 저우 떠이	딸기
dân tộc thiểu số 전 똑 티에우 쏘	소수민족	dầu 저우	기름
dần 전	점점	dầu ăn 저우 안	식용유
dần dần 전 전	조금씩	dầu gội đầu 저우 고이 더우	샴푸
dẫn 전	이끌다.	dầu hỏa 저우 화	석유
dẫn chứng 전 쯩	증거를 세우다.	dầu khí 저우 키	오일과 가스

dâng lên vua
정 렌 부어
왕에게 바치다.

dễ thương
제 트엉
(아기나 애인이)사랑스러운

Dễ thương quá.
제 트엉 꽈
(아기나 애인에게)귀여워.

베트남어	한국어
dầu sao 저우 싸오	어쨌든
dầu 저우	비록 ~이지만
dấu 저우	표시, 성조
dấu chân 저우 쩐	발자국
dấu hai chấm 저우 하이 쩜	콜론(:)
dấu hiệu 저우 히에우	기호, 흔적
dấu hỏi 저우 호이	성조(ả)
dấu huyền 저우 휘엔	성조(à)
dấu nặng 저우 낭	성조(ạ)
dấu ngã 저우 응아	성조(ã)
dấu sắc 저우 싹	성조(á)
dấu vết 저우 벳	흔적
dây 저이	줄
dây chun 저이 쭌	고무줄
dây cót 저이 꼿	스프링
dây phơi 저이 퍼이	빨랫줄
dây thắt lưng 저이 탓 릉	벨트
dậy 저이	(잠에서)일어나다.
dậy muộn 저이 무온	늦게 일어나다.
dậy sớm 저이 썸	일찍 일어나다.
dẹp 잽	진압하다.
dê 제	염소
di chuyển 지 쭈엔	옮기다. 움직이다.

dễ 제	쉬운	dễ vỡ 제 버	깨지기 쉽다.
dễ bị hỏng 제 비 홍	쉽게 상하다.	dệt 젯	(직물을)짜다.
dễ chịu 제 찌우	편해지다.	di cư 지 끄	이주하다.
dễ dàng 제 장	쉬운	di dân 지 전	이민
dễ hiểu 제 히에우	이해하기 쉬운	di ngôn 지 응온	유언
dễ hơn 제 헌	더 쉽다.	di tích 지 띡	유적

di tích lịch sử   명승고적, 문화유산
지 띡 릭 쓰

Dịch từ tiếng Hàn ra tiếng Việt.
직 뜨 띠응 한 자 띠응 비엣

       한국어를 베트남어로 번역하다.

dịch vụ   서비스(전자제품 등)
직 부

dịch vụ bảo hành   애프터서비스
직 부 바오 하잉

dịch vụ lộn xộn   서비스가 엉망이다.
직 부 론 쏜

di truyền 지 쭈엔	유전의	**diễn ra** 지엔 자	행사가 열리다.
dì 지	이모	**diễn tả** 지엔 따	서술하다.
dị ứng 지 응	알레르기	**diễn văn** 지엔 반	연설
dĩa 지아	포크	**diễn viên** 지엔 비엔	배우
dịch 직	번역하다. 옮기다.	**diện tích** 지엔 띡	면적
diêm 지엠	성냥	**diệt** 지엣	망하게 하다.
diêm điền 지엠 디엔	염전	**dính** 지잉	달라붙다.
diễn đạt 지엔 닷	표현하다.	**dịp** 집	(특수한)때, 기회
diễn hành 지엔 하잉	검열(검토)하다.	**dịu dàng** 쥬 장	온화한

diễn (무대에서)연기하다. 실현되다.
지엔

diễn viên nổi tiếng 유명배우
지엔 비엔 노이 띠응

diện tích Hà Nội 하노이 면적
지엔 띡 하 노이

do	조	~에 의해
do dự	조 즈	멈칫하다.
do đó	조 도	~에 의해
do vậy	조 버이	그렇기 때문에
dò hỏi	조 호이	캐묻다.
dó	조	종이를 만드는 나무껍질
dọa	좌	위협하다.
doanh nghiệp	좌잉 응이엡	영업하다.
doanh thu	좌잉 투	수입, 소득
dọc	족	~을 따라, 길이
dọn	존	정돈하다.
dọn nhà	존 냐	이사하다.
dò hỏi về đời tư	조 호이 베 더이 뜨	사생활을 캐묻다.
dọn dẹp	존 잽	수습하다. 청소하다.
dọn nhà vào	존 냐 바오	이사 들어가다.
dọn sạch	존 싸익	수습하다. 청소하다.
dọn về một căn nhà mới	존 베 못 깐 냐 머이	새집으로 이사하다.
dùng	중	사용하다. (음식을) 먹다.

dong 종	호송하다.	du 주	갑자기 밀다.
dòng 종	줄(선)	du canh 주 까잉	유목농업
dốc 족	비탈	du cư 주 끄	유목생활을 하다.
dồi dào 조이 자오	풍부한	du học 주 혹	유학가다.
dỗi 조이	토라지다.	du khách 주 카익	여행객
Dỗi rồi. 조이 조이	삐졌어.	du kích 주 끽	유격병
dốt 좃	어리석은	du lịch 주 릭	여행하다.
dời 저이	이사하다.	dù 주	우산(남부), 어쨌든

dùng mỹ phẩm 화장품을 쓰다.
중 미 펌

Dùng thế nào? 어떻게 쓰는 거야?
중 테 나오

dự định 예정이다. 할 것이다.
즈 딕

Dừng lại. (택시에서)세워주세요.
증 라이

dù sao 주 싸오	어쨌든	dụng ý 중 이	고의적으로
dù sao thì 주 싸오 티	그건 그렇고	duỗi 주오이	뻗다.
dung 중	허용하다.	duy 주이	유일하게
dùng cho 중 쪼	~할 작정이다.	duy nhất 주이 녓	단독의, 유일한
dùng gì 중 지	무엇을 먹다.	duy trì 주이 찌	지탱하다.
dùng thử 중 트	시도	duyên hải 주엔 하이	연해
dũng cảm 중 깜	용감하다.	duyệt 주엣	면밀히 검토하다.
dũng khí 중 키	용기	dư luận 즈 루언	여론
dụng cụ 중 꾸	도구	dữ 즈	사나운

Dừng ở đây.
증 어 데이
(택시에서)여기서 세워주세요.

dựng dậy
증 저이
(넘어졌다가)일어나다.

dưới / dưới 30
즈어이 / 즈어이 바 므어이
이하 / 3 이하

dữ dội / 즈 조이	사나운
dữ liệu / 즈 리에우	정보, 자료
dự / 즈	출석하다.
dự án / 즈 안	프로젝트
dự báo / 즈 바오	(날씨)예보하다.
dự đoán / 즈 도안	예측하다.
dự kiến / 즈 끼엔	예상
dự thi / 즈 티	시험을 치르다.
dưa / 즈어	(호)박
dưa chuột / 즈어 쭈옷	오이
dưa hấu / 즈어 허우	수박
dưa lê / 즈어 레	메론
dừa / 즈어	코코넛
dứa / 즈어	파인애플
dựa / 즈어	의지하다.
dựa vào / 즈어 바오	근거하다.
dừng / 증	멈추다.
dựng nước / 증 느억	건국하다.
dược sĩ / 즈억 씨	약사
dưới / 즈어이	아래, 이하
dưới nhà / 즈어이 냐	아래층
dương / 즈엉	태양, 양(음양)
dương lịch / 즈엉 릭	양력
dường như / 즈엉 느	~처럼 보이다.

베트남어	발음	뜻
dưỡng sinh	즈엉 씨잉	양생하다.
dứt khoát	즛 콧	분명히
đa	다	많이
đa khoa	다 콰	종합 진료(소)
đa số	다 쏘	다수의
đà	다	원동력
đà điểu	다 디에우	타조
Đà Lạt	다 랏	다랏(도시명)
đã	다	~을 했다.(과거시제)
đã được	다 드억	됐다.
đã là	다 라	~처럼
đã qua	다 꽈	지나간
đã từng	다 뜽	한 적이 있다.
đã tưởng rằng	다 뜨엉 장	인줄 알다.
đá	다	얼음, (발로)차다.
đá bóng	다 봉	축구 경기를 하다.
đài	다이	라디오, 방송국
đài truyền hình	다이 쭈엔 히잉	방송국
đãi	다이	한턱을 내다.
đại	다이	대단한

Đà Nẵng
다 낭 — 다낭(베트남의 도시명)

Đã ăn cơm chưa?
다 안 껌 쯔어 — 밥 먹었어?

đại biểu 다이 비에우	대표자	đàm thoại 담 토와이	담화
đại diện 다이 지엔	대표(회사)	đảm bảo 담 바오	보장하다.
đại học 다이 혹	대학	đảm đang 담 당	담당하다.
đại hội 다이 호이	대회	đảm nhận 담 년	담당하다.
đại lý 다이 리	대리점	đảm nhiệm 담 니엠	담임하다.
đại nghĩa 다이 응이아	대의(원대한 뜻)	đám cưới 담 끄어이	결혼하다.
đại số 다이 쏘	대수학	đám đông 담 동	관중
đại sứ 다이 쓰	대사	đám rước 담 즈억	행렬
đại sứ quán 다이 쓰 꽌	대사관	đàn 단	떼(무리)
đại tá 다이 따	대령	đàn bà 단 바	여성
đại thể 다이 테	대체로	đàn ông 단 옹	남성
đại từ 다이 뜨	대명사	đạn 단	총탄

đang 당	~하고 있는 중이다.	đáng thương 당 트엉	불쌍한
đang có 당 꼬	가지고 있다.	đáng tiếc 당 띠엑	애석하다.
Đang mưa à? 당 므어 아	지금 비와?	đáng yêu 당 이에우	귀여운
đang ở ngoài 당 어 응와이	외출중이다.	đánh bạc 다잉 박	노름하다.
đáng 당	할 가치가 있는	đánh bài 다잉 바이	카드를 치다.
đáng đời 당 더이	마땅한	đánh cờ 다잉 꺼	장기를 두다.
đáng ghét 당 갯	밉다. 얄밉다.	đánh đàn 다잉 단	악기를 치다.
đáng kể 당 께	주목 할 만하다.	Đánh đi. 다잉 디	때려.
đáng sợ 당 써	무섭다.	đánh giá 다잉 쟈	평가하다.

đã được hoàn thành
다 드억 호안 타잉

완벽해졌다.

Đã khóa cửa chưa?
다 콰 끄어 쯔어

문을 잠갔어?

Đã pha trà chưa?
다 파 짜 쯔어

차(음료) 준비됐어?

đánh giặc 다잉 작	침략을 막다.	đạo diễn 다오 지엔	원장, (영화)감독
đánh máy 다잉 마이	타이핑하다.	đạo đức 다오 득	도덕
đánh mất 다잉 멋	두고 잊어버리다.	đạo lý 다오 리	도의
Đánh mất à? 다잉 멋 아	잃어 버렸어?	đáp 답	답변하다.
đánh nhau 다잉 나우	서로 싸우다.	đáp lại 답 라이	대답하다.
đánh rắm 다잉 잠	방귀뀌다.	đáp lễ 답 레	답례하다.
đánh răng 다잉 장	이 닦다.	đáp ứng 답 응	만족하다.
đánh thức 다잉 특	(잠에서)깨우다.	đạp 답	밟다.
đào tạo 다오 따오	양성하다.	đạt 닷	목적을 달성하다.
đảo 다오	(거꾸로)뒤집다.	đạt đến 닷 덴	도달하다.

đài phát thanh   라디오 방송국
다이 팟 타잉

đại từ nhân xưng   인칭 대명사
다이 뜨 년 쓩

đạt được 닷 드억	달성하다.	đau mắt 다우 맛	눈이 아프다.
đạt mức 닷 믁	등급에 도달하다.	đau mũi 다우 무이	코가 헐다.
đạt tới 닷 떠이	달성하다.	đau nhức 다우 늑	통증
đau 다우	아프다.	Đau quá! 다우 꽈	아파
đau âm ỉ 다우 엄 이	은근히 아프다.	đau thương 다우 트엉	슬픔
đau dạ dày 다우 자 자이	복통	đau xương 다우 쓰엉	관절염
đau đầu 다우 더우	두통이 있는	đặc biệt 닥 비엣	특별한
đau khổ 다우 코	고통을 겪다.	đặc điểm 닥 디엠	독특한
đau lòng 다우 롱	마음이 아픈	đặc sản 닥 싼	특산품

đam mê (열정적으로)빠지다.
담 메

đảm đương 맡아서 해나가다.
담 드엉

đàn bầu 단버우(1줄로된 현악기)
단 버우

đặc sắc 닥 싹	특별한	đắp 답	덮다.(담요)
đặc tính 닥 띵	특수성	đắp mặt 답 맛	(피부에)팩을 하다.
đặc trưng 닥 쯩	특징	đắt 닷	값이 비싼
đắm 담	가라앉다.	Đắt quá! 닷 꽈	비싸요.
đăng 당	(집어) 넣다.	đắt tiền 닷 띠엔	(값이) 비싼
đăng nhập 당 녑	로그인(전산)	đặt 닷	걸다.
đằng 당	~쪽, 길, 방향	đặt câu 닷 꺼우	작문하다.
đằng trước 당 쯔억	앞쪽에	đặt chân 닷 쩐	땅을 밟다.
đẳng lập 당 럽	대등한 관계	đặt cọc 닷 꼭	보증하다.
đắng 당	(맛)쓰다.	đặt cơ sở 닷 꺼 써	기반을 잡다.

đang học cao học
당 혹 까오 혹
대학원에서 공부중인

đáng lẽ
당 래
당연히 ~해야 한다.

đặt điều 닷 디에우	날조하다.	đâm 덤	(칼로)찌르다.
đặt hàng 닷 항	주문하다.	đâm nhau 덤 나우	서로 부딪히다.
đặt ra 닷 자	만들어 내다.	đậm 덤	(맛, 색)진한
đặt tên 닷 뗀	이름을 짓다.	đần độn 던 돈	머리가 나쁨
đặt tiền 닷 띠엔	돈을 걸다.	đất 덧	땅
đặt trước 닷 쯔억	예약하다.	đất đai 덧 다이	토지

Đáng nghi lắm. — 뭔가 수상해.
당 응이 람

đành phải — 어쩔 수 없이 하다.
다잉 파이

đành phải ngủ — 어쩔 수 없이 자다.
다잉 파이 응우

đánh — 때리다. (카드)하다. 연주하다.
다잉

đánh cá — 물고기를 잡다. 내기를 하다.
다잉 까

đánh dấu — 표시하다. 성조표시를 하다.
다잉 저우

đất liền 덧 리엔	대륙	đâu đó 더우 도	도처에
đất nước 덧 느억	나라	đầu 더우	머리, 처음
đâu 더우	어디, ~가 아니다.	đầu bài 더우 바이	제목
đâu có 더우 꼬	전혀 아니다.	đầu bếp 더우 벱	주방장
đâu đấy 더우 더이	어떤 장소	đầu làng 더우 랑	마을 입구

đánh mạnh vào 세게 때리다.
다잉 마잉 바오

đào 매화, 복숭아, (땅을)파다.
다오

đáp ứng được yêu cầu 요구를 만족시키다.
답 응 드억 이에우 꺼우

đạt huy chương vàng 금메달을 따다.
닷 휘 쯔엉 방

đạt kết quả tốt đẹp 좋은 결과를 얻다.
닷 껫 꽈 똣 댑

đạt thành tích tốt 좋은 성적을 거두다.
닷 타잉 띡 똣

đau bụng 배가 아프다. 체한
다우 북

đầu mối 더우 모이	원인	đấu 더우	싸우다.
đầu năm 더우 남	연초(때)	đấu loại 더우 라이	토너멘트 시합
đầu người 더우 응어이	인원수	đấu thầu 더우 터우	입찰하다.
đầu tay 더우 따이	시초에	đấu thủ 더우 투	상대선수
đầu tiên 더우 띠엔	처음의	đấu tranh 더우 짜잉	싸우다.(투쟁)
đầu tóc 더우 똑	머리털	đấu vật 더우 벗	씨름하다.
đầu tư 더우 뜨	투자하다.	đậu phụ 더우 푸	두부
đầu video 더우 비데오	비디오	đậu xanh 더우 싸잉	녹두콩

đau đớn 다우 던	심하게 통증을 느끼다.
Đau lòng quá. 다우 롱 꽈	마음이 아파.
đăng ký 당 끼	가입하다. 등록하다.
đăng ký khám 당 끼 캄	진료접수하다.

Vietnamese	한국어
đây 더이	이(것), 여기에
đây này 더이 나이	여기에
đầy 더이	가득 차다.
đầy đủ 더이 두	충분하다.
đầy tớ 더이 떠	하인
đẩy 더이	밀다.
đấy 더이	그(쪽)
đấy mà 더이 마	정말 ~합니다.
đậy 더이	(뚜껑)닫다.
đe dọa 대 좌	위협하다.
đẻ 대	아이를 낳다.
đem 댐	가져오다. 가져다주다.
đem lại 댐 라이	가져오다.
đen 댄	검은(색), 불운의
đen đỏ 댄 도	검정과 빨강, 길흉
đèn 댄	전등
đắp mặt bằng dưa chuột 답 맛 방 즈어 쭈옷	오이로 팩을 하다.
đậm đà 덤 다	풍부한 맛, 친밀감이 있는
đậu 더우	(시험에)통과하다. 주차하다.
đèn lập lòe 댄 럽 로애	불이 깜박깜박하다.

đèn đỏ 댄 도	정지등	đèo 대오	들고 가다. 계곡
đèn đom đóm 댄 돔 돔	반딧불	đẹp 댑	아름다운, 훌륭한
đèn giao thông 댄 쟈오 통	신호등	đẹp tuyệt 댑 뚜엣	너무 예쁜
đèn pin 댄 삔	손전등	đề án 데 안	프로젝트
đeo 대오	(반지, 안경)끼다.	đề bạt 데 밧	승진하다.
đeo đồng hồ 대오 동 호	시계를 차다.	đề cao 데 까오	높게 평가하다.
đeo găng tay 대오 강 따이	장갑을 끼다.	đề cử 데 끄	(직위를)지명하다.
đeo kính 대오 끼잉	안경을 쓰다.	đề nghị 데 응이	제안하다.
đeo nhẫn 대오 년	반지를 끼다.	đề phòng 데 퐁	예방하다.
đeo vòng 대오 봉	목걸이를 차다.	đề tài 데 따이	제목, 테마

đeo kính râm   선글라스를 쓰다.
대오 끼잉 점

đèo đến cơ quan   회사에 바래다주다.
대오 덴 꺼 꽌

đề thi 데 티	시험 문제
đề xuất 데 쑤엇	제출하다.
để 데	두다. ~하기 위해서
để chế 데 쩨	불매운동하다.
để cho 데 쪼	~하기 위해(목적)
Để làm gì? 데 람 지	뭐 하려고?
để làm việc 데 람 비엑	일 때문에
để mở 데 머	오프너
để ở đâu? 데 어 더우	어디 뒤?
Để ở nhà. 덴 어 냐	집에 두었어.
đế 데	바닥(신발)
đệ nhất 데 녓	제일의
đêm 뎀	밤(때)
đêm khuya 뎀 퀴아	심야
đẹp lão 댑 라오	사랑스러운(어른에게)
đẹp như nhau 댑 느 냐우	똑같이 예쁘다.
đẹp trai 댑 짜이	미남의, (여자에게)못생긴
Đẹp trai quá. 댑 짜이 꽈	(남자에게)잘생겼다.
đề 데	기입하다. 문제를 제기하다.

đêm qua 뎀 꽈	어젯밤	đến điều 덴 디에우	최대한 상세히
đếm 뎀	(숫자를)세다.	đến giờ 덴 져	시간이 되다.
đền 덴	절	đến khi 덴 키	~까지
đền bù 덴 부	변상하다.	đến muộn 덴 무온	늦게 도착하다.
đền chùa 덴 쭈어	절과 탑	đến nay 덴 나이	오늘까지
đến 덴	도착하다. ~까지	đến nhà chơi 덴 냐 쩌이	놀러오다.

để lại di chúc   유언으로 남기다. (제자리)놓다.
데 라이 지 쭉

để lại lời nhắn   메모를 남기다.
데 라이 러이 난

đến giai đoạn khó   어려운 시기
덴 쟈이 돤 코

đến giờ đi làm   출근할 시간이 되다.
덴 져 디 람

Đến lượt ai?   누구 차례예요?
덴 르엇 아이

đến mức độ nào   어느 정도까지
덴 묵 도 나오

đến nỗi 덴 노이	한도에 달하다.	đi bộ 디 보	걸어가다.
đến nơi 덴 너이	곧 ~이 다가오다.	đi bước nữa 디 브억 느어	재혼하다.
đến trước 덴 쯔억	먼저 도착하다.	đi chợ 디 쩌	시장에 가다.
đến tuổi 덴 뚜어이	~한 나이가 되다.	đi chơi 디 쩌이	놀러 나가다.
đều 데우	전부	đi công tác 디 꽁 딱	출장가다.
đều giống nhau 데우 종 냐우	모두 같다.	đi dạo 디 자오	산책하다.
đi 디	가다.	đi đại tiện 디 다이 띠엔	대변보다.
đi biệt 디 비엣	영원히 떠나다.	đi đâu 디 더우	어디가다.

đến ngày lĩnh lương
덴 응아이 리잉 르엉
월급날이 오다.

đến tháng
덴 탕
(시기가)다가오다.

đến thăm nhà
덴 탐 냐
집을 방문하다.

đến Việt Nam
덴 비엣 남
베트남에 오다.

đi đến phá sản 파산하다. 디 덴 파 싼	**Đi ngay đi.** 바로 가. 디 응아이 디
Đi đi. 가. 디 디	**đi nghỉ mát** 휴가를 가다. 디 응이 맛
đi giày 신발을 신다. 디 져이	**đi ngoài** 화장실에 가다. 디 응와이
đi học 학교가다. 디 혹	**đi ngủ** 잠자리에 들다. 디 응우
đi họp 회의하러 가다. 디 홉	**đi ôtô** 자동차로 가다. 디 오또
đi kèm 동반하다. 디 깸	**đi qua** 가로질러 가다. 디 꽈
đi khám mắt 안과에 가다. 디 캄 맛	**đi qua cầu** 다리를 건너다. 디 꽈 꺼우
đi lại 왕래하다. 왕복하다. 디 라이	**đi quá tốc độ** 과속하다. 디 꽈 똑 도
đi làm 일하러 가다. 디 람	**đi ra** 나오다. 디 자
đi lên 오르다. 디 렌	**đi sân bay** 공항에 가다. 디 썬 바이
đi liều 위험하게 가다. 디 리에우	**đi sâu** 깊이 연구하다. 디 써우
Đi ăn cơm thôi. 밥이나 먹으러가자. 디 안 껌 토이	

đi tàu 디 따우	배를 타다.	đi vắng 디 방	외출중이다.
đi tất 디 떳	양말을 신다.	đi vòng 디 봉	돌아서가다.
đi thăm 디 탐	방문하다.	đĩa 디아	접시, 디스크(전산)
đi thẳng 디 탕	직진하다.	đĩa trắng 디아 짱	공씨디
đi theo 디 태오	따라가다.	địa chỉ 디아 찌	주소
đi thi 디 티	시험보다.	địa đạo 디아 다오	지하땅굴
đi tiểu 디 띠에우	소변보다.	địa điểm 디아 디엠	지점
đi vắng 디 방	부재중인	địa hình 디아 히잉	지형
đi vào 디 바오	들어가다.	địa lý 디아 리	지리

đi bằng xe buýt 버스를 타고 가다.
디 방 쌔 븻

Đi cẩn thận nhé. 조심해서가.
디 껀 턴 내

đi chơi cùng nhau 같이 나가 놀다.
디 쩌이 꿍 나우

Vietnamese	Pronunciation	Korean
địa phương	디아 프엉	지방
địa vị	디아 비	(사회적인) 지위
đích	딕	목표
điếc	디엑	귀머거리의
điềm đạm	디엠 담	(성격)조용한
điểm hẹn	디엠 핸	만남의 장소
điểm xuất phát	디엠 쑤엇 팟	출발점
điếm	디엠	매춘부
điên	디엔	미친
điền	디엔	밭, 논
điền kinh	디엔 끼잉	운동경기
điền từ	디엔 뜨	단어 넣기
điền vào	디엔 바오	채우다.
điện	디엔	전기, 궁전
điện ảnh	디엔 아잉	영화
điện giật	디엔 젓	감전당하다.
điện thoại	디엔 토와이	전화
điện thoại di động	디엔 토와이 지 동	핸드폰
điện thoại viên	디엔 토와이 비엔	전화교환수
điện tín	디엔 띤	전보
điện tử	디엔 뜨	전자(전기)
điều	디에우	사실, 조약
đi đâu cùng	디 더우 꿍	어디를 가든지

Vietnamese	발음	한국어
điều chỉnh	디에우 찌잉	조정하다.
điều đó	디에우 도	그 사실은 ~ 이다.
điều độ	디에우 도	절도 있는
điều hòa	디에우 화	조절하다.
điều khiển	디에우 키엔	지휘하다.
điều-khiển từ xa	디에우 키엔 뜨 싸	리모컨
điều khoản	디에우 콴	조항
điều kiện	디에우 끼엔	조건
điều tra	디에우 짜	조사하다.
điều trị	디에우 찌	치료하다.
điếu thuốc	디에우 투억	궐련(담배)
điệu	디에우	태도
điệu ca	디에우 까	멜로디
điệu múa	디에우 무어	댄스
đinh	디잉	못(도구)
đình	디잉	정지하다.
đình chỉ	디잉 찌	정지하다.
đỉnh	디잉	정상
đỉnh cao	디잉 까오	절정
đỉnh núi	디잉 누이	산 정상
định cư	딕 끄	정착하다.
định dạng	딕 장	포맷하다.(전산)
đi đúng đường	디 둥 드엉	맞는 길로 가다.

định đi 딕 디	가려고 하다.	đó 도	저것. 그것
định giá 딕 자	정찰가격	đoàn 도안	단체
định kỳ 딕 끼	주기적인	đoàn du lịch 도안 주 릭	단체 여행객
định nghĩa 딕 응이아	정의하다.	đoàn đại biểu 도안 다이 비에우	대표단
định ngữ 딕 응으	보어	đoàn kết 도안 껫	단결하다.
định nhờ 딕 녀	부탁하려하다.	đoàn khách 도안 카익	단체손님
đo 도	(치수를)재다.	đoàn ngoại giao 도안 응와이 쟈오	외교단
đò 도	나룻배, 여객	đoàn phí 도안 피	회비
đỏ 도	빨강색	đoàn thanh niên 도안 타잉 니엔	청년단
đỏ mặt 도 맛	얼굴을 붉히다.	đoán 도안	추측하다.
đi học muộn 디 혹 무온	학교에 지각하다.		
đi làm thêm 디 람 템	아르바이트가다.		

đoạn 부분, (문장의 부분)구 돤	**đọc** 읽다. 독
đoạn đường 길 돤 드엉	**đọc báo** 신문을 보다. 독 바오
đoạn văn 구절(문장) 돤 반	**đọc qua** 쭉 보다. 독 꽈
đoảng 무미하거나 담백한 도앙	**đòi** 요구하다. 도이
đoạt (메달을)따다. 빼앗다. 돗	**đòi hỏi** (부당하게)요구하다. 도이 호이
đoạt giải 상을 타다. 돗 자이	**đói** 배고프다. 도이
đoạt vị 왕위를 빼앗다. 돗 비	**Đói quá.** 배고파. 도이 꽈

đi ngay về nhà 곧장 집에 가다.
디 응아이 베 냐

Đi nhé. 간다. 어~ 가.(헤어질 때)
디 내

đi thẳng về nhà 집으로 곧장 가다.
디 탕 베 냐

đĩa phim phụ đề tiếng Việt.
디아 핌 푸 데 띠응 비엣

베트남어 자막 있는 시디

Đói rồi. 도이 조이	배고파.	đồ 도	물건
đón 돈	마중 나가다.	đồ ăn 도 안	요리
đón chào 돈 짜오	환영하다.	đồ chơi 도 쩌이	장난감
đóng 동	봉하다. (문)닫다.	đồ dùng 도 중	용품
đóng băng 동 방	얼다.	đồ đạc 도 닥	가구
đóng cửa 동 끄어	문을 닫다.	đồ điện tử 도 디엔 뜨	전자제품
đóng góp 동 곱	기여하다.	đồ đồng nát 도 동 낫	전단지
đóng phim 동 핌	(영화)연기하다.	đồ gốm 도 곰	도자기류
đô 도	도시	đồ sộ 도 쏘	거대하다
đô la 도 라	달러	đồ trang sức 도 짱 쓱	장식품
đô thị 도 티	도시	đồ uống 도 우엉	마실 것
điểm 디엠	불을 붙이다. 기록하다. 점수		

128

베트남어	발음	한국어
đồ vật	도 벗	사물
đổ	도	쏟다.
đổ bộ	도 보	상륙하다.
Điện Biên Phủ	디엔 비엔 푸	디엔 비엔 푸(도시명)
điện thoại quốc tế	디엔 토와이 꾁 떼	국제전화
định	딕	결정하다. ~할 작정이다.
định nói gì	딕 노이 지	무엇을 말하려 하다.
đoạt chức vô địch	돳 쯕 보 딕	우승을 거머쥐다.
đoạt quyền	돳 꾸엔	권리를 박탈하다.
Đói muốn chết.	도이 무온 쩻	배고파 죽겠다.
đón tiếp	돈 띠엡	환영하다. 접대하다.
đóng khố	동 코	허리에 옛의상(khố)을 걸치다.
đổ lỗi	도 로이	비난하다.
đổ mưa	도 므어	비가 퍼붓다.
đổ vào	도 바오	(액체)붓다.

đổ vỡ 도 버	산산조각 내다.	độc lập 독 럽	독립하다.
đỗ 도	주차하다.	độc quyền 독 꾸엔	독점
độ / 40 độ 도 / 본 무어이 도	도 / 40도	độc thân 독 턴	독신
độ ẩm 도 엄	습도	đôi khi 도이 키	가끔
độ cao 도 까오	고도	đôi lúc 도이 룩	가끔
độ dài 도 자이	길이	đôi mắt 도이 맛	눈(신체)
độc đáo 독 다오	독창적	đồi 도이	언덕
độc giả 독 쟈	독자(구독)	đổi 도이	바꾸다.

đóng thuế 납세하다. 요금을 내다.
동 투에

đóng vai (영화 등에서)연기하다.
동 바이

đồ dùng hàng ngày 일상용품
도 중 항 아이

đôi / 1 đôi giày thể thao 켤레 / 운동화 1 켤레
도이 / 못 도이 져이 테 타오

đổi chác 도이 짝	교환하다.	**đối tượng** 도이 뜨엉	객체(전산)
đổi mới 도이 머이	개혁하다.	**đối với** 도이 버이	~에 대한
đổi tiền 도이 띠엔	환전하다.	**đối xử** 도이 쓰	대처하다
đối 도이	대처하다. 반대의	**đội** 도이	(축구등의)팀
đối chiếu 도이 찌에우	대처하다.	**đội bóng đá** 도이 봉 다	축구팀
đối diện 도이 지엔	맞은편	**đội / hai đội** 도이 / 하이 도이	팀 / 두 팀
đối lập 도이 럽	반대의	**đội mũ** 도이 무	모자를 쓰다.
đối tác 도이 딱	동반자	**đội ngũ** 도이 응우	라인업
đối thoại 도이 토와이	대화	**đội quân** 도이 꿘	군대

đôi / 1 đôi hoàn hảo　　　　쌍 / 완벽한 한 쌍
도이 / 못 도이 호안 하오

đổi món khác　　　　다른 음식으로 바꾸다.
도이 몬 칵

đổi tiền lẻ　　　　작은 돈으로 바꾸다.
도이 띠엔 래

đội trưởng 도이 쯔엉	주장(축구)	Đông Hà 동 하	동하(도시명)
đội tuyển 도이 뚜엔	대표팀	đông nam 동 남	동남
đội vô địch 도이 보 딕	우승팀	đông nam á 동 남 아	동남아
đồn 돈	초소, 소문	đồng 동	동(베트남 화폐단위)
đông âu 동 어우	동유럽	đồng bào 동 바오	동포
đông bắc 동 박	동북	đồng bằng 동 방	평야
đông dân 동 전	인구밀도가 높은	đồng chí 동 찌	동지
đông đảo 동 다오	다수의	đồng hồ 동 호	시계
đông đủ 동 두	많은	đồng hồ đeo tay 동 호 대오 따이	손목시계

Đổi tiền lẻ cho tôi.　　　　　잔돈으로 바꿔주세요.
도이 띠엔 래 조 또이

Đổi tiền ở đâu?　　　　　　환전어디에서 해?
도이 띠엔 어 더우

đội mũ bảo hiểm　　　　　헬멧을 쓰다.
도이 무 바오 히엠

Đồng Hới (동 허이)	동허이(도시명)
Đồng Lộc (동 록)	동록(도시명)
đồng nghiệp (동 응이엡)	동료
đồng nhất (동 녓)	일치하는
đồng ruộng (동 주옹)	농지
đồng thời (동 터이)	동시에
đồng tiền (동 띠엔)	동전, 보조개
đồng tính (동 띵)	동성애
đồng ý (동 이)	동의하다.
đống (동)	더미
động (동)	움직이다. 동적인
động cơ (동 꺼)	모터
động đất (동 덧)	지진
động đậy (동 더이)	움직이다.
động tác (동 딱)	동작
động từ (동 뜨)	동사(문법)
động vật (동 벗)	동물
động viên (동 비엔)	동원하다.
đốt (돗)	물다.(곤충)
đột ngột (돗 응옷)	돌연히
đột nhiên (돗 니엔)	갑자기
đỡ (더)	(병 등이)나아지다.
Đội nào thắng? (도이 나오 탕)	어느 팀이 이겼어?

đỡ rồi 더 조이	(병이)낫다.
đời 더이	삶
đời sống 더이 쏭	인생
đợi 더이	기다리다.
đơn 던	혼자의, 신청서
đờm 덤	가래 (분비물)
đơn điệu 던 디에우	단조로운
Đơn điệu quá 던 디에우 꽈	지루해요.
đơn giản 던 잔	간단한
đơn thuốc 던 투억	처방전
đơn vị 던 비	단위
đơn xin 던 씬	신청서
đợt 덧	층, 파도
đu bay 두 바이	그네
đu đủ 두 두	파파야
đủ 두	충분한
đủ thứ 두 트	모든 것
đua 두어	경쟁하다.
đua thuyền 두어 투엔	보트경기
đùa 두어	농담하다.
Đùa thôi. 두어 토이	농담이야.
đũa 두어	젓가락
đục 둑	끌(도구)
đun 둔	삶다.

베트남어	한국어

đúng 둥	옳다.
đúng đắn 둥 단	올바른
đúng giá 둥 자	정가
đúng giờ 둥 져	정시에
đúng hẹn 둥 핸	약속대로
đúng lúc 둥 룩	적당한 시기에
đúng mức 둥 믁	적절한
Đúng rồi. 둥 조이	맞아요.
đuôi 두오이	꼬리
đuổi 두오이	쫓다.
đuổi việc 두오이 비엑	해고
đuối 두오이	뒤떨어지다.
đưa 드어	주다. (차로)데려다주다.
đưa ra 드어 자	제출하다.
đưa tay 드어 따이	손을 들다.
đưa tiền 드어 띠엔	전송하다.
đưa vào 드어 바오	삽입하다.
đứa 드어	놈
đứa bé 드어 배	소년
đứa trẻ 드어 째	어린이
đông 동	동(방향), 얼다. 붐비다.
đông người 동 응어이	인파를 이루다.

đứa trẻ mồ côi 드어 째 모 꼬이	고아
đức 득	덕
Đức 득	독일
đừng 등	~하지 말라.
Đừng từ bỏ. 등 뜨 보	포기하지 마.
Đừng đánh rơi. 등 다잉 저이	흘리지 마.
Đừng khóc. 등 꼭	울지 마.
Đông như kiến! 동 느 끼엔	사람들이 바글바글하네.
đồng hồ treo tường 동 호 째오 뜨엉	벽시계
Đồng Xoài 동 쏘아이	동 쏘아이(도시명)
đột xuất 돗 쑤엇	(갑자기)튀어나오다.
đỡ buồn hơn 더 부온 헌	덜 심심하게 하다.
Đừng làm thế. 등 람 테	그러지마.
Đừng lo. 등 로	걱정하지 마.
Đừng quên. 등 꾸엔	잊지 마.
Đừng tin. 등 띤	믿지 마.
đứng 등	일어서다.
đứng dậy 등 저이	일어서다.
đứng đầu 등 더우	선두에 선

đứng lại 등 라이	서다.	đựng 득	~로 싸있는
Đứng lên. 등 렌	일어나.	được thể 드억 테	이익을 추구하다.
đứng ra 등 자	나서다.	được việc 드억 비엑	유능한
đứng thứ 등 트	~위(수상)	đương 드엉	~하는 중이다.

Đợi một chút.
더이 못 쭛
잠깐만 기다려.

đúng / đúng 12 giờ.
둥 / 둥 므어이 하이 져
정각 / 정각 12시

Đúng giờ thật.
둥 져 텃
완벽한 타이밍이네.

Đúng là ngốc mà.
둥 라 응옥 마
진짜 바보 같네.

Đừng buồn đấy.
등 부온 더이
슬퍼하지 마.

Đừng cho tôi mì chính.
등 조 또이 미 찌잉
미원 넣지 마.

Đừng hút thuốc lá.
등 훗 투억 라
담배피우지 마.

Đừng lừa tôi.
등 르어 또이
속이려하지 마.

đương đầu 드엉 더우	대항하다.	đường hầm 드엉 험	터널
đương kim 드엉 낌	지금	đường kính 드엉 끼잉	직경
đường 드엉	길, 설탕	đường lớn 드엉 런	큰길
đường biển 드엉 비엔	해로	đường nhỏ 드엉 뇨	작은 길
đường bộ 드엉 보	육로	đường phố 드엉 포	거리(도로)
đường cao tốc 드엉 까오 똑	고속도로	đường sá 드엉 싸	길
đường dốc 드엉 족	비탈길	đường sắt 드엉 쌋	기찻길
đường đi 드엉 디	길	đường tắt 드엉 땃	지름길
đường hàng không 드엉 항 콩	항로	đường tròn 드엉 쫀	둘레(원주)

Đừng quan tâm. 신경 쓰지 마.
등 꽌 떰

Đừng thức khuya. 밤 새지마.
등 특 퀴아

Đừng tiễn nữa. 배웅 나오지 마세요.
등 띠엔 느어

베트남어-한국어

đường xe lửa 철도
드엉 쌔 르어

được 되다. (수동태)하게 되다.
드억

Được ạ 네, 그렇게 해주세요.
드억 아

d

eg

베트남어-한국어

베트남어-한국어

em 앰	동생, (부부사이)부인
em bé 앰 배	아기
Em đang làm gì? 앰 당 람 지	뭐해?
Em đến đây. 앰 덴 더이	이리와 봐.
em gái 앰 가이	여동생
e rằng 애 장	(~가 아닐까 하고) 걱정하다.
Em bao nhiêu tuổi? 앰 바오 니에우 뚜어이	몇 살이야?
Em yêu anh. 앰 이에우 아잉	(남자에게)사랑해요.
em ruột 앰 주옷	친동생
em trai 앰 짜이	남동생
en 앤	서로 밀치다.
ép 앱	압력을 넣다. 강제하다.
ếch 에익	개구리

g

ga 갸	역
ga tàu 갸 따우	기차역
ga xe lửa 갸 쌔 르어	기차역
gà 갸	닭

gà mái 갸 마이	암탉	gánh 가잉	메다. 의무
gà trống 갸 쫑	수탉	gạo 갸오	쌀
gác 각	계단	gạo nếp 갸오 넵	찹쌀
gác xép 각 쎕	다락방	gạt tàn 갓 딴	재떨이
gạch 갸익	벽돌, 선을 긋다.	gàu 가우	비듬
gạch dưới 갸익 즈어이	밑줄 긋다.	gay gắt 가이 갓	격렬한
gai 가이	가시	gãy 가이	꺾다.
gái 가이	여성의 총칭	gắn 간	고정시키다.
gam 감	그램(무게단위)	gắn bó 간 보	친밀하다.

gà trống nuôi con
갸 쫑 누오이 꼰 — 홀아비가 아이를 키우다.

gạch một đường
갸익 못 드엉 — 선을 긋다.

gặp phải khó khăn
갑 파이 코 칸 — 어려움에 직면하다.

베트남어	한국어
gắn liền 간 리엔	서로 밀착된
gặp 갑	만나다.
gặp gỡ 갑 거	만나다.
gặp may 갑 마이	행복해지다.
gắt 갓	강한
gặt hái 갓 하이	수확하다.
gầm 검	포효하다.
gần 건	가까운
gần đây 건 더이	근처에, 최근
gần đến 건 덴	가까워진
gần gũi 건 구이	친근한
gần kề 건 께	근접한
gần nhà 건 냐	집에서 가까운
gần như 건 느	거의
gấp 겁	(책)덮다.
gấp đôi 겁 도이	두 배의
gật đầu 것 더우	끄덕이다.
gấu 거우	곰
gây 거이	~을 야기하다.
gây giống 거이 종	새끼를 낳다.
gây ra 거이 자	야기하다.
gây tê 거이 떼	마취하다.

gần đất xa trời
건 덧 싸 쩌이   죽음의 문에 이르다.

gầy 거이	마르다.	ghế 게	의자
gầy đi 거이 디	(체중)말라지다.	ghi 기	적다.(기록)
gẫy 거이	부러지다.	ghi âm 기 엄	녹음하다.
ghé 개	잠시 들리다.	ghi bàn 기 반	골을 득점하다.
ghé qua 개 꽈	들르다.	ghi chú 기 쭈	기록하다.
ghen 갠	질투하다.	ghi đĩa cd 기 디아 씨디	CD를 굽다
ghép 갭	연결하다.	ghi nhớ 기 녀	기록하여 새겨두다.
ghép ảnh 갭 아잉	(사진)합성하다.	ghi-ta 기 따	기타(악기)
ghét 갯	싫어하다.	ghi tên 기 뗀	이름을 적다.
ghê gớm 게 검	소름끼치는	ghi vào 기 바오	기입하다.

gây tai nạn giao thông
거이 따이 난 쟈오 통   교통사고를 내다.

ghế hạng nhì
게 항 니   이코노미 클래스

ghim 김	클립	gia nhập 쟈 녑	가입하다.
gì 지	무엇	gia súc 쟈 쑥	가축
gì nữa 지 느어	그 밖에 무엇이	gia tăng 쟈 땅	증가하다.
Gì nữa nhỉ? 지 느어 니	뭐더라?	gia vị 쟈 비	양념
gia 쟈	증대시키다. 보태다.	già 쟈	늙은
gia cảnh 쟈 까잉	가정환경	già nửa 쟈 느어	과반의
gia chủ 쟈 쭈	가장(지위)	Già rồi. 쟈 조이	늙었어.
gia đình 쟈 딩	가정	già yếu 쟈 이에우	노쇠한
gia hạn 쟈 한	기한을 늘리다.	giả 쟈	인공의, 가짜의

gia cầm
쟈 껌   가금, 집에서 기르는 가축

gia hạn tạm trú
쟈 한 땀 쭈   거주연장기간

gia hạn visa
쟈 한 비싸   비자를 연장하다.

giả bộ	쟈 보	인척 가장하다.
giả dụ	쟈 주	~라고 가정하다.
giả mạo	쟈 마오	위조하다.
giả thiết	쟈 티엣	만약에
giả vờ	쟈 버	~인체하다.
giã	쟈	찧다.
giá	쟈	가격, 숙주
giá cả	쟈 까	물가, 가격
giá cao	쟈 까오	높은 가격
giá chuẩn	쟈 쭈언	기준가격
giá cơ bản	쟈 꺼 반	기본요금
giá đắt	쟈 닷	값이 비싸다.
giá hữu nghị	쟈 휴 응이	우대가격
giá mà	쟈 마	만약에
giá như	쟈 느	만약
giá phải chăng	쟈 파이 짱	적정가격
giá sách	쟈 싸익	책꽂이
giá thành	쟈 타잉	단가
giá tồn kho	쟈 똔 코	실제가격
giá trị	쟈 찌	가치
Gia Nghĩa	쟈 응이아	쟈 응이아(도시명)
giá cả tăng lên	쟈 까 땅 렌	물가가 오르다.

giá vào cửa 쟈 바오 끄어	입장료	giải tán 쟈이 딴	해산하다.
giai cấp 쟈이 껍	등급, 계급	giải thưởng 쟈이 트엉	상(우승)
giai đoạn 쟈이 돤	단계	giải trí 쟈이 찌	오락(물)
giải 쟈이	상	giảm 잠	줄이다.
giải đáp 쟈이 답	대답하다.	giảm bớt 잠 벗	줄이다.
giải khát 쟈이 캇	갈증을 풀다.	giảm giá 잠 쟈	할인
giải pháp 쟈이 팝	해법, 방법	giảm nhẹ 잠 내	경감하다.
giải phóng 쟈이 퐁	해방하다.	giảm thiểu 잠 티에우	감소되다.
giải quyết 쟈이 꾸엣	해결하다.	giảm tốc 잠 똑	속도를 줄이다.

giá khoán
쟈 콴 — (양도할 수 있는)유가 증권

giải nobel văn chương
쟈이 노벨 반 쯔엉 — 노벨문학상

Giảm giá cho tôi.
잠 쟈 조 또이 — 깎아주세요.

giám đốc (잠 독)	사장
giám sát (잠 쌋)	관리하다.
gian (잔)	부정직한
gian hàng (잔 항)	상점
gian khổ (잔 코)	고난, 고초
gian nan (잔 난)	어려운
giản dị (잔 지)	간단한
gián điệp (잔 디엡)	스파이
gián tiếp (잔 띠엡)	간접적으로
giang (쟝)	강
giảng (쟝)	(상세히)설명하다.
giảng dạy (쟝 자이)	강의하다.
giảng viên (쟝 비엔)	강사
giáng sinh (쟝 씨잉)	성탄절
giành (자잉)	쟁취하다. 찾다.
giành giật (자잉 젓)	빼앗아 차지하다.
giành giụt (자잉 지엇)	쟁취하다.
giao (쟈오)	건네다.
giao ban (쟈오 반)	(업무)인계하다.
giao hợp (쟈오 헙)	성교하다.
giao lưu (쟈오 류)	교류
giao thông (쟈오 통)	교통
giảm tiền xuống (잠 띠엔 쑤엉)	값이 내리다.

베트남어	한국어
giao tiếp / 쟈오 띠엡	교제하다.
giáo / 쟈오	작살
giáo dục / 쟈오 죽	교육
giáo sư / 쟈오 쓰	교수(사람)
giáo trình / 쟈오 찌잉	교과서
giáo viên / 쟈오 비엔	교사
giáp / 잡	갑옷 십간의 갑
giàu / 져우	부유한
giàu có / 져우 꼬	부유하다.
giày / 져이	구두
giày da / 져이 자	구두(가죽)
giày dép / 져이 잽	신발
giày thể thao / 져이 테 타오	운동화
giặc / 작	도적, 침략자
giặt / 잣	씻다. 세탁하다.
giặt giũ / 잣 주	세탁하다.
giặt quần áo / 잣 꿘 아오	옷을 빨다.
giấm / 점	식초
giành huy chương / 쟈잉 휘 쯔엉	메달을 따다.
giao duyên / 쟈오 쥬엔	남녀사이에 정감을 나누다.
giao thông công cộng / 쟈오 통 꽁 꽁	대중교통

giận 전	화가 나는	giây phút 져이 풋	~하는 순간
giận dỗi 전 조이	화내다.	giấy 져이	종이
giận dữ 전 즈	분개하다.	giấy ăn 져이 안	티슈
giật 젓	채가다.	giấy đăng ký 져이 당 끼	등록증
giật dây 젓 져이	부추기다.	giấy in 져이 인	인화지
giật mình 젓 밍	깜짝 놀라다.	giấy khai sinh 져이 카이 씨잉	출생증명서
giấu 져우	숨기다.	giấy màu 져이 머우	색종이
giây 져이	초(시간)	giấy mỏng 져이 몽	얇은 종이

giàu kinh nghiệm 경험 많다.
져우 끼잉 응이엠

giấy dó 질기고 부드러운 종이
져이 조

giấy khám bệnh 건강증명서
져이 캄 버익

giấy kiểm dịch 예방 접종서
져이 끼엠 직

giấy mời 져이 머이	초대장	giết người 지엣 응어이	살인, 스릴러
giấy phép 져이 팹	허가서	giò 죠	가축 정강이
giấy photocopy 져이 포또까피	프린트지	gió 죠	바람(기후)
giấy tận dụng 져이 떤 중	이면지	gió mùa 죠 무어	계절풍
giấy tờ 져이 떠	서류	gió thổi 죠 토이	바람이 불다.
giấy vệ sinh 져이 베 씨잉	(두루마리)휴지	giỏi 죠이	잘하는
giẻ lau nhà 지애 라우 냐	걸레	Giỏi lắm. 죠이 람	잘하네.
giếng 지응	우물	gióng 지엉	북을 치다.
giết 지엣	살인하다.	giọng 지엉	목소리
giết hết 지엣 헷	모두 죽이다.	giọng hát 지엉 핫	음색

Gió mát quá.
죠 맛 꽈
바람이 시원하네.

gió mùa đông bắc
죠 무어 동 박
동북계절풍

giọng khàn 지엉 칸	목이 쉬다.	giờ ăn trưa 져 안 쯔어	점심시간
giọt 좃	내리치다.	giờ cao điểm 져 까오 디엠	러시아워
giỗ 죠	제삿날	giờ đây 져 더이	요사이
giỗ chạp 죠 짭	제삿날	giờ đi làm 져 디 람	출근시간
giông 종	불행한, 운이 다한	giờ lên máy bay 져 렌 마이 바이	탑승시간
giông tố 종 또	폭풍우	giờ tan tầm 져 딴 떰	퇴근시간
giống 종	닮은	giở 져	열다.
giống nhau 종 나우	똑같다.	giời 져이	날씨
giống như 종 느	~같다.	giới 져이	세대, ~계(정치계 등)
giơ tay 져 따이	손을 올리다.	giới hạn 져이 한	경계(한계)
giờ 져	시(시간)	giới thiệu 져이 티에우	소개하다.

giógió thổi rất mạnh 바람이 세게 불다.
죠 토이 젓 마잉

베트남어	한국어
giới trẻ / 져이 쩨	젊은 세대
giới từ / 져이 뜨	전치사
giũ / 주	흔들다.
giũa / 주어	줄로 썰다.
giục / 죽	재촉하다.
giục giã / 죽 쟈	재촉하다.
giùm / 쥼	~를 위해서, 도와서
giúp / 쥽	돕다.
giúp đỡ / 쥽 더	돕다.
giúp việc / 쥽 비엑	돕다. 협력하다.
giữ / 즈	유지하다.
giữ cẩn thận / 즈 껀 턴	잘 보관하다.
giữ gìn / 즈 진	유지하다.
giữ lại / 즈 라이	갖다. 보관하다.
giữ lễ / 즈 레	에티켓을 지키다.
giữ lịch sự / 즈 릭 쓰	예의를 지키다.
giữ lời hứa / 즈 러이 흐어	약속을 지키다.
giữ nguyên / 즈 응우옌	보전하다.
giữ tỉ số / 즈 띠 쏘	점수를 유지하다.
giữa / 즈어	가운데, 사이에

Giống mẹ quá. 종 매 꽈
엄마를 닮았네요.

giữ gìn sức khỏe 즈 진 쓱 쾌
건강을 유지하다.

giường 즈엉	침대	gọi nhầm 고이 념	잘못 걸다.
gõ cửa 고 끄어	노크하다.	gọn 곤	정돈된
góa 과	과부	góp 곱	수집하다.
góc 곡	모퉁이	góp phần 곱 펀	공헌하다.
gói 고이	(커버)싸다. 포장하다.	góp tiền 곱 띠엔	돈을 모으다.
gọi 고이	부르다.	góp ý 곱 이	의견(을 내다.)
gọi điện thoại 고이 디엔 토와이	전화를 걸다.	gót 곳	뒤꿈치
gọi là 고이 라	말하자면	gọt 곳	(사과처럼)벗기다.
gọi lại 고이 라이	다시 전화하다.	gỗ 고	목재

Gói vào cho tôi. 포장해주세요.
고이 바오 조 또이

gọi bằng điện thoại 전화로 주문하다.
고이 방 디엔 토와이

gọi lại sau 나중에 다시 전화하다.
고이 라이 싸우

gốc 곡	기원, 선조	**gợi ý** 거이 이	제안하다.
gốc gác 곡 각	기원, 원천	**gớm** 검	메스꺼운
gội đầu 고이 더우	머리를 감다.	**gửi** 그이	맡기다. 보내다.
gồm 곰	포함하다.	**gửi hành lý** 그이 하잉 리	짐을 보내다.
gốm 곰	도기	**gửi lời** 그이 러이	메시지를 보내다.
gỡ 거	풀다. 해방하다.	**gửi thư** 그이 트	편지를 보내다.
gợi 거이	깨우다.	**gửi thư máy bay** 그이 트 마이 바이	항공우편

gọi món ăn 　음식을 주문하다.
고이 몬 안

gọt vỏ 　(사과 등)껍질을 깎다.
곳 보

gồm cả 　모든 것을 포함하다.
곰 까

gửi e-mail 　이메일을 보내다.
그이 이메일

gửi tin nhắn 　문자를 보내다.
그이 띤 냔

gửi tiền 그이 띠엔	돈을 송금하다.	**gươm** 그엄	검(무기)
gừng 긍	생강	**gương** 그엉	거울

Gửi tin nhắn cho tôi. 그이 띤 냔 조 또이 — 문자 보내줘.

베트남어-한국어

미학의 역사

베트남어	한국어
Hà Đông 하 동	하 동(도시명)
Hà Giang 하 쟝	하 장(도시명)
Hà Lan 하 란	네덜란드
Hà Nội 하 노이	하노이
Hà Tĩnh 하 띠잉	하 띠잉(도시명)
hả 하	의문문을 만듦, 만족하다.
há miệng 하 미응	입을 벌리다.
hạ 하	여름(=hè)
hạ cánh 하 까잉	착륙하다.
hạ giá 하 쟈	할인
Hạ Long 하 롱	하롱(베트남 지명)
hạ tầng cơ sở 하 떵 꺼 써	하부구조
hạc 학	학(새)
hai 하이	2
hai chấm 하이 쩜	콜론(:)
hai lăm 하이 람	25
hai mươi 하이 므어이	20
hài 하이	우스운
hài hòa 하이 화	조화를 이루다.
hài hước 하이 흐억	익살스러운
hài kịch 하이 끽	희극
hài lòng 하이 롱	만족하다.
hai bàn tay trắng 하이 반 따이 짱	재산이 없는 상태, 맨손

hải đăng 하이 당	등대	Hàn Quốc 한 꿕	한국
hải quan 하이 꽌	세관	Hán 한	한민족(중국의)
hải sản 하이 싼	해산물	hạn 한	기간, 한계
hái 하이	(과일)따다.	hạn chế 한 쩨	제한하다.
hái lượm 하이 르엄	수렵생활하다.	hạn hán 한 한	가뭄
hái nấm 하이 넘	버섯을 따다.	hang 항	구멍, 동굴
hại 하이	손해를 끼치다.	hang động 항 동	동굴
ham 함	매우 좋아하다.	hàng 항	줄(늘어선)
hàn 한	납땜하다.	hàng chục 항 쭉	수십 여의

Hai đội hòa.
하이 도이 화 — 두 팀이 비겼어.

Hải Dương
하이 즈엉 — 하이 즈엉(도시명)

Hải Phòng
하이 퐁 — 하이퐁(도시명)

hàng đầu 항 더우	리더	hàng ngoại 항 응와이	수입품
hàng giả 항 쟈	모조품	hàng quý giá 항 뀌 쟈	귀중품
hàng Hàn Quốc 항 한 꿕	한국 제품	hàng rong 항 종	행상인
hàng hóa 항 화	물품	hàng tiêu dùng 항 띠에우 중	생활필수품
hàng hoạt 항 홧	대중	hàng trăm 항 짬	수백의
hàng không 항 콩	항공	hàng tuần 항 뚜언	몇 주 동안
hàng loạt 항 롯	대규모의	hàng xóm 항 쏨	이웃
hàng mẫu 항 머우	샘플(상품)	hãng 항	브랜드
hàng năm 항 남	수년(기간)	hạng 항	등급
hàng ngàn 항 응안	수천의	hạng nhất 항 녓	일등급
hàng ngày 항 아이	매일	hanh 하잉	건조한
hàng nghìn 항 응인	수천의	hành chính 하잉 찌잉	행정

hành động 하잉 동	액션, 행동	hảo hạng 하오 항	상등의
hành hoa 하잉 화	파(야채)	hát 핫	노래하다.
hành khách 하잉 카익	승객	hát hay 핫 하이	노래 잘하다.
hành lang 하잉 랑	로비	hát quốc ca 핫 꿕 까	국가를 부르다.
hành lý 하잉 리	짐	hát xẩm 핫 썸	핫썸(베트남가극)
hành tây 하잉 떠이	양파	hạt 핫	종자, 씨
hành tinh 하잉 띵	행성	hạt dẻ 핫 재	핫제(군밤)
hành trình 하잉 찡	순회하다.	hạt nhân 핫 년	핵
hạnh 하잉	살구	hạt tiêu 핫 띠에우	후추
hạnh phúc 하잉 푹	행복	hay 하이	혹은

hãng hàng không   항공회사
항 항 콩

hành lý trong máy bay   기내소지품
항 리 쫑 마이 바이

Hay đấy nhỉ? 하이 더이 니	재밌겠지?
hay là 하이 라	혹은
Hay quá. 하이 꽈	재밌다.
hay xảy ra 하이 싸이 자	자주 발생하다.
hãy 하이	하세요. (문장 처음)
hãy ăn 하이 안	많이 먹다.
Hãy đến. 하이 덴	오세요.
Hãy mua về. 하이 무어 베	사와.
Hãy tập trung. 하이 떱 쭝	집중하세요.
Hãy tin đi. 하이 띤 디	믿어봐.
hẳn 한	확실한, 완전히
hắn 한	그
hát chèo 핫 쩨오	핫 쩨오(베트남의 오페라)
hát karaoke 핫 까라오께	노래방에서 노래하다.
hát quan họ 핫 꽌 호	핫꽌호(베트남가극)
hay có gió 하이 꼬 죠	바람이 자주 불다.
hay sao 하이 싸오	문미에서 놀람을 나타낸다.
hay xảy ra thiên tai 하이 싸이 자 티엔 따이	자연재해가 자주 일어나다.

hằng	보통, ~마다
항	

hằng năm	매년
항 남	

hắt hơi	재채기하다.
핫 허이	

hâm	끓이다.
험	

hầm	갱도
험	

hầm mộ	지하묘지
험 모	

hân hạnh	기쁘다.
헌 하잉	

hầu hết	거의 모두의
허우 헷	

hầu như	거의
허우 느	

hậu quả	안 좋은 결과
허우 꽈	

hè	여름
해	

héc-ta	헥타르
핵 따	

hẹn	약속하다.
핸	

hẹn giờ	시간을 약속하다.
핸 져	

heo	돼지
해오	

héo lánh	외진(벽촌)
해오 라잉	

Hãy đưa cho tôi.	저에게 주세요.
하이 드어 조 또이	

Hãy lấy ví dụ đi.	예를 드세요.
하이 러이 비 주 디	

hấp dẫn	매력 있는, 재미있는
협 전	

hầu như hàng ngày	거의 매일
허우 느 항 아이	

베트남어	한국어
hẹp (햅)	좁다.
hét (햇)	(~야) 소리 지르다.
hề (헤)	어릿광대
hễ (헤)	만일
hệ (헤)	시스템(전산)
hệ sinh thái (헤 씨잉 타이)	생태계
hệ thống (헤 통)	체계
hệ từ (헤 뜨)	연결동사
hết (헷)	끝나다. 모두
hết cả (헷 까)	모두
hết hạn (헷 한)	만기가 되다.
hết hơi (헷 허이)	힘이 없는
hết lòng (헷 롱)	마음을 다해서
Hết mưa chưa? (헷 므어 쯔어)	비 그쳤어?
Hết rồi. (헷 조이)	다 팔렸어.
hết sức (헷 쓱)	전력을 다하다.
Hết sức đi. (헷 쓱 디)	최선을 다해.
hết vé (헷 배)	매진
hết ý (헷 이)	더할 나위 없이
hiếm (히엠)	드문
hệ thống quân giai (헤 통 꿘 쟈이)	명령체계
Hết pin rồi. (헷 삔 조이)	건전지 다 됐어.

hiếm có (히엠 꼬)	희귀한
hiền (히엔)	정숙한
hiến pháp (히엔 팝)	헌법
hiện (히엔)	나타나다. 현재
hiện đại (히엔 다이)	현대적인
hiện đại hóa (히엔 다이 화)	현대화
hiện nay (히엔 나이)	오늘날
hiện tại (히엔 따이)	현재
hiện tượng (히엔 뜨엉)	현상
hiện vật (히엔 벗)	실물
hiệp (히엡)	합치다. 경기
hiệp hội (히엡 호이)	협회
hiểu (히에우)	이해하다.
hiểu biết (히에우 비엣)	인식하다.
hiểu hết (히에우 헷)	다 알아듣다.
hiểu ra (히에우 자)	깨닫다.
hiếu (히에우)	효
hiếu thảo (히에우 타오)	효도하다.
hiểm nghèo (히엠 응애오)	위험하고 곤란한
hiện tượng trái đất nóng lên (히엔 뜨엉 짜이 덧 농 렌)	지구온난화현상
hiểu lầm (히에우 염)	오해하다. 잘못 이해하다.

hiệu (히에우)	가게, 기호
hiệu ảnh (히에우 아잉)	사진관
hiệu ăn (히에우 안)	레스토랑
hiệu giặt ủi (히에우 잣 우이)	세탁소
hiệu quả (히에우 꽈)	효과
hiệu sách (히에우 싸익)	서점
hiệu thuốc (히에우 투억)	약국
hiệu trưởng (히에우 쯔엉)	학장
hình (히잉)	형벌, 형태, 모습
hình ảnh (히잉 아잉)	영상
hình dung (히잉 중)	외관
hình bóng (히잉 봉)	(정확하지 않은) 영상
hình như (히잉 느)	~인것 같다.
hình thành (히잉 타잉)	형성하다.
hình thức (히잉 특)	형식
hình tròn (히잉 쫀)	원
hình vẽ (히잉 배)	그림의 모양
hình vuông (히잉 부옹)	네모진
hít (힛)	흡입하다.
ho (호)	기침
hò (호)	큰소리로 환호하다.
hò hẹn (호 핸)	데이트를 약속하다.
họ (호)	성(이름), 그들

họ hàng 호 항	친척	hoa phượng 화 프엉	붉은 꽃
họ tên 호 뗀	이름전체	hoa quả 화 꽈	과일
hoa 화	꽃	hoa súng 화 쑹	수련
hoa cúc 화 꾹	국화	hoa văn 화 반	꽃무늬
hoa giấy 화 져이	조화(종이꽃)	hòa 화	비기다.
hoa lơ 화 러	브로콜리	hòa bình 화 비잉	평화
hoa màu 화 머우	농산물	Hòa Bình 화 비잉	화 비잉(도시명)
hoa mắt 화 맛	눈이 부시다.	hòa hợp 화 헙	화합하다.
hoa nở 화 너	꽃이 피다.	hòa nhập 화 녑	조화를 이루다.

hoa hậu Việt nam
화 허우 비엣 남
미스 베트남

hoa quả dầm
화 꽈 점
화꽈점(과일빙수)

hoang mang
황 망
매우 당황하다.

베트남어	한국어
hòa thuận (화 투언)	화목하게 살다.
hóa (화)	~화(공업화 등)
hóa chất (화 쩟)	화학물질
hóa điên (화 디엔)	정신이 돈
hóa đơn (화 던)	영수증
hóa học (화 혹)	화학
hóa ra (화 자)	알고 보니 ~더라.
họa báo (화 바오)	화보
họa sĩ (화 씨)	화가
hoan nghênh (호안 응에잉)	환영하다.
hoàn (호안)	돌려주다.
hoàn cảnh (호안 까잉)	환경
hoàn chỉnh (호안 찌잉)	완전한
hoàn hảo (호안 하오)	완전한
hoàn thành (호안 타잉)	완성되다.
hoàn toàn (호안 또안)	완벽한, 흠 없는
hoãn (호안)	연기되다.
hoang dại (황 자이)	야생의
hoang đường (황 드엉)	황당무계한
hoàng tử (황 뜨)	왕자
hoảng sợ (황 써)	공포에 떠는
hoạt động (홧 동)	기능하다.
hoành hành (화잉 하잉)	사납게 날뛰다. (병이)창궐하다.

hoạt hình 홧 히잉	만화영화	học tập 혹 떱	학습하다.
hoặc 확	또는	học trò 혹 쩌	제자
hoặc là 확 라	아마도, 또는	học vị 혹 비	학위
học 혹	공부하다.	học viên 혹 비엔	학생
học bổng 혹 봉	장학금	hỏi 호이	묻다.(질문)
học giỏi 혹 죠이	공부를 잘하다.	hỏi thăm 호이 탐	안부를 묻다.
học hành 혹 하잉	학습하다.	hói 호이	(머리가)벗겨지다.
học hỏi 혹 호이	공부하다.	hòm 홈	박스, 트렁크
học kỳ 혹 끼	학기	hòm thư 홈 트	우체통
học sinh 혹 씨잉	학생	hòn 혼	둥근 것 앞에 붙이는 말
học vẹt 혹 벳	내용은 모르고 외우기만 하다.		
hồ Hoàn Kiếm 호 호안 끼엠	호안끼엠 호수(하노이)		

베트남어	한국어
hòn đảo / 혼 다오	섬
hỏng / 홍	고장 나다.
họng / 홍	목(구멍)
họp / 홉	회의
họp báo / 홉 바오	기자회견하다.
hồ / 호	풀(사무용품), 호수
Hồ Chí Minh / 호 찌 미잉	호치민
hồ sơ / 호 써	기록, 전과
hồ Tây / 호 떠이	떠이 호수(하노이)
hổ / 호	호랑이
hỗ trợ / 호 쩌	보조하다.
hồ tinh / 호 띵	여우같이 예쁜 여자 아이
hố / 호	깊은 구멍, 무덤
hộ / 호	~를 위해
hộ chiếu / 호 찌에우	여권
hồi / 호이	막(연극)
hồi đó / 호이 도	이전에
hồi giáo / 호이 쟈오	이슬람
hồi hộp / 호이 홉	두근거리다.
hồi phục / 호이 푹	회복하다.
hồi trước / 호이 쯔억	(이)전에
hối phiếu / 호이 피에우	환어음
hội / 호이	모이다. 협회

Hội An / 호이 안	호이안(도시명)
hội chợ / 호이 쩌	박람회
hội diễn / 호이 지엔	문예공연
hội đàm / 호이 담	회담
hội đồng / 호이 동	집회
hội hè / 호이 해	축제
hội họa / 호이 화	회화(그림)
hội họp / 호이 홉	모이다.
hội lim / 호이 림	림축제(박링지역)
hội nghị / 호이 응이	회의, 세미나
hội thảo / 호이 타오	세미나
hội thi / 호이 티	대회
hội thoại / 호이 토와이	회화(대화)
hội trường / 호이 쯔엉	회의 장소
hội viên / 호이 비엔	회원
hôm / 홈	해, 날
hôm ấy / 홈 어이	그날
hôm kia / 홈 끼아	그저께
Hôm nào? / 홈 나오	(미래)언제요?
hôm nay / 홈 나이	오늘
Hôm nay số đỏ. / 홈 나이 쏘 도	운수 좋은 날이네
hộp / 1 hộp bia / 홉 / 못 홉 비아	상자/ 맥주 1 상자

hôm nọ / 홈 노	전번에
hôm qua / 홈 꽈	어제
hôm sau / 홈 싸우	다음날
hôm trước / 홈 쯔억	전날
hôn / 혼	키스하다.
hôn nhân / 혼 년	혼인
hồn / 혼	영혼
hỗn độn / 혼 돈	혼란한
hồng / 홍	분홍색, 장미, 감(과일)
Hồng Kông / 홍 꽁	홍콩
hộp bút / 홉 붓	필통
hộp diêm / 홉 지엠	성냥갑
hộp thoại / 홉 토와이	대화상자(전산)
hộp tròn / 홉 쫀	둥근 광주리
hột / 홋	겨자
hở / 허	틈이 있는
hơi / 허이	공기(타이어)
hơi giống / 허이 종	좀 비슷한
hơi lạnh / 허이 라잇	조금 추운
hơi sốt / 허이 쏫	열이 조금 나다.
hơi thở / 허이 터	호흡
hơn / 헌	보다(비교), ~이상
hộp bảo quản đồ quý giá / 홉 바오 꽌 도 꿔 자	귀중품보관함

hơn chúng ta 헌 쭝 따	우리보다	hợp thời 헙 터이	적시의
hơn hết 헌 헷	최고의	hợp thời trang 헙 터이 짱	유행하는
hơn là 헌 라	~보다는 ~가 낫다.	Hợp ý tôi lắm. 헙 이 또이 람	만족해요.
hơn nhiều 헌 니에우	더 많이	Huế 훼	후에(도시명)
hơn nữa 헌 느어	더 나가서는	huệ 훼	백합
hợp 헙	어울리다.	hủi 후이	나병
hợp đồng 헙 동	계약	hung dữ 훙 즈	잔악한
hợp khẩu vị 헙 커우 비	입맛에 맞다.	hút 훗	피우다.
hợp lý 헙 리	합리적인	hút ẩm 훗 엄	제습하다.
hợp tác 헙 딱	협력하다.	hút thuốc 훗 투억	담배를 피우다.

Hơi lạo xạo.
허이 라오 싸오   소음이 조금 있네.

Hơi ồn ào quá.
허이 온 아오 꽈   시끄러운걸.

huy chương 휘 쯔엉	메달	huyết áp 휘엣 압	혈압
huy chương bạc 휘 쯔엉 박	은메달	huyết thống 휘엣 통	혈통
huy chương đồng 휘 쯔엉 동	동메달	huýt 휫	휘파람을 불다.
huy chương vàng 휘 쯔엉 방	금메달	huýt sáo 휫 싸오	휘파람을 불다.
huy hiệu 휘 히에우	훈장	hư 흐	부패한
huỷ bỏ 휘 보	지우다. 삭제하다.	hư hại 흐 하이	손상된
huyền 휘엔	흑옥, 성조(à)	hứa 흐어	약조하다.
huyền thoại 휘엔 토와이	전설	Hưng Yên 흥 엔	흥 엔(도시명)
huyện 휘엔	현(행정구역)	hứng thú 흥 투	재미있는

huấn luyện viên 　　　　감독(스포츠)
후언 루엔 비엔

hút thuốc lá 　　　　담배를 피우다.
훗 투억 라

huy động 　　　　(군대 등을)동원하다.
휘 동

hương 흐엉	향기	hữu hạn 휴 한	유한의
hương vị 흐엉 비	맛	hữu nghị 휴 응이	우정
hướng 흐엉	방향	hy sinh 히 씨잉	희생
hướng dẫn 흐엉 전	안내하다.	hy vọng 히 봉	바라다.

hủy hoại — 부수다. 폭파하다. 훼상하다.
휘 화이

hướng dẫn sử dụng — 사용안내
흐엉 전 쓰 중

hướng dẫn viên du lịch — 여행가이드
흐엉 전 비엔 주 릭

Hy vọng sẽ đổi. — 바뀌었으면 좋겠어.
히 봉 쌔 도이

ik

베트남어-한국어

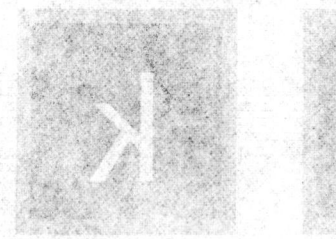 

비트겐슈타인

ích 익	이익	**ít hơn** 잇 헌	~보다 적은
ích kỷ 익 끼	이기적인	**ít khi** 잇 키	드물게
ích lợi 익 러이	유익한	**ít lâu** 잇 러우	잠시 동안
im 임	조용한	**ít nhất** 잇 녓	최소한도
im đi 임 디	조용히 해.	**ít nhiều** 잇 니에우	다소간
im lặng 임 랑	조용한	**ít nói** 잇 노이	입이 무겁다.
in 인	인쇄하다.	**ít ỏi** 잇 오이	매우 조금
Inđônêxia 인도네시아	인도네시아	**ít tuổi** 잇 뚜어이	젊은 소년의
Irắc 이락	이라크	**Italia** 이따리아	이탈리아
ít 잇	거의 없는	**iu** 이우	눅눅해지다.

k

karamen 까라맨	푸딩	kem đánh răng 깸 다잉 장	치약
kẻ 깨	사람	kèm 깸	~와 함께 가다.
kẻ carô 깨 까로	체크무늬의	kèm theo 깸 태오	~와 함께 가다.
kẻ cướp 깨 끄업	도둑	kém 깸	모자라는, 나쁜
kẻ móc túi 깨 목 뚜이	소매치기	kèn 깬	나팔
kẻ trăng gió 깨 짱 죠	바람둥이	kèn xắc xô 깬 싹 쏘	색소폰
kẻ trộm 깨 쫌	강도, 도둑	keo 깨오	풀
kem cạo râu 깸 까오 러우	면도용 크림	kẻo 깨오	~하지 않도록.
kem chống nắng 깸 쫑 낭	선크림	kéo 깨오	가위

kẻ nghiện rượu 깨 응이엔 즈어우   알코올중독자

kem 깸   아이스크림, 화장용 크림

kéo cắt móng tay 깨오 깟 몽 따이	손톱깎이
kéo dài 깨오 자이	(시간이)길어지다.
kéo ra 깨오 자	빼내다.
kéo xe 깨오 쌔	견인
kẹo 깨오	사탕
kẹo cao su 깨오 까오 쑤	껌
kép 깹	합성하다.
kẹp 깹	집다. 클립
kê khai hải quan 께 카이 하이 꽌	세관신고
kể cả 께 까	~을 포함하여
kể cho 께 쪼	알려주다.
kể chuyện 께 쭈엔	이야기를 하다.
kể lại 께 라이	이야기하다.
kế 께	전략
kế hoạch 께 화익	계획
kế hoạch hóa 께 화익 화	계획화

kèm theo danh mục hàng hóa
깸 태오 자잉 묵 항 화

상품목록을 덧붙이다.

kém / ba giờ kém mười phút
깸 / 바 져 깸 므어이 풋

~만큼 작은, 전 / 3시 10분전

Kế hoạch bể rồi.
께 화익 베 조이

계획이 다 틀어졌어.

kế tiếp 께 띠엡	계승하다.	kết luận 껫 루언	결론
kế toán 께 또안	회계	kết nghĩa 껫 응이아	친구가 되다.
kênh 께잉	운하	kết quả 껫 꽈	결과
kết 껫	합하다.	kết quả thi 껫 꽈 티	시험결과
kết bạn 껫 반	친구가 되다.	kết quả trận đấu 껫 꽈 쩐 더우	경기결과
kết bạn với 껫 반 버이	교제하다.	kết thân 껫 턴	동맹하다.
kết cấu 껫 꺼우	구성하다.	kết thúc 껫 툭	마치다.
kết duyên 껫 주엔	결연	kêu 께우	부르다.
kết giao 껫 자오	형성하다.	kêu gọi 께우 고이	호소하다.
kết hôn 껫 혼	결혼	kêu ran 께우 잔	울려퍼지다.
kết hợp 껫 헙	결합	khả năng 카 낭	가능
kêu cứu 께우 끄우			(도움을 구하러)소리치다.

베트남어	한국어	베트남어	한국어
khá 카	상당히	khách hàng 카익 항	손님
khá giả 카 쟈	꽤 유복한	khách mời 카익 머이	손님
khác 칵	다른, 변화하다.	khách sạn 카익 싼	호텔
khác biệt 칵 비엣	다르다.	khai 카이	선언하다.
khác nhau 칵 냐우	서로 다른	khai giảng 카이 장	개강하다.
khác thường 칵 트엉	이상한	khai mạc 카이 막	개막
khác xa 칵 싸	전혀 다른	khai phá 카이 파	발견하다.
khách 카익	손님	khai thác 카이 탁	개척하다.
khách du lịch 카익 주 릭	여행자	khai trương 카이 쯔엉	개업

Khách sáo quá. 카익 싸오 꽈	별말씀을요.
khai báo 카이 바오	선언하다. 보고하다.
khám phá 캄 파	(역사, 과학적)발견하다.

khái quát 카이 꽛	~을 일반화하다.	khắc họa 칵 화	(말로)묘사하다.
khám bệnh 캄 버익	진찰하다.	khắc nghiệt 칵 응이엣	열악한
khán đài 칸 다이	관중석	khăn 칸	수건
khán giả 칸 쟈	관객, 시청자	khăn bịt mặt 칸 빗 맛	마스크
kháng chiến 캉 찌엔	저항하다.	khăn giấy 칸 저이	키친타월
khảo cổ học 카오 꼬 혹	고고학	khăn tay 칸 따이	손수건
khảo sát 카오 쌋	조사하다.	khăn trải giường 칸 짜이 즈엉	침대시트
khát 캇	목마른	khăn xếp 칸 쎕	터번
khát vọng 캇 봉	갈망하다.	khẳng định 캉 딕	긍정하다.
khắc 칵	(나무 등)파다.	khắp 캅	전부의
khắc gỗ 칵 고	나무에 새기다.	khắp nơi 캅 너이	어디든지
khắc phục 칵 북	극복하다. 지배하다.		

베트남어	한국어
khắt khe 캇 캐	호되다.
khẩu 커우	입, 한입분량
khẩu ngữ 커우 응으	구어
khẽ 캐	가볍게, 부드럽게
khen 캔	칭찬하다.
khéo 캐오	능숙한
khéo léo 캐오 래오	솜씨 좋은
khéo tay 캐오 따이	손재주가 있는
khét 캣	탄내가 나다.
khế 케	스타푸르츠
khi 키	~때, ~하는 동안
Khi nào? 키 나오	(과거)언제요?
khi thì 키 티	때때로
khi tôi biết 키 또이 비엣	내가 알았을 때
khỉ 키	원숭이
khí 키	기체, 가스
khí hậu 키 허우	기후
khí quyển 키 꾸엔	대기(권)
khí thế 키 테	기세
khí tượng 키 뜨엉	대기현상

khen thưởng 보상하고 칭찬하다.
캔 트엉

khi tôi đến Việt Nam 베트남에 왔을 때
키 또이 덴 비엣 남

khiêm tốn 키엠 똔	겸손한	khó nhọc 코 녹	힘든
khiển trách 키엔 짜익	잔소리하다	khó nói 코 노이	말하기 어렵다.
khiến 키엔	하도록 하다.	Khó thật đấy. 코 텃 더이	정말 어려워.
khiếp sợ 키엡 써	놀라다.	khó thở 코 터	숨쉬기 어려운
khiêu vũ 키에우 부	춤추다.	khó tiêu hóa 코 띠에우 화	소화불량
khó 코	어려운	khó tính 코 띠잉	완고한
khó chịu 코 찌우	불쾌한	khoa 콰	과학 분야, 과
Khó chịu quá. 코 찌우 꽈	못 참겠어.	khoa học 콰 혹	과학
khó đọc 코 독	읽기 어려운	khoa học cơ bản 콰 혹 꺼 반	기초과학
khó hiểu 코 히에우	이해하기 힘든	khoa sản 콰 싼	산부인과
khó khăn 코 칸	어려운	khóa 콰	잠그다. 자물쇠
khóa thẻ 콰 태			카드를 정지시키다.

khóa học 꽈 혹	학습과정	khoảng chừng 꽝 쯩	대략
khoác 꽉	쓰다.	khoảng không 꽝 콩	평(아파트)
khoai lang 꽈이 랑	고구마	khoáng sản 꽝 싼	광물
khoai tây 꽈이 떠이	감자(야채)	khoanh tay 꽈잉 따이	팔짱을 끼다.
khoai tây rán 꽈이 떠이 잔	감자튀김	khoáy 코아이	가마(머리)
Khoan đã. 꽌 다	잠깐만요.	khóc 콕	울다.
khoản 꽌	항목, 조항	khóc lóc 콕 록	울다.
khoảng 꽝	약(대략)	khỏe 쾌	건강한
khoảng cách 꽝 까익	간격	khỏe mạnh 쾌 마잉	건강한

khoai lang luộc
꽈이 랑 루옥
삶은 고구마

khoai nướng
꽈이 느엉
군고구마, 고구마튀김

khố
코
허리에 차는 천(국부가리개)

khỏe ra 쾌 자	건강해지다.	khổ 코	폭(옷감)
khoét 쾟	구멍을 뚫다.	khổ cực 코 끅	극빈의, 고생의
khoét lỗ 쾟 로	구멍을 뚫다.	khôi phục 코이 푹	복구하다.
khỏi 코이	(병)낫다. 면하다.	khối lượng 코이 르엉	대량의
khỏi nói 코이 노이	말할 필요가 없다.	khôn 콘	영리한
khỏi sốt 코이 쏫	열이 내리다.	không 콩	아니(대답), 0(숫자)
khói đèn 코이 댄	(햇볕에)그을리다.	không ai 콩 아이	아무도 ~아니다.
khô 코	마른(건조)	không bận 콩 번	바쁘지 않다.
khô cạn 코 깐	바싹 마르다.	Không bây giờ. 콩 버이 져	지금 말고.
khô cổ 코 꼬	목이 마르다.	không biết 콩 비엣	모르다.
khốn khổ 콘 코			비참한, 상처 입은
không bán 콩 반			팔지 않음, 비매품

không biết rõ 콩 비엣 조 잘 모르다.	không chịu 하려하지 않다. 콩 찌우
không cần 필요하지 않은 콩 껀	không chú ý 부주의한 콩 쭈 의
không chỉ ~뿐만 아니라 콩 찌	không có ~가 없다. 콩 꼬

không bao giờ   결코 ~하지 않다.
콩 바오 져

Không bận lắm.   많이 바쁘지 않아.
콩 번 람

không bết dính   끈적거리지 않는
콩 벳 지잉

không biết tiếng Việt   베트남어를 모르다.
콩 비엣 띠응 비엣

không cánh mà bay   날개도 없이 날으려 한다.
콩 까잉 마 바이

không chính thức   비공식적인
콩 찌잉 특

không chịu nhìn   차마 볼 수 없다.
콩 찌우 닌

không cho phép   허락하지 않다.
콩 쪼 팹

Không cho rau thơm.   향채 빼주세요.
콩 쪼 자우 텀

Không có. 콩 꼬	없어.	không đường 콩 드엉	무설탕
không còn 콩 꼰	계속하지 않는	không gian 콩 잔	공간
Không dám. 콩 잠	천만에요.	không hay 콩 하이	재미없는
không đáng 콩 당	가치가 없다.	không hề 콩 헤	아무것도 아니다.
không đâu 콩 더우	근거가 없다.	không kể 콩 께	계산하지 않은
Không được. 콩 드억	안돼요.	không khí 콩 키	공기

không có hy vọng
콩 꼬 히 봉   희망이 없다.

không đáng kể
콩 당 께   가치가 없는

không đần độn
콩 던 돈   멍청하지 않다.

không để
콩 데   ~하도록 내버려 두지 않다.

không để ý
콩 데 이   부주의한, 관심을 두지 않는

Không được đâu.
콩 드억 더우   그렇게는 안 돼.

베트남어	한국어	베트남어	한국어
không may 콩 마이	불행하게	không thể 콩 테	할 수 없다.
không nên 콩 넨	해서는 안 된다.	không tiện 콩 띠엔	불편한
không những 콩 늉	뿐만 아니라	không tưởng 콩 뜨엉	공상
không phải 콩 파이	~이 아니다.	khổng lồ 콩 로	거대하다.
Không sao. 콩 싸오	괜찮습니다.	Khổng Tử 콩 뜨	공자(인물)
không tập 콩 떱	공습	khởi hành 커이 하잉	출발
không tên 콩 뗀	익명의	khớp xương 컵 쓰엉	관절부위

không khi nào
콩 키 나오 — 결코 ~하지 않다.

không kịp
콩 낍 — ~에 미치지 않다. 적시가 아닌

không ngờ
콩 응어 — ~라고는 생각도 못했다.

Không phải chứ.
콩 파이 쯔 — 말도 안 돼.

khởi đầu
커이 더우 — 출발하다. 시작하다.

khu 쿠	지역	khuyên 쿠엔	충고하다.
khu công nghiệp 쿠 꽁 응이엡	공업지역	khuyên nhủ 쿠엔 뉴	충고하다.
khu vực 쿠 븍	지역	khuyến khích 쿠엔 키익	장려하다.
khuấy 쿠어이	휘젓다.	khuyến mại 쿠엔 마이	세일(할인판매)
khuê các 쿠에 깍	옛날 여자의 방	khuyết điểm 쿠엣 디엠	결점
khung thành 쿵 타잉	골(스포츠)	khứ hồi 크 호이	왕복의
khủng hoảng 쿵 황	공황	khướu 크어우	수다를 잘 떠는
khuya 퀴아	밤늦게	ki lô 끼 로	킬로

khởi nghĩa
커이 응이아   의병을 일으키다.

khu cấm hút thuốc lá
쿠 껌 훗 투억 라   금연지역

khuôn
쿠온   형식에 적응하다. 모형

khuyến nông
쿠엔 농   농업을 장려하다.

kỉ niệm 끼 니엠	추억, 기념	kịch nói 끽 노이	연극
kia 끼아	저사람, 저것	kiểm duyệt 끼엠 주엣	검열(검토)하다.
kia kìa 끼아 끼아	저쪽에	kiểm lâm 끼엠 럼	삼림관리
kìa 끼아	저기에, 저쪽에	kiểm tra 끼엠 짜	검사하다.
kích cỡ 끽 꺼	규격	kiếm 끼엠	찾다. 검(칼)
kích thích tố 끽 틱 또	호르몬	kiếm lời 끼엠 러이	수익을 만들다.
kích thước 끽 트억	크기	kiếm sống 끼엠 쏭	생계비를 벌다.
kịch 끽	연극	kiếm tiền 끼엠 띠엔	돈을 벌다.
kịch bản 끽 반	각본	kiên 끼엔	동요하지 않는

kiểm tra sức khỏe
끼엠 짜 쓱 쾌   건강진단

kiếm củi
끼엠 꾸이   (불을 피우려) 나무를 모으다.

kiều
끼에우   외국에 거주하다. 아름다운

kiên cường 끼엔 끄엉	의지가 굳은	**kiêu căng** 끼에우 깡	오만한
kiên nhẫn 끼엔 년	인내심이 강한.	**kiêu hãnh** 끼에우 하잉	오만한
kiên quyết 끼엔 꾸엣	단호한	**kiểu** 끼에우	양식, 모조품의
kiên trì 끼엔 찌	인내심	**kiểu mới** 끼에우 머이	신형이다.
kiến 끼엔	개미	**kiệu** 끼에우	일 인승 가마, 항아리
kiến thức 끼엔 특	지식	**kilô** 낄오	킬로
kiến trúc 끼엔 쭉	건설하다.	**kilô mét** 낄오 맷	킬로미터
kiến trúc sư 끼엔 쭉 쓰	건축가	**kim** 낌	바늘, 금
kiện 끼엔	꾸러미, 소송하다.	**kim phút** 낌 풋	분침
kiệt 끼엣	인색한, 뛰어난	**kìm hãm** 낌 함	~을 저지하다.
kiệt sức 끼엣 쓱	전력을 다하다.	**kinh đô** 끼잉 도	수도
kinh 끼잉		경족(베트남 민족), 무서워하다.	

베트남어	한국어	베트남어	한국어
kinh khủng 끼잉 쿵	두려운	kinh thành 끼잉 타잉	수도
kinh ngạc 끼잉 응악	깜짝 놀란	kính 끼잉	유리, 안경
kinh nghiệm 끼잉 응이엠	경험	kính báo 끼잉 바오	정중하게 알림
kinh nguyệt 끼잉 응우엣	생리(여성)	kính mến 끼잉 멘	존경하다.
kinh niên 끼잉 니엔	만성적인	kính râm 끼잉 점	선글라스
kinh phí 끼잉 피	지출, 경비	kính trọng 끼잉 쫑	존경하다.
kinh phong 끼잉 퐁	경련(의학)	kịp 낍	시간 안에 닿다.
kinh tế 끼잉 테	경제	kịp thời 낍 터이	적시의
kinh tế học 끼잉 떼 혹	경제학	Kon Tum 꼰 뚬	꼰 뚬(도시명)

kinh doanh 사업하다. 비즈니스
끼잉 좌잉

kinh nghiệm trong công việc 사회경험
끼잉 응이엠 쫑 꽁 비엑

kính thưa 정중하게 알리다. 친애하는
끼잉 트어

kỳ / 끼	기일, 국기
kỳ diệu / 끼 지에우	불가사의한
kỳ lạ / 끼 라	기묘한
kỳ phiếu / 끼 피에우	약속어음
kỳ quan / 끼 꽌	불가사의
kỳ thi / 끼 티	시험
kỳ vọng / 끼 봉	바라다.
kỷ lục / 끼 룩	기록(성적)
kỷ niệm / 끼 니염	기념하다.
kỹ / 끼	주의 깊게
kỹ năng / 끼 낭	기능
kỹ sư / 끼 쓰	기술자
kỹ thuật / 끼 투엇	기술
kỹ thuật số / 끼 투엇 쏘	디지털
ký / 끼	서명하다.
ký kết / 끼 껫	계약하다.
ký phía sau / 끼 피아 싸우	이서하다.
ký tên / 끼 뗀	서명
ký túc xá / 끼 뚝 싸	기숙사
ký ức / 끼 윽	기억
kính yêu / 끼잉 이에우	존경하고 사랑하다.

I

베트남어-한국어

1

빼닫이장

la 라	(음계)라, 매독	lá thư 라 트	편지
la bàn 라 반	나침반	lạ 라	이상한
là 라	~이다.	lạc 락	땅콩
là hơi 라 허이	다림질	lạc đà 락 다	낙타
là quần áo 라 꿘 아오	옷을 다리다.	lạc đường 락 드엉	길을 잃다.
là vì 라 비	~ 한 이유이다.	lạc hậu 락 허우	낙후된
lá 라	잎	lạc quan 락 꽌	낙관하다.
lá cây 라 꺼이	나뭇잎	lạc thai 락 타이	낙태하다.
lá cờ 라 꺼	기(국기)	lai 라이	혼혈의
lá phổi 라 포이	폐(의학)	Lai Châu 라이 쩌우	라이 쩌우(도시명)

lãi không nhiều 이윤이 높지 않다.
라이 콩 니에우

Lãi suất bao nhiêu? 이자가 얼마나 되나요?
라이 쑤엇 바오 니에우

lãi 라이	이자	lại người 라이 응어이	병이 회복되다.
lãi suất 라이 쑤엇	이율(저금)	lại ở 라이 어	위치하다.
lái 라이	운전하다.	lại tăng lên 라이 땅 렌	오르다.
lái đò 라이 도	사공	lại tổ chức 라이 또 쯕	다시 개최되다.
lái xe 라이 쌔	운전하다.	làm 람	만들다.
lái xe lạ 라이 쌔 라	이상하게 운전하다.	làm ăn 람 안	사업하다.
lại 라이	다시	làm bài 람 바이	운동하다. 숙제하다.
lại còn 라이 꼰	아직도, 더욱	làm bài tập 람 바이 떱	숙제하다.

làm ăn phát đạt
람 안 팟 닷
사업이 번창하다.

làm bạn
람 반
친구가 되다. 부부가 되다.

làm bằng nhựa
람 방 느어
플라스틱으로 만들다.

làm chủ
람 쭈
주인이 되다. 주도권을 잡다.

làm bằng 람 방	~로 만들어진
làm cái 람 까이	(도박)딜러를 하다.
làm cho 람 쪼	야기하다.
làm chủ ngữ 람 쭈 응으	주어가 되다.
làm công 람 꽁	품삯으로 일하다.
làm dâu 람 저우	며느리가 되다.
làm đổ 람 도	엎지르다.
làm gì 람 지	왜, 무슨 일
làm gương 람 그엉	본보기가 되다.
làm hại 람 하이	해가되다.
làm hỏng 람 홍	망가뜨리다
làm Kimchi 람 김치	김치를 만들다.
làm lại 람 라이	다시 한번하다.
làm lây lan 람 러이 란	퍼트리다
làm mất 람 멋	잃다.
làm ơn 람 언	제발
làm đầu 람 더우	머리를 스타일링하다.
làm kỷ niệm 람 끼 니엠	기념으로 하다.
làm lây lan virus 람 러이 란 비룻	바이러스를 퍼뜨리다.
làm nên 람 넨	성공하다. ~가 되다.

làm phiền 람 피엔	폐를 끼치다.	làm tiệc 람 띠엑	파티를 열다.
làm quen 람 꾸앤	익숙해지다.	làm tình 람 띵	성교하다.
làm quen với 람 꾸앤 버이	친해지다.	làm tôi 람 또이	신하가 되다.
làm ra 람 자	만들다. 창조하다.	làm tốt 람 똣	잘 하다.
làm ruộng 람 주옹	경작하다.	làm vậy 람 버이	그와 같이
làm sao 람 싸오	어떻게, 왜	làm việc 람 비엑	일하다.
Làm thế nào? 람 테 나오	어떻게 하지?	làm vui lòng 람 부이 롱	만족시키다.
làm thêm 람 템	잔업	làm xong 람 쏭	일을 끝내다.

làm nữa　　　　　　　　　　파트타임으로 일하다.
람 느어

làm tất cả mọi thủ tục　　　일체의 수속을 하다.
람 떳 까 모이 투 뚝

làm theo　　　　모방하다. 조언에 따라 행동하다.
람 태오

Làm theo kiểu cổ phần?　　주식제로 하실 건가요?
람 태오 끼에우 꼬 펀

베트남어-한국어

lạm phát 람 팟	팽창, 인플레	láng giềng 랑 지응	이웃의
lan 란	퍼지다. 난초	Lạng Sơn 랑 썬	랑 썬(도시명)
lan rộng 란 종	퍼지다.	lành 라잉	(상처가)아물다.
lang băm 랑 밤	가짜 의사	lành lạnh 라잉 라잇	쌀쌀한
lang sói 랑 쏘이	(동물)이리	lãnh 라잉	수령하다.
làng 랑	마을	lãnh đạo 라잉 다오	리더, 장(지위)
làng xã 랑 싸	마을의 총칭	lánh 라잉	피하다. 빛나다.
lãng mạn 랑 만	낭만적인	lạnh 라잇	추운
lãng phí 랑 피	낭비하다.	Lạnh quá. 라잇 꽈	춥네.
Lãng phí quá. 랑 피 꽈	낭비야.	lao 라오	투창

lang thang
랑 탕
길거리에서 방황하다.

lao động phức tạp
라오 동 픅 땁
전문지식을 요하는 노동

lao động 라오 동	노동
Lào 라오	라오스
Lào Cai 라오 까이	라오 까이(도시명)
lạo xạo 라오 싸오	잡음
lát 랏	조각
lát nữa 랏 느어	조금 있다가
lau 라우	닦다.
lau bảng 라우 방	칠판지우개
lau khô 라우 코	(건조하여)말리다.
lăm 람	10 이후에 붙는 5
lắm 람	매우
lắm mồm 람 몸	수다스러운
lặn 란	(해)지다.
lăng 랑	(왕)릉, 내던지다.
lăng mộ 랑 모	왕의 무덤
lăng tẩm 랑 떰	(왕)능
lắng nghe 랑 응애	귀 기울이다.
lắp 랍	맞추다.
lặp 랍	되풀이하다.
lặp lại 랍 라이	반복하다.

lao động tay chân
라오 동 따이 쩐
육체노동

lão
라오
늙은, 노인이 자칭하는 말

lặt vặt 럇 밧	잡다한
lâm 럼	일을 당하다.
lâm nghiệp 럼 응이엡	임업
lầm 럼	잘못 생각하다.
lân cận 런 껀	근처의
lân tinh 런 띠잉	인광을 발하는
lần cuối 런 꾸오이	최후
lần đầu 런 더우	최초
lần đầu tiên 런 더우 띠엔	처음으로
lần lượt 런 르엇	선착순, 순서대로
lần này 런 나이	이번
lần sau 런 싸우	다음번
lẫn 런	혼동하다. 잘 잊는, 함께
lẫn lộn 런 론	혼동하다.
lắc đầu 락 더우	(거절로)머리를 가로 젓다.
lắp răng giả 랍 장 쟈	틀니를 맞추다.
lần / lần thứ ba 런 / 런 트 바	번 / 세 번째
Lần sau tôi sẽ đến. 런 싸우 또이 쌔 덴	다음에 올게요.
lập trình 럽 찌잉	프로그래밍하다.(전산)

lẫn nhau 런 나우	상호간에	lâu năm 러우 남	오래된
lập 럽	(기초를)세우다.	lâu ngày 러우 응아이	오랫동안
lập kế 럽 께	(계획을)감독하다.	lầu 러우	(건물의)층
lập trình viên 럽 찌잉 비엔	프로그래머	lấy 러이	가지다.
lập tức 럽 뚝	곧	lấy độc trị độc 러이 독 찌 독	이열치열
lật 럿	(안을 밖으로)뒤집다.	lấy được 러이 드억	어디까지라도
lâu 러우	오래	lấy lại 러이 라이	다시 가져가다.
lâu bền 러우 벤	내구력이 있는	lấy làm 러이 람	~라고 느끼다.
lâu dài 러우 자이	오랫동안	lấy nhau 러이 나우	결혼하다.
lâu đời 러우 더이	오래된	lấy trộm 러이 쫌	훔치다.
Lâu lắm rồi. 러우 람 조이	오래됐지.	lấy ví dụ 러이 비 주	예를 들자면
lấy chồng 러이 쫑	남편을 맞아들이다.		

베트남어	한국어
lấy vợ / 러이 버	아내를 맞아들이다.
lẻ / 래	나머지수, 소량의
lẻ tẻ / 래 때	따로따로 떨어진
lẽ phải / 래 파이	이성
lẽ ra / 래 자	당연히
lén lút / 랜 룻	몰래
leo / 래오	기어오르다.
leo lên / 래오 렌	(나무 등)오르다.
lê / 레	배(과일), 질질 끌다.
lễ / 레	휴일, 페스티벌
lễ cưới / 레 끄어이	결혼식
lễ hội / 레 호이	축제
lễ nghi / 레 응이	의례
lễ phép / 레 팹	공손
lễ tang / 레 땅	장례(식)
lễ tân / 레 떤	리셉션
lễ tết / 레 뗏	신년 축하하러 가다.
lễ vật / 레 벗	예물
lệ / 레	풍습
lệ phí / 레 피	비용, 수수료
lếch thếch / 레익 테익	단정치 못한
lên / 렌	오르다.
lên cao / 렌 까오	크게 오르다.
lên đến / 렌 덴	(~까지)오르다.

lên đường 렌 드엉	길을 떠나다.	lịch 릭	달력
lên gác 렌 각	2층에, 위층에	lịch âm 릭 엄	음력날짜
lên lớp 렌 럽	교단에 서다.	lịch sử 릭 쓰	역사
lên mặt 렌 맛	위세를 부리다.	lịch sự 릭 쓰	예의 있게
lên men 렌 맨	발효	Lịch sự nhé. 릭 쓰 냬	잘 대해줘.
lên tới 렌 떠이	~에 도달하다.	liên 리엔	연꽃, 기관총
lên xe 렌 쌔	(차)타다.	liên doanh 리엔 좌잉	합작경영
lên xe buýt 렌 쌔 붯	버스를 타다.	liên hệ 리엔 헤	연결
lệnh 레잉	명령	liên hoan 리엔 호안	파티하다.
lêu lổng 레우 롱	놀고 지내다.	liên hoan phim 리엔 호안 핌	영화제
lìa 리아	떠나다.	liên hợp 리엔 헙	연립의
lấy lại sức khỏe 러이 라이 쓱 쾌			건강을 되찾다.

liên kết 리엔 껫	연결하다	liều lĩnh 리에우 리잉	무모한
liên lạc 리엔 락	연락 가능한	liệu 리에우	혹시
liên quan 리엔 꽌	연관	liệu pháp 리에우 팝	치료학요법(의학)
liên quan đến 리엔 꽌 덴	~와 연관된	lim 림	경질재의 나무
liên tiếp 리엔 띠엡	연접하다. 연속중인	linh 리잉	0 (십단위의 0)
liên tục 리엔 뚝	연속하다.	linh cảm 리잉 깜	어감
liên từ 리엔 뜨	접속사	lĩnh 리잉	따르다.
liền 리엔	잇따른	lĩnh lương 리잉 르엉	봉급
liệt 리엣	마비된	lĩnh vực 리잉 븍	영역
liệt kê 리엣 께	열거하다.	lính 리잉	군인, 무사

Lịch sự đấy mà.
릭 쓰 더이 마
예의상 그런 거죠.

liên hoan cuối năm
리엔 호안 꾸오이 남
송년회

Vietnamese	Pronunciation	Korean
lo	로	걱정하다.
lo cho	로 쪼	~에 대해 걱정하다.
lo lắng	로 랑	걱정스러운
lo sợ	로 써	걱정되는
lò vi sóng	로 비 쏭	전자레인지
lọ	로	항아리
loa	로아	스피커
loa phóng thanh	로아 퐁 타잉	확성기
loài	라이	생물의 종
loài người	라이 응어이	인종
loại	라이	종류
loại hình	라이 히잉	유형
loại nhạc	라이 냑	음악종류
loại trừ	라이 쯔	도태하다.
loan	란	불사조
loáng	랑	번쩍거리다.
loạt	로앗	일제히
long	롱	헐렁헐렁한
lòng	롱	심장, 내장, 마음
lòng dũng cảm	롱 중 깜	용기
lòng tham	롱 탐	욕심
lỗ	로	구멍
liều	리에우	모험하다. 무릅쓰고 ~을 하다.

베트남어	한국어	베트남어	한국어
lỗ vốn (로 본)	손해를 입다.	lối vào (로이 바오)	입구
lố (로)	다스(12개)	lội (로이)	헤엄치다.
lộ (로)	(사실이)드러나다. 길	lộn xộn (론 쏜)	뒤죽박죽인
lộ trình (로 찌잉)	노선	lông (롱)	(동물)털
lôi cuốn (로이 꾸온)	끌어들이다.	lông mày (롱 마이)	눈썹
lôi thôi (로이 토이)	단정치 못한	lông mi (롱 미)	속눈썹
lỗi (로이)	실수	lồng (롱)	(동물)우리
lỗi lầm (로이 럼)	실수	lồng tiếng (롱 띠응)	더빙하다.
lỗi sai (로이 싸이)	오타	lốp (롭)	쭉정이, 타이어
lối (로이)	매너	lỡ (러)	(기차)놓치다.
lối sang đường (로이 쌍 드엉)	횡단보도	lời (러이)	말, 이윤
lối sống (로이 쏭)	사는 방식	lời chào (러이 짜오)	인사

lời chúc 러이 쭉	덕담	lợi nhuận 러이 뉴언	이윤
lời chúc Tết 러이 쭉 뗏	세배	lợi thế 러이 테	이윤, 이익
lời hứa 러이 흐어	약속	lớn 런	큰, 자라다.
lời khen 러이 캔	칭찬	lớn lên 런 렌	자라다.
lời khuyên 러이 쿠엔	충고	lớn nhỏ 런 뇨	크고 작은
lời mời 러이 머이	초대	lợn 런	돼지
lời nhắn 러이 난	메모	lớp 럽	교실, 층
lời nhận xét 러이 년 쌧	소견	lớp học 럽 혹	교실
lời nói 러이 노이	말씀	lớp trưởng 럽 쯔엉	반장(학급)
lợi 러이	좋은. 유용한	lu 루	항아리
lợi ích 러이 익	복지	lũ 루	무리, 사람들
lít / 1 lít nước 릿 / 못 릿 느억			리터 / 물 1리터

lũ lụt 루 룻	홍수	luật lệ 루엇 레	규정
lú 루	머리가 둔한	luật pháp 루엇 팝	법률
lúa 루어	쌀	luật sư 루엇 쓰	변호사
lúa mạch 루어 막	보리	lúc 룩	~(시)에
lúa mì 루어 미	밀	lúc đầu 룩 더우	최초
lúa nếp 루어 넵	찹쌀	lúc đó 룩 도	그때
lụa 루어	실크	Lúc mấy giờ? 룩 머이 져	몇 시에?
luận án 루언 안	논문	lúc nào 룩 나오	언제, 아무 때나
luận văn 루언 반	논문	lúc này 룩 나이	오늘날, 현재
luật 루엇	법률, 규칙	lúc nãy 룩 나이	이제 막
luật đầu tư 루엇 더우 뜨	투자법	lục 룩	녹색, 육, 찾다.
lon / 3 bia lon 론 / 바 비아 론			캔 / 맥주 3 캔

lục địa 룩 디아	대륙	luyện tập 루엔 떱	연습하다.
Lui lại! 루이 라이	물러서!	lư 르	마을 입구의 문
lúm đồng tiền 룸 동 띠엔	보조개	lừa 르어	속이다. 당나귀
lúng túng 룽 뚱	어리둥절한	lừa dối 르어 조이	속이다.
luộc 루옥	끓이다.	lửa 르어	불
luôn 루언	자주, 곧장	lứa tuổi 르어 뚜어이	세대
luôn luôn 루언 루언	항상	lựa chọn 르어 쫀	선택하다.
lụt 룻	홍수	lực lượng 륵 르엉	역량
lụt lội 룻 로이	홍수	lưng 릉	등(인체)
luyện 루엔	단련하다.	lược 르억	잘라내다. 빗

Long Xuyên
롱 쑤엔
롱 쑤엔(도시명)

lúc buồn nhất
룩 부온 녓
제일 슬픈 순간

베트남어	한국어
lười 르어이	게으른
lưỡi 르어이	혀
lưỡi cày 르어이 까이	보습
lưới 르어이	그물, 망
lươn 르언	뱀장어
lương 르엉	임금
lương tâm 르엉 떰	양심
lương thực 르엉 특	식량
lượng 르엉	추량하다. 분량
lướt 르엇	스치다.
lưu luyến 류 루엔	애착을 가지다.
lưu niệm 류 니엠	기념하다.
lưu thông 류 통	유통
lưu trữ 류 쯔	저장하다.(전산)
lựu đạn 류 단	수류탄
ly 리	잔(술)
lúc thích nhất 룩 틱 녓	가장 좋아하는 순간
luộc trong vòng ~ 루옥 쫑 봉	~ 동안 끓이다.
Lười ơi là lười. 르어이 어이 라 르어이	정말 게으르다.
lượt / 2 lượt 르엇 / 하이 르엇	회 / 2회

ly dị 리 지	이별하다.	lý thuyết 리 투엣	이론
ly hôn 리 혼	이혼	lý tưởng 리 뜨엉	이상(소망)
lý do 리 조	이유		

lưu
류
보류하다. (전산)저장하다.

lưu diễn
류 지엔
(콘서트등)투어하다.

m

베트남어-한국어

비트겐슈타인

ma 마	귀신	má 마	뺨
ma-ra-tông 마 라 똥	마라톤	mạch 막	맥박
ma túy 마 뛰	마약	mai 마이	내일
mà 마	~(하지)만.	mài 마이	갈다.
mà còn 마 꼰	더욱이	mải 마이	몰두하다.
mà lại 마 라이	그러나	mãi 마이	계속
mã 마	외모, 기호	mãi mãi 마이 마이	영원히
mã vạch 마 바익	바코드	mái 마이	지붕, 조류의 암컷

mai một
마이 못
사멸하다. (풍습)소멸하다.

mang hàng cấm
망 항 껌
금지품을 소지하다.

mau nước mắt
마우 느억 맛
갑자기 울다.

máy ảnh kỹ thuật số
마이 아잉 끼 투엇 쏘
디지털카메라

mái nhà 마이 냐	지붕	**mang vào** 망 바오	갖다 주다.
mại 마이	팔다.	**mạng** 망	네트워크
Malaixia 말라이씨아	말레이시아	**mạng nhện** 망 녠	거미집
màn 만	모기장	**mảnh** 마잉	가늘다.
màn hình 만 히잉	화면(전산)	**mảnh mai** 마잉 마이	날씬하다.
mạn 만	지역	**mạnh** 마잉	건강한, 강력한
mang 망	운반하다. 임신하다.	**mạnh dạn** 마잉 잔	건강한, 대담한
mang đến 망 덴	가지고 오다.	**mạnh khỏe** 마잉 쾌	건강한
mang lại 망 라이	가져오다.	**mạnh mẽ** 마잉 매	강력한
mang thai 망 타이	임신	**mào** 마오	(닭)볏
mang theo 망 태오	가져오다.	**mát** 맛	시원한

Máy bị trục trặc. 마이 비 쭉 짝   기계가 이상해.

베트남어	한국어
mát mẻ 맛 매	시원하다.
mau 마우	빠른
màu 머우	색
màu khác 머우 칵	다른 색
màu nâu 머우 너우	갈색
màu sắc 머우 싹	색깔
máu 마우	피
may 마이	만들다. 행운
may mà 마이 마	다행스럽게
may mắn 마이 만	행운
May mắn quá! 마이 만 꽈	다행이다.
May quá! 마이 꽈	운이 좋은데.
may quần áo 마이 꿘 아오	옷을 맞추다.
may rủi 마이 주이	우연
mày 마이	(친한 사이)당신
máy 마이	기계
máy ảnh 마이 아잉	카메라
máy bay 마이 바이	비행기
máy bận 마이 번	통화중이다.
máy bơm 마이 범	펌프
máy cạo râu 마이 까오 저우	면도기
máy cassette 마이 깟셋	카세트
máy điều-hòa nhiệt độ 마이 디에우 화 니엣 도	에어컨

máy dừng 다운되다.(전산) 마이 증	**máy tính để bàn** 데스크톱 마이 띠잉 데 반
máy điện thoại 전화기 마이 디엔 토와이	**máy tính xách tay** 노트북 마이 띠잉 싸익 따이
máy FAX 팩스 마이 빡스	**máy vi tính** 컴퓨터 마이 비 띠잉
máy giặt 세탁기 마이 잣	**máy xay trái cây** 믹서 마이 싸이 짜이 꺼이
máy hút bụi 진공청소기 마이 훗 부이	**mắc áo** 옷걸이 막 아오
máy in 프린터기 마이 인	**mắc bệnh** 병에 걸리다. 막 버잇
máy in màu 컬러 프린터기 마이 인 머우	**mắc phải** (약혼)맺다. 막 파이
máy sấy tóc 드라이어 마이 쎄이 똑	**mặc** 입다.(옷) 막
máy tính 계산기 마이 띠잉	**mặc cả** 흥정하다. 막 까
máy nghe nhạc mp3 마이 응애 냑 엠피바	mp3플레이어
mắc 막	(병에) 걸리다.
mắc lỗi 막 로이	실수하다. 잘못 생각하다.

베트남어	한국어
mặc dù 막 주	비록 ~할지라도
mặc kệ 막 께	신경 쓰지 않다.
mặc quần áo 막 꿘 아오	옷을 입다.
mặc thử 막 트	입어보다.
mặc ý 막 이	뜻대로
mặn 만	짠(맛)
măng 망	죽순
măng cụt 망 꿋	망고스틴
mắng 망	꾸짖다.
mắt 맛	눈(신체)
mắt hai mí 맛 하이 미	쌍꺼풀
mắt híp 맛 힙	작은 눈
mắt long lanh 맛 롱 라잉	빛나는 눈
mặt 맛	얼굴
mặt bằng 맛 방	선반
mặt bị đen 맛 비 댄	얼굴이 타다.
mặt đất 맛 덧	지구 표면
mặt hàng 맛 항	품목

mặc áo dài 아오자이 옷을 입다.
막 아오 자이

mặc cảm 품고 있는 생각. 열등감
막 깜

mặc dù bận 바쁨에도 불구하고
막 주 번

mặt khác 맛 칵	다른 면
mặt nạ 맛 나	가면
mặt nước 맛 느억	수면(물)
mặt trái 맛 짜이	뒷면
mặt trăng 맛 짱	달(천체)
mặt trời 맛 쩌이	태양
mâm 멈	쟁반
mận 먼	자두
mập 멉	뚱뚱하다.
mất 멋	잃다. 없어지다.
Mất bao lâu? 멋 바오 러우	얼마나 걸려?
mất điện 멋 디엔	정전
mất mạng 멋 망	죽다.
mất mùa 멋 무어	흉년
mất ngủ 멋 응우	잠이 안 오다.
mật ong 멋 옹	꿀
mẫu 머우	양식. 견본
mẫu giáo 머우 쟈오	유치원

mặt nước trong xanh
맛 느억 쫑 싸잉 — 물이 맑다.

mất công
멋 꽁 — 노동력을 낭비하다.

mất điện thoại
멋 디엔 토와이 — 전화기를 잃어버리다.

베트남어	한국어
mẫu hệ (머우 헤)	모계제도
mẫu mã (머우 마)	모형
mẫu vật (머우 벗)	(동물)표본
mấy (머이)	얼마
mấy cốc (머이 꼭)	몇 컵
mấy giờ (머이 져)	몇 시에
mấy hôm trước (머이 홈 쯔억)	몇 일전에
mấy khi (머이 키)	이따금
mấy lần (머이 런)	몇 번
mấy năm sau (머이 남 싸우)	몇 년 후에
mẹ (매)	엄마
mất thời gian (멋 터이 쟌)	시간이 걸리다.
mẹ chồng (매 쫑)	시어머니
mèo (매오)	고양이
mẹo (매오)	술책, 규칙
mét (맷)	미터(단위), 표백하다.
mét vuông (맷 부옹)	평방미터
mê (메)	반하다.
mê hồn (메 혼)	매혹시키는
mê sách (메 싸익)	책을 좋아하는
Mêhicô (메히꼬)	멕시코
mềm (멤)	부드럽다.
mềm mại (멤 마이)	부드러운

mến 멘	사랑하다.	mía 미아	사탕수수
mệnh đề 메잉 데	문장의 절	mía đá 미아 다	사탕수수주스
mệnh lệnh 메잉 레잉	명령	miền 미엔	지역
mệt 멧	피곤한	miền bắc 미엔 박	북부지역
Mệt lắm. 멧 람	피곤해.	miền nam 미엔 남	남부
mệt mỏi 멧 모이	피곤하다.	miền tây 미엔 떠이	서부지역
mệt nhưng 멧 능	피곤해도	miền trung 미엔 쭝	중부지역
mì 미	라면	miền là 미엔 라	만약 ~이면
mì chính 미 찌잉	미원	miễn phí 미엔 피	무료
mì cốc 미 꼭	컵라면	miến 미엔	면(녹두로 만든)
Mất thời gian quá. 멋 터이 쟌 꽈	시간이 오래 걸리네.		
mét / 30 mét 맷 / 바 무어이 맷	미터 / 30 미터		

Miến Điện	미엔 디엔	미얀마
miệng	미응	입
mỉm cười	밈 끄어이	미소 짓다.
minh	미잉	밝은
mình	미잉	몸, 자신
mít tinh	밋 띵	모임
mọc	목	불쑥 나오다. 생기다.
mỏi	모이	피곤한
mọi	모이	모두
mọi người	모이 응어이	누구나
mọi nơi	모이 너이	어느 곳이나
mọi thứ	모이 트	모두
món	몬	음식을 하다.
món ăn	몬 안	요리
món quà	몬 꽈	선물
mong	몽	바라다.
mong muốn	몽 무온	기대하다.
mong thư	몽 트	편지를 기다리다.
mỏng	몽	얇은
móng chân	몽 쩐	발톱
Mệt chết mất.	멧 쩻 멋	힘들어 죽겠네.
miễn cưỡng	미엔 끄엉	마음 내키지 않는

móng tay / 몽 따이	손톱	mộc / 목	나무, 가공하지 않은
mô hình / 모 히잉	모델, 모형	mộc nhĩ / 목 니	목이버섯
mô-ni-tơ / 모니떠	모니터	môi / 모이	입
mô phỏng / 모 퐁	모방하다.	môi trường / 모이 쯔엉	환경
mô tả / 모 따	묘사하다.	mồi / 모이	미끼
mồ côi / 모 꼬이	고아	mỗi / 모이	각자의
mồ hôi / 모 호이	땀을 흘리다.	mỗi một / 모이 못	유일의
mổ / 모	수술	mỗi năm / 모이 남	매년
mộ / 모	무덤	mỗi ngày / 모이 응아이	매일
mốc / 목	곰팡이가 난	mối tình / 모이 띵	사랑
mốc giờ / 목 져	시간경계선	mối tình đầu / 모이 띵 더우	첫사랑
miếng / 1 miếng / 미응 / 못 미응	조각 / 한 조각		

môn (몬)	부문, 종목, (식물)토란
môn điền kinh (몬 디엔 끼잉)	운동경기
môn học (몬 혹)	학과
môn quyền Anh (몬 꾸엔 아잉)	복싱
môn thể thao (몬 테 타오)	운동종목
môn toán (몬 또안)	수학(과목)
Mông Cổ (몽 꼬)	몽고
mồng (몽)	한 달의 초순
mồng một (몽 못)	첫 번째
mốt (못)	20이상의 일때 1
một (못)	일(숫자)
một bước (못 브억)	한층 더
một cách (못 까익)	~적으로
một chút (못 쭛)	잠시 동안
một công ty (못 꽁 띠)	한 회사
một đôi giày (못 도이 져이)	구두 한 켤레
một hôm (못 홈)	어느 날
một hơi (못 허이)	단숨에
mọc lên (목 렌)	성장하여 ~가 되다.
Mọi sự như ý! (모이 쓰 느 이)	모두 뜻대로 되길 바랍니다.
Mọi việc tốt chứ? (모이 비엑 똣 쯔)	일 잘됐죠?

một ít 못 잇	약간	một mình 못 미잉	혼자
một lát 못 랏	잠시 동안	một năm sau 못 남 싸우	일 년 후
một lần 못 런	한번	một nghìn 못 응인	천(1000)
một lần nữa 못 런 느어	한 번 더	một nơi 못 너이	한 장소에
một lúc 못 룩	일시적으로	một nửa 못 느어	절반
một mặt 못 맛	애꾸눈의	một số 못 쏘	몇몇의

món ăn của ngày tết 몬 안 꾸어 응아이 뗏	설날음식
món ăn thông thường 몬 안 통 트엉	흔한 음식
món ăn truyền thống 몬 안 쯔엔 통	전통음식
môi trường khắc nghiệt 모이 쯔엉 칵 응이엣	열악한 환경
mỗi ngày 2 viên 모이 응아이 하이 비엔	매일 2알씩
mỗi người một khác 모이 응어이 못 칵	사람마다 다르다.

một tay 못 따이	외팔이
một tấm ảnh 못 떰 아잉	사진 한 장
một thời gian 못 터이 쟌	그동안
một tí 못 띠	잠깐, 조금
một trăm 못 쨤	백(100)
một triệu 못 찌에우	백만
một tỷ 못 띠	십억
một vài 못 바이	몇 가지
mơ 머	살구
mơ ước 머 으억	꿈꾸다.
mờ 머	흐린
mở 머	열다.
mở cửa 머 끄어	문을 열다.
mở cửa sổ 머 끄어 쏘	창문을 열다.
mở đầu 머 더우	시작하다.
mở đường 머 드엉	길을 열다.
mở máy 머 마이	작동하다.
mở mắt 머 맛	눈을 뜨다.
mỗi trường một khác 모이 쯔엉 못 칵	학교마다 다르다.
một cách bí mật 못 까익 비 멋	비밀스럽게
một cách ngẫu nhiên 못 까익 응어우 니엔	갑작스럽게

mở nắp 머 납	오프너	mời ăn cơm 머이 안 껌	밥사다.
mở ra 머 자	열다. 떼다.	mới 머이	새것의
mở rộng 머 종	확대하다.	mới đầu 머이 더우	처음에
mở tài khoản 머 따이 콴	계좌를 열다.	mới đây 머이 더이	최근의
mở tiệc 머 띠엑	연회를 베풀다.	mới lạ 머이 라	새롭다.
mỡ 머	기름기가 많은	mới nhất 머이 녓	최신의
Mỡ quá! 머 꽈	느끼해.(맛)	mới phải 머이 파이	~해야 한다.
mớ 머	한 무더기	mũ 무	모자
mời 머이	청하다.	mũ bảo hiểm 무 바오 히엠	헬멧

một chín một mười
못 찐 못 므어이   거의 같은 종류의

Một chuyến đi vui vẻ.
못 쭈엔 디 부이 배   즐거운 여행 되세요.

một đôi hoàn hảo
못 도이 호안 하오   찰떡궁합커플

mũ chật 무 쩟	모자가 끼다.	mùa đông 무어 동	겨울
mua 무어	사다.	mùa hạ 무어 하	여름
mua hàng 무어 항	쇼핑	mùa hè 무어 해	여름
mua sắm 무어 쌈	쇼핑	mùa khô 무어 코	건기
mua vé 무어 배	표를 사다.	mùa màng 무어 망	수확기
mùa 무어	계절	mùa mưa 무어 므어	우기

một nải chuối
못 나이 쭈오이   바나나 한 다발

một ngày kia
못 응아이 끼아   그러던 어느 날

một tấm ảnh khổ 3X4
못 떰 아잉 코 바 본   사진 3X4사이즈 한 장

một thời gian sau
못 터이 쟌 싸우   얼마 후에

một tuần một lần
못 뚜언 못 런   일주일에 한번

một vài suy nghĩ
못 바이 쑤이 응이   몇 가지 의견

mùa thu 무어 투	가을	**mùi thơm** 무이 텀	향기
mùa xuân 무어 쑤언	봄	**mùi vị** 무이 비	맛
múa 무어	(전통적인)춤추다.	**mũi** 무이	코
múa rối 무어 조이	인형극	**mũi tên** 무이 뗀	화살
múa rối nước 무어 조이 느억	수상 인형극	**múi** 무이	과육, 매듭
múc ra 묵 자	푸다.	**múi cam** 무이 깜	오렌지 한쪽
mục 묵	기사, 항목	**mụn con** 문 꼰	여드름
mục đích 묵 딕	목적	**mụn trứng cá** 문 쯩 까	여드름
mục tiêu 묵 띠에우	목표	**mùng** 뭉	초순, 모기장
mùi 무이	냄새 맡다.	**muỗi đốt** 무오이 돗	모기가 물다.

Mới được 2 năm nay. 머이 드억 하이 남 나이 막 2년 되었어요.

mua bán 무어 반 거래하다. 사업을 시작하다.

베트남어	한국어
muối / 무오이	소금
muốn / 무온	하고 싶다.
muốn biết / 무온 비엣	알고 싶다.
muốn gặp / 무온 갑	만나고 싶다.
muộn / 무온	늦은
muộn hơn / 무온 헌	더 늦다.
muộn rồi / 무온 조이	늦었다.
mưa / 므어	비가 오다.
mưa đá / 므어 다	우박
mưa rào / 므어 자오	소나기
mức độ / 믁 도	정도
mực / 믁	잉크, 프린터 잉크
mừng / 믕	축하하다. 기쁜
mười / 므어이	십(10)
mười một / 므어이 못	십일(숫자)
mười nghìn / 므어이 응인	만(10000)
mượn / 므언	빌리다.
mứt / 믓	잼
Mỹ / 미	미국
Mỹ Tho / 미 토	미 토(도시명)
mỹ thuật / 미 투엇	미술
mỹ viện / 미 비엔	미용실
muốn cùng đi / 무온 꿍 디	같이 가고 싶다.

mưa rất bất ngờ
므어 젓 벗 응어

비가 갑자기 내리다.

베트남어-한국어

2 바다가 보이는 교실

베트남어	한국어
na / 나	나(과일)
na ná / 나 나	유사한
nai / 나이	사슴, 단단히 묶다.
nài / 나이	계속 조르다.
nài nỉ / 나이 니	애원하다.
nải / 나이	다발(바나나)
nam / 남	남(성)
nam bộ / 남 보	남부
nam cực / 남 끅	남극
Nam Định / 남 디잉	남 디잉(도시명)
nam giới / 남 저이	남자
nam nữ / 남 느	남녀
nam sinh viên / 남 씨잉 비엔	남학생
nạn / 난	재난
nạn nhân / 난 년	희생자
nàng / 낭	그녀(의)
nào / 나오	어느, 자(의성어)
nào cả / 나오 까	어떤 것도
nào đó / 나오 도	어느
nào là / 나오 라	그리고
náo nhiệt / 나오 니엣	활기에 찬
nạp / 납	충전하다.
nạp điện / 납 디엔	충전하다.
nạp súng / 납 쑹	총을 장전하다.

nát rượu 낫 즈어우	심사숙고하여	năm mươi 남 므어이	50
nay 나이	지금, 현재	Năm nào? 남 나오	몇 년도에?
này 나이	이(곳. 것)	năm nay 남 나이	올해
nảy 나이	발생되기 시작하다.	năm ngoái 남 응와이	작년
nây 나이	조금 전	năm qua 남 꽈	작년
năm / 5 năm 남 / 남 남	5, 년 / 5년	năm tới 남 떠이	내년
năm châu 남 쩌우	오대주	năm trước 남 쯔억	작년
năm học 남 혹	학년도	nằm 남	위치해 있다.
năm mất mùa 남 멋 무어	흉년	nằm viện 남 비엔	입원하다.
năm một 남 못	매년마다	nắm 남	쥐다.
năm mới 남 머이	새해	năn nỉ 난 니	간청하다.
nay đây mai đó 나이 더이 마이 도		끊임없이 움직이다.	

베트남어-한국어

nặn 난	모형을 만들다.	nặng 낭	무겁다.
năng 낭	종종	nặng nề 낭 네	무거운
năng động 낭 동	능동적인	nặng nhọc 낭 녹	어려운
năng khiếu 낭 키에우	재능	nắp 납	뚜껑
năng lực 낭 륵	능력	nấc cụt 넉 꿋	딸꾹질
năng lượng 낭 르엉	힘, 에너지	nấm 넘	버섯
Nặng quá. 낭 꽈	무거워	nâng 넝	들어 올리다.
năng suất 낭 쑤엇	생산성	nâng cao 넝 까오	고양하다.
nắng 낭	햇볕이 내리쬐다.	nâng cấp 넝 껍	향상시키다.
nắng gắt 낭 갓	이글거리는 태양	nâu 너우	갈색

năm sau / một năm sau
남 싸우 / 못 남 싸우
년 후 / 일 년 후

Nắng ấm quá.
낭 엄 꽈
햇볕이 따뜻하네.

nấu 너우	끓이다.	nét 냇	형태 ~체(필체등)
nấu ăn 너우 안	요리하다.	nét bút 냇 붓	필적
nấu cơm 너우 껌	밥하다.	nét mặt 냇 맛	외모
nấu nướng 너우 느엉	요리하다.	nếm thử 넴 트	(음식)맛보다.
nấy 너이	그것	nệm 넴	매트리스
nem 냄	넴(춘권)	nên 넨	마땅히 ~ 해야 한다.
nem rán 냄 잔	넴쟌(튀긴 춘권)	nên 넨	~해서 ~하다.
ném 냄	던져버리다.	nền kinh tế 넨 끼잉 떼	경제
ném tuyết 냄 뚜엣	눈싸움하다.	nền tảng 넨 땅	기초, 기반

nắng chói chang
낭 쪼이 짱
햇빛이 이글거리는

nấu ăn ngon
너우 안 응온
요리를 잘 하다.

nên người
넨 응어이
훌륭한 사람이 되다.

베트남어	한국어
nếp 넵	주름, 찹쌀
nếp sống 넵 쏭	생활, 스타일
nết 넷	덕성
nếu 네우	만약
nếu cần 네우 껀	만약 필요하다면
nếu có thể thì 네우 꼬 테 티	가능하시면
nếu đồng ý 네우 동 이	찬성한다면
nếu được 네우 드억	만약 가능하다면
nếu làm thế 네우 람 테	그렇게 하면
nếu như 네우 느	만약 ~ 같다면
nêu 네우	(문제를)제기하다. 예를 들다.
nếu không 네우 콩	만약 그렇지 않다면
nếu thế 네우 테	만약 그렇다면
Nga 응아	러시아
ngà 응아	상아
ngã 응아	넘어지다.
ngã ba 응아 바	삼거리, 전환점
ngã tư 응아 뜨	사거리
ngạc nhiên 응악 니엔	놀라다.
ngài 응아이	어르신(위치가 있는)
ngại 응아이	걱정하다. 두려워하다.
ngàn 응안	(숫자)천

ngang 응앙	보통의, 가로질러	**ngày càng** 응아이 깡	날이 갈수록
ngang hàng 응앙 항	동료	**ngày chủ nhật** 응아이 쭈 녓	일요일
ngang nhau 응앙 나우	같은, 동등의	**ngày đêm** 응아이 뎀	낮과 밤
ngành 응아잉	분야	**ngày giáng sinh** 응아이 장 씨잉	성탄절
ngành nghề 응아잉 응에	직업	**ngày giỗ** 응아이 죠	제삿날
ngạt mũi 응앗 무이	코가 막히다.	**ngày hội** 응아이 호이	축제일
ngay 응아이	바로	**ngày kia** 응아이 끼아	모레
ngay bây giờ 응아이 버이 져	지금 바로	**ngày lễ** 응아이 레	공휴일
ngay cạnh 응아이 까잉	바로 옆에	**ngày lĩnh lương** 응아이 리잉 르엉	월급날
ngay lập tức 응아이 럽 뜩	곧	**ngày mai** 응아이 마이	내일
ngay trên 응아이 쩬	바로 위에	**ngày nào** 응아이 나오	며칠
ngày 응아이	일(하루)	**ngày nay** 응아이 나이	오늘날

베트남어	한국어	베트남어	한국어
ngày nghỉ 응아이 응이	휴일	ngăn 응안	단락을 짓다. 서랍
ngày sau 응아이 싸우	장래	ngăn cản 응안 깐	저지하다.
ngày sinh 응아이 씨잉	생일	ngăn cấm 응안 껌	금지하다.
ngày sinh nhật 응아이 씨잉 녓	생일날	ngăn ngắn 응안 응안	짧은, 간단한
ngày tết 응아이 뗏	명절	ngắn 응안	짧은
ngày tháng 응아이 탕	날짜	ngắt hoa 응앗 화	꽃을 따다.
ngày thường 응아이 트엉	평일	ngắt lời 응앗 러이	말을 자르다.
ngày xưa 응아이 쓰어	옛날	ngậm 응엄	입을 다물다.
ngáy 응아이	코를 골다.	ngân hàng 응언 항	은행
ngắm 응암	주시하다.	ngân sách 응언 싸익	예산
ngay cả 응아이 까	~을 포함하여, ~까지(도)		
ngày càng ngắn hơn 응아이 깡 응안 헌	점점 짧아지다.		

ngập 응업	침수하다.
ngẫu nhiên 응어우 니엔	우연히
nghe 응애	듣다.
nghe lời 응애 러이	남의 충고를 듣다.
nghe nhạc 응애 낙	음악을 듣다.
nghe nói 응애 노이	듣기로는
nghe thấy 응애 터이	듣다.
nghe tiếng 응애 띠응	소리를 듣다.
nghe tin 응애 띤	뉴스를 듣다.
nghé 응애	물소새끼, 엿보다.
nghèo 응애오	가난한
nghèo nàn 응애오 난	빈곤한
nghề 응에	전문분야
nghề nghiệp 응에 응이엡	직업

ngày nghỉ chính thức 응아이 응이 찌잉 특	법적공휴일
ngày Quốc tế Lao động 응아이 꿕 떼 라오 동	국제 노동의 날
ngày Quốc tế Thiếu nhi 응아이 꿕 떼 티에우 니	국제 어린이 날
nghe được 응애 드억	들을 수 있는
nghe theo 응애 태오	~에 복종하다. 충고하다.

베트남어	한국어	베트남어	한국어
nghệ 응에	나무의 종류, 재주	**nghỉ học** 응이 혹	휴학하다.
nghệ nhân 응에 년	예능인	**nghỉ hưu** 응이 휴	은퇴하다.
nghệ sĩ 응에 씨	예술가	**nghỉ ít** 응이 잇	조금만 쉬다.
nghệ thuật 응에 투엇	예술	**nghỉ mát** 응이 맛	여름방학
nghêu 응헤우	조개	**nghỉ ngơi** 응이 응어이	휴식
nghi 응이	의심하다. 외양	**nghỉ phép** 응이 팹	휴가(직장)
nghi lễ 응이 레	차례(행사)	**nghỉ việc** 응이 비엑	일을 그만두다.
nghi ngờ 응이 응어	의심하다.	**nghĩ** 응이	생각하다.
nghi vấn 응이 번	의문	**nghĩ ra** 응이 자	생각해 내다.
nghỉ 응이	휴식	**nghị án** 응이 안	판결안
nghỉ đông 응이 동	겨울방학	**nghị lực** 응이 륵	힘, 정신력
nghỉ hè 응이 해	여름방학, 휴가	**nghĩa** 응이아	의미

nghĩa là 응이아 라	~라는 의미는
nghĩa quân 응이아 꿘	지원군
nghịch 응익	장난의
nghiêm cấm 응이엠 껌	엄금하다.
Nghiêm quá! 응이엠 꽈	엄격하군요.
nghiêm trọng 응이엠 쫑	엄중한
nghiên cứu 응이엔 끄우	연구하다.
nghiện 응이엔	중독되다.
nghiện rượu 응이엔 즈어우	알코올중독
nghiêng 응이엥	경사진
nghiên cứu sinh 응이엔 끄우 씨잉	대학원(의)
ngó 응오	쳐다보다. ~로 향해있다.
nghiệp 응이엡	사업
nghiệp dư 응이엡 즈	아마추어
nghiệp vụ 응이엡 부	(전문적인)업무
nghìn 응인	천(숫자)
ngõ 응오	골목
ngoài 응와이	밖
ngoài mặt 응와이 맛	외관
ngoài nước 응와이 느억	외국의
ngoài ra 응와이 자	게다가
ngoại 응와이	외(과), 수입한

ngoại động từ (응와이 동 뜨)	타동사
ngoại giao (응와이 쟈오)	외교
ngoại ngữ (응와이 응으)	외국어
ngoại ô (응와이 오)	교외
ngoại tệ (응와이 떼)	외화
ngoại thành (응와이 타잉)	교외
ngoại thương (응와이 트엉)	대외무역
ngoại trừ (응와이 쯔)	비거주의
ngoại xâm (응와이 썸)	외침(침략)
ngoan (응완)	(어린이에게)착한
Ngoan quá. (응완 꽈)	(아기에게)착하네.
ngon lành (응온 라잉)	맛있는, (일이)잘되는
ngóc ngách (응옥 응악)	구부러진 길
ngọc (응옥)	옥(보석)
ngòi bút (응오이 붓)	펜
ngon (응온)	맛이 좋은
ngon miệng (응온 미응)	잘 먹다.
ngón chân (응온 쩐)	발가락
ngón tay (응온 따이)	손가락
ngọn (응온)	정상(꼭대기)
ngót (응옷)	감퇴하다.
ngọt (응옷)	달다.(맛)

Ngọt quá. 응옷 꽈	달아요.(맛)	ngồi 응오이	앉다.
ngô 응오	옥수수	ngôn ngữ 응온 응으	언어
ngộ độc thức ăn 응오 독 특 안	식중독	Ngôn ngữ học 응온 응으 혹	언어학
ngốc 응옥	어리석은	ngỗng 응옹	거위
ngôi chùa 응오이 쭈어	사원(절)	ngờ 응어	상상하다.
ngôi nhà 응오이 냐	집	ngu 응우	어리석은
ngôi sao 응오이 싸오	스타(인물)	ngu ngốc 응우 응옥	어리석은
ngôi thứ nhất 응오이 트 녓	일인칭	ngủ 응우	자다.
ngôi vua 응오이 부어	왕위	ngủ dậy 응우 저이	잠에서 깨다.

ngô nướng　　　　　　　　　　응오 느엉(구운 옥수수)
응오 느엉

ngôn ngữ chuẩn　　　　　　　　　　표준어
응온 응으 쭈언

người / 10 người　　　　　　　사람, 명 / 10명
응어이 / 므어이 응어이

베트남어	한국어
ngủ dậy muộn 응우 저이 무온	늦잠자다.
ngủ ngon 응우 응온	푹 자다.
ngủ quên 응우 꾸엔	잊고 자버리다.
ngủ trưa 응우 쯔어	낮잠 자다.
ngụm 응움	한 입의
nguội 응우오이	식은
nguồn 응우온	근원
nguồn gốc 응우온 곡	원천
nguồn nước 응우온 느억	원천
nguy cơ 응위 꺼	위기
nguy hiểm 응위 히엠	위험한
nguyên 응우엔	미발굴의, 원고
nguyên âm 응우엔 엄	원음
nguyên đán 응우엔 단	설
nguyên liệu 응우엔 리에우	원료
nguyên nhân 응우엔 년	원인
nguyên thủy 응우엔 투이	원시의
nguyễn 응위엔	인명
nguyện vọng 응우엔 봉	소원
ngư dân 응으 전	어민
ngư nghiệp 응으 응이엡	어업
ngữ âm 응으 엄	음성(학)의
ngữ khí 응으 키	말투
ngữ pháp 응으 팝	문법

ngứa 응으어	가렵다.	**ngược lại** 응으억 라이	거꾸로
ngứa mắt 응으어 맛	눈에 거슬리는	**người bệnh** 응어이 버익	환자
ngứa tai 응으어 따이	귀에 거슬리는	**người cha** 응어이 짜	아버지
ngựa 응으어	말(동물)	**người chứng kiến** 응어이 쯩 끼엔	목격자
ngực 응윽	가슴	**người con** 응어이 꼰	자식
ngửi 응으이	냄새 맡다.	**người da đen** 응어이 자 댄	흑인
ngưng 응응	그만두다.	**người dân** 응어이 전	시민
ngược 응으억	반대의, 거스르다.	**người dùng** 응어이 중	사용자
ngược dòng 응으억 종	역류	**người đại biểu** 응어이 다이 비에우	대표자
ngược đời 응으억 더이	보통과 다른	**người đàn bà** 응어이 단 바	숙녀

người ăn / 3 người ăn   인분 / 삼 인분
응어이 안 / 바 응어이 안

người giúp việc   가사도우미
응어이 쭙 비역

người đàn ông 신사(남자) 응어이 단 옹	**người lạ** 모르는 사람 응어이 라
người đầu bếp 주방장 응어이 더우 벱	**người lái xe** 운전사 응어이 라이 쌔
người đẹp 아름다운 사람 응어이 댑	**người làm** 인부 응어이 람
người đi bộ 보행자 응어이 디 보	**người lao động** 노동자 응어이 라오 동
người đời 세인 응어이 더이	**người lớn** 어른 응어이 런
người đưa thư 우체부 응어이 드어 트	**người mẫu** 모델(사람) 응어이 머우
người già 노인 응어이 자	**người nhận** 수신인 응어이 년
người Hàn Quốc 한국사람 응어이 한 꿕	**người nước ngoài** 외국인 응어이 느억 응와이
người hâm mộ 팬(애호가) 응어이 험 모	**người ốm** 환자 응어이 옴
người phiên dịch 통역(사람) 응어이 피엔 직	
người ta nói 사람들이 말하기를 응어이 따 노이	
người Việt Nam 베트남사람 응어이 비엣 남	

người ở 응어이 어	하인	ngưỡng mộ 응으엉 모	~에 감탄하다.
người phụ trách 응어이 푸 짜익	책임자	Nha Trang 냐 짱	냐 짱(도시명)
người phục vụ 응어이 푹 부	종업원	nhà 냐	집
người quản lý 응어이 꽌 리	관리자	nhà ăn 냐 안	식당
người ta 응어이 따	그들은	nhà bảo tàng 냐 바오 땅	박물관
người thân 응어이 턴	친한 사람	nhà báo 냐 바오	기자
người thợ 응어이 터	기술자	nhà bếp 냐 벱	부엌
người tiêu dùng 응어이 띠에우 중	소비자	nhà chính trị 냐 찌잉 찌	정치인
người tuyết 응어이 뚜엣	눈사람	nhà chuyên môn 냐 쭈엔 몬	전문가
người xưa 응어이 쓰어	조상	nhà cửa 냐 끄어	건물
người yêu 응어이 이에우	애인	nhà doanh nghiệp 냐 조아잉 응이엡	기업가
nhà cửa khan hiếm 냐 끄어 칸 히엠			주택난

nhà du hành vũ trụ 냐 주 하잉 부 쭈	우주인
nhà đám 냐 담	상갓집
nhà đầu tư 냐 더우 뜨	투자자
nhà để xe 냐 데 쌔	차고
nhà ga 냐 갸	철도역
nhà gái 냐 가이	신부 측
nhà giáo 냐 쟈오	교사
nhà hàng 냐 항	음식점
nhà hát 냐 핫	극장
nhà hát lớn 냐 핫 런	대극장
nhà khách 냐 카익	게스트 하우스
nhà khoa học 냐 콰 혹	과학자
nhà kinh doanh 냐 끼잉 좌잉	경영가
nhà kinh tế học 냐 끼잉 떼 혹	경제학자
nhà máy 냐 마이	공장
nhà ngoại giao 냐 응와이 쟈오	외교관
nhà nước 냐 느억	행정부, 국가
nhà ở 냐 어	주택
nhà riêng 냐 지응	개인주택
nhà sàn 냐 싼	바닥이 높은 집
nhà sản xuất 냐 싼 쑤엇	프로듀서
nhà sử học 냐 쓰 혹	사학자

nhà nước phân phối 나라에서 배분하다.
냐 느억 펀 포이

nhà thờ 냐 터	교회	**nhà vô địch** 냐 보 딕	승자
nhà toán học 냐 또안 혹	수학자	**nhà vua** 냐 부어	조정(옛정부)
nhà tôi 냐 또이	배우자, 나의 집	**nhà xe** 냐 쌔	주차장
nhà trai 냐 짜이	신랑 측	**nhà xuất bản** 냐 쑤엇 반	출판사
nhà trẻ 냐 째	유아원	**nhã nhặn** 냐 냔	우아하다.
nhà trong 냐 쫑	안채	**nhạc** 냑	음악
nhà trường 냐 쯔엉	학교	**nhạc cụ** 냑 꾸	악기
nhà văn 냐 반	작가	**nhạc khí** 냑 키	악기
nhà văn hóa 냐 반 화	문화원	**nhạc nhẹ** 냑 내	경음악
nhà vật lý 냐 벗 리	물리학자	**nhạc sĩ** 냑 씨	음악가
nhà vệ sinh 냐 베 씽	화장실	**nhạc viện** 냑 비엔	음악학교
Nhà vệ sinh ở đâu? 냐 베 씽 어 더우		화장실이 어디예요?	

nhai / 냐이	씹다.
nhàn / 냔	한가한
nhãn / 냔	라벨
nhanh / 냐잉	빠르게
nhanh chóng / 냐잉 쫑	빠르게
Nhanh lên. / 냐잉 렌	빨리
nhanh nhẩu / 냐잉 녀우	재빠른
nhanh nhẹn / 냐잉 낸	경쾌한
nhạt / 낫	싱겁다.
nhau / 냐우	서로
nhảy giỏi / 냐이 죠이	춤을 잘 추다.
nhanh gọn / 냐잉 곤	빠르게 순서대로
nhảy múa / 냐이 무어	춤추다.
nhảy xa / 냐이 싸	멀리뛰기
nhắc / 냑	상기시키다.
nhắc đến / 냑 덴	상기하다.
nhắc lại / 냑 라이	반복하다.
nhằm / 남	겨냥하다.
nhắn / 난	메시지를 보내다.
nhặt / 낫	줍다.
nhấc / 녁	들어 올리다.
nhầm / 념	틀린
Nhầm rồi. / 념 조이	틀렸어.

nhân 년	늘리다. 사람	**nhẫn** 년	반지
nhân chứng 년 쯩	증인	**nhẫn tâm** 년 떰	야박하다.
nhân dân 년 전	국민	**nhấn mạnh** 년 마잉	강조하다.
nhân dịp 년 집	기회를 잡다.	**nhận** 년	받다.
nhân loại 년 롸이	인류	**nhận biết** 년 비엣	인식하다. 알다.
nhân quả 년 꽈	원인과 결과	**nhận định** 년 딕	판가름하다.
nhân tạo 년 따오	사람이 만든	**nhận lời** 년 러이	동의하다.
nhân vật 년 벗	인물	**nhận ra** 년 자	알다. 인식하다.
nhân viên 년 비엔	사원(사람)	**nhận thấy** 년 터이	인식하다.
nhân viên nhà ga 년 비엔 냐 갸	역무원	**nhận thức** 년 특	인식하다.

nhảy 냐이   뛰다. (현대적인)춤추다.

nhấn phải chuột 년 파이 쭈옷   마우스 오른쪽 클릭하다. (전산)

베트남어	한국어
nhận xét 년 쎗	판단하다.
nhập 녑	넣다. 수입
nhập cảnh 녑 까잉	입국하다.
nhập cuộc 녑 꾸옥	참가하다.
nhập cư 녑 끄	이민하다.
nhập khẩu 녑 커우	수입하다.
nhập ngũ 녑 응우	입대하다.
nhất 녓	첫째, (최상급)가장
nhất là 녓 라	특히
nhất quán 녓 꽌	일관된
nhất thiết 녓 티엣	반드시
nhất trí 녓 찌	일치하다.
Nhật 녓	일본
Nhật Bản 녓 반	일본
nhẹ 내	가벼운
nhễ nhại 네 냐이	줄줄 흐르는

nhận điện thoại
년 디엔 토와이   전화를 받다.

nhập gia tùy tục
녑 쟈 뛰 뚝   로마에 가면 로마법을 따라야한다.

nhất định
녓 딕   결정하다. 꼭~하다.

nhé
내   권유 할 때 어미에 붙이는 말

nhì 니	두 번째	nhiều 니에우	많은
nhỉ 니	~이겠지요?	nhiều chuyện 니에우 쭈엔	수다스러운
nhiễm 니엠	감염되다.	nhiều loại 니에우 롸이	여러 가지
nhiệm 니엠	숨겨진, 맡기다.	nhiều lúc 니에우 룩	자주
nhiệm vụ 니엠 부	임무	nhiều nơi 니에우 너이	많은 곳
nhiên liệu 니엔 리에우	연료	nhìn 닌	바라보다.
nhiệt độ 니엣 도	온도	Nhìn kìa. 닌 끼아	저것 봐.
nhiệt tình 니엣 띠잉	열정	nhìn thấy 닌 터이	보다.

nhẹ nhàng
내 냥   가벼운, 홀가분한

nhiệt độ cao nhất
니엣 도 까오 녓   최고기온

nhiệt độ thấp nhất
니엣 도 텁 녓   최저기온

nhiệt độ trung bình
니엣 도 쭝 비잉   평균기온

nhịn 닌	억제하다.	nhỏ bé 뇨 배	조그마한
nhịn ăn 닌 안	단식하다.	nhỏ hẹp 뇨 햅	좁은(마음)
nhịn đói 닌 도이	배고픔을 참다.	nhỏ hơn 뇨 헌	더 작은
nhịp 닙	박자	nhọc 녹	몸이 나른한
nho 뇨	포도, 유학자	nhóm 놈	동아리, (불)태우다
nho giáo 뇨 자오	유교	nhóm nhạc 놈 낙	그룹(가수)
nho sĩ 뇨 씨	유학자	nhọn 논	뾰족한
nhỏ 뇨	작은	nhọt 녓	종기

nhiều thay đổi 획기적으로 바꾸다.
니에우 타이 도이

nhiều thứ nữa 더 많이 있다.
니에우 트 느어

nhỏ thuốc mắt 안약을 넣다.
뇨 투억 맛

nhuộm răng 이를 물들이다.
뉴옴 장

Vietnamese	Korean pronunciation	Meaning
nhổ răng	뇨 장	이를 뽑다.
nhộn nhịp	뇬 닙	시끄러운, 바쁜
nhốt	놋	감금하다.
nhờ	녀	요청하다.
nhờ có	녀 꼬	~에게 사례하다.
nhỡ	녀	적당한
nhớ	녀	생각해내다. 기억하다.
nhớ đến	녀 덴	기억하다.
nhớ lại	녀 라이	회상하다.
nhớ nhà	녀 냐	향수병에 걸리다.
nhớ ra	녀 자	기억해내다.
như không	느 콩	아무렇지도 않게 생각하는
nhợt nhạt	녓 낫	창백하다.
nhu cầu	뉴 꺼우	수요
nhuộm	뉴옴	물들이다.
như	느	~와 같은
như là	느 라	마치~처럼
như nhau	느 나우	비슷한
như sau	느 싸우	다음과 같은
như thế	느 테	그처럼
như thế kia	느 테 끼아	그렇게
như thế nào	느 테 나오	어떻게
như thế này	느 테 나이	이렇게

베트남어	한국어
như trên 느 쩬	위와 같은
như vậy 느 버이	그처럼
như ý 느 이	원하는 대로
nhức 늑	통증을 느끼다.
nhức đầu 늑 더우	두통
nhưng 능	그러나
nhưng mà 능 마	그런데
những ai 능 아이	누구나
những năm 능 남	여러 해
những ngày 능 응아이	며칠
những người 능 응어이	사람들
nhượng bộ 느엉 보	양보하다.
niềm 니염	감정
niềm vui 니염 부이	기쁨
niên 니엔	연(해)
ninh 니잉	오래 끓이다.
no 노	배부르다.
No quá. 노 꽈	배불러.
nó 노	그(는), 그것은
nọ 노	지난

Nhưng rất may mắn
 능 젓 마이 만 — 그래도 정말 다행이야.

nhưng thành thật mà nói
 능 타잉 텃 마 노이 — 솔직히 말하자면

nói 노이	말하다.	Nói đúng. 노이 둥	맞는 말이다.
nói 1 cách khác 노이 못 까익 칵	어찌됐건	nói gì? 노이 지	무슨 말이야?
nói bất ngờ 노이 벗 응어	갑자기 말하다.	nói khoác 노이 콱	허풍떨다.
nói cho biết 노이 쪼 비엣	일깨우다.	nói không 노이 콩	모함하다.
nói chung 노이 쭝	일반적으로	nói là 노이 라	소문의 의하면
nói chuyện 노이 쭈엔	이야기하다.	nói lên 노이 렌	표현하다.
nói dối 노이 조이	거짓말하다.	nói lớn lên 노이 런 렌	크게 말하다.
Nói đi. 노이 디	말해봐.	nói năng 노이 낭	말하다.(구어체)

những
능
복수를 나타내는 접두사

Ninh Bình
니잉 비잉
니잉 비잉(도시명)

nói chuyện bằng tiếng Anh
노이 쭈엔 방 띠응 아잉
영어로 이야기하다.

nói đến
노이 덴
~에 대하여 말하다.

nói phải 노이 파이	옳은 말을 하다.	nói thật 노이 텃	진실을 말하다.
nói ra 노이 자	말하다.	nói trước 노이 쯔억	미리 말하다.
nói rằng 노이 장	말하기를	Nói trước nhé. 노이 쯔억 내	미리 말해.
nói riêng 노이 지응	개인적으로는	nói xấu 노이 써우	험담하다.
nói rõ 노이 조	똑똑히 말하다.	non 논	산, 젊은
nói sự thật 노이 쓰 텃	사실을 말하다.	nón 논	모자
nói thẳng 노이 탕	솔직하게 말하다.	nong 농	크고 납작한 광주리
nói thầm 노이 텀	속삭이다.	nóng 농	뜨거운

nói khéo 조심스럽게 말하다.
노이 캐오

nói năng thoải mái 반말로 얘기하다.
노이 낭 토아이 마이

nói tiếng Việt rất thạo 베트남어를 능숙하게 하다.
노이 띠응 비엣 젓 타오

Nói về cái gì? 뭐에 대해 말하지?
노이 베 까이 지

nóng bức (농 븍)	덥다. 열렬한
Nóng quá. (농 꽈)	뜨거워.
nỗ lực (노 륵)	노력
nôi (노이)	요람
nồi (노이)	냄비
nổi (노이)	(연예인등이)뜨다.
nổi bật (노이 벗)	유명한
nổi lên (노이 렌)	(물에)뜨다.
nổi tiếng (노이 띠응)	유명한
nỗi (노이)	심경
nỗi buồn (노이 부온)	슬픔
nỗi đau (노이 다우)	아픔
nỗi lo (노이 로)	걱정
nối (노이)	묶다.
nội (노이)	국내의, 내부
nội dung (노이 중)	내용
nội địa (노이 디아)	영토내
nội phản (노이 판)	배반자
nội thành (노이 타잉)	시내(도시)
nội trợ (노이 쩌)	내조하다.
Nội Bài (노이 바이)	노이바이 공항(하노이)
nội các chính phủ (노이 깍 찌잉 푸)	정부관계자

Vietnamese	Pronunciation	Korean
nộm	놈	종이 인형
nông	농	얕은, 농업의
nông dân	농 전	농민
nông nghiệp	농 응이엡	농업
nông sản	농 싼	농산물
nông thôn	농 톤	농촌
nộp	놉	제출하다.
nộp thuế	놉 투에	세금을 내다.
nốt	놋	부스럼
nốt nhạc	놋 냑	음표
nở	너	피다.
nơi	너이	곳(장소)
nơi chốn	너이 쫀	장소
núc	눅	단단히 죄다.
núi	누이	산
núi lửa	누이 르어	화산
núi non	누이 논	산
nung nấu	눙 너우	찌다.
nuôi	누오이	(아이, 동물)기르다.
nữ	느	여성
nộp thuế quan	놉 투에 꽌	관세를 내다.
nộp tiền thuê nhà	놉 띠엔 투에 냐	월세를 내다.

nữ hoàng 느 황	여왕	**nước chanh** 느억 짜잉	레몬주스
nửa 느어	절반	**nước chấm** 느억 쩜	양념장
nửa cân 느어 껀	반 근	**nước da** 느억 자	혈색
nửa đêm 느어 뎀	한밤중	**nước da đẹp** 느억 자 댑	혈색이 좋다.
nữa 느어	더	**nước da xấu** 느억 자 써우	핏기가 없다.
nữa là 느어 라	~은 말할 것도 없고	**nước dùng** 느억 중	육수
nữa rồi 느어 조이	그러고 나서	**nước hoa** 느억 화	향수
nước 느억	물	**nước khoáng** 느억 쾅	생수
nước cam 느억 깜	오렌지 주스	**nước lạnh** 느억 라잉	냉수

nuôi dưỡng 누오이 즈엉 — 기르다. 가르치다.

nuôi tóc dài 누오이 똑 자이 — 머리를 기르다.

nuối tiếc 누오이 띠엑 — 유감으로 생각하다.

nước mắt 느억 맛	눈물	nước tiểu 느억 띠에우	소변
nước ngoài 느억 응와이	외국	nước tương 느억 뜨엉	간장
nước ngọt 느억 응옷	청량음료	nước uống 느억 우엉	음료수
nước nhà 느억 냐	국가	nướng 느엉	굽다.
nước sôi 느억 쏘이	끓는 물		

nửa tháng liền
느어 탕 리엔   보름동안 계속

nước đang phát triển
느억 당 팟 찌엔   개발도상국

nước đóng băng
느억 동 방   물이 얼다.

nước mắm
느억 맘   짠맛이 나는 소스

op

베트남어-한국어

베트남어-한국어

oan 오안	거짓의	ốc 옥	우렁(동물)
oanh 와잉	원앙새	ôi 오이	어!(감탄사)
oi bức 오이 북	무더운	ối 오이	앗!(감탄사), 많은
ok 오께	좋아.	ôm 옴	껴안다.
ong 옹	벌(곤충)	ốm 옴	아프다, 마르다.
óc 옥	뇌	ôn 온	점염병, 따뜻한
ô 오	우산	ôn tập 온 떱	복습하다.
ô nhiễm 오 니염	더럽히다.	ồn ào 온 아오	시끄러운
ô tô buýt 오 또 븻	버스	ổn định 온 딕	안정된
ồ 오	오, 와 (감탄)	ổ cắm điện 오 깜 디엔	전기콘센트
ổ cứng 오 끙	하드(전산HDD)	ông 옹	할아버지

Ôi, ngọt quá.　　　　　　　　　　어우. 너무 달아.
오이, 응옷 꽈

ông bà (옹 바)	할아버지와 할머니
ông chủ (옹 쭈)	주인
ông cụ (옹 꾸)	노인
ông già (옹 쟈)	늙은 사람
ông lão (옹 라오)	늙은 사람
ông ngoại (옹 응와이)	외할아버지
ông nội (옹 노이)	친할아버지
ông ta (옹 따)	그분
ôtô (오또)	차(교통)
ở (어)	~에, ~에 살다.
ở đâu (어 더우)	어디
ở đó (어 도)	거기
ở gần nhà tôi (어 건 냐 또이)	집근처에
ở lại (어 라이)	머물다.(숙박)
ở mặt (어 맛)	얼굴에
ở môn nào (어 몬 나오)	어느 종목에서
ở ngoài (어 응와이)	밖에
ở nhà hàng (어 냐 항)	음식점에는
ở nước nào (어 느억 나오)	어느 나라에서
ở quanh (어 꽈잉)	주변에
ở tầng trên (어 떵 쩬)	위층
ở trước mặt (어 쯔억 맛)	정면에 있는
ở ngay trước mặt (어 응아이 쯔억 맛)	바로 정면에 있는

ở vậy 어 버이	홀아비, 과부로 살다.	ơi là 어이 라	정말(강조)
ở Việt Nam 어 비엣 남	베트남에서	ơn 언	호의
ợ chua 어 쭈어	신물이 넘어오다.	ớt 엇	고추(야채)
ơi 어이	(호칭)~야	ớt tây 엇 떠이	피망

p

Pakixtan 빠끼스탄	파키스탄	phá 파	부수다. 방해하다.
pha 파	(차)라이트	phá hủy 파 휘	파괴하다.
pha chè 파 째	차를 준비하다.	phá sản 파 싼	파산
pha chế 파 쩨	준비하다.	phải 파이	~ 해야 한다. 오른쪽
pha lê 파 레	크리스털	phải biết 파이 비엣	강력한
pha trà 파 짜	차를 끓이다.	phải chăng 파이 짱	타당한

phải có 파이 꼬	있어야 하다.	phản bác 판 박	반박하다.
phải đi 파이 디	가야하다.	phản đối 판 도이	반대하다.
phải học 파이 혹	공부하다.	phản ứng 판 응	반응
phải không 파이 콩	그렇지?	phản ứng phụ 판 응 푸	부작용
phái 파이	대표로 보내다.	phán 판	판단하다.
phạm 팜	어기다. 지극히	Pháp 팝	프랑스
phạm lỗi 팜 로이	실수하다.	pháp luật 팝 루엇	법률
phạm vi 팜 비	범위	phát 팟	주다.
Phan Thiết 판 티엣	판 티엣(도시명)	phát âm 팟 엄	발음
phàn nàn 판 난	불평하다.	phát biểu 팟 비에우	발표하다.
phản ánh 판 아잉	반영하다.	phát đạt 팟 닷	발달하다.

phạm vi kinh doanh　　　　경영범위
팜 비 끼잉 좌잉

phát hành 팟 하잉	발행하다.	phạt 팟	벌 받다.
phát hiện 팟 히엔	나타나다.	phăng 팡	카네이션
phát huy 팟 휘	발휘하다.	phẳng 팡	평탄한
phát minh 팟 미잉	발명하다.	phân 펀	비료, 나누다.
phát ra 팟 자	(신호를)보내다.	phân biệt 펀 비엣	차별하다.
phát sáng 팟 쌍	빛을 발하다.	phân bố 펀 보	나누다.
phát thanh 팟 타잉	방송하다.	phân cách 펀 까익	분리하다.
phát triển 팟 찌엔	발달하다.	phân tích 펀 띡	분석하다.
phát trực tiếp 팟 쯕 띠엡	생방송하다.	phân trần 펀 쩐	설명하다.

Phan Rang-Tháp Chàm   판 장 탑 짬(도시명)
판 장 탑 짬

Phát âm tiếng Việt khó.   베트남어 발음이 어려워요.
팟 엄 띠응 비엣 코

phát thanh viên   방송국 아나운서
팟 타잉 비엔

phần 펀	부분, 성분
phần cuối 펀 꾸오이	결말
phần cứng 펀 꿍	하드웨어(전산)
Phần Lan 펀 란	핀란드
phần nào 펀 나오	어느 정도
phần thưởng 펀 트엉	상금
phần trăm 펀 짬	퍼센트(%)
phấn khởi 펀 커이	흥분하다.
phất 펏	휘날리다. 붙이다.
phẫu thuật 퍼우 투엇	수술
phẩy 퍼이	쉼표(,)
phép 팹	법칙, 허가
phê bình 페 비잉	비평하다.
phế 페	상이군인
phế quản 페 꽌	기관지
phi thường 피 트엉	보통이 아닌
phát triển mạnh 팟 찌엔 마잉	활발하게 발전하다.
Phân biệt thế nào? 펀 비엣 테 나오	어떻게 구분해요?
phần mềm 펀 멤	소프트웨어(전산)
phẫu thuật thẩm mỹ 퍼우 투엇 텀 미	성형수술

베트남어	한국어
phí (피)	소비하다. 요금
phía (피아)	편(방향)
phía bắc (피아 박)	북쪽
phía nam (피아 남)	남쪽
phía sau (피아 싸우)	뒤쪽
phía trước (피아 쯔억)	앞쪽
phiếm định (피엠 딕)	평범한
phiên dịch (피엔 직)	통역하다.
phiếu (피에우)	표(설문)
phiếu gửi tiền (피에우 그이 띠엔)	예금통장
Philippin (필리뻰)	필리핀
phim hoạt hình (핌 홧 히잉)	애니메이션
phim (핌)	영화
phim chưởng (핌 쯔엉)	무협영화
phim Hàn Quốc (핌 한 꿕)	한국영화
phim hành động (핌 하잉 동)	액션영화
phim kinh dị (핌 끼잉 지)	공포영화
phim tài liệu (핌 따이 리에우)	다큐멘터리
phim tình cảm (핌 띠잉 깜)	멜로영화
phím (핌)	자판, 건반
phình (피잉)	부풀다.
phó thủ tướng (포 투 뜨엉)	부수장
phó từ (포 뜨)	부사

phong 퐁	(편지)봉하다.	phòng bảo vệ 퐁 바오 베	경비실
phong bì 퐁 비	봉투	phòng chỉ dẫn 퐁 찌 전	안내소
phong cách 퐁 까익	스타일	phòng đôi 퐁 도이	더블룸
phong cảnh 퐁 까잉	풍경	phòng đợi 퐁 더이	대합실
phong cầm 퐁 껌	풍금	phòng đơn 퐁 던	싱글룸
phong phú 퐁 푸	풍부한	phòng họp 퐁 홉	회의실
phong tục 퐁 뚝	풍습	phòng khách 퐁 카익	거실
phòng 퐁	방	phòng khám 퐁 캄	진찰실
phòng ăn 퐁 안	접대실	phòng không 퐁 콩	방공

phim truyền hình
핌 쭈옌 히잉
tv드라마

phong cách Hàn Quốc
퐁 까익 한 꿕
한국적 방식

phòng có hai giường
퐁 꼬 하이 즈엉
트윈룸

phòng ngủ 침실 풍 응우	phổ biến 보편적이다. 포 비엔
phòng số 방 번호 풍 쏘	phổ nhạc 악보를 만들다. 포 낙
phòng tắm 욕실 풍 땀	phổ thông 보통의 포 통
phòng thí nghiệm 실험실 풍 티 응이엠	phố 작은 도로 포
phòng tranh 미술관, 화랑 풍 짜잉	phố phường 거리 포 프엉
phỏng đoán 짐작 풍 도안	phối hợp 결합시키다. 포이 헙
phỏng vấn 면접 풍 번	phông 배경 풍
phóng 던지다. 발사하다. 풍	phở 쌀국수 퍼
phóng sự 뉴스기사 풍 쓰	phơi quần áo 빨래를 널다. 퍼이 꿘 아오
phóng viên 통신원 풍 비엔	phù chú 부적 푸 쭈
photocopy 복사 포또까피	phù hợp 부합하다. 푸 헙
phổ thông trung học 포 통 쭝 혹	고등학교

phù sa 푸 싸	충적토	phụ trách 푸 짜익	책임지다.
phủ định 푸 딕	부정하다.	phụ trợ 푸 쩌	돕다.
Phủ Lý 푸 리	푸 리(도시명)	phụ từ 푸 뜨	조동사
phú 푸	(재능)부여하다.	phúc 푹	행운
phú gia 푸 자	부잣집	phục 푹	매복하고 기다리다.
phụ 푸	보조의	phun 푼	배출하다.
phụ đề 푸 데	자막	phút 풋	분(시간)
phụ hệ 푸 헤	부계	phức tạp 폭 땁	복잡한
phụ huynh 푸 휘잉	학부모	phương án 프엉 안	묘안
phụ lão 푸 라오	노인	phương hướng 프엉 흐엉	방향
phụ nữ 푸 느	여성	phương ngôn 프엉 응온	사투리
phụ thuộc 푸 투억	부속	phương pháp 프엉 팝	방법

phương tây 프엉 떠이	서양의	pin 삔	건전지
phương tiện 프엉 띠엔	수단	Pleiku 플래이꾸	플래이꾸(도시명)
phường 프엉	무리, (도시의)구	pô 포	노출(사진기)

phục viên 푹 비엔	군대에서 제대시키다.
phục vụ 푹 부	서빙하다. 서비스하다.(전산)
phúng viếng 풍 비응	제물을 바치다.
phương tiện gì? 프엉 띠엔 지	뭘 탈건데?
phương tiện giao thông 프엉 띠엔 쟈오 통	교통수단

9

베트남어-한국어

프**로이트**-읽**기**

qua 꽈	통과하다.	quá 꽈	초과하다.
qua đời 꽈 더이	사망하다.	quá cảnh 꽈 까잉	국경을 통과하다.
qua hải quan 꽈 하이 꽌	통관하다.	quá đáng 꽈 당	지나친
qua sông 꽈 쏭	강을 가로지르다.	quá hạn 꽈 한	한계를 넘어서다.
quà 꽈	선물	quá khứ 꽈 크	과거
quà tặng 꽈 땅	증정품	quá mức 꽈 믁	(정도가)지나치다.
quả 꽈	과일	quá sức 꽈 쓱	능력
quả là 꽈 라	과연	quá thể 꽈 테	지나친
quả thật 꽈 텃	정말로, 결과	quá trọng lượng 꽈 쫑 르엉	중량초과

qua ngày 시간을 헛되이 하다.
꽈 응아이

quá trình 과정, 프로세스(전산)
꽈 찌잉

quá tiêu chuẩn 규정을 초과하다.
꽈 띠에우 쭈언

quạ 꽈	까마귀	quán 꽌	가게
quan điểm 꽌 디엠	관점	quán ăn 꽌 안	음식점
quan hệ 꽌 헤	관계	quán chát 꽌 짯	pc방
quan hệ gia đình 꽌 헤 쟈 딩	가족관계	quán cơm 꽌 껌	식당
quan họ 꽌 호	사랑의 이중주	quán karaoke 꽌 까라오깨	노래방
quan niệm 꽌 니엠	관념	quán nước 꽌 느억	간이술집
quan sát 꽌 쌋	관찰하다.	quán rượu 꽌 즈어우	바(술집)
quan tâm 꽌 떰	관심을 갖다.	quang 꽝	하늘의
quan thuế 꽌 투에	관세	quang cảnh 꽝 까잉	경치
quan trọng 꽌 쫑	중요한	quang đãng 꽝 당	(날씨)맑은
quản lý 꽌 리	관리하다. 경영하다.	quàng 꽝	어깨에 걸치다.
quan hệ đối tác 꽌 헤 도이 딱			동반자 관계

베트남어	한국어	베트남어	한국어
quàng khăn 꽝 칸	목도리를 하다.	quay lại 꽈이 라이	되돌아가다.
quảng cáo 꽝 까오	광고	quay số 꽈이 쏘	전화를 걸다.
Quảng Châu 꽝 쩌우	광쩌우	quắt 꽛	주름이 지다.
quảng trường 꽝 쯔엉	광장	quân 꿘	군대
quãng đường 꽝 드엉	거리	quân đội 꿘 도이	군대
quanh 꽈잉	주위의	quân lính 꿘 리잉	군사
quạt 꽛	선풍기	quân thần 꿘 턴	군신
quạt máy 꽛 마이	선풍기	quân y 꿘 이	의무군
quạt trần 꽛 쩐	천정팬	quần 꿘	바지
quay 꽈이	돌다.	quần áo 꿘 아오	옷
Quảng Ngãi 꽝 아이			꽝 아이(도시명)
quay phim 꽈이 핌			영화를 촬영하다.

quần bò 꿘 보	청바지	quầy 꿔이	창구, 계산대
quần chúng 꿘 쭝	군중	quầy thu ngân 꿔이 투 응언	계산대
quần lót 꿘 롯	팬티	quen biết 꾸앤 비엣	알고 지내다.
quần vợt 꿘 벗	테니스	quen thuộc 꾸앤 투억	잘 아는
quấn 꿘	휘감다.	quét 꽷	쓸다.
quận 꿘	(행정단위)군	quét dọn 꽷 존	청소하다.
quật 꿧	파내다.	quê 꿰	고향
quây quần 꿔이 꿘	모이다.	quê hương 꿰 흐엉	고향

Quần áo chưa khô.
꿘 아오 쯔어 코
빨래가 안 말라요.

quẩy
꿔이
꿔이(쌀국수와 같이 먹는 튀김)

quen
꾸앤
사귀다. (문화등이)익숙한

Quê chị ở đâu?
꿰 찌 어 더우
고향이 어디세요?

quê quán (꿰 꽌)	출생지, 본적.
quên (꾸엔)	잊다.
quốc dân (꾹 전)	국민
quốc doanh (꾹 좌잉)	국영
quốc gia (꾹 자)	국립, 국립
quốc học (꾹 혹)	자국의 문화
quốc hội (꾹 호이)	국회
quốc khánh (꾹 카잉)	경축일
quốc lễ (꾹 레)	국경일
quốc sách (꾹 싸익)	국책
quốc tế (꾹 떼)	국제
quốc tịch (꾹 띡)	국적
quốc tử (꾹 뜨)	(나라의)인재
Quốc Tử Giám (꾹 뜨 잠)	국자감
quy định (뀌 딕)	규정하다.
quy hoạch (뀌 화익)	계획하다.
Quy Nhơn (뀌 년)	뀌 년(도시명)
quỹ (뀌)	금고, 기금
quý (뀌)	존중하다.
quý giá (뀌 자)	가치 있는
quý hóa (뀌 화)	귀중한 상품
quý khách (뀌 카익)	귀빈
quý tử (뀌 뜨)	아들
quyền (꾸엔)	권한

quyền lợi 꾸엔 러이	권리	quyết định 꾸엣 딕	결정하다.
quyền lực 꾸엔 륵	권력	quyết liệt 꾸엣 리엣	격렬한
quyền tác giả 꾸엔 딱 쟈	권한	quyết tâm 꾸엣 떰	결심하다.
quyển sách 꾸엔 싸익	책	quýt 뀟	귤
quyết 꾸엣	결정하다.		

quyển / 3 quyển sách   권 / 세권
꾸엔 / 바 꾸엔 싸익

r

베트남어-한국어

ra 자	~로 나가다.	rành 자잉	명료한
ra đi 자 디	떠나다.	rành về 자잉 베	(소문을)파고들다.
ra đời 자 더이	태어나다.	rảnh 자잉	한가한, 자유롭게 되다.
ra khỏi 자 코이	~로부터 나가다.	rao 자오	큰소리로 알리다.
ra lệnh 자 레잉	명령하다.	rạp 잡	극장
ra sao 자 싸오	어떻게	rạp chiếu bóng 잡 찌에우 봉	극장
ra vào 자 바오	들락날락하다.	rạp chiếu phim 잡 찌에우 핌	극장
ra vẻ 자 배	~인 체하다.	rạp xiếc 잡 씨엑	서커스
rạ 자	볏짚	rau 자우	채소
Rạch Giá 자익 쟈	자익 쟈(도시명)	rau bí 자우 비	호박잎
rán 잔	튀기다.	rau bina 자우 비나	사금치
rạn nứt 잔 늣	부수다.	rau sống 자우 쏭	생야채

rau thơm 자우 텀	향채(야채)
rắc rối 작 조이	복잡한
Rắc rối lắm. 작 조이 람	복잡해.
rằm 잠	보름달
rắn 잔	뱀
răng 장	이(치아)
răng giả 장 쟈	틀니
rằng 장	~라고
rầm rộ 점 조	들끓다. 시끄럽게
rất 젓	매우
râu 저우	턱수염
râu mép 저우 맵	콧수염
râu quai nón 저우 꽈이 논	구레나룻
rè 재	목이 갈라진
rẻ 재	값이 싼
rẻ hơn 재 헌	좀 더 싼
rẽ 재	(방향)꺾어지다.
rẽ phải 재 파이	우회전하다.
rẽ tay phải 재 따이 파이	우회전하다.
rẽ trái 재 짜이	좌회전하다.
rèm cửa 잼 끄어	커튼
reo 재오	파업하다.
reo hò 재오 호	함성을 지르다.
rét 잿	추운

베트남어	한국어
rết (젯)	지네
rêu (제우)	이끼
ria (지아)	콧수염
riêng (지응)	따로
riêng biệt (지응 비엣)	독립해서
rìu (지우)	도끼
rõ (조)	명확한
rõ ràng (조 장)	명확한
rõ ràng là (조 장 라)	~은 명확하다.
rõ rệt (조 젯)	분명한
Rõ rồi. (조 조이)	잘 알겠어.
roi (조이)	회초리
rót (좃)	(액체)따르다.
rổ (조)	광주리
rồi (조이)	이미~했다.
rỗi (조이)	한가한
rối (조이)	흐트러진
rối nước (조이 느억)	수상인형극
rộn rã (존 자)	떠들썩한
rồng (종)	용(동물)
rộng (종)	(옷이)헐거운
rộng lớn (종 런)	넓은
rộng rãi (종 자이)	넓다.
rơi (저이)	(바닥)흘리다.

Vietnamese	Phonetic (Korean)	Meaning
rơi xuống	저이 쑤엉	떨어지다.
rời	저이	떨어지다.
rời khỏi	저이 코이	떠나다.
rơm	점	볏짚
rủ	주	유혹하다.
rủ rê	주 제	유혹하다.
rùa	주어	거북이
rủi ro	주이 조	고비
ruộng đất	주옹 덧	경지
ruột	주옷	장(신체)
rút	줏	뽑아내다.
rút ra	줏 자	뽑다.
rút thăm	줏 탐	제비를 뽑다.
rút tiền	줏 띠엔	돈을 인출하다.
rửa	즈어	씻다. 현상하다.
rực rỡ	즉 저	찬란한
rừng	증	산림
rừng núi	증 누이	산림
rừng rậm	증 점	울창한 숲
rước	즈억	접대하다. 공손한 말
rau muống	자우 무옹	시금치 비슷한 야채
rưỡi / 1 giờ rưỡi	즈어이 / 못 져 즈어이	반 / 한시 반

rượt 즈엇	추적하다.	rượu vang 즈어우 방	와인
rượu 즈어우	술		

rút dây điện ra   전선을 뽑다.
줏 저이 디엔 자

Rượu nặng quá.   술 도수가 세요.
즈어우 낭 꽈

S

베트남어-한국어

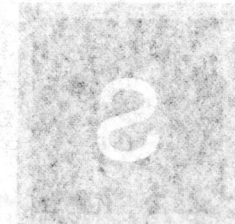

5

배드민턴 아이엠

sa lát (싸 랏)	샐러드
sa thải (싸 타이)	해고
sạc điện (싹 디엔)	충전하다.
sách (싸익)	책
sách báo (싸익 바오)	책과 신문
sách học (싸익 혹)	교과서
sách hướng dẫn (싸익 흐엉 전)	안내책자
sách vở (싸익 버)	책
sạch (싸익)	깨끗한
sạch sẽ (싸익 쌔)	깨끗이
sai (싸이)	틀린, 명령하다.
sai lầm (싸이 럼)	실수하다.
sai trái (싸이 짜이)	잘못하다.
sam (쌈)	참게
sàn (싼)	바닥
sản (싼)	출산하다. 산출하다.
sản lượng (싼 르엉)	산출량
sản mẫu (싼 머우)	산모
sản phẩm (싼 펌)	생산물
sản vật (싼 벗)	생산물
sản xuất (싼 쑤엇)	생산하다.
sang (쌍)	귀족적인, ~으로
sản xuất lụa (싼 쑤엇 루어)	실크를 생산하다.

sang đường (쌍 드엉)	길을 건너다.
sang năm (쌍 남)	내년
sang trái (쌍 짜이)	왼쪽으로
sang trọng (쌍 쫑)	고급스런
sàng (쌍)	키(도구)
sảng khoái (쌍 코아이)	상쾌한
sáng (쌍)	밝은
sáng kiến (쌍 끼엔)	발의하다.
sáng lập (쌍 럽)	설립하다.
sáng mai (쌍 마이)	내일 아침
sáng sớm (쌍 썸)	새벽
sang Việt Nam (쌍 비엣 남)	베트남에 오다.
sáng sủa (쌍 쑤어)	빛이 충만한
sáng tác (쌍 딱)	만들다.
sáng tạo (쌍 따오)	창조하다.
sánh (싸잉)	비교하다. 끈기가 있는
sao (싸오)	왜, 볶다
sao cho (싸오 쪼)	어떻게든
sáo (싸오)	새의 하나, 차양
sát (쌋)	근접한
sát cánh (쌋 까잉)	나란히
sau (싸우)	나중에
sau đây (싸우 더이)	이하의

sau đó 싸우 도	그 후에
sau khi 싸우 키	~한 후에
sau này 싸우 나이	나중에
sáu 싸우	6
sáu mươi 싸우 므어이	60
say 싸이	취하다.
say máy bay 싸이 마이 바이	비행기멀미
Say rồi. 싸이 조이	취했어.
say rượu 싸이 즈어우	술 취한
say sưa 싸이 쓰어	주독에 빠진
sành 싸잉	도자기 종류, ~에 정통한
Sao chị biết? 싸오 찌 비엣	어떻게 알았어요?
say tàu xe 싸이 따우 쌔	멀미하다.
sắc 싹	매력
sắc lệnh 싹 레잉	칙령
sắc thái 싹 타이	뉘앙스
săn bắn 싼 반	사냥하다.
săn bắt 싼 밧	추적하다.
sẵn 싼	준비하다.
sẵn có 싼 꼬	이용할 수 있는
sẵn sàng 싼 쌍	준비하다.
sắn 싼	옻나무

sắp 쌉	막 ~하려하다.	sân bay nội địa 썬 바이 노이 디아	국내공항
sắp trở thành 쌉 쩌 타잉	곧 ~되다.	sân bay quốc tế 썬 바이 꿕 떼	국제공항
sắp xếp 쌉 쎕	정리하다.	sân cỏ 썬 꼬	축구장
sắt 쌋	철(금속)	sân khấu 썬 커우	무대(연극)
sâm 썸	인삼	sân phơi 썬 퍼이	건조대
sấm 썸	천둥	sân thượng 썬 트엉	테라스
sân 썬	마당	sân trượt tuyết 썬 쯔엇 뚜엣	스키장
sân bay 썬 바이	공항	sập 썹	무너지다.

Sao lại thế cơ chứ?
싸오 라이 테 꺼 쯔
왜 그렇지?

sau khi làm xong
싸우 키 람 쏭
일이 끝나고

say mê
싸이 메
(마니아처럼)좋아하다.

Sắp đến rồi.
쌉 덴 조이
곧 도착 할 거야.

베트남어	발음	한국어
sâu	써우	(이)썩다.
sâu răng	써우 장	이가 썩다.
sâu sắc	써우 싹	깊이
sầu riêng	써우 지응	두리안(과일)
sấy tóc	써이 똑	(머리)드라이하다.
se lạnh	쌔 라잇	서늘한
sẽ	쌔	~할 것이다.
sẽ có	쌔 꼬	~하게 될 것이다.
Sẽ có mưa.	쌔 꼬 므어	비올거야.
sẽ vui	쌔 부이	재미있을 것이다.
séc	쌕	수표
séc cá nhân	쌕 까 년	개인수표
séc du lịch	쌕 주 릭	여행자수표
sém	쌤	누룽지
sen	쌘	연꽃(베트남국화)
sẹo	쌔오	상처
sên	쌘	달팽이
sĩ quan	씨 꽌	장교
siêu thị	씨에우 티	슈퍼마켓
siêu tốc	씨에우 똑	빠른 속도로
sinh	씨잉	태어나다.
sinh đôi	씨잉 도이	쌍둥이의
sầm uất	썸 우엇	바쁜, 울창하게 자란

sinh động 씨잉 동	사실적인	sính 씨잉	~에 미친
sinh hoạt 씨잉 홧	생활	so sánh 쏘 싸잉	비교하다.
sinh nhật 씨잉 녓	생일	so với 쏘 버이	~와 비교하여
sinh ra 씨잉 자	발생하다.	sò huyết 쏘 휘엣	굴(해산물)
sinh sản 씨잉 싼	낳다.	sóc 쏙	다람쥐, (음력)1일
sinh sôi 씨잉 쏘이	번식하다.	Sóc Trăng 쏙 짱	쏙 짱(도시명)
sinh sống 씨잉 쏭	생활, 생계	son 썬	립스틱
sinh tố 씨잉 또	생과일주스	sóng 쏭	파도
sinh vật 씨잉 벗	생물	sóng vỗ 쏭 보	파도
sinh vật học 씨잉 벗 혹	생물학	sô-cô-la 쏘꼴라	초콜렛
sinh viên 씨잉 비엔	학생	sồ 쏘	부피가 큰
sân vận động 썬 번 동			운동장, 경기장

sổ 쏘	수첩	số phận 쏘 펀	운명
sổ mũi 쏘 무이	콧물이 나다.	số thành 쏘 타잉	결과
số 쏘	숫자	số thứ 쏘 트	숫자, 순서
số đen 쏘 댄	운이 없는	số tiền còn 쏘 띠엔 꼰	잔고
số điện thoại 쏘 디엔 토아이	전화번호	số tiền đầu tư 쏘 띠엔 더우 뜨	투자액
số đỏ 쏘 도	운이 좋다.	số từ 쏘 뜨	수사(숫자)
số lãi 쏘 라이	이윤	sốc 쏙	쇼크
số liệu 쏘 리에우	데이터	sôi 쏘이	끓이다.
số lượng 쏘 르엉	수량	sôi động 쏘이 동	다사다난한
số mạng 쏘 망	운명	sôi nổi 쏘이 노이	감격
số người 쏘 응어이	인구수	sông 쏭	강
số nhiều 쏘 니에우	복수(단위)	sông Hồng 쏭 홍	홍강

sông Mê Công 쏭 메 공	메콩강
sống 쏭	살다.
sống chết 쏭 쩻	삶과 죽음
sống còn 쏭 꼰	생존하다.
sống động 쏭 동	행동감있는
sốt 쏫	열이 있는
sốt dẻo 쏫 재오	새로운
sơ đồ 써 도	약도
sơ lược 써 르억	소홀히
sơ qua 써 꽈	건성으로
sơ tán 써 딴	이동시키다.
sở 써	부서
sở dĩ 써 지	만일
sở giao dịch 써 쟈오 직	거래소
sở hữu 써 휴	소유
sở kiểm dịch 써 끼엠 직	검역소
sở thích 써 틱	취미
sở thú 써 투	동물원
sở thuộc 써 투억	소속된
sở trường 써 쯔엉	장점
sở y tế 써 이 떼	보건소
sợ 써	두려워하다.
sợ hãi 써 하이	놀라다.
sợi chỉ 써이 찌	실

sợi dây chuyền 써이 저이 쭈엔	목걸이
sớm 썸	일찍
sơn 썬	칠(미술), 페인트
Sơn La 썬 라	썬 라(도시명)
sơn mài 썬 마이	옻칠한 공예품
sơn móng tay 썬 몽 따이	매니큐어
sung sướng 쑹 쓰엉	행복한
sùng bái 쑹 바이	숭배하다.
suối 쑤오이	샘
suốt 쑤옷	내내
suốt đời 쑤옷 더이	일생동안
súp 쑵	베어내다. 수프
sụp đổ 쑵 도	멸망하다.
sút 쑷	감소하다.
suy nghĩ 쑤이 응이	숙고하다.
suýt 쉿	거의
suýt nữa 쉿 느어	하마터면
sư 쓰	법사, 스님
sư phạm 쓰 팜	교육대학
sư tử 쓰 뜨	사자(동물)
sử 쓰	역사
sử dụng 쓰 중	사용하다.

so với ở Hàn Quốc   한국과 비교해보면
쏘 버이 어 한 꿕

sử học 쓰 혹	사학	sự việc 쓰 비엑	일(사건)
sứ giả 쓰 쟈	사절	sửa 쓰어	수리하다.
sứ quán 쓰 꽌	대사관	sửa chữa 쓰어 쯔어	수리하다.
sự 쓰	일(사건)	sửa lại 쓰어 라이	고치다.
sự chú ý 쓰 쭈 이	주의	sữa 쓰어	우유
sự cố 쓰 꼬	사고	sữa chua 쓰어 쭈어	요구르트
sự kiện 쓰 끼엔	사건	sữa đặc 쓰어 닥	연유
sự nghiệp 쓰 응이엡	사업	sữa nguyên chất 쓰어 응우엔 쩟	흰 우유
sự thật 쓰 텃	사실	sữa tắm 쓰어 땀	바디클린져
sự tích 쓰 떡	사건	sức 쓱	장식하다. 힘
sự vật 쓰 벗	사물	sức khỏe 쓱 쾌	건강

Sống hạnh phúc đi.
쏭 하잉 푹 디
행복하게 살아.

sức lao động 쓱 라오 동	노동력	sương mù 쓰엉 무	안개
sức lực 쓱 륵	힘(물리)	sướng 쓰엉	운이 좋다.
sức mạnh 쓱 마잉	힘(체력)	sưu tầm 쓔 떰	수집하다.
sưng 쏭	부어 오른	sưu tập 쓔 떱	수집하다.
sương 쓰엉	안개, 이슬		

suốt một ngày   하루종일
쑤옷 못 응아이

sửa sang   수선하다. 정돈하다.
쓰어 쌍

sưởi   (난방으로)따뜻하게 하다.
쓰어이

sương mù dày đặc.   안개가 짙다.
쓰엉 무 자이 닥

Sướng thật đấy.   정말 잘됐다.
쓰엉 텃 더이

t

베트남어–한국어

tác dụng 딱 중	역할	tai nạn nhẹ 따이 난 냬	가벼운 사고
tác động 딱 동	작용	tai nạn xe 따이 난 쌔	교통사고
tác giả 딱 쟈	저자	tai vạ 따이 바	재난
tác hại 딱 하이	해롭게 하다.	tài 따이	재능 있는, 손재주가 좋은
tác phẩm 딱 펌	작품	tài chính 따이 찌잉	재정
tách 따익	컵	tài giỏi 따이 죠이	훌륭한
tai 따이	귀	tài khoản 따이 콴	계좌, 계정(전산)
tai nạn 따이 난	사고	tài liệu 따이 리에우	문서, 자료

tạ 중량(약 60kg), 구실을 마련하다.
따

tai nạn giao thông 교통사고
따이 난 쟈오 통

tài khoản tiết kiệm 자유저축예금
따이 콴 띠엣 끼엠

tài khoản vãng lai 당좌예금
따이 콴 방 라이

tài năng 따이 낭	힘(능력)
tài nguyên 따이 응우옌	자원
tài sản 따이 싼	자산
tài trợ 따이 쩌	원조하다.
tải 따이	수송하다.
tải trọng 따이 쫑	로딩 용량(전산)
tái 따이	창백해지다. 설익은
tái giá 따이 쟈	재혼
tái phát 따이 팟	재발하다
tại 따이	때문에, ~에
tại chỗ 따이 쪼	현장에서
tại khu vực này 따이 쿠 븍 나이	이 지역에
tại sao 따이 싸오	왜, 무슨 이유로
Tại sao không? 따이 싸오 콩	왜 안 돼?
tại vì 따이 비	왜냐하면
Tam Kỳ 땀 끼	땀 끼(도시명)
tàm tạm 땀 땀	그저 그렇다.
tám 땀	여덟(숫자)
tám mươi 땀 므어이	80
tạm 땀	일시적인
tạm biệt 땀 비엣	작별하다.
tạm thời 땀 터이	일시적인
tan 딴	흩어지다.
tan rã 딴 자	그룹 등이 해체되다.

tàn 딴	시들다.	tạnh trời 땅 쩌이	좋은 날씨
tàn bạo 딴 바오	잔혹한	tao 따오	(윗사람이 스스로)나
tàn nhang 딴 냥	주근깨	táo 따오	사과
tàn phá 딴 파	파괴되다.	tạo 따오	창조하다.
tàn tật 딴 떳	불구가 된	tạo hình 따오 히잉	조형
tán dương 딴 즈엉	칭송하다.	tạo nên 따오 넨	조성하다.
tảng 땅	초석	tạo ra 따오 자	창조하다.
tanh 따잉	비린내가 나다.	tạo thành 따오 타잉	조성하다.
tạnh 땅	(비)그치다.	tạp chí 땁 찌	잡지
tạnh mưa 땅 므어	비가 그치다.	tạp dề 땁 제	앞치마
tạnh ráo 땅 자오	(날씨)개이다.	tàu 따우	기차, 배, 중국
Tạm biệt! Hẹn gặp lại! 땀 비엣, 핸 갑 라이			안녕. 다시 만나.

tàu đánh cá 따우 다잉 까	어선	tay cầm 따이 껌	손잡이
tàu hỏa 따우 화	기차	tay mặt 따이 맛	오른손(남부어)
tàu thuỷ 따우 투이	배(보트)	tay nghề 따이 응에	수완이 있는
tàu vũ trụ 따우 부 쭈	우주선	tay phải 따이 파이	오른손
taxi 딱시	택시	tay trái 따이 짜이	왼손
tay 따이	손	tắc đường 딱 드엉	길이 막히다.

tăng cầu
땅 꺼우
내수 진작(경제용어)

tâm đắc
떰 닥
철저히, 마음에 드는

Tâm trạng thế nào?
떰 짱 테 나오
기분이 어때?

tận / tận 20 người
떤 / 떤 하이 므어이 응어이
이상 / 이십 명 이상

tận những / tận những 100000 Đ
떤 능 / 떤 능 못 짬 응인 동

이나 / 10만 동 이나

tắc xi 딱 시	택시	tăng tiến 땅 띠엔	진보하다.
tăm 땀	이쑤시개	tăng trưởng 땅 쯔엉	증가하다.
tắm 땀	목욕하다.	tặng 땅	증정하다.
tắm gội 땀 고이	목욕하다.	tặng phẩm 땅 펌	선물, 증정품
tắm nắng 땀 낭	일광욕하다.	tặng quà 땅 꽈	선물하다.
tăng 땅	늘어나다.	tắt 땃	끄다.(기계)
tăng cường 땅 끄엉	증가하다.	tắt đèn 땃 댄	스위치를 내리다.
tăng giá 땅 자	가치가 오르다.	tâm 떰	마음
tăng lên 땅 렌	(가격이)오르다.	tâm hồn 떰 혼	영혼
tăng cân 땅 껀	살찌다.	tâm lý 떰 리	심리
tăng tiền lên 땅 띠엔 렌	값이 오르다.	tâm lý học 떰 리 혹	심리학
tập thể lực 떱 테 륵	체력 훈련을 하다.		

tâm sự 떰 쓰	신임	tân binh 떤 비잉	신병
tâm tình 떰 띵	심정	tân hôn 떤 혼	신혼
tâm trạng 떰 짱	기분	tần 떤	삶다.
tầm 떰	범위	tấn 떤	톤(무게)
tầm cỡ 떰 꺼	크기	tấn công 떤 꽁	공격하다.
tầm nhìn xa 떰 닌 싸	가시거리	tận dụng 떤 중	절약
tầm tã 떰 따	(계속)내리는	tận mắt 떤 맛	직접 눈으로
tấm 떰	그림	tận tay 떤 따이	몸소
tấm ảnh 떰 아잉	사진	tận tình 떤 띵	충성
tấm biển 떰 비엔	(넓고 평평한)판	Tân An 떤 안	떤 안(도시명)
tân 떤	새로운	tầng 떵	층

Tất cả bao nhiêu tiền?　　　　　　모두 얼마예요?
떳 까 바오 니에우 띠엔

tầng mấy? 떵 머이	몇 층?	tập thể thao 떱 테 타오	운동하다.
tấp nập 떱 녑	북적거리다.	tập tin 떱 띤	파일(전산)
tập 떱	연습하다.	tập trung 떱 쭝	집중하다.
tập đoàn 떱 도안	집단	tập tục 떱 뚝	풍속
tập file 떱 파일	파일(사무용품)	tất 떳	양말
tập hợp 떱 헙	(군인)소집하다.	tất cả 떳 까	모두
tập huấn 떱 후언	훈련하다.	tất nhiên 떳 니엔	당연하다.
tập luyện 떱 루엔	훈련하다.	Tất nhiên rồi. 떳 니엔 조이	당연하지.
tập quán 떱 꽌	습관	tất yếu 떳 이에우	필수적인
tập sự 떱 쓰	실습하다.	tật 떳	질병, 버릇
tập thể dục 떱 테 죽	운동하다.	tây 떠이	서양의
Tệ bạc quá. 떼 박 꽈			배은망덕한 일이야.

tây bắc 떠이 박	서북	tên 뗀	이름
Tây Ninh 떠이 니잉	떠이 니잉(도시명)	tên gọi 뗀 고이	~라고 부른다.
tẩy 떠이	지우개	tên tuổi 뗀 뚜어이	이름과 나이, 명성
tẻ 때	멥쌀, 쓸쓸한	tết 뗏	명절
tem 땜	우표	tết nguyên đán 뗏 응우엔 단	설(음력)
tế 떼	(말등이)질주하다.	tết trung thu 뗏 쭝 투	추석
tế bào 떼 바오	세포	tha 타	봐주다.
tế lễ 떼 레	희생하다.	tha hồ 타 호	마음대로
tệ bạc 떼 박	배은망덕한	tha thiết 타 티엣	집요하게
tệ nạn 떼 난	폐해	thà 타	차라리
Thái Bình 타이 비잉	타이 비잉(도시명)		
Thái Nguyên 타이 응우엔	타이 응우엔(도시명)		

thả 타	해방하다. 방목하다.
thác 탁	폭포
thạc sĩ 탁 씨	석사
thạch 타익	돌, 섬
thạch sùng 타익 쑹	(작은)도마뱀
thai 타이	태아
thái 타이	(칼)저미다.
Thái 타이	태국
thái cực kỳ 타이 끅 끼	태극기
thái cực quyền 타이 끅 꾸엔	태권도
thái độ 타이 도	태도
thái miếng 타이 미응	잘게 자르다.
thái tử 타이 뜨	태자
tham 탐	탐내다. 보좌관
tham dự 탐 즈	참여하다.
tham gia 탐 자	참가하다.
tham khảo 탐 카오	참고하다.
tham lam 탐 람	욕심 많은
tham nhũng 탐 능	타락하다. 탐욕스러운
thanh toán 타잉 또안	계산하다. 결제하다.
thành phố Hồ Chí Minh 타잉 포 호 찌 밍	호치민시(구 사이공시)

tham quá 탐 꽈	욕심이 많은	tháng bảy 탕 바이	칠월
tham quan 탐 꽌	구경하다.	tháng chạp 탕 짭	음력12월
thảm khốc 탐 콕	참혹한	tháng chín 탕 찐	구월
thám hiểm 탐 히엠	탐험하다.	tháng giêng 탕 지응	일월
than 탄	석탄	tháng hai 탕 하이	이월
thản nhiên 탄 니엔	태연하게	tháng một 탕 못	일월
thang máy 탕 마이	엘리베이터	tháng mười 탕 므어이	시월
tháng 탕	달(시간)	tháng mười hai 탕 므어이 하이	십이월
tháng ba 탕 바	삼월	tháng mười một 탕 므어이 못	십일월

thành tích cao 타잉 띡 까오	높은 성적을 거두다.
tháo gỡ vấn đề 타오 거 번 데	문제를 풀다.
thay cái khác 타이 까이 칵	다른 것으로 바꾸다.

tháng năm 탕 남	오월
tháng sau 탕 싸우	다음달
tháng sáu 탕 싸우	유월
tháng tám 탕 땀	팔월
tháng trước 탕 쯔억	지난달
tháng tư 탕 뜨	사월
thanh 타잉	음조, 맑은
thanh cao 타잉 까오	고귀한. 고상한
thanh điệu 타잉 디에우	리듬
Thanh Hóa 타잉 화	타잉 화(도시명)
thanh niên 타잉 니엔	젊은이
thay quần áo 타이 꿘 아오	옷을 갈아입다.
thanh thiếu niên 타잉 티에우 니엔	청소년
thành 타잉	~을 이루다. 도시
thành công 타잉 꽁	성공하다.
thành đạt 타잉 닷	성공적인
thành kính 타잉 끼잉	진심으로
thành lập 타잉 럽	성립하다.
thành ngữ 타잉 응으	고사 성어
thành phần 타잉 펀	요소
thành phố 타잉 포	시(도시)
thành quả 타잉 꽈	성과
thành ra 타잉 자	그래서

Vietnamese	Pronunciation	Korean
thành sự	타잉 쓰	성공하다.
thành thạo	타잉 타오	능숙해지다.
thành thị	타잉 티	도시
thành tích	타잉 띡	성적
thành tựu	타잉 뜨우	성취
thành viên	타잉 비엔	멤버
thánh	타잉	(공자등의)성인
thảo luận	타오 루언	토론하다.
thảo mộc	타오 목	초목
thảo nào	타오 나오	놀랄 것 없다.
tháo	타오	풀다. 방출하다.
thắc mắc	탁 막	복잡하게 얽힌, 궁금하다
tháo vát	타오 밧	민첩한
thạo	타오	숙련된
tháp	탑	탑(건축)
thay	타이	바꾸다. 대신하여
thay đổi	타이 도이	바꾸다.
thay thế	타이 테	대신하다.
thay tôi	타이 또이	나대신
thăm	탐	방문하다.
thăm dò	탐 조	눈치보다.
thăm hỏi	탐 호이	방문하다.
thăm viếng	탐 비응	방문하다.

thằn lằn 탄 란	도마뱀	thầm 텀	비밀스럽게
thẳng 탕	곧바로	thẩm định 텀 딕	심사하다.
thẳng đứng 탕 등	수직을 이루다.	thẩm phán 텀 판	판사
thắng 탕	게임에서 이기다.	thậm chí 텀 찌	~조차
thắng cảnh 탕 까잉	명승지	thân 턴	친하다.
thắng lợi 탕 러이	승리하다.	thân hình 턴 히잉	몸매
thắng tố 탕 또	소송에서 이기다.	thân mật 턴 멋	친밀한
thắt 탓	(넥타이등을)매다.	thân mến 턴 멘	친애하는
thắt lưng 탓 릉	허리띠를 매다.	thân thể 턴 테	몸

thăm họ hàng 친척을 방문하다.
탐 호 항

thẩm mỹ 미를 탐하다. 심미적인
텀 미

thần linh 신(신령), 경이로운
턴 리잉

thân thiện 턴 티엔	친선의	thất học 텃 혹	문맹의
thân thiết 턴 티엣	친밀한	thất lạc 텃 락	오도된, 잃어버린
thân tình 턴 띵	친선	thất nghiệp 텃 응이엡	실직하다.
thân yêu 턴 이에우	친애하는	Thất vọng. 텃 봉	실망이야.
thần 턴	신, 마음	thật 텃	정말로
thận 턴	신장계	thật là 텃 라	진실은, 정말로
thấp 텁	키가 작다. 낮은	thật ra 텃 자	사실은
thập cẩm 떱 껌	혼합의	thật sự 텃 쓰	사실로
thập kỷ 텁 끼	십년단위	thật thà 텃 타	솔직한
thất bại 텃 바이	실패하다.	thầy 터이	교사
thất cử 텃 끄	낙선하다.	thầy giáo 터이 쟈오	선생님(남자)
thấp thỏm chờ 떱 톰 쩌	이제나 저제나 하고 기다리다.		

베트남어-한국어

thầy thuốc 터이 투억	의사
thấy 터이	느끼다.
thấy bà 터이 바	매우
thấy sợ thật 터이 쎠 텃	정말 무서웠어.
the 태	시폰(옷감)
thẻ 태	카드(플라스틱)
thẻ đỏ 태 도	레드카드
thẻ nhập cảnh 테 녑 까잉	입국카드
thẻ tín dụng 태 띤 중	신용카드
thẻ vàng 태 방	옐로우 카드
theo 태오	따라하다. ~에 따라서
theo dõi 태오 조이	모니터하다.
theo hướng 태오 흐엉	~방향으로
theo kế hoạch 태오 께 화익	계획대로
theo tôi 태오 또이	나로서는
thề 테	맹세하다.
thể 테	양해하다. 상태, 신체
thể cách 테 까익	방법

Thật hoàn hảo! 텃 호안 하오	정말 완벽하군.
theo công thức 태오 꽁 특	공식에 따라
theo đường này 테오 드엉 나이	이 길 따라

thể dục 테 죽	체육	thế kỷ 테 끼	세기(기간)
thể hiện 테 히엔	구체화하다.	thế là 테 라	그러므로
thể lực 테 륵	체력	thế mà 테 마	그런데
thể thao 테 타오	스포츠	thế mạnh 테 마잉	높은 위치
thể trạng 테 짱	상태	Thế nào? 테 나오	어때?
thế 테	상태, ~를 해야 한다.	thế này 테 나이	이렇게
Thế à. 테 아	그렇군요.	thế thì 테 티	그러면
Thế á? 테 아	그래?	thế vận hội 테 번 호이	올림픽
thế giới 테 저이	세계	thêm 템	추가하다.
thế hệ 테 헤	세대	thi 티	시험
thế kia 테 끼아	저렇게	thi cử 티 끄	시험
theo tình hình 태오 띠잉 히잉			경우에 따라서

베트남어	한국어
thi đấu 티 더우	경기
thi hành 티 하잉	실시하다.
thi trượt 티 쯔엇	시험에 떨어지다.
thì 티	때, ~데 대해서
thì giờ 티 져	시간
thì phải 티 파이	아마~ 인 것 같다.
thì ra 티 자	실제로
thí nghiệm 티 응이엠	시험하다.
thí sinh 티 씨잉	수험생
thị 티	보다.
thị giác 티 작	시각
thị hiếu 티 히에우	기호, 취미
thị trấn 티 쩐	도시
thị trường 티 쯔엉	시장(마켓)
thị xã 티 싸	지방자치단체
thìa 티아	숟가락

Thế thì tốt. 테 티 똣	그렇다면 좋아요.
thi đấu bóng chuyền 티 더우 봉 쭈엔	배구경기
thiết lập quan hệ 티엣 럽 꽌 헤	(사업등)관계를 맺다.
Thôi cúp nhé. 토이 꿉 내	이제 그만 끊자.(전화)

thích 틱	좋아하다.	thiến 티엔	거세하다.
Thích chú? 틱 쯔	좋지?	thiêng liêng 티응 리응	신성한
thích hợp 틱 헙	적합한	thiếp 티엡	카드(종이)
thích nghi 틱 응이	적당한	thiết bị 티엣 비	기계, 장치
thích nhất 틱 녓	제일 좋아하다.	thiết kế 티엣 께	디자인하다.
thích thú 틱 투	좋아하다.	thiết kế web 티엣 께 웹	웹디자인하다.
thiên 티엔	하늘	thiết yếu 티엣 이에우	필수의
thiên nhiên 티엔 니엔	자연	thiệt hại 티엣 하이	손해
thiên tai 티엔 따이	재난	thiệt thòi 티엣 토이	손해를 보다.
thiên tài 티엔 따이	재능, 천재	thiểu số 티에우 쏘	소수의
thiên văn học 티엔 반 혹	천문학	thiếu 티에우	부족하다.
thiên vị 티엔 비	불공평한	thỉnh thoảng 티잉 토앙	가끔

thính giả 티잉 쟈	시청자	thoải mái 토아이 마이	(마음이)편안하다.
thịnh 티잉	번영하다.	thoái thác 토아이 탁	구실을 만들다.
thịnh đạt 티잉 닷	발달하다.	thoáng 퇑	널찍한
thịnh trị 티잉 찌	태평성대를 누리다.	thoát 퇏	탈출하다 도망가다.
thịt 팃	고기	thoát khỏi 퇏 코이	탈출하다.
thịt bò 팃 보	소고기	thóc 톡	벼
thịt gà 팃 갸	닭고기	thóc gạo 톡 갸오	곡물
thịt lợn 팃 런	돼지고기	thói quen 토이 꾸앤	습관
thỏ 토	토끼	thói xấu 토이 쎠우	나쁜 습관
thỏ rừng 토 즁	산토끼	thon thả 톤 타	날씬한
thọ 토	오래 살다.	thong thả 통 타	느긋한
thổi sáo 토이 싸오			플루트(피리)를 불다.

thô 토	조잡한	thối mồm 토이 몸	입 냄새나다.
Thổ Nhĩ Kỳ 토 니 끼	터키	thôn 톤	부락
Thôi. 토이	됐어.	thông 통	소나무
Thôi dẹp đi. 토이 잽 디	잊어버려.	thông minh 통 미잉	지적인
Thôi đủ rồi! 토이 두 조이	이제 충분해요.	thông qua 통 꽈	통과하다.
Thôi nhé. 토이 냬	그만 하자.	thông tấn xã 통 떤 싸	통신사
thổi 토이	(바람)불다.	thông thường 통 트엉	통상(보통)
thổi còi 토이 꼬이	호루라기를 불다.	thông tin 통 띤	정보
thổi kèn 토이 깬	트럼펫을 불다.	thông tục 통 뚝	통속의
thối 토이	냄새가 안 좋은	thống kê 통 께	통계(상)의

thông báo   알리다. 발표하다.
통 바오

thông cảm   (어려운 상황을)이해하다.
통 깜

thống nhất 통 녓	통일하다.	**thợ** 터	~공(수리공처럼)
thống trị 통 찌	통치	**thợ may** 터 마이	재단사
thơ 터	시(문학)	**thợ mộc** 터 목	목수
thơ ấu 터 어우	젊은, 어린시절	**thời** 터이	시대, 시간
thờ 터	제사를 지내다.	**thời buổi** 터이 부오이	시대
thờ cúng 터 꿍	예배	**thời đại** 터이 다이	세대
thở 터	호흡하다.	**thời điểm** 터이 디엠	시점
thở dài 터 자이	한숨 쉬다.	**thời gian** 터이 쟌	시간

thở phào
터 파오   안도의 한숨을 내쉬다.

thời gian bảo hành
띠엔 쟌 바오 하잉   보증기간

thời gian lao động
멋 쟌 라오 동   노동시간

Thời gian nhanh thế!
터이 쟌 냐잉 테   시간이 정말 빠르다.

thời hạn 터이 한	기간	**thu hẹp** 투 햅	좁히다. 수축하다.
thời khóa biểu 터이 콰 비에우	스케줄	**thu hút** 투 훗	매혹시키다.
thời kỳ 터이 끼	시기	**thu mua** 투 무어	구입하다.
thời sự 터이 쓰	뉴스, 시사	**thu nhập** 투 녑	소득, 수입
thời tiết 터이 띠엣	날씨, 기후	**thu nhập thực** 투 녑 특	실제수입
thời tiết tốt 터이 띠엣 똣	날씨 좋다.	**thu nhỏ** 투 뇨	감축하다.
thời trang 터이 짱	패션	**thu thập** 투 텁	수집하다
thơm 텀	향기로운	**thu tiền** 투 띠엔	돈을 받다.
thu 투	얻다.	**thủ** 투	훔치다. 머리

thơm phức
텀 푹
좋은 향기가 감돌다.

thu tiền nước
투 띠엔 느억
수도요금을 받다.

Thủ Dầu Một
투 저우 못
투 저우 못(도시명)

thủ công 투 꽁	수공의	thua 투어	지다.
thủ đô 투 도	수도(도시)	thuần hóa 투언 화	순화하다.
thủ lĩnh 투 리잉	수령(직급)	thuận 투언	찬성하다. 순응하다.
thủ môn 투 몬	골키퍼	thuận lợi 투언 러이	순탄한
thủ trưởng 투 쯔엉	장(리더)	thúc đẩy 툭 더이	촉진하다.
thủ tục 투 뚝	수속절차	thuê 투에	고용하다. 임대하다.
thủ tướng 투 뜨엉	수상(직위)	thuê phòng 투에 퐁	방을 빌리다.
thú 투	자백하다.	thuế 투에	세금
thú vị 투 비	재미있는	thuế lợi tức 투에 러이 뜩	소득세
thú vui 투 부이	흥취	thuế nhập khẩu 투에 녑 커우	수입세

thua keo này bày keo khác
투어 깨오 나이 바이 깨오 칵

다음번에 더 좋은 행운이 온다.

thuế nông nghiệp 농업세 투에 농 응이엡	**thuốc** 약 투억
thuế phụ thu 부가세 투에 푸 투	**thuốc cảm cúm** 감기약 투억 깜 꿈
thuế quan 관세 투에 꽌	**thuốc độc** 독약 투억 독
thuế xuất khẩu 수출세 투에 쑤엇 커우	**thuốc giun** 구충제 투억 준
thun 오그라들다. 툰	**thuốc kháng sinh** 항생제 투억 캉 씨잉
thung lũng 산골짜기 퉁 룽	**thuốc lá** 담배 투억 라
thùng rác 쓰레기통 퉁 작	**thuốc nước** 물약 투억 느억

thuận buồm xuôi gió 순풍에 돛달듯 일이 잘 풀림.
투언 부옴 쑤오이 죠

thúc giục 당부하다. 재촉하다.
툭 죽

thuế công thương nghiệp 공상업세
투에 꽁 트엉 응이엡

thùng / 1 thùng bia 팩(통) / 맥주 한 팩(통)
퉁 / 못 퉁 비아

thử thách 시도하다. 시험하다.
트 타익

thuốc tiêm 투억 띠엠	주사약	thủy điện 투이 디엔	수력
thuốc tiêu chảy 투억 띠에우 짜이	지사제	thủy động 투이 동	수동의
thuốc tránh thai 투억 짜잉 타이	피임약	thủy lực 투이 륵	수력
thuốc viên 투억 비엔	알약	thủy quân 투이 꿘	수군
thuộc về 투억 베	속하다.	thủy văn 투이 반	수로
thuôn 투온	끝이 포족해진	Thụy Sĩ 투이 씨	스위스
thủy 투이	정절 있는, 수은, 물	thuyền 투엔	배(교통)

thứ họ thích
트 호 틱   마음에 드는 물건

thức khuya
특 퀴아   늦게 잠자리에 들다.

thực hành
특 하잉   실습하다. 실행하다.

thực phẩm lên men
특 펌 렌 맨   발효식품

thực ra
특 자   사실은, 실제로, 정말로

thuyết minh 투엣 미잉	설명하다.	thử 트	테스트하다.
thuyết phục 투엣 푹	설득하다.	thử đoán xem 트 도안 쌤	짐작해보다.
thư 트	편지	thử nghiệm 트 응이엠	시험하다.
thư bảo đảm 트 바오 담	등기우편	thử nhìn xem 트 닌 쌤	한번 보다.
thư giãn 트 잔	긴장을 풀다.	thử sức 트 쏙	~ 힘을 시험하다.
thư ký 트 끼	비서	thứ 트	~번째
thư mục 트 묵	폴더(전산)	thứ ba 트 바	화요일, 세번째
thư từ 트 뜨	편지	thứ bảy 트 바이	토요일, 일곱번째
thư viện 트 비엔	도서관	thứ hai 트 하이	월요일, 두번째

thương tiếc
트엉 띠엑
후회하다. 애도하다.

thương trường
트엉 쯔엉
시장, 상거래

thường
트엉
보상하다. 보통의, 자주

베트남어-한국어

thứ năm 트 남	목요일, 세번째	thừa nhận 트어 년	인정하다.
thứ nhì 트 니	두 번째	thức 특	형태
thứ sáu 트 싸우	금요일, 네번째	thức ăn 특 안	음식
thứ tôi thích 트 또이 틱	좋아하는 물건	thức dậy 특 저이	잠깨다.
thứ trưởng 트 쯔엉	차관	thức giấc 특 적	잠깨다.
thứ tư 트 뜨	수요일, 다섯번째	thức ngủ 특 응우	잠에서 깨다.
thứ tự 트 뜨	순서	thực 특	실제
thứ tự ưu tiên 트 뜨 유 띠엔	우선순위	thực chất 특 쩟	실질
thưa 트어	상대방을 존칭할 때	thực đơn 특 던	메뉴판
thừa 트어	적당한	thực phẩm 특 펌	식품

thường trực
트엉 쯕
영구적인, 상주의

thường xuyên đi
트엉 쑤엔 디
자주 가다.

thực sự 특 쓰	실제로, 사실	thương mại 트엉 마이	무역
thực tập 특 떱	실습하다.	thương yêu 트엉 이에우	사랑하다.
thực tế 특 떼	실제의	thường có 트엉 꼬	잦은
thực trạng 특 짱	실정	thường dùng 트엉 중	상용하다.
thước kẻ 트억 깨	자(사무용품)	thường ngày 트엉 응아이	매일
thương 트엉	가련한	thường nói 트엉 노이	보통 말하다.
thương gia 트엉 자	무역인, 사업가	thường thường 트엉 트엉	항상
thương luật 트엉 루엇	무역법	thường xuyên 트엉 쑤엔	자주

thượng tuần 트엉 뚜언	상순(달의 첫 10일)
Tiếc lắm, đừng vứt đi. 띠엑 람, 등 붓 디	아깝잖아. 버리지 마.
tiêm chích 띠엠 찍	마약주사를 맞다.
tiêm phòng 띠엠 퐁	예방 주사를 맞다

thưởng 트엉	보상하다.	tích cực 띡 끅	적극
thưởng thức 트엉 특	상식	tịch thu 띡 투	몰수하다.
thượng 트엉	위쪽, ~이상으로	tiếc 띠엑	아쉬워하다.
tỉ giá 띠 쟈	환율	tiệc 띠엑	잔치, 파티
tỉ lệ 띠 레	비율	tiệc chia tay 띠엑 찌아 따이	송별회
tỉ mỉ 띠 미	자세히	tiệc mặn 띠엑 만	연회
tỉ số 띠 쏘	점수	tiêm 띠엠	주사
tỉ số chung cuộc 띠 쏘 쭝 꾸옥	최종점수	tiềm năng 띠엠 낭	잠재력
tỉ trọng 띠 쫑	밀도(비중)	tiệm 띠엠	가게
tia nắng 띠아 낭	햇빛	tiên 띠엔	선인

tiêm phòng bệnh gan   간염예방주사
띠엠 퐁 버잉 간

Tiền lương rất cao.   연봉이 정말 세다.
띠엔 르엉 젓 까오

tiên phong 띠엔 퐁	선봉	tiền lời 띠엔 러이	이자
tiên tiến 띠엔 띠엔	선진적이다.	tiền lương 띠엔 르엉	임금
tiền 띠엔	돈	tiền mặt 띠엔 맛	현금
tiền boa 띠엔 보아	팁	tiền mừng tuổi 띠엔 믕 뚜어이	세뱃돈
tiền công 띠엔 꽁	수고비	tiền phí 띠엔 피	수수료
tiền của 띠엔 꾸어	재산	tiền phong 띠엔 퐁	선봉
tiền đặt cọc 띠엔 닷 꼭	보증금	tiền phục vụ 띠엔 푹 부	서비스요금
tiền lãi 띠엔 라이	이자	tiền thuê 띠엔 투에	임대로
tiền lẻ 띠엔 래	거스름돈	tiền thưởng 띠엔 트엉	보너스
tiền lì xì 띠엔 리 씨	세뱃돈	tiền tiêu vặt 띠엔 띠에우 밧	용돈

tiếng / 1 tiếng 띠응 / 못 띠엥	말, 소리, 시간 / 한 시간
tiếng chuông điện thoại 띠응 쭈옹 디엔 토와이	전화벨소리

tiền Việt Nam 베트남 화폐 띠엔 비엣 남	**tiến sĩ** 박사(학위) 띠엔 씨
tiền vốn 원금 띠엔 본	**tiến thân** 출세하다. 띠엔 턴
tiền xăng 주유비 띠엔 쌍	**tiến triển** 전진하다. 띠엔 찌엔
tiễn 배웅하다. 띠엔	**tiện** 선반을 돌리다. 편리한 띠엔
tiễn đưa 배웅하다. 띠엔 드어	**tiện lợi** 편리한 띠엔 러이
tiến 앞질러가다. 띠엔	**tiện nghi** 편리한 띠엔 응이
tiến bộ 진보하다. 띠엔 보	**tiện nhất** 제일 편리한 띠엔 녓
tiến hành 진행하다. 띠엔 하잉	**tiếng Anh** 영어 띠응 아잉
tiến hóa 진화하다. 띠엔 화	**tiếng chuông** 벨소리 띠응 쭈옹

tiếng đồng hồ / ba tiếng đồng hồ 시간 / 세 시간
띠응 동 호 / 바 띠응 동 호

tiếng Tây Ban Nha 스페인어
띠응 떠이 반 냐

tiếp chuyện ~와 다정하게 사귀다.
띠엡 쭈엔

tiếng địa phương 띠응 디아 프엉	사투리	tiếng Trung Quốc 띠응 쭝 꿕	중국어
tiếng động 띠응 동	소음	tiếng Việt 띠응 비엣	베트남어
tiếng lóng 띠응 롱	속어	tiếp 띠엡	계속
tiếng Nga 띠응 응아	러시아어	tiếp khách 띠엡 카익	(손님)접대하다.
tiếng ngáy 띠응 응아이	코 고는 소리	tiếp nhận 띠엡 년	접수
tiếng Nhật 띠응 녓	일본어	tiếp tân 띠엡 떤	손님을 접대하다.
tiếng Pháp 띠응 팝	프랑스어	tiếp theo 띠엡 태오	다음으로
tiếng Thái 띠응 타이	태국어	tiếp thu 띠엡 투	접수하다.

tiết kiệm thời gian 시간을 절약하다.
띠엣 끼엠 터이 쟌

tiêu biểu 상징하다. 대표하다.
띠에우 비에우

tín phiếu kho bạc 국고채 신용장
띤 피에우 코 박

tình nguyện viên 자원봉사자
띵 응우엔 비엔

tiếp tục 띠엡 뚝	계속하다.	tiêu dùng 띠에우 중	소비하다.
tiếp xúc 띠엡 쑥	접촉하다.	tiêu hóa 띠에우 화	소화
tiết 띠엣	(동물)피	tiểu học 띠에우 혹	초등교육
tiết kiệm 띠엣 끼엠	저금하다.	tiểu thuyết 띠에우 투엣	소설
tiết lộ 띠엣 로	누설하다.	tim 띰	심장
tiết mục 띠엣 묵	단락	tìm 띰	찾다.
tiêu 띠에우	후추, 피리	tìm hiểu 띰 히에우	연구하다.
tiêu chuẩn 띠에우 쭈언	규정, 표준	tìm kiếm 띰 끼엠	검색하다.
tiêu cực 띠에우 끅	소극적인	tìm ra 띰 자	찾아내다. 발견하다.
tiêu diệt 띠에우 지엣	소멸하다.	tìm thấy 띰 터이	찾아내다.

tính khẩn trương 급한 성질
띵 컨 쯔엉

Tính tiền sai rồi. 계산이 잘못됐어요.
띵 띠엔 싸이 조이

tím 띰	보라색	tín ngưỡng 띤 응으엉	신앙
tin 띤	믿다. 소식	tín nhiệm 띤 니엠	신뢰하다.
tin dùng 띤 중	중용하다.	tín phiếu 띤 피에우	신용장
tin học 띤 혹	컴퓨터 공학(전산)	tinh 띵	성(별)
Tin tôi đi. 띤 또이 디	날 믿어.	tinh hoa 띵 화	정화
tin tức 띤 뜩	뉴스	tinh thần 띵 턴	정신
tin tưởng 띤 뜨엉	신뢰하다.	tình bạn 띵 반	우정
tin vui 띤 부이	좋은 소식	tình cảm 띵 깜	감정
tín dụng 띤 중	신용	tình hình 띵 히잉	상태
tín hiệu 띤 히에우	신호	tình hình hiện nay 띵 히잉 히엔 나이	현 상태

Tò mò chết mất.
떠 머 쩻 멋
궁금한 건 못 참아.

toa ăn trên xe lửa
또아 안 쩬 쌔 르어
식당차(기차)

tình huống 띠잉 후옹	상황	**tính** 띠잉	셈하다. 성격
tình nghĩa 띠잉 응이아	정의	**tính cách** 띠잉 까익	성격
tình nguyện 띠잉 응우엔	지원하다.	**tính chất** 띠잉 쩟	성질
tình thương 띠잉 트엉	애정	**tính khả năng** 띠잉 카 낭	가능성
tình trạng 띠잉 짱	상태	**tính miệng** 띠잉 미응	암산하다.
tình yêu 띠잉 이에우	사랑	**tính năng** 띠잉 낭	특징, 성능
tỉnh 띠잉	도(지역), 깨다.	**tính tiền** 띠잉 띠엔	계산하다.
tỉnh dậy 띠잉 저이	깨다. 일어나다.	**tính tình** 띠잉 띠잉	기질
tĩnh 띠잉	제단, 고요한	**tính toán** 띠잉 또안	계산하다.
tĩnh mịch 띠잉 믹	고요한	**tính từ** 띠잉 뜨	형용사

toi
또이

헛되게 쓴, 페스트에 걸리다.

tổ chức tiệc chia tay
또 쯕 띠엑 찌아 따이

송별회를 열다.

tivi 띠비	TV	tòa nhà 또아 냐	빌딩
to 또	크다.	tòa nhà cao tầng 또아 냐 까오 떵	고층빌딩
to béo 또 배오	살찐	tòa soạn 또아 쏘안	신문사, 편집부
to lớn 또 런	큰	toan 또안	~할 예정이다.
tò mò 떠 머	호기심 있는	toàn 또안	전부
tò mò nhất 떠 머 녓	제일 궁금한	toàn bộ 또안 보	전체의
tỏ 또	밝다.	toàn diện 또안 지엔	전면적인
tỏ ra 또 자	(입장)밝히다.	toàn quốc 또안 꿕	전국
tỏ vẻ 또 배	표정을 나타내다.	toàn thể 또안 테	전체
toa-lét 또아 랫	화장실	toàn thế giới 또안 테 져이	전 세계
tố cáo với cảnh sát 또 까오 버이 까잉 쌋	경찰에 신고하다.		
tôi nghĩ Việt Nam là 또이 응이 비엣 남 라	내 생각에 베트남은		

toán 또안	계산, 단체, 수학	**tỏi** 또이	마늘
toán học 또안 혹	수학	**tóm tắt** 똠 땃	요약
toát 똿	(땀이)나다.	**tô** 또	큰 그릇
tóc 똑	머리카락	**tô màu** 또 마우	칠하다.
tóc dài 똑 자이	긴 머리	**tổ** 또	선조, 더욱 더
tóc ép để dài 똑 앱 데 자이	긴 생머리	**tổ chức** 또 쯕	개최하다. 조직
tóc ngang vai 똑 응앙 바이	단발머리	**tổ hợp** 또 헙	조합(조직)
tóc ngắn 똑 응안	짧은 머리	**tổ quốc** 또 꿕	조국
toi mạng 또이 망	멸망하다.	**tổ tiên** 또 띠엔	조상

tôn trọng đời tư 사생활을 존중하다.
똔 쫑 더이 뜨

tốt cho tiêu hóa 소화에 좋다.
똣 조 띠에우 화

tốt nghiệp đại học 대학을 졸업하다.
똣 응이엡 다이 혹

tố 또	폭풍	**tối mịt** 또이 밋	매우 어두운
tố cáo 또 까오	고발하다.	**tối nào** 또이 나오	저녁마다
tốc độ 똑 도	속도	**tối nay** 또이 나이	오늘밤에
tộc người 똑 응어이	시종	**tối qua** 또이 꽈	어제 저녁
tôi 또이	나	**tối thiểu** 또이 티에우	최소(수량)
tôi biết là 또이 비엣 라	내가 알기로는	**tội** 또이	죄
tôi thấy 또이 터이	내 생각엔	**tội nặng** 또이 낭	중죄
tồi 또이	나쁜	**tội nghiệp** 또이 응이엡	가엽다.
tối 또이	어두운	**Tội nghiệp quá.** 또이 응이엡 꽈	가여워라.
tối đa 또이 다	최대(수량)	**tội phạm** 또이 팜	범죄

trả lời thay tôi 짜 러이 타이 또이   나대신 대답하다.

trang phục công sở 짱 푹 꽁 써   유니폼

tôm / 똠	새우
tôm càng / 똠 깡	가재
tôn / 똔	기리다.(종교)
tôn giáo / 똔 쟈오	종교
tôn trọng / 똔 쫑	존중하다.
tồn tại / 똔 따이	존재하다.
tông / 똥	가계, 음정
tổng / 똥	통(합)
tổng bí thư / 똥 비 트	서기장
tổng biên tập / 똥 비엔 떱	편집장
tổng công ty / 똥 꽁 띠	본사
tổng cộng / 똥 꽁	총합계
tổng cục / 똥 꾹	총국
tổng cục trưởng / 똥 꾹 쯔엉	총국장
tổng đài / 똥 다이	교환대(전화)
tổng hợp / 똥 헙	종합
tổng số / 똥 쏘	총(합계)
tổng thể / 똥 테	전체적인
tổng thống / 똥 통	대통령
tổng thu nhập / 똥 투 녑	총수입
tổng thư ký / 똥 트 끼	총서기
tổng vốn / 똥 본	총자본
trang / trang 3 / 짱 / 짱 바	페이지 / 3 페이지

tốt 똣	좋은	tờ hợp đồng 떠 헙 동	계약서
tốt bụng 똣 북	마음이 따뜻한	tờ khai 떠 카이	신고서
tốt đẹp 똣 댑	좋은, 훌륭한	tớ 떠	나(친구사이)
tốt lành 똣 라잉	좋은	tới 떠이	오는(시기)
tốt nghiệp 똣 응이엡	졸업하다.	tra 짜	조사하다.
tốt nhất 똣 녓	최선	tra cứu 짜 끄	탐구하다.
Tốt quá! 똣 꽈	좋아요.	trà 짜	차(음료)
tờ / 1 tờ 떠 / 못 떠	장 / (종이) 한 장	trà đá 짜 다	아이스녹차
tờ báo 떠 바오	신문	trà lúa mạch 짜 루어 막	보리차
tờ giấy 떠 져이	(종이) 한 장	Trà Vinh 짜 비잉	짜 비잉(도시명)
tráng một cuộn phim 짱 못 꾸온 핌		필름을 현상하다.	
tranh Tết 짜잉 뗏		설날에 장식하는 그림	

Vietnamese	한국어
trả (짜)	돌려주다.
trả lại (짜 라이)	환불하다.
trả lời (짜 러이)	대답하다.
trả tiền (짜 띠엔)	지불하다.
trả tiền riêng (짜 띠엔 지응)	더치페이하다.
trách móc (짜익 목)	비난하다.
trách nhiệm (짜익 니엠)	책임감
trai (짜이)	남자
trải (짜이)	펴다.
trải giường (짜이 즈엉)	이불을 깔다.
trải qua (짜이 꽈)	경과하다.
trái (짜이)	과일, 왼쪽의
trái cây (짜이 꺼이)	과일
trái đất (짜이 덧)	지구
trái lại (짜이 라이)	~와 반대로
trái nghĩa (짜이 응이아)	반대로
trái ngược (짜이 응으억)	부인하다.
trái phiếu (짜이 피에우)	채권
trái tim (짜이 띰)	심장
trại (짜이)	야영지, 병동
trạm (짬)	중계소, 지소
trạm xá (짬 싸)	보건소
trao huy chương (짜오 휘 쯔엉)	메달을 수여하다.

trạm xăng (짬 쌍)	주유소
tràn (짠)	넘치다.
tràn qua (짠 꽈)	넘치다.
trán (짠)	이마
trang bị (짱 비)	갖추다.
trang bìa (짱 비아)	겉표지
trang điểm (짱 디엠)	화장하다.
trang nghiêm (짱 응이엠)	무덤
trang sức (짱 쓱)	액세서리
trang trí (짱 찌)	장식하다.
tràng (짱)	연속음
tráng (짱)	헹구다. 얇게 늘리다.
tráng lệ (짱 레)	웅장하다.
tráng miệng (짱 미응)	디저트
trạng (짱)	장원
trạng ngữ (짱 응으)	부사어
trạng thái (짱 타이)	상태
trạng từ (짱 뜨)	부사
trao (짜오)	수여하다.
trao đổi (짜오 도이)	교환하다. 상담하다.
trào (짜오)	넘치다.
tráp (짭)	상자
trao tiền thưởng (짜오 띠엔 트엉)	보너스를 주다.

trăm 짬	100	trần nhà 쩐 냐	천장
trăm năm 짬 남	백년	trần thuật 쩐 투엇	진술하다.
trăm nghìn 짬 응인	십만	trận 쩐	싸움, 경기
trăm phần trăm 짬 펀 짬	원샷	trận bóng đá 쩐 봉 다	축구경기
trăng 짱	달	trận đấu 쩐 더우	경기
trăng rằm 짱 잠	보름달	trật tự 쩟 뜨	순서, 질서
trắng 짱	하얀색	trâu 쩌우	물소
trầm trọng 쩜 쫑	진지한	trầu 쩌우	구장(식물)
trầm uất 쩜 우엇	침울한	tre 째	대(나무)
trân trọng 쩐 쫑	정중하게	tre nứa 째 느어	대나무

treo quốc kỳ   국기를 게양하다.
째오 꿕 끼

trên giờ / 300km trên giờ. 시간당 / 시간당 300km
쩬 져 / 바 짬 키로 맷 쩬 져

trẻ 째	젊은	trên 쩬	위(방향)
trẻ bại liệt 째 바이 리엣	소아마비	trên đời 쩬 더이	일생동안
trẻ con 째 꼰	어린이	trên đường về 쩬 드엉 베	오늘 길에
trẻ em 째 앰	아이	trên thế giới 쩬 테 져이	세계에서
trẻ tuổi 째 뚜어이	젊은	trệt 쩻	1층(남부)
treo 째오	걸다.	trì hoãn 찌 호안	(시간이)연기되다.
treo trên tường 째오 쩬 뜨엉	벽에 걸다.	trí 찌	지능, 추리력
trèo 쩨오	등반하다.	trí nhớ 찌 녀	기억력
trễ 쩨	늦은	trí óc 찌 옥	지력

Trịnh Công Sơn   음악가이며 음악장르
찌잉 꽁 썬

trọn gói   모든 것을 포함함, 패키지
쫀 고이

trong thời gian qua   그 동안
쫑 터이 쟌 꽈

362

Vietnamese	Phiên âm	Tiếng Hàn
trí thông minh	찌 통 미잉	지능
trí thức	찌 특	지식, 지적인
trí tuệ	찌 뚜에	지혜
trị	찌	고치다, 다스리다.
trích	찍	공제하다.
trích đoạn	찍 돤	인용
triển lãm	찌엔 람	전람회
triệt để	찌엣 데	철저하다.
triều	찌에우	조수(간만)
triều đại	찌에우 다이	왕조
triều đình	찌에우 디잉	조정
triệu	찌에우	백만(숫자)
triệu chứng	찌에우 쯩	징후(병)
triệu phú	찌에우 푸	백만장자
trình	찌잉	제시하다, 제출하다.
trình bày	찌잉 바이	제시하다.
trình diễn	찌잉 지엔	공연하다.
trình độ	찌잉 도	수준
trình tự	찌잉 뜨	수순
trò	쪼	학생, 게임
trong suốt 1 ngày	쫑 쑤옷 못 응아이	하루 종일 내내
trông giống	쫑 종	~같아 보이다.

trò chơi 쪼 쩌이	게임	trong ngày 쫑 응아이	하루 중에
tròn 쫀	원형의	trong nước 쫑 느억	국내
trọn vẹn 쫀 밴	완전한	trong số 쫑 쏘	~의 가운데에서
trong 쫑	안에, 투명한	trong tương lai 쫑 뜨엉 라이	장래에는
trong bao lâu 쫑 바오 러우	얼마동안	trong vòng 쫑 봉	(~시간)동안
trong cuộc họp 쫑 꾸옥 홉	회의에서	trọng 쫑	소중히 여기다.
trong đó 쫑 도	~안에	trọng lượng 쫑 르엉	중량
trong khi 쫑 키	하는 동안에	trọng tài 쫑 따이	심판(경기)
trong khi đó 쫑 키 도	이와 동시에	trót 쫏	무심히~해버리다.
trong lành 쫑 라잉	날씨가 맑은	trôi 쪼이	(시간)흐르다.
trong lòng 쫑 롱	내부에	trôi chảy 쪼이 짜이	흐르다.

Trông hay quá nhỉ? 재미있어 보이지?
쫑 하이 꽈 니

베트남어	한국어
trôi qua (쪼이 꽈)	(시간이)지나다.
trộm (쫌)	훔치다. 몰래
trốn (쫀)	피하다.
trốn học (쫀 혹)	게으름을 피우다.
trốn tránh (쫀 짜잉)	회피하다.
trộn với nhau (쫀 버이 나우)	서로 섞다.
trông thấy (쫑 터이)	바라보다.
trồng (쫑)	심다.
trồng trọt (쫑 쫏)	경작
trống (쫑)	드럼(악기)
trở lại (쩌 라이)	반품하다.
trống đồng (쫑 동)	(구리로 만든)북
trở lên (쩌 렌)	이상
trở nên (쩌 넨)	~가 되다.
trở nên rắc rối (쩌 넨 작 조이)	복잡해지다.
trở nên se lạnh (쩌 넨 쌔 라잇)	추워지다.
trở ngại (쩌 응아이)	저해, 장애
trở ra (쩌 자)	나오다. 나타나다.
trở thành (쩌 타잉)	~가 되다.
trở về (쩌 베)	돌아오다.
trợ cấp (쩌 껍)	원조하다.
trợ lý (쩌 리)	보조하다. 조교
trợ từ (쩌 뜨)	조사(문법)

trời 쩌이	날씨, 신, 하늘	trung tâm 쭝 떰	중심센터
trời đất 쩌이 덧	천지	trung thành 쭝 타잉	충성
trời đẹp 쩌이 댑	날씨가 좋은	trung thực 쭝 특	정직한
Trời đẹp nhỉ? 쩌이 댑 니	날씨 좋네요.	trung ương 쭝 으엉	중앙
Trời ơi. 쩌이 어이	이럴수가.	trúng 쭝	명중하다.
trục trặc 쭉 짝	불안정한	truy lùng 쭈이 룽	추적해서 잡다.
trung bình 쭝 비잉	평균의	truyền 쭈엔	전하다.
trung bộ 쭝 보	중부	truyền hình 쭈엔 히잉	방송하다.
Trung Hoa 쭝 화	중국	truyền thống 쭈엔 통	전통
Trung Quốc 쭝 꿕	중국	truyền thuyết 쭈엔 투엣	전설
trú dưới cây 쭈 즈어이 꺼이		나무 밑에 숨다.	
trung tâm thành phố 쭝 떰 타잉 포		시내중심	

truyện 쭈엔	이야기, 소설	**trưng** 쯩	징수하다.
truyện ngắn 쭈엔 응안	단편	**trưng bày** 쯩 바이	전시하다.
trừ 쯔	~을 제외하고	**trừng phạt** 쯩 팟	형벌
trưa 쯔어	점심	**trứng** 쯩	계란
trực 쯕	숙직, 정직한	**trứng gà** 쯩 야	계란
trực thuộc 쯕 투억	직속(의)	**trứng luộc** 쯩 루옥	삶은 계란
trực tiếp 쯕 띠엡	생방송, 직접	**trước** 쯔억	먼저
trực tuyến 쯕 뚜엔	온라인	**trước đây** 쯔억 더이	예전에

Trùng hợp nhỉ? 쭝 헙 니   우연의 일치네.

trùng nhau 쭝 나우   일치하다. 동시에 일어나다.

trường phổ thông 쯔엉 포 통   고등학교

túi / 1 túi kẹo 뚜이 / 못 뚜이 깨오   가방, 봉지 / 사탕 한 봉지

trước hết 쯔억 헷	우선	trường hợp 쯔엉 헙	경우(때)
trước khi 쯔엇 키	~하기 전에	trường tiểu học 쯔엉 띠에우 혹	초등학교
trước kia 쯔억 끼아	이전에	trường trung học 쯔엉 쭝 혹	중학교
trước mắt 쯔억 맛	눈앞	trưởng 쯔엉	긴, 두목
trước năm 쯔억 남	~년도 이전	trưởng ban 쯔엉 반	위원장
trường 쯔엉	학교, 장소, 장(챕터)	trưởng đoàn 쯔엉 도안	단장(리더)
trường cao đẳng 쯔엉 까오 당	전문대학	trưởng phòng 쯔엉 퐁	실장(지위)
trường công 쯔엉 꽁	공립학교	trưởng thành 쯔엉 타잉	성장하다.
trường đại học 쯔엉 다이 혹	대학교	trượt 쯔엇	미끄러지다. 낙제하다.
trường học 쯔엉 혹	학교	trượt tuyết 쯔엇 뚜엣	스키를 타다.
tuổi / 30 tuổi 뚜어이 / 바 무어이 뚜어이	살 / 30살		
tuy nhiên 뛰 니엔	~라고는 할 수 있지만		

베트남어	한국어
trừu tượng 쯔 뜨엉	추상적인
tủ 뚜	케이스
tủ áo 뚜 아오	장롱
tủ kính 뚜 끼잉	쇼윈도
tủ lạnh 뚜 라잇	냉장고
tuân thủ 뚜언 투	(명령)따르다.
tuần 뚜언	주(날짜)
tuần lễ 뚜언 레	주(주간)
tuần sau 뚜언 싸우	다음주
tuần trước 뚜언 쯔억	지난주
tuấn 뚜언	재주가 뛰어난
tuất 뚜엇	12간지의 개
tục 뚝	세속의
tục ngữ 뚝 응으	속담
túi 뚜이	봉지, 가방
túi xách 뚜이 싸익	가방
tung 뚱	던지다. 흔적
tùng 뚱	소나무, 전나무
tuổi con ~ 뚜어이 꼰	~띠
tuổi trẻ 뚜어이 째	청년시절
tuồng 뚜옹	고전 드라마
tuy 뛰	~임에도 불구하고
Tuy Hòa 뛰 화	뛰 화(도시명)
tùy thích 뛰 틱	취향에 따라서

tùy tiện 뛰 띠엔	마음대로	tuyệt đẹp 뚜엣 댑	매우 아름다운
tuyên án 뚜엔 안	판결을 내리다.	tuyệt đối 뚜엣 도이	절대적인, 거의
Tuyên Quang 뚜엔 꽝	뚜엔 꽝	tuyệt tình 뚜엣 띠잉	절교하다.
tuyển 뚜엔	선택하다.	tuyệt vọng 뚜엣 봉	절망하다.
tuyển thủ 뚜엔 투	선수	tuyệt vời 뚜엣 버이	멋진
tuyến 뚜엔	노선, 채널	tư 뜨	나의, 재능
tuyết 뚜엣	눈(기후)	tư duy 뜨 주이	사유
tuyết rơi 뚜엣 저이	눈이 내리다.	tư lệnh 뜨 레잉	사령관
tuyệt 뚜엣	대단한, 완벽한	tư liệu 뜨 리에우	자료
tuyệt chủng 뚜엣 쭝	멸종된 민족	tư nhân 뜨 년	개인
tùy 뛰	원하는 대로, 의지하다.		
Tùy chị. 뛰 찌	당신이 원하는 대로요.		

tư vấn / 뜨 번	상담
từ / 뜨	단어
từ bao giờ / 뜨 바오 져	언제부터
từ chối / 뜨 쪼이	거절하다.
từ chức / 뜨 쯕	사직하다.
từ đâu đến / 뜨 더우 덴	어디서 오다.
từ đầu / 뜨 더우	처음부터
từ đấy / 뜨 더이	그 후에
từ điển / 뜨 디엔	사전
từ điển Hàn-Việt / 뜨 디엔 한 비엣	한베사전
từ điển Việt-Hàn / 뜨 디엔 비엣 한	베한사전
từ đó / 뜨 도	그때 이래
từ hồi / 뜨 호이	그 이후
từ khi / 뜨 키	그 이후
từ lần sau / 뜨 런 싸우	다음부터는
từ mẫu / 뜨 머우	자애로운 어머니
từ mới / 뜨 머이	새 단어
từ ngữ / 뜨 응으	어휘
từ nhà / 뜨 냐	집부터
từ nối / 뜨 노이	연계
từ nước nào / 뜨 느억 나오	어느 나라에서
từ trái nghĩa / 뜨 짜이 응이아	반의어
tuyển chọn thư ký / 뚜엔 쫀 트 끼	비서를 뽑다.

từ từ 뜨 뜨	천천히	tự khắc 뜨 칵	당연히
tử 뜨	죽다.	tự nguyện 뜨 응우엔	자발적인
tử biệt 뜨 비엣	사별하다.	tự nhiên 뜨 니엔	자연스럽게
tử tế 뜨 떼	친절한	tự sản 뜨 싼	유산(재산)
tứ phía 뜨 피아	4방	Tự tin lên. 뜨 띤 렌	자신감을 가져.
tự 뜨	자기 자신	tự tôn 뜨 똔	자존
tự do 뜨 조	자유	tự tôn mặc cảm 뜨 똔 막 깜	우월감
tự động 뜨 동	자동	tự vệ 뜨 베	자신을 보호하다.
tự hào 뜨 하오	자랑스럽다.	tức 뜩	화나는
tự học 뜨 혹	독학하다.	tức giận 뜩 젼	화나다.
tuyệt đối không ăn 뚜엣 도이 콩 안			거의 먹지 않다.
từ bỏ 뜨 보			(술, 담배)끊다. 포기하다.

Vietnamese	한국어
tức là (뜩 라)	즉(다시 말하면)
Tức quá. (뜩 꽈)	화나.
từng (뜽)	각(각의)
tươi (뜨어이)	신선하다.
tươi cười (뜨어이 끄어이)	상냥한
tươi sáng (뜨어이 쌍)	빛나는
tươi tắn (뜨어이 딴)	유쾌한
tươi tỉnh (뜨어이 띵)	생기가 넘치는
tương đối (뜨엉 도이)	상대적인
tương đối dễ (뜨엉 도이 제)	비교적 쉽다.
tương đương (뜨엉 드엉)	상당하는
tương hỗ (뜨엉 호)	상호의
tương lai (뜨엉 라이)	장래
tương ớt (뜨엉 엇)	고추장
tương phiếu (뜨엉 피에우)	상업채권
tương tự (뜨엉 뜨)	유사한
tương ứng (뜨엉 응)	상응하다.
tường (뜨엉)	(집의)벽
từ đầu đến cuối (뜨 더우 덴 꾸오이)	처음부터 끝까지
tự giới thiệu (뜨 져이 티에우)	자기소개를 하다.
tương đồng (뜨엉 동)	서로 닮은, 동등한

tưởng 뜨엉	생각하다.	tượng hình 뜨엉 히잉	상형
tưởng là 뜨엉 라	짐작하기에	tượng trưng 뜨엉 쯩	상징
tưởng tượng 뜨엉 뜨엉	상상하다.	tỷ 띠	십억(숫자)
tướng 뜨엉	장군, 모양	tỷ lệ 띠 레	비율
tướng giặc 뜨엉 작	적장	tỷ số 띠 소	비율, 스코어
tượng 뜨엉	동상(조각상)	tỷ trọng 띠 쫑	비중

tường thuật
뜨엉 투엇   자세히 이야기하다.

tưởng bở
뜨엉 보   이윤이 될거라 잘못 생각하다.

u v

베트남어-한국어

베트남어	한국어	베트남어	한국어
vài tháng 바이 탕	몇 달	váy 바이	치마
vải 바이	옷감, 리찌(과일)	váy liền 바이 리엔	원피스
vái 바이	빌다.	váy rời 바이 저이	투피스
ván 반	판자, 관	văn 반	문학, ~체(문학의)
vạn 반	(수)만의	văn hóa 반 화	문화
vang 방	빨간 나무의 색	văn học 반 혹	문학
vàng 방	노란색, 금	văn minh 반 미잉	문명
vào 바오	~에(시기), 들어서다	văn nghệ 반 응에	문예, 공연
vào buổi sáng 바오 부오이 쌍	아침에	văn phòng 반 퐁	사무실
vào khoảng 바오 쾅	대략	vặn nhỏ 반 뇨	볼륨을 줄이다.
vay 바이	차용하다.	vắng 방	고요한, 부재중인
Văn Miếu 반 미에우			문묘(하노이 명승고적)

vắt (밧)	짜다. 누르다.
vắt quần áo (밧 꿘 아오)	옷을 짜다.
vân (번)	무늬, 구름
vần (번)	음절
vẫn (번)	여전히
vẫn còn (번 꼰)	여전히 남아 있다.
vẫn là (번 라)	여전히 ~이다.
Vẫn no quá. (번 노 꽈)	아직도 배불러.
vấn (번)	묻다. 감다.
vấn đề (번 데)	이슈, 문제
vắng mặt (방 맛)	(있어야 할 곳에) 없는
vận động viên điền kinh (번 동 비엔 디엔 끼잉)	육상선수
vận chuyển (번 쭈엔)	운반하다.
vận động (번 동)	운동하다.
vận động viên (번 동 비엔)	선수
vận phí (번 피)	운송비
vận tải (번 따이)	운송하다.
vận tốc (번 똑)	속력
vâng (벙)	네(어른에게)
vâng lời (벙 러이)	따르다.
vất vả (벗 바)	힘든
Vất vả nhỉ. (벗 바 니)	힘드네.

베트남어	한국어	베트남어	한국어
vật 벗	물체, 물건	ve 배	매미
vật chất 벗 쩟	물질	vẻ 배	모양
vật dụng 벗 중	용품	vẻ đẹp 배 댑	아름다움
vật lý 벗 리	물리	vẽ 배	(그림)그리다.
vật lý học 벗 리 혹	물리학	vé 배	표, 티켓
vật thể 벗 테	물체	vé ghế ngồi 배 게 응오이	의자칸 기차표
vậy mà 버이 마	~인데	vé khứ hồi 배 크 호이	왕복표
vậy thì 버이 티	그러므로	vé máy bay 배 마이 바이	항공권
vẫy chào 버이 짜오			손을 흔들어 인사하다.
vậy 버이			그림~, 어미에 문장 강조
vé ghế nằm 배 게 남			젖혀지는 의자칸표
vé giường mềm 배 즈엉 멤			쿠션침대칸표

vé trả trước 베 짜 쯔억	예매권	về vườn 베 브언	귀향하다.
vé vào cửa 베 바오 끄어	입장권	vế 베	측, 면
ven 밴	가장자리, 정맥	vết 벳	점(얼룩)
vẹt 뱃	앵무새	vệ sinh 베 씨잉	화장실
về chỗ 베 쪼	자리로 돌아가 앉다.	vết 벳	흔적
về hưu 베 휴	은퇴하다.	vết bẩn 벳 번	얼룩
về nước 베 느억	귀국하다.	vết chân 벳 쩐	발자국
về quê 베 꿰	고향가다.	vết nhăn 벳 냔	주름(얼굴)
về sau 베 싸우	훗날	vết thương 벳 트엉	상처
về việc 베 비역	~일에 대하여	vi 비	둘레, 지느러미
về 베		~에 대해, 돌아오다.(가다)	
vết muỗi đốt 벳 무오이 돗		모기에 물린 자국	

베트남어	한국어	베트남어	한국어
vi phạm 비 팜	위반하다.	vị ngữ 비 응으	술어
vi trùng 비 쭝	미생물	Vị Thanh 비 타잉	비 타잉(도시명)
vì 비	~이기 때문에, ~을 위해	vị toan 비 또안	위산(의학)
vì lý do ấy 비 리 조 어이	그러는 바람에	vị trí 비 찌	위치
vì sao 비 싸오	왜	vỉa hè 비아 해	인도(교통)
vì thế 비 테	그래서	việc 비엑	일
vì vậy 비 버이	그래서	việc gì 비엑 지	무슨 일
vĩ đại 비 다이	위대한	việc học 비엑 혹	공부
ví 비	지갑	việc kiểm tra 비엑 끼엠 짜	검열
ví dụ 비 주	예(보기)	việc làm 비엑 람	직업
vị 비	맛, 위	việc nhà 비엑 냐	집안일

vị phạm luật giao thông   교통법규를 어기다.
비 팜 루엇 쟈오 통

việc rắc rối 비역 작 조이	복잡한 일
viêm 비엠	염증
viêm họng 비엠 홍	목의 염증
viêm ruột thừa 비엠 주옷 트어	충수염
viện 비엔	기관, 돕다.
viện bảo tàng 비엔 바오 땅	박물관
viện cao học 비엔 까오 혹	대학원
viện hàn lâm 비엔 함 럼	학술원
viện sĩ 비엔 씨	학술원 회원
viện trưởng 비엔 쯔엉	원장
viết 비엣	(글씨를)쓰다.
viết thư 비엣 트	편지를 쓰다.
Viết xấu quá. 비엣 쎠우 꽈	악필이네요.
Việt 비엣	베트남의
Việt kiều 비엣 끼에우	베트남교포
Việt Nam 비엣 남	베트남
viên 비엔	관리명칭에 붙이는 것, 원형의 것
viên / 1 viên gạch 비엔 / 못 비엔 가익	장 / 벽돌 한 장
viên / mỗi ngày 2 viên 비엔 / 모이 응아이 비엔	알 / 매일 2알씩
viết bằng phấn 비엣 방 편	분필로 쓰다.

베트남어-한국어

Việt Trì 비엣 찌	비엣 찌(도시명)
Vinh 비잉	비잉(도시명)
vinh dự 비잉 즈	영광
vinh quang 비잉 꽝	영광
Vĩnh Long 비잉 롱	비잉 롱(도시명)
Vĩnh Yên 비잉 엔	비잉 엔(도시명)
vịnh 비잉	만(바다)
Vịnh Hạ Long 비잉 하 롱	하롱베이
virus 비룻	바이러스
visa 비싸	비자
visa du lịch 비싸 주 릭	여행 비자
visa quá cảnh 비싸 꽈 까잉	국경통과비자
vịt 빗	오리
vo gạo 보 가오	쌀을 씻다.
vỏ 보	껍질
voi 보이	코끼리
vòi hoa sen 보이 화 쌘	샤워기
vòi nước 보이 느억	수도꼭지
vòng 봉	원
vòng cổ 봉 꼬	목걸이
vòng tay 봉 따이	팔찌
võng 봉	그물침대
vọng 봉	울리다.

vô cùng 보 꿍	엄청나게	**vô ý thức** 보 이 특	의식 없는
vô dụng 보 중	쓸모없는	**vỗ** 보	파도치다.
vô địch 보 딕	챔피언	**vỗ tay** 보 따이	박수
vô hạn 보 한	무한한	**vôi** 보이	석회
vô lý 보 리	이치에 맞지 않는	**vội** 보이	서두르다.
vô tận 보 떤	끝없는	**vội vàng** 보이 방	서두르다.
vô tình 보 띵	우발적인	**vốn** 본	자본
vô tội 보 또이	무죄	**vốn từ** 본 뜨	어휘
vô trùng 보 쯩	방부제(의학)	**vở** 버	하는 척하다. 노트
vô tuyến 보 뚜옌	무선의	**vở kịch** 버 끽	극(연극)
vô vị 보 비	무미하다.	**vỡ** 버	깨뜨리다.
vô ý 보 이	아무 뜻 없이	**vợ** 버	부인

베트남어	한국어	베트남어	한국어
vợ chồng 버 쫑	부부	vua chúa 부어 쭈어	왕주
vợ con 버 꼰	부인과 아이	vui 부이	즐거운
vơi 버이	충분하지 못한	vui chơi 부이 쩌이	즐기다.
với 버이	~에게	Vui lên. 부이 렌	힘내.
với nhau 버이 나우	서로 서로	vui lòng 부이 롱	만족한, 마음에 든
với tôi 버이 또이	나에게	vui mắt 부이 맛	눈요기 되는
vớt 벗	(물속에서)건지다.	vui mừng 부이 믕	반가운
vũ 부	깃털, 춤	vui vẻ 부이 배	즐겁다.
vũ trụ 부 쭈	우주	vùn vụt 분 붓	아주 빠르게
vụ 부	경우, 부서	vung 붕	(단지)뚜껑
vua 부어	왕	vùng 붕	지역
vui hơn 부이 헌			기분이 더 좋아지다.

vùng biển 붕 비엔	바다	vừa qua 브어 꽈	방금 전
vùng đất 붕 덧	구역	Vừa quá. 브어 꽈	잘 맞네요.
Vũng Tàu 붕 따우	붕 따우(도시명)	vừa rồi 브어 조이	최근에
vuông 부옹	각형의	vừa vừa 브어 브어	적당하다.
vừa 브어	잘 맞다.	vựa thóc 브어 톡	곡창(지대)
vừa đi 브어 디	걸어가면서	vừng 븡	깨(곡물)
vừa lòng 브어 롱	만족하는	vườn 브언	정원
vừa lúc 브어 룩	(바로 그)때에	vườn hoa 브언 화	화원
vừa mới 브어 머이	최근에	vườn thú / sở thú 브언 투 / 써 투	동물원
vừa muối 브어 무오이	간이 적당하다.	vượt 브엇	넘다.

vui tính
부이 띠잉

성격이 발랄하고 좋은

vừa đấm vừa xoa
브어 덤 브어 쏘아

병 주고 약주고

vượt quyền 브엇 꾸엔	월권하다.
vứt 붓	던지다. 버리다.
vượt qua 브엇 꽈	앞질러가다. 극복하다.
Vứt đi. 붓 디	버려.

베트남어-한국어

비둘기야

y

y bạ 이 바	진료기록
y đức 이 둑	서로 같다.
y học 이 혹	의학
y tá 이 따	간호사
y tế 이 떼	위생병
ý 이	계획
ý định 이 딕	의도
ý kiến 이 끼엔	의견
ý muốn 이 무온	욕구
ý nghĩa 이 응이아	의미
ý thích 이 틱	기호(취미)
ý tưởng 이 뜨엉	생각
yên 엔	조용한
Yên Bái 엔 바이	엔 바이(도시명)
yên-lặng 엔 랑	고요한
yên ổn 엔 온	조용한, 고요한
yên tâm 엔 떰	안심하다.
yên tĩnh 엔 띠잉	고요한
yêu 이에우	사랑하다.
yêu cầu 이에우 꺼우	요구하다.
yêu dấu 이에우 저우	사랑하는
yêu đương 이에우 드엉	연애하다.

베트남어-한국어

저자: 외국어학보급회 판형:신국판 페이지수:456쪽 정가:20,000원(교재+CD롬)

1. 베트남어에서 사용되는 생생한 살아있는 표현을 할 수 있도록 구성했다.
2. 베트남의 언어는 성조음이다. 즉 음의 높낮이에 의해 그 의미가 완전히 달라진다 회화 CD롬는 총 7명의 하노이와 호치민 교사를 중심축으로 구성하여 여러분의 정확한 듣기와 말하기에 크게 기여할 것으로 사료된다.
3. 해설편에는 복잡한 문장의 구조를 완전히 해부할 수 있도록 했다.
4. 번역은 가급적 직역을 했다. 이 책은 학습서이다. 그렇다면 알고 있는 단어를 적용시켜야 하고 또한 베트남어와 한국어의 어법상 차이를 알아야 한다. 따라서 해석이 다소 매끄럽지 않을수도 있다.

1권 - 저자:전혜경 판형:46판 페이지수:154쪽 정가 16,500원(CD2)
2권 - 저자:전혜경 판형:46판 페이지수:170쪽 정가 16,000원(CD1)

베트남 현지에서 한국인들이 베트남어 배울때 범하기 쉬운 오류를 잘 알고 있는 TRAN VAN TIENG 교수와 베트남어를 회화 1,2 교재를 교정하여 출판 하게 되었다. 이 교재의 출판에 앞서서 1년 동안 베트남어과 학생들에게 언어실습 교재로 사용해 본 결과 쉽게 베트남어을 익히고 곧바로 활용 할수 있는 장점을 확인할수 있었다.
베트남어 회화 1과 베트남어회화2교재는 목차 순서별로 서로 연관을 가지고 심하되어 짜여있기 때문에 초금 중급 단계별 베트남어 학습에 많은 도움이 되리라 생각한다.
이 교재를 통하여 베트남어 회화 쉽고 재미있게 익히기 희망한다

저자:류지은외 1명 판형:146*206 페이지수:1280쪽 정가:45,000원

이 사전에는 일반사회적으로 생활에 통용되는 70,000 단어가 수록되어있고 한국어의 14 자음 순서로 정리되어 있다 ; 그 중 한국어단어를 베트남어 한 단어로 표기하기에는 베트남어 표현의 풍부함으로 인해 어려움이 있어 이에 우리는 최대한 한국어의 정확한 뜻을 살리고자 노력하였고 구체적인 예문을 통해 여러분이 공부하시는데 편리하게 해두었다.

현재 한국 사회에서 통용되고 있는 영어, 프랑스어에서 파생된 외래어까지 적어 놓았으며 베트남어 표기 앞부분에 원어를 표기하였다.

또한 한국어와 베트남어의 동음,동의어를 넣어 발음을 통해 쉽게 알아 볼수 있게 해 놓았다.

저자:김기태 페이지수:304쪽 정가:6,500원(테이프3포함 18000원)

1. 우리말 발음을 최대한 베트남어 음에 가깝도록 표기
2. 우리말 발음 표기에 베트남어 성조를 붙여 초보자들이 쉽게 익히도록 노력하였다.
3. 본문 문장에서는 주요 단어에 밑줄을 긋고 그에 해당하는 우리말에 밑줄을 그어 두 언어를 쉽게 비교하면서 익히도록 배려하였다.
4. 단어나 발음에 있어서 수도 하노이를 중심으로 한 북부지방어를 기준으로 하였고 호찌민시를 중심으로 한 남부지방어 발음은 괄호 안에 넣어 소개하므로써 남·북부어 모두를 익힐 수 있도록 배려하였다.

xa / 싸	먼(거리)
xa quá / 싸 꽈	(매우)먼
xa xôi / 싸 쏘이	먼(거리)
xa xưa / 싸 쓰어	오랫동안
xà lách / 싸 락	양상추, 샐러드
xà phòng / 싸 퐁	비누
xã / 싸	마을, 조합
xã giao / 싸 쟈오	사교
xã hội / 싸 호이	사회
xác / 싹	시체, 확실한
xác định / 싹 딕	확정하다.
xách tay / 싸익 따이	손가방, 손에 들고 다니다.
xác nhận / 싹 년	확인하다.
xạc / 싹	꾸짖다.
xách / 싸익	들다.
xanh / 싸잉	파란
xanh da trời / 싸잉 자 쩌이	하늘색
xanh lá cây / 싸잉 라 꺼이	초록색
xanh lam / 싸잉 람	푸른색의
xào / 싸오	볶다.
xào bài / 싸오 바이	카드를 섞다.
xào nấu / 싸오 너우	볶다. 요리하다.
xay gạo / 싸이 갸오	정미하다.

xảy ra 싸이 자	전설이 일어나다.	xe duyên 쌔 주엔	데이트, 혼인하다.
xăm mình 쌈 미잉	문신을 새기다.	xe đạp 쌔 답	자전거
xăng 쌍	기름(주유)	xe kéo 쌔 깨오	카트(쇼핑센터)
xâm lược 썸 루억	침략하다.	xe lửa 쌔 르어	기차
xấu 써우	나쁘다. 못생긴	xe máy 쌔 마이	오토바이
xấu hổ 써우 호	부끄러운	xe ô tô 쌔 오또	자동차
xấu trai 써우 짜이	못생긴(남자)	xe ôm 쌔 옴	세옴(오토바이 택시)
xấu xa 써우 싸	추악한, 창피한	xé 쌔	(봉투 등을)뜯다.
xây 써이	건설하다.	xé đi! 쌔 디	뜯어봐.
xây dựng 써이 증	건설하다.	xem 쌤	(해)보다.
xe 쌔	탈것, 차	xem lại 쌤 라이	재검토하다.
xe buýt 쌔 붯	버스	xem nào 쌤 나오	어떤지 좀 보다.

베트남어	한국어
xem ngày 쌤 응아이	택일하다.
xem phim 쌤 핌	영화를 보다.
xem tivi 쌤 띠비	텔레비전을 보다.
xem xét 쌤 쌧	관찰하다.
xen 쌘	참견하다.
xét 쌧	고찰하다. 검사하다.
xếp 쎕	깔다. 정리하다.
xì mũi 씨 무이	코를 풀다.
xem vòng quanh 쌤 봉 꽈잉	둘러보다.
xét nghiệm 쌧 응이엠	임상분석 검사를 하다.
xếp hàng 쎕 항	상품을 진열하다. 줄서다.
xếp thành hàng 쎕 타잉 항	일렬로 만들다.
xí nghiệp 씨 응이엡	사업, 기업
xích đạo 씨 다오	적도
xích lại 씨 라이	다가가다.
xích lô 씨 로	시클로
xiếc 씨엑	서커스
xiết bao 씨엣 바오	정말로
Xin ăn thử đi. 씬 안 트 디	맛보세요.
Xin chào 씬 짜오	안녕하세요.

Xin chị. (씬 찌)	감사합니다. 아줌마.
Xin lỗi. (씬 로이)	실례합니다.
xin việc (씬 비엑)	일자리를 구하다.
Xingapo (씬가뻐)	싱가포르
xinh (씨잉)	예쁘다.
xinh đẹp (씨잉 댑)	예쁜
xoá (쏘아)	삭제하다.
xõa (쏘아)	(머리카락)흘러내리다.
xõa tóc (쏘아 똑)	머리를 풀다.
xoài (쏘아이)	망고
xóm (쏨)	부락
xóm làng (쏨 랑)	마을
xong (쏭)	끝나다.
Xong hết rồi. (쏭 헷 조이)	다 끝났어.
xô (쏘)	강하게 누르다.
xổ số (쏘 쏘)	복권, 추첨
xôi (쏘이)	쏘이(찹쌀 주먹밥)
xông (쏭)	밀다.
xin (씬)	빌다. 존대에 붙이는 어미
xôi gấc (쏘이 걱)	쏘이 걱(찹쌀과 과일로)
xu hướng giảm (쑤 흐엉 잠)	둔화(경제용어)

베트남어	한국어
xơi 써이	마시다. 먹다.
xu hướng 쑤 흐엉	트렌드
xuân 쑤언	봄
xuất 쑤엇	수출하다.
xuất bản 쑤엇 반	출판하다.
xuất cảnh 쑤엇 까잉	출국
xuất khẩu 쑤엇 커우	수출하다.
xuất nhập cảnh 쑤엇 녑 까잉	출입국
xuất nhập khẩu 쑤엇 녑 커우	수출입
xuất phát 쑤엇 팟	출발하다.
xua đuổi 쑤어 두오이	내쫓다. 근심을 없애다.
xuất hiện 쑤엇 히엔	출현하다. 나타나다.
xuất sắc 쑤엇 싹	탁월한
xúc động 쑥 동	감동
xuế 쑤에	가능한
xuềnh xoàng 쑤에잉 쏘앙	평범한
xui xẻo 쑤이 쌔오	불운한
xung quanh 쑹 꽈잉	주변
xuống xe 쑤엉 쌔	차에서 내리다.
xuyên 쑤엔	관통하다.
xử lý 쓰 리	처리하다.
xử phạt 쓰 팟	처벌하다.

xứ 쓰	지구(지방)	xức 쓱	(기름)바르다.
xứ sở 쓰 써	국토	xứng đáng 쓩 당	어울리다.
xưa 쓰어	오래된	xương 쓰엉	뼈
xưa kia 쓰어 끼아	이전에는	xưởng 쓰엉	공장

xuôi
쑤오이 …… 아래로 흐르다. 순조로운

xuống
쑤엉 …… (아래)내려가다. (차)내리다.

xuống đường
쑤엉 드엉 …… (길을)내려가다.

xuống nước
쑤엉 느억 …… 태도를 바꿔 양보하다.

xuống ở bên sau
쑤엉 어 벤 싸우 …… 다음 역에 내리다.

yêu quái 이에우 파이	요괴	**yêu thương** 이에우 트엉	사랑하다.
yêu quí 이에우 뀌	친애하는	**yếu** 이에우	약한, 연약하다.
yêu thích 이에우 틱	좋아하다.	**yếu tố** 이에우 또	요소

부 록

- 베트남친구에게 선물하기
- 베트남에서 기념품 고르기

● 매출보고에서 스팀을 뿜는다!
● 비용에서 거품을 조심!

베트남친구에게 선물하기

인삼젤리등의 인삼제품

한국의 인삼이 질이 좋다고 생각함.

한방소주

인삼향이 난다고 몸에 좋은 술이라고 생각함.

한방 화장품

미샤와 페이스샵은 해외에서 2배의 가격에 판매되어 선물로 좋음

베트남에서 기념품 고르기

원두커피
베트남이 제 2의 커피원두 수출국이여서 커피가 풍부함.
유명한 커피 체인은 CAFE MAI가 있고 마트에서 구입할 만한것은 TRUNG NGUYÊN이 있다.(구입처 : 마트와 체인점)

커피믹스
믹스는 기본적으로 한국믹스보다 무척 진하고 달아 어르신들이 좋아 함.
G7 이나 현지화된 맛의 nescafe 도 좋다.(구입처 : 마트)

연꽃차
베트남 국화인 연꽃의 차(구입처 : 마트)

열대과일 과자
열대과일을 말린 과자.(구입처 : 마트)

넵 머이 (nếp mới)
쌀맛이 나는 베트남 보드카로 한국인이 좋아함.(구입처:마트)

실크제품
실크가 싸고 유명해서 어르신들 선물로 많이 구매함.(구입처 : Hàng Gai-하노이 거리 일대)

씨클로 모형
흥정필수 상품.(구입처 : Hàng Gai-하노이 거리 일대)

문예림 베트남어 도서목록

저자:전남표 판형:신국판 페이지수:248쪽 정가:15,000원(CD)

베트남어는 우리말과 달리 성조어(6성어)로 구성되어 있으며 남(호치민)과 북(하노이)의 발음의 차이가 있어 우리가 배우기에는 다소 어렵게 느껴지는 언어이지만 알파벳으로 쓰여지며 한자어가 많이 있어 단어 및 어휘만 알면 간단한 의사소통의 가능한 언어입니다..
특히 언어 소통의 문제는 우선 당장 해결해야 할 최우선 과제로 남아있습니다. 이 책은 국제결혼을 한 한국남성과 베트남 여성의 원활한 의사 소통을 위하여 조금이나마 도움이 되었으면 하는 마음으로 발간하게 되었습니다.

저자:이강우 판형:크라운판 페이지수:256쪽 정가:12,000원(CD)

책의 구성은, 인사를 시작으로 총 52과로 되어있다. 각과는 본문회화, 단어, 해석, 어법, 연습문제, 심화학습과 저자가 직접 체험했던 '싱싱베트남어'로 구성되었으며, 실제 베트남에서의 생활과 문화를 사진과 함께 소개했다. 또한, EBS 라디오 베트남어강의 교재이기 때문에 방송을 통해, 생생하고 입에서 톡 튀어나올 베트남어강의로 여러분을 만나 뵐 것을 기대한다.

DICTIONARY
KOREAN-VIETNAMESE VIETNAMESE-KOREAN

한국어 베트남어
베트남어 한국어 입문 소사전

초판 1쇄 발행 2008년 11월 10일
초판 1쇄 발행 2008년 11월 15일

편 저 신연희, 박민규
발행인 서덕일
펴낸곳 도서출판 문예림

등록 1962. 7. 12 제2-110호
주소 경기도 파주시 회동길 366
전화 (02)499-1281~2 팩스 (02)499-1283
홈페이지 www.moonyelim.com
전자우편 info@moonyelim.com

ISBN 978-89-7482-425-5 (11790)

값 18,000원

* 잘못된 책은 구입하신 서점에서 교환해 드립니다